THE NEW INTRODUCTION
ON ECONOMIC LAW

经济法新论

高庆年 主编

江苏大学出版社
JIANGSU UNIVERSITY PRESS
镇 江

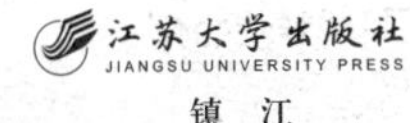

图书在版编目(CIP)数据

经济法新论／高庆年主编．—镇江：江苏大学出版社，2013．8(2016．1 重印)
ISBN 978-7-81130-519-7

Ⅰ．①经… Ⅱ．①高… Ⅲ．①经济法—中国—高等学校—教材 Ⅳ．①D922．29

中国版本图书馆 CIP 数据核字(2013)第 196056 号

经济法新论
JINGJIFA XINLUN

主　　编／高庆年
责任编辑／汪再非　张小琴
出版发行／江苏大学出版社
地　　址／江苏省镇江市梦溪园巷 30 号(邮编：212003)
电　　话／0511-84446464(传真)
网　　址／http://press.ujs.edu.cn
排　　版／镇江文苑制版印刷有限责任公司
印　　刷／句容市排印厂
经　　销／江苏省新华书店
开　　本／787 mm×1 092 mm　1/16
印　　张／22．5
字　　数／547．2 千字
版　　次／2013 年 8 月第 1 版　2016 年 1 月第 3 次印刷
书　　号／ISBN 978-7-81130-519-7
定　　价／48．00 元

编写说明

经济法是我国社会主义市场经济法律体系中的一个重要的法律部门，对社会主义市场经济体制的建立、健全具有十分重要的意义。经济法不仅是法学专业教学计划或培养计划中的14门核心课程之一，而且是管理类、财经类中企业管理、经济管理、工商管理、财务管理、会计学、财政学、电子商务、市场营销、国际经济与贸易、金融学等专业的必修或限选课程。

近年来，我国社会主义市场经济和我国社会主义市场经济法律体系的发展进入到了一个新的阶段。经济法在市场主体、市场交易、市场调控、社会保障等方面的法律调整都出现了若干新的情况。为了适应新形势下经济法知识的学习需要，我们组织编写了《经济法新论》，主要作为面向管理类、财经类专业的学生学习经济法课程的教材，还可应用于各类民办高等院校经济法概论课程的教学，同时也可作为公司企业、政府机关、司法机构等进行法律教育与培训的参考教材。

本教材系编者在《工业经济法概论》《新经济法原理》《经济法律通论》等多部教材的基础上，借鉴、参考兄弟院校相关教材的最新研究成果与学术资料编写而成的。教材力求反映我国人才培养的新规格与新要求，体现我国社会主义经济法的时代特征。

本书由江苏大学文法学院高庆年副教授担任主编。参加编写和协助的有：高庆年、陈松林、冯涛、谈建俊、张洪阳（第一章、第五章、第十三章、第十四章、第十六章、第十八章）、周爱春（第十章、第十一章、第十五章、第十九章、第二十一章社会保障法部分）、刘淼（第二章、第六章、第七章、第九章、第十二章、第十七章）、杜乐其（第八章）、牛玉兵（第二十一章劳动法部分）、周德军（第三章、第四章、第二十章）。

本书在酝酿、写作过程中，得到了江苏大学文法学院和江苏大学出版社领导的积极鼓励和大力支持。在此，衷心感谢他们！

限于时间、知识、水平等多方面因素的制约，书中难免出现不当之处，敬请读者批评指正。

编　者

2013年6月

目 录

第一章　经济法概述

本章导读

经济法是调整国家在对国民经济进行干预、管理和调控过程中形成的具有社会公共性的经济关系的法律规范的总称。现代经济法是建立在现代市场经济基础之上,基于解决市场经济发展过程中出现的垄断与竞争、公平与效率、个体营利性与社会公益性的矛盾和防止市场机制失灵、弥补私法调整之不足的需要应运而生的。因此,经济法是依据经济规律进行社会协调,以解决各种矛盾,保障社会经济良性运行和协调发展的法律。我国经济法在调整经济主体关系、公平竞争关系、经济管理关系和社会保障关系过程中形成了由经济主体法、市场规制法、宏观调控法和社会保障法所组成的相对独立的法律体系,其经济性、政策性、行政主导性、综合性和社会公益性的特征使其在我国社会主义市场经济的法律调整中发挥着不可替代的作用。

第一节　经济法的对象

法的对象是指法的调整对象,是法所调整的社会关系。一个法律部门是否独立,关键是看该法律部门有无自己独立的调整对象;一个法律部门是否重要,关键是看该法律部门的调整对象是否重要。

经济法的对象是指经济法调整的经济关系。这是经济法成为我国社会主义市场经济法律体系中一个重要法律部门的基本依据。经过长期的理论研究与实践探索,人们普遍认为,我国经济法具有自己独立的调整对象,即经济法调整国家在对国民经济进行干预、管理和调控过程中形成的具有社会公共性的经济关系。

一、规范经济主体关系

宏观调控是国家凭借公权者的地位,综合利用立法权、行政权对市场经济进行调节和控制。因此,宏观调控权不是由某一个政府部门来行使,也不是只能有行政机关行使。立法机关通过经济立法的形式来表现和实现国家在经济管理上的国家意志。政府则通过具体经济管理部门的经济管理活动,协调和管理具体的经济活动。在市场主体体系中,企业是重要的主体。国家为了协调经济运行,对于企业的设立、变更和终止,企业内部机构的设置及其职权,企业的财务等,也应该进行必要的干预。对企业组织进行管理,有助于从法律上保证其成为自主经营、自负盈亏的合格主体,能动地参与市场竞争,改善经营管理,提高经济效益。

对市场主体进行规范而形成的市场主体法主要包括:公司法、合伙企业法、独资企业法、经营户法、经纪人法、股份合作企业法、合作社法、关联企业法、企业集团法、外商投资企业法、企业购并与破产法等。

二、维护公平竞争关系

实行现代市场经济,必须建立统一、开放、竞争、有序的市场体系。培养市场体系,要求各种生产要素自由流动,打破地区封锁和行业垄断,充分发挥竞争机制增强市场活力的作用。竞争包括正当竞争和不正当竞争,竞争还可能导致垄断。不正当竞争和垄断制约了市场功能的实现,妨碍资源配置的优化,扰乱市场秩序,而市场机制本身又无力消除垄断和不正当竞争,这就需要国家对市场进行规制(干预),加强市场管理。在市场管理过程中发生的经济管理关系由法律予以调整,有助于完善市场规则,有效地扼制垄断,制止不正当竞争,维护市场交易秩序,实现市场资源的合理配置。

对公平竞争关系进行规范而产生的经济法规范主要包括:反不正当竞争法、反垄断法、产品质量法、消费者权益保护法、广告法、城市房地产管理法、反倾销法、产权交易法、证券交易法、期货交易法、信息法等。

三、经济管理关系

经济法调整的经济管理关系,是在国家管理经济过程中形成的物质利益关系,包括宏观管理和微观管理两方面。宏观经济管理关系包括在计划和产业政策的制订实施,国家经济预算及其主导之投资、税收、金融、物价调节、土地利用规划、标准化管理等活动中产生的经济关系。微观经济管理关系包括在税收征管、金融证券监管、贸易管制、价格监督、技术监督、企业登记管理、交易秩序管理等活动中产生的经济关系。宏观和微观的划分,一般不只具有法律意义,它们在法律调整实践中是交织在一起的。

对经济管理关系进行法律调整所产生的经济法规范主要有:计划法、投资法、财政法、税收法、价格法、金融法、产业结构合理化促进法、贸易法等。

四、社会保障关系

社会主义市场经济不仅要有效率,而且要保持社会公平和提供社会保障。市场经济本身的优胜劣汰机制决定了它不能自发地保护弱者、实现效率和公平的统一。当面临生、老、病、死、残的作为弱者的劳动者永久或暂时失去劳动能力而退出劳动领域时,当劳动者因市场经济发展的内在不稳定性和竞争规律而成为失业者时,这些劳动者就无法从市场获得其基本的生活来源。此类社会现象的发生最终会威胁到市场经济的发展。因此,国家必须参与、主持国民收入的再分配,其主要方法就是建立社会保障制度。社会保障一般包括社会福利、社会救济、社会保险和优抚安置。

对社会保障关系进行法律调整所产生的经济法规范主要包括:社会保险法、社会福利法和社会救济法。

第二节　经济法的概念

经济法的概念是对经济法理论体系的高度抽象和概括,是经济法学研究的首要问题,也是经济法立法、司法等活动的基础问题。第二次世界大战结束以后,经济法律、法规在世界各国大量出现,经济法的概念问题也成为经济法学界争执最多的问题。

一、资本主义国家的经济法概念

经济法最早产生于资本主义国家。资本主义国家学者关于经济法的概念，主要见于德国、日本等大陆法系国家的学术文献中。尽管英美法系国家存在在我们看来属于经济法的法律规范，但它们不注重法律部门的区分，没有民法的概念，更没有经济法这一概念。因此，有必要说明大陆法系国家，尤其是德日学界对经济法的解说。

1. 认为经济法就是与经济有关的法。德国学者艾斯特豪思、努斯鲍姆认为，经济法就是有关经济的法，是以直接影响国民经济为目的的法律规范的综合。这一主张提出于经济法产生的初期，是对经济法概念的尝试性定义，现在已经基本没人认同了。

2. 认为经济法是对市场进行规制的法，以反垄断法和反不正当竞争法为中心内容。日本学者丹宗昭信、正田彬认为，“现代经济法的核心是垄断禁止法”、“是国家规制市场支配的法”，经济法是规制垄断资本主义阶段固有的以垄断为中心的经济从属关系法，其任务在于纠正垄断主体与非垄断主体之间显著的不平等关系。

3. 认为经济法是经济公法。德国经济法学界的主流学说从坚守传统的罗马法关于公法和私法划分的观念出发，认为经济法是国家对经济施加直接影响的法律，是官方组织和管理经济的措施，是规定国家公务的“公法”，而不是规定个人利益的“私法”。

4. 认为经济法是社会法。与“经济公法论”不同的是，此学说虽然也以公、私法的划分为出发点，但认为在公、私法之外存在一个独立的第三领域，即社会法。经济法则是社会法中的核心法律部门。

5. 认为经济法是企业法。德国学者卡斯凯尔、库拉乌捷，日本学者西原宽一等主张以企业为中心来把握经济法的定义，认为经济法是关于企业的法，企业的概念构成了经济立法的出发点。法国有学者认为，经济法是对传统商法的扩展，人们更多的用经济法的概念代替传统的商法。这种主张也可以归于“企业法说”的范畴。

二、前苏联和东欧社会主义国家的经济法概念

1. 认为经济法是调整社会主义成分各种经济关系的法。20 世纪 20 年代，苏联存在两种经济成分和经济关系，即私有者之间的财产关系和社会主义成分的各种经济关系，斯图契卡等学者认为，两者应分别为民法和经济法所调整。人们称这种主张为“两分法说”。20 世纪 30 年代中后期，该理论被认为将社会主义社会中的个人利益与社会利益对立起来而遭到全盘否定。

2. 认为经济法是调整社会组织之间经济关系和公民之间经济关系的法。人们称这种主张为“大经济法说”。20 世纪 30 年代，金茨布尔格、帕舒卡尼斯等学者对“两分法说”进行了批判，认为经济法不仅可以调整社会主义组织之间的关系，也应当调整公民之间的关系。“大经济法说”的实质被认为是以经济法囊括民法，受到当时苏联和其他社会主义国家学术界的广泛重视。

3. 认为经济法是调整国家对国民经济进行管理和社会组织之间进行协作过程中形成的社会关系的法。人们称这种主张为“纵横统一说”。“纵横统一说”形成于第二次世界大战以后，是社会主义经济法学流派中影响最为深远的一种经济法理论。其代表性人物拉普捷夫主张制定统一的《经济法典》来对纵向的经济管理关系与横向的经济协作关系加以规范与调整。

三、我国的经济法概念

我国学者受大陆法系国家德国、日本以及前苏联的影响,长期以来围绕经济法的对象与方式、概念与特点、地位与作用等进行了广泛、深入的分析探讨,提出了各种意见与看法。以肯定经济法作为一个独立法律部门为标准,我国学术界在经济法概念问题上的代表性观点主要有3种。

1. 认为经济法是调整国家干预经济活动过程中形成的经济关系的法,是调整需要由国家干预的具有全局性和社会公共性的经济关系的法律规范的总称。经济法在本质上是国家为了克服市场失灵而制定的法律。此学说历经"国家干预—适度干预—谨慎干预"的理论进程,经不断发展和完善,对我国经济法的概念产生了重要的影响。

2. 认为经济法是调整国家在协调经济运行过程中发生的经济关系的法律规范的总称。此学说认为,现代国家和政府介入经济生活的方式有时是强制性的,有时是协调性的,在协调的过程中,也将会大量采取法律、法规的形式,以服务于市场经济条件下的经济发展。经济法在这一进程中将发挥重要的作用。

3. 认为经济法是调整国家机关、企事业单位和其他社会组织内部及其相互之间,以及他们与公民之间在经济活动中所发生的社会关系的法律规范的总称。该学说源自前苏联法学家拉普捷夫的经济法思想,在学术界有较大的影响。之后随着讨论的进一步深入,有学者在此基础上提出"经济法是调整经济管理关系以及与经济管理关系密切联系的经济协作关系的法律规范的总称"。

此外,我国学者还提出了其他各种学说与主张,包括:认为经济法是国家对国民经济进行宏观间接调控的部门法,市场主体之间的平等性经济关系主要由民法调整,国家行政主体与市场主体之间的社会公务性直接管理经济关系由行政法调整;认为经济法是调整经济管理关系、维护公平竞争关系和组织管理性的流转和协作关系的法;认为经济法是指调整国家在调控社会经济运行、管理社会经济活动的过程中,在政府机关与市场主体之间发生的经济关系的法;认为经济法是调整发生在政府、政府经济管理机关和经济组织、公民个人之间以社会公共性为根本特征的经济管理关系的法;认为经济法是以社会为本位,通过国家、社会团体和市场将有限经济利益和稀缺经济资源合理分配,以营造一个平衡、和谐的社会经济环境,最终实现经济可持续发展的法;等等。

第三节　经济法的特征

经济法的特征是经济法与其他法律部门相区别的本质特点的征象或标志,反映经济法的本质,再现经济法的调整对象。

在西方,由于垄断的发展、经济危机的加剧、两次世界大战以及战败国的重建等,因此要求国家对私人经济加强干预对经济发挥促进、限制或指导作用。这是现代经济法产生的条件和基础。在我国,随着社会主义市场经济的建立和发展,作为调整国家与市场主体之间关系的我国经济法,也应当把国家对市场的干预关系作为其主要的规范内容,以保障市场经济的正常运行。

现代经济法是建立在现代市场经济基础之上,基于解决市场经济发展过程中出现的垄断与竞争、公平与效率、个体营利性与社会公益性的矛盾和防止市场机制失灵，弥补私法调整之不足的需要应运而生的。因此，经济法是依据经济规律进行社会协调，以解决各种矛盾，保障社会经济良性运行和协调发展的法，这是认定经济法特征的基础。

一、经济性

经济法具有经济性，这是不言而喻的，因为经济法的对象发生在直接物质再生产领域，并具有经济目的性。经济法之法律关系中的人格权，如厂商名称权、标志权、荣誉权等，也首先是以财产价值形态表现出来的。

1. 经济法作用于市场经济，直接调整经济领域的特定经济关系。“经济”一词有“节约”之意，在市场经济条件下，经济法的调整可以节约交易成本、资源消耗和权力配置的费用，而这些成本费用的节约则有助于提高市场经济效率。这恰恰符合市场机制有效运作的要求。

2. 经济法反映经济规律，包括价值规律、投入产出规律等。因为经济法的宏观经济管理和微观市场控制只有正确地反映经济规律，才能引导市场主体依法从事经济合理的市场行为，在良好的市场结构中取得预期的市场绩效，并实现综合效益；才能实现经济总量平衡，实现宏观经济目标，解决效率与公平等矛盾，保障社会经济良性运行和协调发展。

3. 经济法主要运用经济手段。经济法上的经济手段是以往人们所认识的经济手段的法律化。经济法中运用的经济手段是其他法律部门所没有的，它与单纯的民事、刑事、行政手段不同，主要包括财政、税收、金融、产业政策等方面的经济手段。这些手段能引导人们趋利避害，有助于实现“理性经济人”希望得到某种效用和利益的愿望。在市场经济条件下，以往单纯的行政命令手段是违背经济规律的，并不能在实质上降低交易成本，而平等协商手段则间或因市场失灵而难以奏效。因此，必须用经济手段来弥补传统手段的欠缺。

二、政策性

经济法根源于国家对经济的自觉调控和参与，其意义不再如民法那样抽象地设定和保障某种权利，而需对千变万化的经济生活及时应对，以求趋利避害，促使经济尽速平稳发展，并提高国家及其经济的国际竞争力。它的任务是实现一定经济体制和经济政策的要求，从而获得比其他任何法律部门更为显著的政策性特征。

政策性特征是经济法内在特质的一种反映，作为表象，则使经济法相对于民法、刑法等传统法律部门更具灵活性和模糊性。

经济法政策性的特征要求经济法成为实现我国社会经济政策的法律形式，经济法将随着社会市场经济体制不断完善而日趋成熟。

1. 政策的法律化。国家的经济生活往往以政策先行，并赋予政策以法的效力。经济生活的变动非常迅速，而作为成文法的经济法，无论如何都应具有法律的一般特性，即相对稳定性。在这样的情况下，国家对于经济生活的及时调控受到法律滞后性的约束，这就需要在法与经济之间建立新的参量——经济政策，经济法与经济政策之间也由此而有了紧密的联系。

2. 法律的政策化。法律的政策化，是相对于政策的法律化而言的，指法律具有了某些政策性的特征。政策因形势需要经常发生变化，经济法受其影响也时常处于变动之中，无论中外莫不如此。经济法对于某些特定经济现象的及时应对，与经济政策的特别应对性和短暂性比较相似。一时之应然，不应被制止或不应为的行为，至彼时则可能成为应受谴责、制止或应为之行为。简言之，可以说经济法律规范短暂多变，并且“变化”这一过程本身也是短暂、迅速、果断的。

法律的政策化不仅体现在经济立法上，也体现在经济执法上。经济法的执法或司法力度在很大程度上都受到经济政策的影响。在这方面，计划和产业政策法、金融和外汇管理法、反垄断法等都反映得比较典型。

3. 法律与政策的混合性。经济法部门下的一些大的、重要的法律，属于法的规范性文件范畴。但是，在行政法规、规章这一层次，法律性的规范性文件与非法律性规范性文件的界限在人们心目中就完全模糊了。现代国家广泛运用的经济政策包括财政政策、货币政策、产业政策、外贸政策、竞争政策、消费者政策等，几乎渗透到国家经济生活的每一个领域以及经济法的每一个部分和分支，这些政策已经不是传统意义上的“政策性的政策”，而是具有巨大影响的、对法律体制具有“补漏”和“缓冲”价值的政策。

三、行政主导性

经济法是国家干预、从事经济活动，参与经济关系的产物，调整的是直接体现国家意志的经济关系，从而与政府的管理和参与有密切关系。作为这种特殊意志性的客观要求及其在法律上的反映，经济法在强制性、授权性和法的实现方面均体现着浓重的行政主导性特征。

经济法中不乏命令、服从性质的强制性规范，依法享有经济管理权力的行政机关或其授权机关在诸如税收征收管理、查处违法经营等活动或法律关系中居于主导地位，自不待言。而国家在市场经济条件下协调和参与经济活动，必须适应内在经济规律和经济生活复杂多变的实际需要，因此，经济法更多地通过授予政府以法规制定权、自由裁量权和准司法决定权等来体现行政主导之客观要求。

我国的市场化改革和未来市场经济体制的建立，都是自上而下推进的，私有制从未真正得到确立，公民和社会的自治能力相对较弱，由此决定了我国经济法的行政主导性要比西方资本主义国家的经济法更为显著。

四、综合性

现代社会化大生产表现为从生产到流通，各类具体的经济关系相互渗透形成综合的体系。现实的经济物质生活要求法律对经济关系进行全面、综合、系统的调整。传统的法律部门往往就单个经济生活中发生的问题或权益纠纷进行规制，较为被动，而经济法则直接反映了现代社会市场经济条件下经济关系的综合性和系统性。经济法虽然也要规制经济生活中的具体问题及具体的权益纠纷，但其根本出发点是对经济运行实行全面、宏观、系统的协调。

1. 经济法兼具公法和私法因素，是“公法私法化”和“私法公法化”的产物。经济法或以行政、刑法等“公”的手段调整企业、价格、利率等“私”的关系，或者将平等对立、等价有偿等“私”的手段引导政府和公权力介入，为公共利益考量的“公”的关系，如国有或公共企业法、国有化法、私有化法、经济合同法等的调整。

2. 经济法对经济关系的调整是将各种法律调整手段有机结合的综合调整。经济法对其规范的经济关系采用所需的任何手段加以调整，如民事的、行政的、刑事的、程序的、褒奖的、社会性的等。

3. 经济法在其调整过程中处处体现着统分结合、指导和规制相结合的现代市场经济精神。统分结合是指国家统一领导、调控与地方分权、公有主体自主经营管理相结合；指导和规制相结合则是指除了综合运用传统的强制性规范和任意性规范之外，经济法还大量创制指导性、诱劝性规范，以适应在宏观调控下由市场配置资源的客观要求。

五、社会公益性

由于经济法主要调整国家在对国民经济进行干预、管理和调控过程中形成的经济关系，所以，经济法常常强调社会责任本位理念，强调社会公益性。

经济法虽然也同时关注社会主体个人的权益，但与民商法相比，经济法最初的切入点或出发点是不同的。民法的切入点是权利，而后通过对每个权利的维护达到对秩序的维护，而经济法则首先着眼于秩序，通过宏观地强调经济的有序保护个体的权利和利益。简言之，民法的运作途径是从权利到秩序，而经济法则是从秩序到权利，或者说经济法关注的直接利益是整体性的，为了维护整体的利益，经济法对个体的权利和行为在必要时反而会做出一定的规制和导向。

第四节　经济法的作用

一、保障市场经济体制的建立与完善

改革与生产力不相适应的计划经济体制，建立具有中国特色的、充满生机和活力的社会主义市场经济体制，促进国民经济发展，是实现社会主义现代化的重要保证，是经济和社会全面发展的客观要求。

经济法对保障市场经济的顺利进行发挥着巨大的作用。首先，经济法从法律上保证市场经济朝着正确的方向发展；其次，经济法为市场经济措施的贯彻提供可靠的法律保证；最后，经济法以法律手段保护市场经济建设的成果，维护市场经济秩序。

市场经济能否有序运行，关键在于主体的行为是否规范，规范经济主体行为本身就是维护市场经济秩序。

1. 规范政府主体行为。市场经济的法制化不仅要求市场主体必须依法经营，而且首要的是规制政府主体在干预社会经济活动时必须依法运作。没有依法管理的政府就不可能有适合的市场主体，就不可能有主体规范的市场行为，当然也就不会有规范的市场秩序。为了确保市场经济的有序运行，在市场有效调节的情况下，市场经济本能地排除政府的干预。只有当市场调节失灵时，政府才能对市场进行干预，以恢复市场调节。为了防止政府行为对市场机制人为地设置障碍，经济法在规制市场主体的同时也对政府的行为加以必要的规制。

2. 规制市场主体活动。市场主体活动是国民经济活动的主要构成部分。当市场主体在法定的市场秩序下进行经济活动时，经济法对主体的活动一般并不干预。这种情况下，市场主体的活动主要依靠民商法进行调整。同时，市场机制也在自发地进行着调节。只有在市场主体违反了法定的市场交易规则时，如非法进行垄断、实施不正当竞争行为、严重损害消费者利益、破坏国家的宏观调控机制等，经济法才发挥其规制作用，及时、有效地矫正市场主体的行为。

二、保护经济法主体的合法权益

作为经济法主体的国家机关及市场主体，都依法享有各自的权力（或权利）。没有经济

权力(或权利),主体就不能在经济法关系中存在,更谈不上实现其职能。无论经济权力,抑或经济权利都是主体依法取得的,是不能非法剥夺的。因此,禁止并制裁侵犯经济法主体的行为,保护其合法权益,始终是经济法必然发挥的重要作用之一。

第五节　经济法的渊源

法的渊源,是指法的表现形式。我国经济法的渊源,则是指我国经济法规范的表现形式。

一、宪法

我国现行宪法是1982年12月4日第五届全国人民代表大会第五次会议通过的《中华人民共和国宪法》。该法通过1988年4月12日、1993年3月29日、1999年3月15日、2004年3月14日全国人民代表大会先后4次通过的《中华人民共和国宪法修正案》作了修订。这4次修正形成的修正案中,对于国家经济制度的相关修改就占了绝大多数。宪法中诸如社会主义公有制包括国家所有制和劳动群众集体所有制、国家实行社会主义市场经济、国家加强经济立法、完善宏观调控等内容是我国经济立法的基本渊源。

二、法律

法律包括全国人民代表大会制定的法律(即基本法律)和全国人民代表大会常务委员会制定的其他法律。经济法律在规范性文件体系中处于仅次于宪法的地位,是经济法的重要渊源。

三、行政法规和部委规章

国务院是最高国家权力机关的执行机关,是最高国家行政机关。国务院制定的行政法规的数量远大于法律,是经济法的重要渊源。

国务院所属的各部委根据法律和行政法规、决定、命令,在本部门权限内发布规章,其在我国数量极为众多,也是经济法的重要渊源。

四、地方性法规和规章

省、自治区、直辖市以及省级人民政府所在地的市和国务院批准的较大市的人民代表大会及其常委会可以制定地方性法规,人民政府可以制定地方性规章。这些调整在国家宏观协调本国经济运行过程中发生的经济关系的地方性法规和规章,都属于经济法的渊源的范畴。

五、自治条例和单行条例

民族自治地方的人民代表大会根据当地特点制定的协调经济运行过程中发生的经济关系的自治条例和单行条例,也属于经济法的渊源。

六、特别行政区基本法和有关规范性文件

我国特别行政区实行其特有的法律制度。特别行政区协调其经济运行过程中发生的经济关系的基本法和有关的规范性文件都属于经济法的渊源。

第六节　经济法的体系

经济法的体系是指对经济法规范,按一定逻辑关系建立起来的,由各个经济法部门所组成的有机联系、和谐统一的整体。

经济法的体系是由经济法的调整对象决定的。经济法的调整对象包括经济主体关系、公平竞争关系、经济管理关系和社会保障关系,因此,经济法体系应由经济主体法、市场规制法及宏观调控法和社会保障法 4 个经济法部门构成。

一、经济主体法

经济主体主要包括政府主体和市场主体。政府主体经济管理职能是由综合性经济管理机关和行业性经济管理机关行使的,有关政府主体资格的规范及其经济管理职责由行政组织法加以确定,在此不再赘述。市场主体主要指生产经营者组织、个人和市场中介组织。这些组织和个人的经济主体的资格及其职能被经济法规范为公司法、外商投资企业法、合伙企业法、私有独资企业法、股份合作企业法。

二、市场规制法

市场规制法,亦称市场管理法、市场秩序法,是对政府机关与市场主体之间发生的经济管理关系进行法律规制的结果。市场规制法调整市场管理关系的目的是禁止或限制垄断,制止不正当竞争,保护消费者的合法权益,维护市场交易秩序,以确保市场经济的良性运行。市场规制法主要包括反垄断法、反不正当竞争法、产品质量法、消费者权益保护法等。

三、宏观调控法

宏观调控法是调整国家在宏观调控过程中发生的行政管理性经济关系的法律规范的总称。市场经济条件下的市场调节是基础性的调节,当市场调节失灵时,便需要国家之手进行第二次调节(调控)。同时,国家从国民经济全局出发,对重大经济结构、产业结构失衡所进行的调节以及国家主动地制定国民经济计划也都属于宏观调控。因此,宏观调控法由计划法、投资法、预算法、财税法、金融法、价格法等构成。

四、社会保障法

市场经济不能自发地保护弱者,实现效率和公平的统一。因此,国家通过国民收入的再分配,建立社会保障制度,包括社会福利、社会救济、社会保险和优抚安置等,以保障社会和经济的和谐发展、科学发展。社会保障法由社会保险法、社会福利法、社会救济法等构成。

第七节　经济法律关系

一、经济法律关系的概念

法律关系是指社会关系中被依法确认和调整的,进而在人们相互之间形成具有权利和义务内容的一种社会关系。经济法律关系是由经济法律规范所确认和调整的人与人之间具有权利和义务内容的社会关系。

经济法律关系与经济法所调整的经济关系是有所区别的。首先,经济法律关系是经济法调整特定的经济关系后所确认的权利义务关系,而经济关系是客观存在的物质利益关系。前者属于上层建筑范畴,后者属于经济基础范畴。其次,经济法律关系由法律来保障,经济关系靠客观经济规律来支配。最后,经济法律关系的存在以经济法的存在为前提,而经济关系是客观存在的,不以法的存在为前提。

与其他法律关系一样,经济法律关系也是由主体、客体和内容3个要素构成的。经济法律关系的主体是经济法律关系产生的先决条件,是客体的占有者、使用者和行为的实践者,是内容即经济权利和经济义务的承担者。经济法律关系的客体是经济法律关系主体权利义务所共同指向的对象。没有客体,经济法律关系主体的活动就失去了意义,权利义务也就失去了目标。经济法律关系内容是经济法律关系的实质和核心,是联络各主体、联系主体与客体之间的桥梁,直接体现了经济法律关系主体的要求和利益。所以,3个要素是紧密联系、不可分割的有机组成部分,去掉其中任何一个都不能构成经济法律关系,变更其中任何一个也不再是原来的经济法律关系。

二、经济法律关系的主体

经济法律关系的主体也称经济法主体,是指在国家管理经济活动的过程中,依法享有权利(权力)和承担义务的社会实体。主体的社会活动具有多样性,因此,同一主体可以参加不同的法律关系。由于法律关系的性质不同,同一主体在不同法律关系中的性质、地位也就有所区别。

经济法律关系主体的基本特征有3个。

1. 具备一定的组织形式。除公民个人外,经济法主体必须是由国家认可的统一组织。经济法主体应当具备法律所明确规定的组织系统、组织形式、职能性质和宗旨、组织规模、工作(技术)条件、活动方式、分配形式和领导关系。

2. 拥有经济权力或权利。经济法主体在管理国民经济和进行经济活动时,都是经济权力和经济权利的享有者。经济法主体的经济权限不是自然发生的,必须由法律确认。

3. 具有责任能力,对自己的经济活动后果负责。一方面,要承担经济活动不利后果的责任,即承担经济责任和法律责任;另一方面,在经济权利受到侵犯时,行使保护请求权。

在我国,经济法律关系的主体包括3方面。

(一)国家

国家是特殊的经济法主体。国家既是国家政权的承担者,又是国有生产资料的所有者。国家是国家所有权的主体。全民财产转化为国家财产,由国家根据全体人民的意志加以占有、使用和支配,使国家成为国家财产的唯一主体。国家机关、国有企业或其他组织基于国家授权,对某些国家财产进行经营、管理,但它们不能因此成为国家财产的主体,它们只处于由于国家授权而产生的受托人的法律地位。

同时,国家是实行宏观经济调控的唯一主体。宏观调控是现代国家的重要职能,离开宏观调控,社会经济不可能有效运转。宏观调控的客体是整个国民经济,因此,必须由一个社会中心进行调控。

(二)政府机关

政府机关是重要的经济法主体。在社会主义市场经济条件下,政府机关代表国家对社会的经济活动起着重要的调控、规制和管理作用,因此,政府机关始终是经济关系中的重要主体之一。

作为经济法主体,政府经济机关不仅行使经济权力,调节、管理、监督国民经济,而且也进行经济活动,享有经济权利,承担经济义务。国家机关在职能性活动中,实现了经济权力与经济权利的结合。

政府机关作为经济法律关系主体的主要表现是:对国家经济进行决策,对国民经济进行宏观调控,维护市场经济秩序。

(三)市场主体

市场主体包括一切处于经济法调整的社会关系之中,遵从政府机关依法管理的组织和个人。

1. 独立经济组织。主要是指各类企业。经济组织是指具有经济宗旨并直接进行经济活动的社会组织,是最普通的经济法主体,其特征是:以自己的名义直接参与经济活动;内部经济关系具有统一性,表现为组织统一、经济统一和生产经营技术统一。

2. 经济内部组织。经济组织的内部组织,也是经济法主体之一。经济组织的内部组织,是指在实行统一领导的经济组织内部,享有一定经营管理权的专业生产经营单位和经济联合组织内部成员单位。

3. 个体工商户、农村承包经营户和自然人。个体工商户是指从事个体工商业经营的个体经济形式,其特征是:以本人或家庭的生产或经营资料进行生产经营活动;成员为劳动者本人或其家庭成员;经工商管理机关核准登记,获得“个体工商户”资格。农村承包经营户是指农村集体经济组织内,按照农村承包经营合同的规定,从事农业生产经营活动的农户,其特点是:在法律上,它是在家庭联产承包责任制下进行农业生产经营,对其生产经营后果负责的农户生产经营单位。此外,自然人参加经济活动,也可成为经济法主体,享有经济权利,承担经济义务。

三、经济法律关系的客体

经济法律关系的客体,是指经济法主体相互之间的权利和义务所共同指向的对象,包括物、经济行为、智力成果等3方面。

(一)物

物是指人们用来支配和满足某种需要的具有使用价值的实物。作为经济法律关系客体的物,是指经济法律关系的主体在事实上和法律上能够控制和支配的,法律法规允许进入到经济法律关系中,具有一定经济价值的客观存在。

从具体实践上看,经济法律关系客体中的物,主要包括自然资源和产品资料。

(二)经济行为

经济行为是指进行经济活动,能发生一定经济后果的行为。作为经济法律关系客体的经济行为,是引起经济权利、义务的发生、变更和终止的经济活动,是经济权利(权力)和经济义务所共同指向的作为或不作为,既包括经济组织等主体的经济行为,也包括国家和国家机关的经济行为。

1. 国家和政府的经济行为。政府机关是国家经济行为的具体承担者。政府的经济行为是指政府这一国家权力执行机构所具有的经济职能性经济活动。政府作为经济行为的重要主体，一方面承担着对国民经济运行进行协调的经济职能，同时也充当一般的经济组织，直接参与经济活动。

2. 市场主体的经济行为。市场主体的经济行为是指直接从事市场经济活动的经济实体的具体生产经营行为，分为一般性经济行为和组织性经济行为。一般性的经济行为是指所有市场主体都进行的生产、销售等行为，包括市场主体进行的社会生产、分配、交换、消费等经济行为，这是经济主体最基本和最主要的经济活动。组织性经济行为专指具体经济组织的设立、变更、终止等涉及自身组织机构的活动。

（三）智力成果

智力成果是指经济法主体从事智力劳动所创造取得的成果，如科学发明、技术成果等。智力成果本身不直接表现为物质财富，但可以转化为物质财富。智力成果作为经济法律关系的客体，其法律表现形式为商标权、专利权、专有技术权、著作权等。

四、经济法律关系的内容

法律关系的内容是指法律关系的主体享有的权利和承担的义务，其特征有 2 个：一是除了经济权利和经济义务以外，还包括经济权力。这主要是由政府机关的管理、协调和监督职能决定的。二是权利(力)义务具有非均衡性。国家和政府固然不能任意干预市场主体的经济活动，但市场主体必须遵守、服从国家和政府制定的法规和政策。

（一）经济权利

经济权利是指经济法主体依据法律规定或合同约定所获得的、实现经济目的、满足物质利益需要的权利。

经济法律关系主体的经济权利主要包括 3 方面。

1. 财产所有权。财产所有权是指所有者对其财产依法享有的独立支配权，包括占有、使用、收益和处分的权能，即所有权。

2. 经营管理权。经营管理权是指企业进行生产经营活动时依法享有的权利。

3. 请求权。请求权是指经济法主体的合法权益受到侵犯时依法享有的要求侵权人停止侵权行为和要求国家机关保护其合法权益的权利，主要包括要求赔偿权、请求调解权、申请仲裁权、经济诉讼权等。

此外，监督权、举报权和知情权等权利也是市场主体依法享有的重要权利。

（二）经济义务

经济义务是指经济法主体依法为一定行为或不为一定行为的法律约束，既包括对权利主体的义务，也包括对权力主体的义务；可以是法律设定的义务，也可以是当事人约定的义务。根据权利者或权力者的不同情况，经济义务可分为国家和政府机关的义务、市场主体的义务。

1. 国家和政府机关的义务。由于政府机关是国家管理经济活动的实际承担者，因此国家的经济义务主要通过政府机关来实现。

（1）一般义务。这是指政府必须正确地行使权力，不得放弃或转让，同时权力的行使必须符合规范，不得超越权限范围，违反法定程序。

（2）服务性义务。这是指国家和政府应当为市场主体的生产经营活动提供或创造便利条件，包括提供信息和咨询、协调经济摩擦、组织劳动就业、培育和完善市场体系、发展和完善公共设施和公益事业等。

2. 市场主体的义务。市场主体的义务是指经济法为市场主体设定的约束。

（1）守法经营的义务。这是市场经济主体的一项基本义务，包括依法进行生产、经营、管理、组织、销售、纳税等。

（2）公平竞争的义务。这是市场主体的主要义务，要求其凭借自身实力进行正当竞争，不得使用非法或不当手段损害其他经营者或消费者的合法权益。公平竞争的义务一般是不作为义务，通过有关立法运用概括或列举的方式明确市场主体所不应当进行的行为。

（3）接受监督的义务。这是指市场主体在政府对其经济活动进行检查时，应当予以积极配合，提供方便条件以及所需资料，不得拒绝和阻挠。

（4）经济组织的内部义务。这是在作为经济法主体的经济组织内部形成的经济关系中所承担的义务，如生产经营责任制义务、内部合同义务、内部审计义务等。其特点是：不由法律直接规定，而是经济组织依据法律规定或对外合同约定，在组织内部根据分工将义务进行分解而形成的内部义务。

五、经济法律关系的发生、变更和消灭

经济法律关系的发生是指因某种经济事实的存在，经济法主体之间为了利益的实现而形成了权利和义务关系。经济法律关系的变更是指经济法律关系主体、客体乃至权利与义务发生的变化。经济法律关系的消灭是指经济法律关系主体之间的经济权利和经济义务的终止。

经济法律关系的发生、变更和消灭不是随意和盲目的，而是有一定的条件和根据的。从根本上说，社会经济条件的变化与发展，是经济法律关系发生、变更和消灭的根本原因。但是，就具体的经济法律关系而言，其发生、变更和消灭的依据则是法律所确认的客观情况。凡是由经济法所规定的，能够直接引起经济法律关系发生、变更和消灭，并且能产生一定经济法律后果的客观情况，都称为经济法律事实。单纯的某一经济法规范本身，只是静态的法律，并不能直接引起经济法律关系的发生、变更和消灭，只有当某一经济法律事实出现时，经济法律关系主体才有理由和依据对原有的经济法律关系作出调整。

经济法律事实一般包括经济行为和经济事件。经济行为是指能够引起经济法律关系发生、变更和终止的经济主体的目的的经济活动，分为经济合法行为和经济违法行为，前者如依法设立公司，后者如垄断。经济法律事件是指能够引起经济法律关系产生、变更和终止的，不以经济主体意志为转移的客观事实，包括自然现象和社会现象，如自然灾害、战争等。

第八节　经济法的基本原则

法律的基本原则是法律在调整各种社会关系时所体现的最基本的精神价值，反映了它所涵盖的各部门法或子部门法的共同要求。经济法的基本原则是指对经济立法、经济守法、经济司法和经济法学研究具有指导和适用价值的总的指导思想和基本准则。

一、适度干预原则

市场经济不是放任自流的无政府主义经济，它内在地要求政府对经济进行宏观调控和对市场主体行为进行规制。适度干预原则是指政府的干预行为必须符合实际情况和客观规律，符合法律的要求，兼顾调控和规制的需要和可能，保障市场主体的合法权益和市场秩序的良性发展。

确立适度干预原则的原因有 3 个。第一，市场缺陷和市场失灵的存在为政府对经济的宏观调控提供了必要和可能，政府必须运用经济、法律等手段进行有效的宏观调控，消除市场自身弊端所造成的危害，以利于市场经济的健康发展。第二，政府对市场的宏观调控和对市场主体行为的规制必须适度，政府不能滥用其干预权。第三，经济法作为现代市场经济法律体系中的基本法律，一方面要为政府对经济的宏观调控和对市场主体行为的规制提供法律依据，另一方面也要对政府的干预进行限制，以避免权力滥用。

贯彻适度干预原则，必须做到 2 点：(1) 干预有据。一是来源合法，即政府的干预必须来源于法律的授权，而这种授权意味着权力范围的合理设定和保证权力的正当行使；二是程序合法，政府干预必须遵循既定的程序，在权力行使的时间、空间方式等方面保证干预行为在程序上的合理性。(2) 干预有度。权力本身存在着扩张性、侵犯性的弊端，因此，经济法必须在法律上明确政府干预的范围和方法。一是干预范围有度，政府干预的范围应局限于经济法调整对象所涉及的宏观调控关系与市场规制关系；二是干预手段有度，政府干预的实施方法、手段(计划、金融、财政、税收等)和强度等应该适度。

二、公平竞争原则

公平竞争包括3方面含义：(1) 平等竞争。在市场活动中各类市场主体法律地位一律平等，无论权利享有抑或义务承担均应平等。同时，竞争机会均等，禁止滥用市场优势、行业垄断、政府垄断等不正当竞争行为，并为每一个竞争者提供均等的市场准入、退出机会和平等的交易机会。(2) 正当竞争。即市场主体应当公开地用正当竞争手段去进行竞争，不得搞欺诈和恶意串通，不得从事不正当竞争。(3) 有序竞争。有序是市场活动的必要前提和基础，只有有序竞争才能保障竞争的平等性与正当性。

竞争是市场经济的根本所在，要发展市场经济关键在于激发和维护市场竞争。以创造市场平等竞争条件和维护公平竞争秩序为己任的经济法应确立公平竞争原则。第一，公平竞争原则是在经济法弥补市场的缺陷、克服民商法调整市场经济关系的局限性的过程中确立的。19 世纪末 20 世纪初，随着垄断资本主义的迅猛发展和不正当竞争行为的不断加剧，市场主体间的公平竞争化为泡影，经济法作为一种崭新的法律形式，从创设之初就以创造市场平等竞争条件和维护公平竞争秩序为己任，它改变了民商法对社会关系采取的自由放任的态度，在民商法肯定自由竞争的基础上运用国家之手，强调对公平竞争的保护。从美国制定《谢尔曼法》至今，公平竞争法已逾百年，其间虽历经修改，但其立法宗旨中渗透的保护公平竞争理念却始终如一。法律原则是法律价值的体现，由于维护公平竞争这一经济法的基本价值理念与目标，所以，“公平竞争”应作为经济法的一项基本原则。第二，市场竞争是市场经济发展的动力，没有竞争就没有市场经济。而公平是市场经济的立法取向，公平竞争是市场经济的命脉和本质特征。市场主体为了各自的利益而参与市场竞争，但市场竞争主体在市场中的实力不同，在市场竞争中所占的地位也不同，故在市场竞争中容易出现弱肉强食和不正当竞争，因此，体现社会正义的经济法应从保护弱者和维护公平竞争出发，将反不正当竞争法和反垄断法作为核心内容，并确立公平竞争原则。

公平竞争原则是经济法的一项基础性原则，它不仅直接体现在竞争法——反垄断法和反不正当竞争法中，而且在经济法诸如发展计划、产业政策、财政税收、金融外汇、企业组织、经济合同等各项制度和具体执法暨司法中，都必须考虑市场主体公平竞争的问题，政府的经济管理和市场操作更应该公开、公平、公正，不得违背和破坏市场公平竞争之客观法则。

公平竞争原则对政府提出的要求，一是要加强宏观调控，依法运用干预权影响经济运行，规范市场秩序，维护公平竞争；二是要加大执法力度，规范市场主体行为，制止不正当竞争行为，为市场主体的公平竞争创造一个良好的环境和条件。公平竞争原则对经营者提出的要求则是在市场交易中应遵循自愿、平等、公平、诚实信用的原则公平竞争，任何竞争者都不应采用不正当的手段谋取私利，破坏公平竞争。

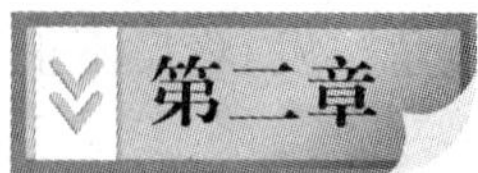

第二章 企业法

本章导读

企业是依法成立的具有一定的组织形式,独立从事商品生产经营、服务活动的经济组织。企业法是关于确立企业的法律地位,调整企业在设立、变更、终止及其生产经营过程中发生的经济管理关系和财产经营关系的法律规范的总称。从广义上看,我国企业法是一个十分庞杂的法律体系,包括《个人独资企业法》、《合伙企业法》、《中外合资经营企业法》、《中外合作经营企业法》、《外资企业法》、《全民所有制工业企业法》、《公司法》、《乡镇企业法》、《中小型企业促进法》、《破产法》等。企业法体系的建立与完善是与我国社会主义经济体制的改革进程相适应的。不同的企业法有不同的调整对象,在各自的调整领域发挥着不可替代的作用。由于公司制企业的特殊性和企业破产的相对独立性,有关公司法、破产法的内容将分别在第三章到第五章中专门叙述。本章讨论的是独资企业、合伙企业和中外合资(合作)企业的法律问题。

第一节 个人独资企业法

一、个人独资企业法概述

(一) 个人独资企业的概念和特征

个人独资企业是指在我国境内设立,由一个自然人投资,财产为投资人个人所有,投资人以其个人财产对企业债务承担无限责任的经营实体。

个人独资企业产生于人类社会的第一次分工时期,在任何社会都可以与社会化程度较低、规模较小的市场活动相适应,因此,这种企业形态仍然活跃在现代经济生活中。与其他企业形态相比,个人独资企业具有4个特征。

1. 个人独资企业由一个自然人投资。这里的自然人仅指中国公民。外商单独投资设立的外商独资企业不适用《中华人民共和国个人独资企业法》。

2. 投资人对企业的债务承担无限清偿责任。

3. 内部机构设置简单,经营管理方式灵活,法律的限制性规定较少。

4. 个人独资企业是非法人企业。投资人和企业融为一体,企业的责任就是投资人的责任。

(二) 个人独资企业法的概念和基本原则

1. 个人独资企业法的概念

个人独资企业法的概念有广义和狭义之分。广义的个人独资企业法是指国家关于个人独资企业的各种法律规范的总称;狭义的个人独资企业法是指1999年8月30日第九届全国人民代表大会常务委员会第十一次会议通过、自2000年1月1日起施行的《中华人民共和国个人独资企业法》(以下简称《个人独资企业法》)。

2. 个人独资企业法的基本原则

(1) 依法保护个人独资企业的财产和其他合法权益。

(2) 企业从事经营活动必须遵守法律、行政法规,遵守诚实信用原则,不得损害社会公共利益。

(3) 企业应当依法履行纳税义务。

(4) 企业应当依法招用职工。

(5) 企业职工的合法权益受法律保护。

二、个人独资企业的设立

(一) 个人独资企业的设立条件

(1) 投资人是一个自然人,且只能是中国公民。

(2) 有合法的企业名称。

(3) 有投资人申报的出资。《个人独资企业法》对出资数额未作限制。出资可用货币出资,也可以土地使用权、知识产权或者其他财产权利出资。非货币形式出资的应将其折算成货币数额。投资人申报的出资额应当与企业的生产经营规模相适应。投资人可以以个人财产出资,也可以以家庭共有财产出资。以家庭共有财产出资的,投资人应当在设立(变更)登记申请书上予以注明,并依法以家庭共有财产对企业债务承担无限责任。

(4) 有固定的生产经营场所和必要的生产经营条件。

(5) 有必要的从业人员。这是指有与其生产经营范围、规模相适应的从业人员。

(二) 个人独资企业的设立程序

1. 向个人独资企业所在地的登记机关提出申请

投资人申请设立登记的,应当提交下列文件:(1) 投资人签署的个人独资企业设立申请书,并应载明如下事项:① 企业的名称和住所;② 投资人的姓名和居所;③ 投资人的出资额和出资方式;④ 经营范围及方式。个人独资企业投资人以个人财产出资或者以其家庭共有财产作为个人出资的,应当在设立申请书中予以明确说明。(2) 投资人身份证明,主要是指投资人的居民身份证或者其他可以证明出资人身份的材料。(3) 企业住所证明和生产经营场所使用证明等文件,如土地使用证明、房屋产权证或租赁合同等。(4) 委托代理人申请设立登记的,应当提交投资人的委托书和代理人的身份证明或者资格证明。(5) 国家工商行政管理局规定提交的其他文件。个人独资企业从事的业务需要有关部门审批的,必须依照法律、行政法规规定提交有关部门,获得相应批准才可以从事该领域的经营。

2. 取得相应的工商登记

登记机关应当在收到设立申请文件之日起15日内,对符合《个人独资企业法》规定条件的,予以登记,发给营业执照;对不符合《个人独资企业法》规定条件的,不予登记,并发给企业登记驳回通知书。个人独资企业营业执照的签发日期,为个人独资企业成立日期。

3. 分支机构的设立登记

个人独资企业设立分支机构,应当由投资人或者其委托的代理人向分支机构所在地的登记机关申请设立登记。

三、个人独资企业的投资人及事务管理

(一) 个人独资企业的投资人的条件、权利和责任

1. 个人独资企业投资人的条件

个人独资企业的投资人为一个具有中国国籍的自然人,但法律、行政法规禁止从事营利性活动的人,不得作为投资人申请设立个人独资企业。

2. 个人独资企业投资人的权利和责任

个人独资企业投资人对本企业的财产依法享有所有权。

个人独资企业投资人对企业的债务要承担无限责任。个人独资企业的财产不足以清偿企业债务的,投资人应当以其个人的其他财产予以清偿。如果个人独资企业投资人在申请企业设立登记时,明确以其家庭共有财产作为个人出资的,在个人独资企业的财产不足以清偿企业债务时,应当依法以家庭共有财产对企业债务承担无限责任。因为投资人与其家庭的特殊关系,投资人的财产往往与其家庭财产难以划清。例如,根据婚姻法的规定,夫妻在婚姻关系存续期间所得的工资、生产经营的收益、知识产权收益等没有书面约定归各自所有的,夫妻一方取得的财产为夫妻双方的共同财产,既然财产是共有的,收益也是共同所有的,那么对债务也应以共有财产清偿。从其他家庭成员之间的关系看,家庭成员允许投资人将家庭财产用于投资办企业就意味着许诺将这部分财产用于承担风险,而投资人取得的收益也是全家共同享有的,这就意味着个人独资企业的收益是家庭共同财产的一部分。

(二) 个人独资企业的事务管理

1. 个人独资企业事务管理的方式

个人独资企业投资人可以自行管理企业事务,也可以通过订立书面合同委托或者聘用其他人负责管理企业事务。投资人对受托人或者被聘用的人员职权的限制,不得对抗善意第三人。

2. 个人独资企业事务管理的内容

(1) 会计事务管理。个人独资企业应当依法设置会计账簿,进行会计核算。

(2) 用工事务管理。个人独资企业应严格依照《中华人民共和国劳动法》及有关规定招用职工。

(3) 社会保险事务管理。个人独资企业应当按照国家规定参加社会保险,为职工缴纳社会保险费。

四、个人独资企业的解散和清算

(一) 个人独资企业的解散

个人独资企业有下列情形之一时,应当解散:(1) 投资人决定解散;(2) 投资人死亡或者被宣告死亡,无继承人或者继承人决定放弃继承;(3) 被依法吊销营业执照;(4) 法律、行政法规规定的其他情形。

(二) 个人独资企业的清算

1. 通知和公告债权人

个人独资企业解散,由投资人自行清算或者由债权人申请人民法院指定清算人进行清

算。投资人自行清算的,应当在清算前15日内书面通知债权人;债权人无法通知的,应当予以公告。债权人应当在接到通知之日起30日内,未接到通知的应当在公告之日起60日内,向投资人申报其债权。

2. 财产清偿顺序

个人独资企业解散清算时,应当先以个人独资企业的财产清偿个人独资企业存续期间产生的债务,当个人独资企业财产不足以清偿时,个人独资企业的投资人应当以其个人的其他财产予以清偿。个人独资企业解散的,财产应当按照下列顺序清偿:所欠职工工资和社会保险费用—所欠税款—其他债务。

3. 注销登记

个人独资企业清算结束后,投资人或者人民法院指定的清算人应当编制清算报告,并于清算结束之日起15日内向原登记机关申请注销登记。

4. 投资人的持续偿债责任

个人独资企业解散后,原投资人对尚未偿还的个人独资企业存续期间产生的债务,仍应当承担偿还责任,该责任即为投资人的持续偿债责任。但债权人在5年内未提出偿债请求的,投资人的持续偿债责任消灭。

第二节 合伙企业法

一、合伙企业法概述

(一)合伙企业的概念

合伙是指两个以上的人为着共同的目的,相互约定共同出资、共同经营、共享收益、共担风险的自愿联合。《中华人民共和国合伙企业法》第2条规定:"合伙企业是指自然人、法人和其他组织依照本法在中国境内设立的普通合伙企业和有限合伙企业。"

(二)合伙企业的特征

(1)必须有两个以上的合伙人组成。

(2)必须有合伙人共同订立的合伙协议。

(3)至少有一名合伙人对企业债务承担无限连带责任。

(4)属于非法人企业。

(三)合伙企业法的概念及其适用范围

合伙企业法有广义和狭义之分。狭义的合伙企业法是指第八届全国人民代表大会常务委员会第二十四次会议于1997年2月23日通过、自1997年8月1日起施行、2006年8月27日第十届全国人民代表大会常务委员会第二十三次会议修订的《中华人民共和国合伙企业法》(以下简称《合伙企业法》);广义的合伙企业法是指调整合伙企业合伙关系的各种法律规范的总称,除了《合伙企业法》,还包括《合伙企业登记管理办法》、《国务院关于鼓励支持和引导个体私营等非公有制经济发展的若干意见》等。

我国《合伙企业法》适用于中国的自然人、法人和其他组织依照《合伙企业法》在中国境内设立的普通合伙企业和有限合伙企业。采用合伙制的非企业专业服务机构的合伙人承担责任形式可以适用《合伙企业法》关于特殊的普通合伙企业合伙人承担责任的规定。所谓的非企业专业服务机构是指不采取企业(如公司)形式成立的,不以营利为目的的,以自己专业知识提供特定咨询等方面服务的组织,如律师事务所、会计师事务所等。对于外国企业或外国自然人在中国境内设立合伙企业的,《合伙企业法》没有禁止,但其管理办法由国务院规定,不适用《合伙企业法》。

二、普通合伙企业

(一)普通合伙企业的概念

普通合伙企业是指由普通合伙人组成、合伙人对合伙企业债务承担无限连带责任的一种合伙企业。其特点是:

1. 由普通合伙人组成。所谓普通合伙人是指在合伙企业中对合伙企业的债务依法承担无限连带责任的自然人、法人和其他组织。《合伙企业法》第3条规定:"国有独资公司、国有企业、上市公司以及公益性的事业单位、社会团体不得成为普通合伙人。"

2. 合伙人对合伙企业债务承担无限连带责任。所谓无限连带责任包括两个方面:(1) 连带责任。即所有合伙人对合伙企业的债务都有责任向债权人偿还,不论自己在合伙协议中所承担的比例如何。(2) 无限责任。即所有合伙人不仅以自己投入合伙企业的资金和合伙企业的其他资金对债权人承担清偿责任,而且在不够清偿时还要以合伙人自己所有的财产对债权人承担清偿责任。

(二)普通合伙企业的设立

1. 合伙企业的设立条件

(1) 有两个以上的合伙人。合伙人可以为自然人、法人和其他组织。对于普通合伙企业合伙人数的最高限额,我国未作出限制性规定。

(2) 有书面合伙协议。合伙协议是由各合伙人通过协商,确定合伙经营原则与合伙企业事务执行原则以及合伙人之间权利和义务等方面内容的协议。合伙协议应当依法由全体合伙人协商一致,以书面形式订立,协议应当载明下列事项:① 合伙企业的名称和主要经营场所的地点;② 合伙目的和合伙企业的经营范围;③ 合伙人的姓名或者名称及其住所;④ 合伙人出资的方式、数额和缴付出资的期限;⑤ 利润分配和亏损分担方式;⑥ 合伙企业事务的执行;⑦ 入伙与退伙;⑧ 争议解决办法;⑨ 合伙企业的解散与清算;⑩ 违约责任等。合伙协议经全体合伙人签名、盖章后生效。修改或者补充合伙协议,应当经全体合伙人一致同意;但是,合伙协议另有约定的除外。对于合伙协议未约定或者约定不明确的事项,由合伙人协商决定;协商不成的,依照《合伙企业法》和其他有关法律、行政法规的规定处理。

(3) 有各合伙人认缴或者实际缴付的出资。合伙人可以用货币、实物、土地使用权、知识产权或者其他财产权利出资,也可以用劳务出资。合伙人以实物、知识产权、土地使用权或者其他财产权利出资,需要评估作价的,可以由全体合伙人协商确定,也可以由全体合伙人委托法定评估机构评估。合伙人以劳务出资的,其评估办法由全体合伙人协商确定,并在合伙协议中载明。合伙人以非货币财产出资的,依照法律、行政法规的规定,需要办理财产权转移手续的,应当依法办理。

(4) 有合伙企业名称和生产经营场所。企业名称应当在企业申请登记时,由企业名称登记主管机关即各级工商行政管理机关加以核定。任何企业只准登记使用一个名称。普通合伙企业名称中应当标明“普通合伙”字样,其中,特殊的普通合伙企业,应当在其名称中标明“特殊的普通合伙”字样。合伙企业必须有自己的生产经营场所。

(5) 法律、行政法规规定的其他条件。

2. 合伙企业的设立登记

(1) 提出申请。即向企业登记机关提交相关文件,包括:① 全体合伙人签署的合伙申请书;② 全体合伙人的身份证明;③ 全体合伙人指定的代表或者共同委托的代理人的委托书;④ 合伙协议;⑤ 出资权属证明;⑥ 经营场所证明;⑦ 国务院工商行政管理部门规定提交的其他文件。此外,合伙企业的经营范围中有属于法律、行政法规规定在登记前须经批准的项目的,该项经营业务应当依法经过批准,并在登记时提交批准文件。合伙协议约定或者全体合伙人决定,委托一名或者数名合伙人执行合伙企业事务的,还应当提交全体合伙人的委托书。以实物、知识产权、土地使用权或者其他财产权利出资,由全体合伙人协商作价的,应当提交全体合伙人签署的协商作价确认书;由全体合伙人委托法定评估机构评估作价的,应当提交法定评估机构出具的评估作价证明。法律、行政法规规定设立特殊的普通合伙企业,需要提交合伙人的执业资格证明的,应当提交有关证明。

(2) 合伙企业登记事项。根据《合伙企业登记管理办法》的规定,合伙企业的登记事项应当包括:① 名称。合伙企业名称中的组织形式后应当标明“普通合伙”、“特殊普通合伙”或者“有限合伙”字样,并要符合国家有关企业名称登记管理的规定。② 主要经营场所。经企业登记机关登记的合伙企业主要经营场所只能有一个,并且应当在其企业登记机关登记管辖区域内。③ 执行事务合伙人。合伙协议未约定或者全体合伙人未决定委托执行事务合伙人的,全体合伙人均为执行事务合伙人。有限合伙人不得成为执行事务合伙人。执行事务合伙人是法人或者其他组织的,登记事项还应当包括法人或者其他组织委派的代表。④ 经营范围。⑤ 合伙企业类型。⑥ 合伙人姓名或者名称及住所、承担责任方式、认缴或者实际缴付的出资数额、缴付期限、出资方式和评估方式。⑦ 合伙协议约定合伙期限的,登记事项还应当包括合伙期限。

(3) 企业登记机构核发营业执照。申请人提交的登记申请材料齐全、符合法定形式,企业登记机关能够当场登记的,应予当场登记,发给营业执照。不能当场登记的,企业登记机关应当自受理申请之日起20日内,作出是否登记的决定。予以登记的,发给营业执照;不予登记的,应当给予书面答复,并说明理由。合伙企业的营业执照签发日期,为合伙企业成立日期。合伙企业领取营业执照前,合伙人不得以合伙企业名义从事合伙业务。合伙企业设立分支机构的,应当向分支机构所在地的企业登记机关申请登记,领取营业执照。合伙企业登记事项发生变更的,执行合伙事务的合伙人应当自作出变更决定或者发生变更事由之日起15日内,向企业登记机关申请办理变更登记。

(三) 合伙企业的财产

1. 合伙企业财产的构成

合伙企业存续期间,合伙人的出资和所有以合伙企业名义取得的收益以及依法取得的其他财产均为合伙企业的财产,包括:(1) 合伙人的出资;(2) 以合伙企业名义取得的收益,主要体现为合伙企业的营业利润、投资净收益及营业外收支净额等;(3) 依法取得的其他财产,如接受捐赠的财产等。

2. 合伙企业财产的性质

合伙企业的财产是独立于合伙人的其他个人财产，具有独立性；同时，合伙企业的财产作为一个完整的统一体而存在，合伙人依照合伙协议约定的收益分配比例对合伙企业享有财产权益。合伙人在合伙企业清算前，除非有《合伙企业法》规定的法定事由，如合伙人退伙等，合伙人不得请求分割合伙企业的财产。但是，法律另有规定的除外。合伙人在合伙企业清算前私自转移或者处分合伙企业财产的，合伙企业不得以此对抗善意第三人。

3. 合伙人财产份额的转让

合伙人财产份额的转让是指合伙人将自己在合伙企业中的全部或部分财产份额转让与他人，包括向其他合伙人转让和向合伙人以外的其他人转让。其原则是：(1) 合伙人之间转让其全部或者部分财产份额时，应当通知其他合伙人。(2) 合伙人向合伙人以外的人转让其全部或者部分财产份额时，合伙协议有约定的，按约定办理；没有约定的，须经合伙人一致同意，且在同等条件下，其他合伙人有优先购买的权利，合伙协议有约定的除外。

4. 合伙人以其财产份额出质的限制

合伙人以其财产份额出质的，须经其他合伙人一致同意；否则，出质行为无效，由此给善意第三人造成损失的，由行为人依法承担赔偿责任。

(四) 合伙企业的事务执行

1. 合伙事务的执行方式

合伙企业事务的执行是指为了实现合伙企业的目标而进行的各项活动，包括决策和具体执行两个方面。《合伙企业法》规定，合伙人对执行合伙事务享有同等的权利。

执行合伙事务主要有两种形式：(1) 全体合伙人共同执行合伙企业事务。这是合伙企业事务执行的基本形式，也是在合伙企业中经常采取的一种形式，尤其是在合伙人较少的情况下更为适宜。各个合伙人都直接参与经营，对内负责处理合伙企业的事务，对外代表合伙企业，以合伙企业的名义从事经营活动。无论每个合伙人出资多少、出资方式是否相同，都不影响这一法定权利，不影响合伙人在执行合伙企业事务时的平等资格。(2) 委托一名或数名合伙人执行合伙企业事务。未接受委托执行合伙企业事务的其他合伙人，不再执行合伙企业的事务，但仍然有参与对合伙企业重大事务的决定权。

2. 合伙人在执行合伙事务中的权利和义务

(1) 合伙人在执行合伙事务中的权利主要有：① 执行权。合伙企业的合伙人无论出资多少，都有权平等享有执行合伙企业事务的权利。② 对外代表权。执行合伙企业事务的合伙人对外代表合伙企业，以合伙企业事务执行人的身份组织实施企业的生产经营活动。《合伙企业法》同时规定，作为合伙人的法人、其他组织执行合伙事务的，由其委派的代表执行。③ 检查监督权。在委托执行合伙事务的情况下，不执行合伙事务的合伙人有权监督执行合伙事务人行为，如查阅企业会计账簿等。④ 提出异议权。合伙人分别执行合伙企业事务时，执行合伙企业事务的合伙人可以对其他合伙人执行的事务提出异议。提出异议时，应暂停该项事务的执行。⑤ 撤销委托执行事务权。被委托执行合伙事务的合伙人不按照合伙协议或者全体合伙人的决定执行合伙企业事务时，其他合伙人可以决定撤销该委托。

(2) 合伙人在合伙事务执行中的义务主要有：① 合伙事务执行人向不参加执行事务的合伙人报告企业经营状况和财务状况；② 合伙人不得自营或者同他人合作经营与本合伙企业相竞争的业务；③ 除合伙协议另有约定或者经全体合伙人同意外，合伙人不得同本合伙企业进行交易;④ 合伙人不得从事损害本合伙企业利益的活动。

3. 合伙人对合伙事务的表决方式

合伙人对合伙企业有关事项作出决议,按照合伙协议办理。合伙协议没有约定或者约定不明的,实行合伙人一人一票并经全体合伙人过半数通过的表决办法。

4. 合伙企业的损益分配

合伙企业的利润分配、亏损分担,合伙协议有约定的,按照约定办理;未约定或者约定不明确的,由合伙人协商决定;协商不成的,由合伙人按照实缴出资比例分配、分担;无法确定出资比例的,由合伙人平均分配、分担。合伙协议不得约定将全部利润分配给部分合伙人或者由部分合伙人承担全部亏损。

5. 非合伙人参与合伙企业的经营管理

除合伙企业协议另有约定外,经全体合伙人一致同意,可以聘任合伙人以外的人担任合伙企业的经营管理人员。

(五) 合伙企业与第三人的关系

1. 合伙企业对外代表权的效力

可以取得合伙企业对外代表权的合伙人,主要有 3 种情况:(1) 全体合伙人共同执行合伙企业事务的,全体合伙人都有权对外代表合伙企业;(2) 委托一个或者数个合伙人执行合伙企业事务的,只有受委托的那一部分合伙人有权对外代表合伙企业;(3) 特别授权在单项合伙事务上有执行权的合伙人,依照授权范围可以对外代表合伙企业。

执行合伙企业事务的合伙人的行为对合伙企业有法律效力,由此而产生的效益归合伙企业所有,由此带来的风险,也应当由合伙企业承担。

合伙企业对合伙人执行合伙事务以及对外代表合伙企业权利的限制,不得对抗善意第三人。

2. 合伙企业的债务清偿与合伙人个人财产的关系

(1) 合伙企业对其债务,应先由企业的全部财产进行清偿;(2) 合伙企业不能清偿到期债务时,合伙人承担无限连带责任;(3) 合伙人对合伙企业债务承担无限连带责任时,实际支付的清偿数额超过了其依照既定比例所应承担的数额,该合伙人有权就该超过部分,向其他未支付或者未足额支付应承担数额的合伙人追偿。

3. 合伙人的债务清偿与合伙企业的关系

(1) 合伙人发生与合伙企业无关的债务时,相关债权人不得以其债权抵销其对合伙企业的债务;(2) 合伙人的自有财产不足清偿其与合伙企业无关的债务时,该合伙人可以以其从合伙企业中分取的收益用于清偿,债权人也可以依法请求人民法院强制执行该合伙人在合伙企业中的财产份额用于清偿。

(六) 入伙与退伙

1. 入伙

入伙是指在合伙企业存续期间,合伙人以外的第三人加入合伙企业,取得合伙人身份的行为。

新合伙人入伙,除合伙协议另有约定外,应当经全体合伙人一致同意,并依法订立书面入伙协议。订立入伙协议时,原合伙人应当向新合伙人如实告知原合伙企业的经营状况和财务状况。

一般情况下,新合伙人入伙后即成为合伙企业的合伙人,与原合伙人享有同等权利,承担同等责任。如果入伙协议另有约定的,则按约定执行。但是,新合伙人必须对入伙前合伙企业的债务承担连带责任。

2. 退伙

退伙是指合伙企业存续期间,合伙人依法退出在合伙企业的财产份额,从而丧失合伙人资格的行为。

(1) 自愿退伙。即合伙人基于自愿的意思表示而退出合伙企业,丧失合伙人的资格。

自愿退伙可以分为两种情形:一是协议退伙。《合伙企业法》的第45条规定,合伙协议约定合伙企业经营期限的,合伙企业存续期间,有下列情形之一时,合伙人可以退伙:① 合伙协议约定的退伙事由出现;② 经全体合伙人一致同意;③ 发生合伙人难以继续参加合伙企业的事由;④ 其他合伙人严重违反合伙协议约定的义务。二是通知退伙。合伙协议未约定合伙期限的,合伙人在不给合伙企业事务执行造成不利影响的情况下,可以退伙,但应当提前30日通知其他合伙人。

(2) 法定退伙。即基于法律的直接规定而发生的退伙。

法定退伙也可以分为两种情形:一是当然退伙。《合伙企业法》第48条规定,合伙人有下列情形之一的可以当然退伙:① 作为合伙人的自然人死亡或者被依法宣告死亡;② 个人丧失偿债能力;③ 作为合伙人的法人或者其他组织依法被吊销营业执照、责令关闭、撤销,或者被宣告破产;④ 法律规定或者合伙协议约定合伙人必须具有相关资格而丧失该资格;⑤ 合伙人在合伙企业中的全部财产份额被人民法院强制执行。二是除名退伙。《合伙企业法》第49条规定,合伙人有下列情形之一的,经其他合伙人一致同意,可以决议将其除名:① 未履行出资义务;② 因故意或者重大过失给合伙企业造成损失;③ 执行合伙企业事务时有不正当行为;④ 出现合伙协议约定的其他事由。

(3) 退伙人财产份额的继承。根据《合伙企业法》的规定,合伙人死亡或者被宣告死亡的,对该合伙人在合伙企业中的财产份额享有合法继承权的继承人,依照合伙协议的约定或者经全体合伙人一致同意,从继承开始之日起,即取得该合伙企业的合伙人资格。对于合伙人的继承人是无民事行为能力人或者限制民事行为能力人的,合伙企业能否接纳退伙人的继承人,《合伙企业法》规定,合伙人的继承人为无民事行为能力人或者限制民事行为能力人的,经全体合伙人一致同意,可以依法成为有限合伙人,普通合伙企业依法转为有限合伙企业。全体合伙人未能取得一致同意的,合伙企业应当将被继承合伙人的财产份额退还该继承人。

但是,有下列情形之一的,合伙企业应当向合伙人的继承人退还被继承合伙人的财产份额:① 继承人不愿意成为合伙人;② 法律规定或者合伙协议约定合伙人必须具有相关资格而退伙人的继承人未取得该资格;③ 合伙协议约定不能成为合伙人的其他情形时。

合伙人退伙,其他合伙人应当与该退伙人按照退伙时的合伙企业财产状况进行结算,退还退伙人的财产份额。如果退伙人对给合伙企业造成的损失负有赔偿责任的,则相应扣减其应当赔偿的数额。如果退伙人退伙时合伙企业尚有未了结的合伙企业事务的,应当待该事务了结后进行结算。如果合伙企业财产少于合伙企业债务,退伙人应当依照合伙协议约定的比例分担合伙企业的亏损。

（七）特殊的普通合伙企业

特殊的普通合伙企业又称为有限责任合伙企业，是以专业知识和专门技能为客户提供有偿服务的专业服务机构。特殊的普通合伙企业的一个合伙人或者数个合伙人在执业活动中因故意或者重大过失造成合伙企业债务的，应承担无限责任或者无限连带责任，其他合伙人以其在合伙企业中的财产份额为限承担责任。其特殊性只体现在合伙人对合伙企业的特殊债务承担责任方面阻断了无故意或者重大过失的合伙人的无限责任，强调自负其责。

合伙人在执业中因故意或重大过失造成合伙企业债务时，应当先以该合伙企业的财产予以清偿，在该合伙企业财产不足以清偿的情形下，有过错或重大过失的合伙人为一人时，该合伙人应当对该债务承担无限责任；合伙人为数人时，该数个合伙人对该债务应当承担无限连带责任，而其他合伙人则对该债务以其在特殊的普通合伙企业中的财产份额为限承担责任。就合伙人之间对该债务的分担而言，无论有故意或重大过失的合伙人是否以自己的其他财产实际承担了无限责任或者无限连带责任，以特殊的普通合伙企业财产对外承担责任后，该合伙人应当按照合伙协议的约定对给特殊的普通合伙企业造成的损失承担赔偿责任。对于合伙人在执业活动中非因故意或者重大过失造成的特殊的普通合伙企业债务以及特殊的普通合伙企业的其他债务，则由全体合伙人承担无限连带责任。

与普通的合伙企业相比，合伙人对合伙企业承担责任的特殊性，决定了特殊的普通合伙企业对债务的清偿保障薄弱，《合伙企业法》规定，特殊的普通合伙企业应当建立执业风险基金、办理职业保险。

三、有限合伙企业

（一）有限合伙企业的概念和特征

有限合伙企业是指由普通合伙人和有限合伙人共同组成，普通合伙人对合伙企业债务承担无限连带责任，有限合伙人以其认缴的出资额为限对合伙企业债务承担责任的合伙企业。

有限合伙企业的特征包括：(1) 在经营管理上，普通合伙企业的合伙人一般均可参加合伙企业的经营管理；而在有限合伙企业中，只有普通合伙人从事企业事务的经济管理，有限合伙人不执行合伙企业事务。(2) 在风险承担上，普通合伙企业的合伙人对合伙企业的债务承担无限连带责任；而在有限合伙企业中，有限合伙人以其各自的出资额为限承担有限责任，普通合伙人之间承担无限连带责任。

（二）有限合伙企业设立的特殊规定

1. 有限合伙企业合伙人的人数。有限合伙企业由 2 名以上 50 名以下合伙人设立；但是，法律另有规定的除外。有限合伙企业至少应当有 1 名普通合伙人。《合伙企业法》规定，有限合伙企业仅剩有限合伙人的，应当解散；有限合伙企业仅剩普通合伙人的，转为普通合伙企业。

2. 有限合伙企业的名称。有限合伙企业名称中应当标明“有限合伙”字样，使有限合伙企业的交易相对人能够正确评价有限合伙企业的信用，以保护交易相对人的利益。

3. 有限合伙企业协议。协议除了应当符合《合伙企业法》关于普通合伙企业的合伙协议的规定外，还应当载明下列事项：(1) 普通合伙人和有限合伙人的姓名或者名称、住所；

(2) 执行事务合伙人应具备的条件和选择程序;(3) 执行事务合伙人权限与违约处理办法;(4) 执行事务合伙人的除名条件和更换程序;(5) 有限合伙人入伙、退伙的条件、程序以及相关责任;(6) 有限合伙人和普通合伙人相互转变程序。

4. 有限合伙人的出资方式。除了不得以劳务出资外,有限合伙的其他方面与普通合伙相同。

5. 有限合伙企业登记事项。《合伙企业法》规定,有限合伙企业登记事项中应当载明有限合伙人的姓名或者名称及认缴的出资数额。

(三) 有限合伙企业事务执行的特殊规定

1. 有限合伙人不执行合伙企业事务,由普通合伙人执行合伙事务。有限合伙人虽然不执行有限合伙企业的事务,但在合伙企业中也应当享有相应的权利。《合伙企业法》列举了有限合伙人的下列行为,不视为执行合伙事务,以确保有限合伙人在合伙企业中正当行使合伙人的权利:(1) 参与决定普通合伙人入伙、退伙;(2) 对企业的经营管理提出建议;(3) 参与选择承办有限合伙企业审计业务的会计师事务所;(4) 获取经审计的有限合伙企业的财务会计报告;(5) 对涉及自身利益的情况,查阅有限合伙企业财务会计账簿等财务资料;(6) 在有限合伙企业中的利益受到侵害时,向有责任的合伙人主张权利或者提起诉讼;(7) 执行事务合伙人怠于行使权利时,督促其行使权利或者为了本企业的利益以自己的名义提起诉讼;(8) 依法为本企业提供担保。

2. 有限合伙企业的利润分配。合伙协议有约定的,按照约定办理;没有约定的,有限合伙企业不得将全部利润分配给部分合伙人。

3. 有限合伙人的权利:(1) 可以与本有限合伙企业进行交易,但合伙协议另有规定的除外;(2) 可经营与本有限合伙企业相竞争的业务,但合伙协议另有规定的除外。

(四) 有限合伙企业财产转让和出质的特殊规定

1. 有限合伙人向合伙人以外的人转让其财产份额的,应当按照合伙协议的约定办理。

2. 有限合伙人可以将其财产份额出质,但是合伙协议另有约定的除外。

(五) 有限合伙人清偿债务的特殊规定

有限合伙人的自有财产不足清偿其与有限合伙企业无关的债务时,该合伙人可以以其从有限合伙企业中分取的收益用于清偿;债权人也可以依法请求人民法院强制执行该合伙人的财产份额用于清偿。

(六) 有限合伙企业入伙和退伙的特别规定

1. 入伙。新入伙的有限合伙人对入伙前有限合伙企业的债务,以其认缴的出资额为限承担责任。

2. 退伙。有限合伙人有下列情形之一的,当然退伙:(1) 作为合伙人的自然人死亡或者被依法宣告死亡;(2) 作为合伙人的法人或者其他组织依法被吊销营业执照、责令关闭、撤销,或者被宣告破产;(3) 法律规定或者合伙协议约定合伙人必须具有相关资格而丧失该资格;(4) 合伙人在合伙企业中的全部财产份额被人民法院强制执行。作为有限合伙人的自然人在有限合伙企业存续期间丧失民事行为能力的,其他合伙人不得因此要求其退伙;作为有限合伙人的自然人死亡、被依法宣告死亡或者作为有限合伙人的法人及其他组织终止时,其继承人或者权利承受人可以依法取得该有限合伙人在有限合伙企业中的资格;有限合伙人退伙后,对于其退伙前的原因发生的有限合伙企业的债务,以其退伙时从有限合伙企业中取回的财产承担其相应的责任。

(七) 合伙人性质转变的特殊规定

《合伙企业法》规定,除合伙协议另有规定外,普通合伙人转变为有限合伙人,或者有限合伙人转变为普通合伙人的,应当经全体合伙人一致同意。有限合伙人转变为普通合伙人的,对其作为有限合伙人期间有限合伙企业发生的债务承担无限连带责任。普通合伙人转变为有限合伙人的,对其作为普通合伙人期间合伙企业发生的债务承担无限连带责任。同时,有限合伙人和普通合伙人的身份相互转换时,如果有限合伙企业仅剩有限合伙人,而没有普通合伙人,我国《合伙企业法》及相关法律是不允许设立全体合伙人均为有限合伙人的合伙企业的,该有限合伙企业应当解散。当有限合伙企业仅剩普通合伙人时,作为有限合伙企业存在已经没有意义了,该有限合伙企业应转为普通合伙企业。

四、合伙企业解散与清算

(一) 合伙企业解散

合伙企业解散是指基于法定原因或当事人约定的原因,致使各合伙人解除合伙协议、合伙企业活动终止,全体合伙人的合伙关系归于消灭。合伙企业解散包括:(1) 合伙协议约定的经营期限届满,合伙人决定不再经营;(2) 合伙协议约定的解散事由出现;(3) 全体合伙人决定解散;(4) 合伙人已不具备法定人数满 30 天;(5) 合伙协议约定的合伙目的已经实现或者无法实现;(6) 依法被吊销营业执照、责令关闭或被撤销;(7) 法律、行政法规规定的其他原因。

(二) 合伙企业清算

合伙企业清算是指合伙企业解散后,依照法定程序清理合伙企业的债权债务,处理合伙企业的剩余财产,待了结合伙企业各种法律关系后,向合伙企业登记机关申请注销登记,使合伙企业的资格归于消灭。

1. 确定清算人

清算人由全体合伙人担任,未能由全体合伙人担任清算人的,经全体合伙人过半数同意,可以自合伙企业解散事由出现后 15 日内指定 1 名或数名合伙人或者委托第三人担任清算人。合伙企业解散事由出现之日起 15 日内未确定清算人的,合伙人或利害关系人可以申请人民法院指定清算人。清算人在清算期间执行下列事务:(1) 清理合伙企业财产制资产负债表和财产清单;(2) 处理与清算有关的合伙企业未了结的事务;(3) 清缴所欠税款;(4) 清理债权、债务;(5) 处理合伙企业清偿债务后的剩余财产;(6) 代表合伙企业参与诉讼或者仲裁活动。

2. 通知和公告债权人

清算人自被确定之日起 10 日内将合伙企业解散事项通知债权人,并于 60 日内在报纸上公告。债权人应当自接到通知书之日起 30 日内,未接到通知书的自公告之日起 45 日内,向清算人申报债权。清算人应当对债权进行登记。清算期间,合伙企业存续,仍具有民事主体资格,但只能为清算目的而从事相应的活动,而不得开展与清算无关的经营活动。

3. 合伙企业债务清偿

合伙企业财产在支付清算费用和职工工资、社会保险费用、法定补偿金以及缴纳所欠税款、清偿债务后的剩余财产，按照合伙协议的约定在合伙人之间进行分配。合伙协议未约定或者约定不明确的，由合伙人协商决定。协商不成的，由合伙人按照实缴出资比例分配。无法确定出资比例的，由合伙人平均分配。

4. 注销登记

清算结束，清算人应当编制清算报告，经全体合伙人签名、盖章后，在15日内向企业登记机关报送清算报告，申请办理合伙企业注销登记。合伙企业注销后，原普通合伙人对合伙企业存续期间的债务仍应承担无限连带责任。合伙企业不能清偿到期债务的，债权人可以依法向人民法院提出破产清算申请，也可以要求普通合伙人清偿。合伙企业依法被宣告破产的，普通合伙人对合伙企业债务仍应承担无限连带责任。

第三节 中外合资经营企业法

一、中外合资经营企业的概念与特征

中外合资经营企业是指外国的企业、公司和其他经济组织或个人，按照平等互利的原则，经中国政府批准在中华人民共和国境内同中国的公司、企业或其他经济组织共同投资、共同经营管理、共享利益、共担风险的股权式企业。

中外合资经营企业的特征包括：(1) 中外双方或多方共同为合资经营企业设立人和股东。(2) 中外合资经营者在企业中的地位平等，权利义务相一致。(3) 合资经营企业是有限责任公司，具备中国法人资格，中外投资者以投资额为限对企业债务承担有限责任。(4) 合资经营企业不设股东会，其最高权力机构是由中外合营者组成的董事会，实行董事会领导下的总经理负责制。一方担任董事长的，另一方担任副董事长，总经理和副总经理由董事会在合资经营企业各方委派人员中聘任。(5) 中国合资经营者的投资可包括合资经营期间提供的场地使用权。如果场地使用权未算作中方合资经营者的投资，合资经营企业应向中国政府缴纳场地使用费。(6) 享有直接经营产品进出口业务的权利，可以直接从国际市场采购原材料，也可以直接向国际市场销售本企业的产品。(7) 合资经营期限根据不同情况，由合资经营各方协商确定，一般项目为10~30年，特殊项目一般可延长至50年，经国务院批准可超过50年。(8) 外方投资不得低于注册资本的25%，合资经营企业的注册资本一般用人民币表示，也可用外币表示，合资经营期间，非经特别程序不得减少注册资本。

二、中外合资经营企业的设立

中外合资经营企业的设立，是指中外合资经营者依照中国法律的规定，创立中外合资经营企业的民事行为与中国有关政府机关予以审查、核准的行政行为的总和。

我国对中外合资经营企业实行准则主义与核准主义相结合的设立原则。设立中外合资经营企业一般包括6个程序。

1. 设立意向

此阶段即由中外合资经营各方考察、接洽、商谈，形成设立中外合资经营企业的意向。

2. 签订《合资经营企业意向书》

合资经营双方可就合资项目、投资规模、出资比例、厂址选择等签订没有法律上强制性约束力的意向书。

3. 立项

中方合营者根据《合资经营企业意向书》向相关主管部门呈报项目建议书及可行性研究报告，主要内容包括合资经营各方、合营的宗旨、项目、投资规模、厂址选择与基本建设情况、环境保护措施、产品销售、产值、资金利润率预计、创汇能力、设备状况等。项目建议书及可行性研究报告经企业主管部门审查同意并转对外经济贸易机构审查批准。

4. 谈判并签订合营协议、合同，制订合营企业章程

中方合营者呈报的项目建议书及可行性研究报告获批后，中外合营者可就合营事宜进行谈判，谈判的内容涉及可行性分析、签订投资协议书和合同、制定合营企业章程。

合营企业协议主要是确定合资经营各方共同投资举办合营企业的权利义务关系，是《合资经营企业意向书》的法律化和细则化，主要内容涉及各方的投资责任、投资期限、投资方式、经营项目以及与投资行为有关的其他活动内容，一般不涉及合营企业的运作及内部管理以及利润分配等问题。

合营企业的合同则是合营者达成一致的、内容全面的法律文件，包含了合营企业协议的内容，并更为详尽，主要包括：(1) 合资经营企业名称、经营范围；(2) 合营各方为举办合资经营企业所应完成的任务；(3) 合营企业利润的分配；(4) 管理机构的设置；(5) 董事、董事长、总经理等人员以及董事会的组成、职权及其议事规则；(6) 亏损的负担；(7) 投资的期限；(8) 技术转让与特许权使用；(9) 违约责任。实践中，经合资经营各方同意，也可以不签订合资经营协议而直接订立合资经营合同。

合营企业的章程是由合营企业的设立者共同制订的，规定合营企业组织机构和规范其活动的内部准则。章程比合营合同更具透明度，是公众了解企业的途径。章程如合同一样，虽然只对合资经营各方产生约束力，但从对社会利益的保障来看，章程比合同更重要。国外有学者认为，在涉及公司与社会公众的利益冲突时，若公司合营合同与章程有冲突，则应以章程来确定公司行为的合理与否，即章程的效力高于合同的效力。

合营企业的章程主要包括：(1) 合营企业名称及法定地址；(2) 合营企业的宗旨、经营范围和合营期限；(3) 合营各方的名称，注册国家，法定地址，法定代表人的姓名、职务、国籍；(4) 合营企业的投资总额，注册资本，合营各方的出资额、出资比例，出资额转让的规定，利润分配和亏损分担的比例；(5) 董事会的组成、职权和议事规则，董事的任期，董事长、副董事长的职责；(6) 管理机构的设置，办事规则，总经理、副总经理及其他高级管理人员的职责和任免方法；(7) 财务、会计、审计制度的原则；(8) 解散和清算；(9) 章程修改程序。

5. 审核批准

合资经营企业的协议、合同、章程经主管部门审查同意后转报外经贸部门审核批准。外经贸部门在接到举办合资经营企业的申请书、协议、合同、章程及其他有关文件之日起，应在3个月内决定批准与否；审批机构如发现送审的文件有不妥之处，须在1个月内提出，否则视为同意。审批机构提出修改意见出后，应限期由合资各方进行修改，否则不予批准。对审批机构提出的修改意见，如合资各方有不同意见，须具体提出，由审批机构审查并作出是否修改的最后决定。

对外经贸部门对合资经营企业审核批准后，印发批准证书。

6. 登记注册

合资企业领取批准证书后，应在1个月内持批准证书、合同、章程以及企业名称的预先

核准证书、场地使用文件等由合营各方共同依《中华人民共和国企业法人登记管理条例》的规定向国家工商总局或国家工商总局授权的企业所在地工商局申请注册登记。

依《中华人民共和国企业法人登记管理条例施行细则》,合资经营企业设立时应提交的文件、证件有:(1) 由董事长、副董事长签署的外商投资企业登记申请书;(2) 合同、章程以及审批机关的批准文件和批准证书;(3) 项目建议书、可行性研究报告及其批准文件;(4) 投资者合法开业证明;(5) 投资者的资信证明;(6) 董事会名单及董事会成员、总经理、副总经理的委派(任职)文件和上述中方人员的身份证明;(7) 其他有关文件和证件。

领取国家工商总局核发的《中华人民共和国企业法人营业执照》后,合资企业即告正式成立,并取得中国法人资格。凭借营业执照,合资经营企业即可刻制公章、开立银行账号,正式开展生产经营。

三、中外合资经营企业的组织机构

1. 董事会

董事会是合营企业的权力机构,就合营企业的一切重大问题作出决定,包括:企业发展规划,生产经营活动方案,收支预算,利润分配,劳动工资计划,停业,总经理、副总经理、总会计师、审计师的任命或聘请及其职权或待遇等。董事会在讨论合资企业章程修改,企业中止、停业、解散,企业增减资本或资本转让,企业合并等事项时须由出席董事会会议的董事一致通过方可作出决议。其他事项则按企业章程规定的议事规则作出决议。

董事会的人数组成由合营各方协商,在合同、章程中明确规定,并由合营各方委派和撤换。董事会人员一般不得少于 3 人,超过 3 人时应按企业规模大小由合营各方决定。各方委派董事的人数原则上依出资比例协商确定。董事的任期为 4 年,经各方继续委派可以连任。合营各方可以撤换董事,撤换程序应在章程中记载。

董事会设董事长 1 人,董事长为企业法定代表人。副董事长有 1 ~ 2 人。董事长负责召集并主持董事会。合营的一方董事担任董事长时,另一方的董事任副董事长。

董事长因故不能履行职责时,须委派副董事长代为履行。董事会至少每年召开 1 次,经 1/3 以上董事提议,可由董事长召集董事会临时会议。董事会应有 2/3 以上董事出席方能举行。董事因故不能出席,可出具委托书委托他人代表出席并表决。董事会讨论重要问题要详细记录。

2. 经理机构

合营企业实行董事会领导下的总经理负责制。经理机构的设置原则、职能部门和人员配备应在企业章程中加以规定。

经营管理机构设总经理 1 人,副总经理若干人。总经理负责企业的生产经营指挥和日常管理工作,董事长、副董事长、董事均可以兼任总经理、副总经理或其他高级管理职务。总经理在董事会授权范围内对外代表合营企业,对内任免其各职能部门管理人员,负责落实董事会交办的各项任务。

总经理和副总经理不得兼任其他经济组织的总经理或副总经理,不得参与其他商业组织对本企业的竞争。

3. 工会

合营企业工会是中国工会的基层组织,是企业职工利益的代表机构。其依照《中华人民共和国工会法》的规定而设立，开展相关活动，享有法律规定的权利。

四、中外合资经营企业的资本

1. 资本构成

中外合资经营企业的资本由注册资本和借入资本两部分构成，两者之和构成投资总额。投资总额是指按照企业合同、章程规定的生产规模需要投入的基本建设资金和生产流动资金的总和。

注册资本是指为设立合营企业在登记管理机关登记的资本总额，应为合资各方认缴的出资额之和。合资经营企业成立后，非经严格的减资程序不得减少其注册资本。合营一方转让其全部或部分出资额时，合营他方有优先购买权。合营的一方向第三者转让出资额的条件不得比向合营他方转让的条件优惠，否则转让无效。

除注册资本外，合营企业在运作过程中可因生产规模扩大而借入资本，借入资本一般用来补充流动资金，也可用来添置固定资产。

2. 投资比例

《中外合资经营企业法》规定，外方合营者的投资比例的下限为25%，无上限规定，对在某些特殊行业举办合资经营企业，则由相关特别法规定外方投资比例的上限。

3. 出资方式

合营者可用货币、建筑物、厂房、机器设备或其他物料、工业产权、专有技术、场地所用权等作价出资。

五、中外合资经营企业的经营管理

2001年3月15日修订的《中外合资经营企业法》删除了原来关于合营企业制定生产计划须报主管部门备案的规定，以尽可能减少行政干预，使合营企业享有更大的经营自主权。同时，这次修订取消了原来关于合营企业的原材料、燃料等应尽先在中国购买的规定，调整为："合营企业在批准的经营范围内所需的原材料、燃料等物资，按照公平合理的原则，可以在国内市场或者国际市场购买"。关于合营企业的产品销售，国家在鼓励合营企业出口产品的同时，也许可其在中国境内销售产品。合营企业必须按中国法律建立企业的财务会计制度。关于劳动用工制度，修订后的《中外合资经营企业法》规定："合营企业职工录用、辞退、报酬、福利、劳动保护、劳动保险等事项，应当依法通过订立合同加以规定"。

六、中外合资经营企业的利润分配

合资经营企业利润按下列原则分配：(1) 提取储备基金、职工奖励及福利基金、企业发展基金。具体提取比例由企业决定。(2) 储备基金可用于弥补合资经营企业亏损，也可用于增加资本。(3) 三项基金扣除后的余额，由董事会决定按企业注册资本比例进行分配。

上年度亏损未弥补的不得分配利润，以前年度节余的未分配利润，可并入本年度分配。

第四节　中外合作经营企业法

一、中外合作经营企业的概念和特征

中外合作经营企业，是由外国的企业、其他经济组织或者个人同中国的企业或者其他经

济组织按照平等互利的原则和中国的法律,经中国政府批准在中国境内共同投资创办的契约式联营企业。

中外合作经营企业的特征包括:(1) 合作经营合同是企业成立的基础;(2) 既可以是法人企业,也可以是非法人企业;(3) 投资方可以先行收回投资,且在期满时将投资利益无偿留给中方;(4) 企业的管理既可以是董事会制,也可以是联合管理委员会制;(5) 利润分配和亏损分担可由双方自由协商,不按投资比例确定。

二、中外合作经营企业的设立

(一) 设立程序

设立合作企业基本遵从合作双方协商达成意向、中方向主管部门呈送拟办合作企业的报告、对报告的审批、签订合作企业合同、制订企业章程、对合同章程的审批、注册登记等步骤。

(二) 合作经营合同与章程

合作经营合同是合作经营企业存在的基础,只要不违反法律的一般原则,合作经营合同可以对一切涉及合作经营的问题自主约定。合作经营合同一般应包括:(1) 合作各方的名称、注册国家、法定地址以及法定代表人的姓名、职务、国籍(外国合作者是自然人的,注明其姓名、国籍和住所);(2) 合作企业的名称、地址、经营范围;(3) 合作企业的投资总额及注册资本;(4) 合作企业的组织形式;(5) 合作各方的投资构成或提供的合作条件的方式;(6) 合作各方缴足投资、提供合作条件的时间期限及违反出资义务应承担的责任;(7) 合作企业的管理体制及人员构成,企业高级管理人员的聘任及职责;(8) 合作企业的经营管理方式和财务制度及其他各项主要制度;(9) 合作各方的投资或者合作条件的转让;(10) 合作各方的收益分配或产品分配的方式与比例,合作企业亏损的负担及债务清偿责任的承担;(11) 采用的主要生产设备、生产技术及其来源,产品在中国境内销售和境外销售的安排;(12) 合作期限、财产与债务的清理程序和方法,企业经营期满或提前终止时财产的归属;(13) 合作各方其他义务及违约责任;(14) 财务、会计、审计的处理原则;(15) 合作争议的解决方式;(16) 合作企业合同的修改程序。

合作企业如要取得中国法人资格,还应制定企业章程。章程的内容包括:(1) 合作企业名称及住所;(2) 合作企业的经营范围和合作期限;(3) 合作各方的名称、注册地、住所及法定代表的姓名、职务和国籍(外国合作者是自然人的,注明其姓名、国籍和住所);(4) 合作企业的投资总额、注册资本,合作各方投资或者提供合作条件的方式、期限;(5) 合作各方收益或者产品的分配,风险或亏损的分担;(6) 合作企业董事会或者联合管理委员会的组成、职权和议事规则,董事会董事或联合管理委员会委员的任期,董事长、副董事长或者联合管理委员会主任、副主任的职责;(7) 经营管理机构的设置、职权、办事规则,总经理及其他高级管理人员的职责和聘任、解聘办法;(8) 有关职工招聘、培训、劳动合同、工资、社会保险、福利、职业安全卫生等劳动管理事项的规定;(9) 合作企业财务会计制度;(10) 合作企业解散和清算办法;(11) 合作企业章程的修改程序。

合作合同和合作企业章程自审批机关批准并颁发批准证书之日起生效。

三、中外合作经营企业的出资

(一) 出资方式

各方的出资方式可以是现金、实物、土地使用权、工业产权、非专利技术和其他财产权利。

如果合作经营企业取得中国法人资格,外方的出资比例一般不低于合作企业注册资本的25%。

(二) 出资期限

出资期限可在合同中约定,可以分期缴付,也可以一次性缴付。

四、中外合作经营企业的组织机构

董事会或者联合管理机构是合作企业的最高权力机构。组成为法人企业的中外合作经营企业不设立股东会或股东大会机构。中外合作者的一方担任董事会的董事长、联合管理机构的主任的,由他方担任副董事长、副主任。董事会或者联合管理委员会会议每年至少召开一次,由董事长或主任召集并主持。董事会或联合管理委员会会议应当有2/3以上董事或者委员出席方能举行。讨论下列问题时,须经出席会议的全体董事或全体委员一致通过方可作出决议:合作企业章程的修改;合作企业注册资本的增加或减少;合作企业的解散;合作企业的资产抵押;合作企业合并、分立和变更组织形式;其他由章程规定的重要事项。

董事长或联合管理委员会主任是企业的法定代表人。

董事会或联合管理机构可以决定任命或者聘用总经理负责合作企业的日常经营管理工作,总经理对董事会或联合管理机构负责。总经理可由董事或者委员兼任,既可以是中国公民,也可以是外国公民。合作各方确定不设立总经理,则采取其他管理体制,组织企业的日常活动和营运。

合作企业的日常经营管理可以委托合作的一方或中外合作者以外的第三方负责。合作的一方与合作的另一方形成委托管理的协议时,受托一方就取得对合作企业的日常管理权,除企业重大问题可由双方参与决策外,其他事务均由受托方决定。受托方可聘用或任命总经理负责其他业务,总经理对受托方负责。合作双方委托他人管理企业的,必须经董事会或者联合管理机构一致作出决定,并签订委托经营管理合同报审批机关批准,向工商管理机关办理登记手续或变更登记手续。

第五节 外资企业法

一、外资企业的概念

外资企业是指依照中国的法律在中国境内设立的,全部资本由外国投资者投资的企业。

外资企业的基本特征在于其投资者是外国投资者,既可是一个外国投资者单独投资,也可是多个外国投资者共同投资。

外资企业不包括外国公司或外国企业在中国境内的分支机构。

二、外资企业的设立程序

（一）申请

提出设立申请时，应依法报送以下文件和材料：(1) 设立外资企业的申请书；(2) 可行性研究报告；(3) 外资企业章程；(4) 外资企业法定代表人（或者董事会人选）名单；(5) 外国投资者的法律证明文件和资信证明文件；(6) 拟设立外资企业所在地的县级或者县级以上地方人民政府的书面答复件；(7) 需要进口的物资清单；(8) 其他需要报送的文件。

如果设立外资企业的外国投资者为两个以上的投资主体时，应将他们已签署的中国境内共同投资设立外资企业的合同一并报送审批机关备案。

（二）审查与批准

国务院的对外贸易经济主管部门以及授权的地方人民政府的对外贸易经济主管部门及机构在收到外商投资企业的设立申请及各种材料后，进行审查。如果该项申请成立，则予以批准；如不能成立则予以驳回，部分文件不符合法律规定或有缺少的，可通知申请人改正或补足。

审批机关的审查决定须在收到申请后的90日内作出。审查批准后，应颁发外资企业批准证书。

（三）登记成立

外国投资者应当在接到批准证书之日起30日内向工商行政管理机关申请登记，领取《中华人民共和国企业法人营业执照》，少数未取得中国法人资格的，则领取《中华人民共和国营业执照》。

三、外资企业的组织形式

外资企业可采用有限责任公司形式，也可采用其他组织形式，如独资企业、合伙企业和股份有限公司。

实践中，绝大多数外资企业都采取有限责任公司的形式。

四、外资企业的出资

（一）出资方式

外商独资企业的出资方式主要有：(1) 实物出资。实物一般是指本企业需要的机器设备。(2) 技术出资。该出资方式包括工业产权和技术秘密出资，技术出资占注册资本的比例不得高于20%。(3) 货币出资。货币出资既可由自由兑换的外币出资，也可用人民币出资。

（二）出资期限

外国投资者缴付出资的期限应当在设立外资企业申请书和外资企业章程中载明。

外国投资者的出资可以分期缴付，其中第一期出资不得少于外资企业的投资者认缴额的15%，并应当在外资企业营业执照签发之日起90日内缴付完毕。其他部分的出资应当在营业执照签发之日起3年内缴清。投资者未能在法定期间内缴付第一期出资，或无正当理由逾期30日不缴付其他各期出资的，外商投资企业批准证书自动失效。

外国投资者有正当理由,可申请延期出资。

外国投资者缴付每期的出资,应由外资企业聘请中国的注册会计师验证,出具验资报告,报审批机关和工商管理机关备案。

五、外资企业的土地使用及费用

外资企业在中国的用地,由外资企业所在地的县级以上地方政府结合本地情况予以安排,也可依国务院《城镇国有土地使用权出让和转让暂行条例》的规定,取得土地使用权。外资企业营业执照签发后30日内,可持批准证书和营业执照到有关县级以上土地管理部门办理土地使用手续,领取土地使用证书。

外资企业使用土地时,应按规定支付相应费用。

案例思考

案例一:公民甲个人独资企业债务清算案

2008年1月15日,甲出资5万元设立A个人独资企业(下称"A企业")。甲聘请乙管理企业事务,同时规定,凡乙对外签订标的额超过1万元的合同,须经甲同意。同年2月10日,乙未经甲同意,以A企业名义向善意第三人丙购入价值2万元的货物。2008年7月4日,A企业亏损,不能支付到期的丁的债务,甲决定解散该企业,并请求人民法院指定清算人。2008年7月10日,人民法院指定戊作为清算人对A企业进行清算。

经查,A企业和甲的资产及债权债务情况如下:(1) A企业欠缴税款2 000元,欠乙工资5 000元,欠社会保险费用5 000元,欠丁10万元;(2) A企业的银行存款1万元,实物折价8万元;(3) 甲在B合伙企业出资6万元,占50%的出资额,B合伙企业每年可向合伙人分配利润;(4) 甲个人其他可执行的财产价值2万元。

请问该案应如何处理?

案例二:公民甲、乙、丙、丁合伙企业纠纷案

1999年1月,甲、乙、丙、丁4人决定投资设立一合伙企业,并签订了书面合伙协议。合伙协议的部分内容如下:(1) 甲以货币出资10万元,乙以机器设备折价出资8万元,经其他3人同意,丙以劳务折价出资6万元,丁以货币出资4万元;(2) 甲、乙、丙、丁按2∶2∶1∶1的比例分配利润和承担风险;(3) 由甲执行合伙企业事务,对外代表合伙企业,其他3人均不再执行合伙企业事务,但签订购销合同及代销合同应经其他合伙人同意。合伙协议中未约定合伙企业的经营期限。

合伙企业在存续期间,发生下列事实:

(1) 合伙人甲为了改善企业经营管理,于1999年4月独自决定聘任合伙人以外的A担任该合伙企业的经营管理人员,并以合伙企业名义为B公司提供担保。

(2) 1999年5月,甲擅自以合伙企业的名义与善意第三人C公司签订了代销合同,乙合伙人获知后,认为该合同不符合合伙企业利益,经与丙、丁商议后,即向C公司表示对该合同不予承认,因为甲合伙人无单独与第三人签订代销合同的权利。

(3) 2000 年 1 月，合伙人丁提出退伙，其退伙并不给合伙企业造成任何不利影响。2000 年 3 月，合伙人丁撤资退伙。于是，合伙企业又接纳戊新入伙，戊出资 4 万元。2000 年 5 月，合伙企业的债权人 C 公司就合伙人丁退伙前发生的债务 24 万元要求合伙企业的现合伙人甲、乙、丙、戊及退伙人丁、经营管理人员 A 共同承担连带清偿责任。甲表示只按照合伙协议约定的比例清偿相应数额。丙则表示自己是以劳务出资的，只领取固定的工资收入，不负责偿还企业债务。丁以自己已经退伙为由，拒绝承担清偿责任。戊以自己新入伙为由，拒绝对其入伙前的债务承担清偿责任。A 则表示自己只是合伙企业的经营管理人员，不对合伙企业债务承担责任。

(4) 2001 年 4 月，合伙人乙在与 D 公司的买卖合同中，无法清偿 D 公司的到期债务 8 万元。D 公司于 2001 年 6 月向人民法院提起诉讼，人民法院判决 D 公司胜诉。D 公司于 2001 年 8 月向人民法院申请强制执行合伙人乙在合伙企业中全部财产份额。

请问该案应如何处理？

案例三：公民甲、乙、丙、丁有限合伙企业纠纷案

甲、乙、丙、丁共同投资设立了 A 有限合伙企业。合伙协议约定：甲、乙为普通合伙人，分别出资 10 万元；丙、丁为有限合伙人，分别出资 15 万元；甲执行合伙企业事务，对外代表 A 企业。2006 年 A 企业发生下列事实：

2 月，甲以 A 企业的名义与 B 公司签订了一份 12 万元的买卖合同。乙获知后，认为该买卖合同损害了 A 企业的利益，且甲的行为违反了 A 企业内部规定的甲无权单独与第三人签订超过 10 万元合同的限制，遂要求各合伙人作出决议，撤销甲代表 A 企业签订合同的资格。

4 月，乙、丙分别征得甲的同意后，以自己在 A 企业中的财产份额出质，为自己向银行借款提供质押担保。丁对上述事项均不知情，乙、丙之间也对质押担保事项互不知情。

8 月，丁退伙，从 A 企业取得退伙结算财产 12 万元。

9 月，A 企业吸收庚作为普通合伙人入伙，庚出资 8 万元。

10 月，A 企业的债权人 C 公司要求 A 企业偿还 6 月份所欠款项 50 万元。

11 月，丙因所设个人独资企业发生严重亏损不能清偿 D 公司到期债务，D 公司申请人民法院强制执行丙在 A 企业中的财产份额用于清偿其债务。人民法院强制执行丙在 A 企业中的全部财产份额后，甲、乙、庚决定 A 企业以现有企业组织形式继续经营。

经查：A 企业内部约定，甲无权单独与第三人签订超过 10 万元的合同，B 公司与 A 企业签订买卖合同时，不知 A 企业该内部约定。合伙协议未对合伙人以财产份额出质事项进行约定。

请问该案应如何处理？

案例四：某乡镇企业诉某合营企业的一方转让出资纠纷案

2006 年 5 月，某省某乡镇企业（以下简称甲方）与一外国公司（以下简称乙方）签订了合资经营华胜汽车配件有限公司（以下称合资企业）的合同。同年 7 月，省审批机构批准了该合同，合资企业注册登记后开始营业。

甲乙双方曾在合同中约定，合资企业的注册资本为 300 万元人民币，双方各出资 150 万

元,必须在公司成立后3个月内一次缴清。但是到期双方都未缴纳出资。同年11月,公司举行董事会,决定年底一定要缴清出资。到了年底,甲方缴清了150万元出资,但乙方只缴了30万元。第二年2月初,甲方催告乙方,必须在1个月内缴清出资,否则将视其为放弃在合资企业的一切权利,自动退出合营企业。乙方接到催告后,立即致函甲方,表示其在境外经营的企业失利,无力继续缴纳出资,但也不愿退出合资企业,希望改变双方的出资比例,将其尚未缴纳的份额转让给甲方。甲方回函其无意追加投资,要求乙方还是按约缴清出资。这样,乙方在2月底又缴纳了45万元,并要求将其余出资的期限再延长一年,甲方不同意。

2007年3月,乙方提出退出合资企业,将自己在合资企业已经缴纳的出资全部(占合资企业注册资本的25%)作价90万元,转让给甲方或者第三者。此时甲方有意受让乙方的股权,认为乙方要价太高,几次协商不通,转让没有成功。后经人介绍,乙方与某港商(以下简称丙方)达成以原投资额(即75万元)为价转让股权的协议,并上报了有关审批机构。甲方得知此事后,认为乙方无权以低价向第三者转让出资,即与乙方和丙方交涉,要求解除他们之间的转让协议,由自己以同样条件受让乙方的股权。三方遂发生争议。

请问该案应如何处理?

案例五:合资的中方为合资的外方提供出资贷款担保纠纷案

2006年12月,某省红星电器厂与一外国商人合资成立一家电器有限公司。合资企业合同约定,公司投资总额为400万美元,注册资本为210万美元。外方出资150万美元,中方出资60万美元。外方的150万美元出资中,有100万美元为货币形式,其中50万美元为他的自有资金,但以其在中国境内投资分得的人民币利润缴纳;50万美元由他向省国际信托投资公司借贷,要由中方及其上级主管部门——省机电局给予担保。当时中方合营者急于成立合资企业,于是同意了外方的要求,与省机电局一起为外方提供了担保函。外方的另外50万美元出资为实物形式,合同约定由外方在境外采购合资企业生产所需要的部分设备投入企业。中方的60万美元出资中,30万美元为土地使用权出资,30万美元为货币出资。

外方从省国际信托投资公司贷到美元后,与其自有资金一起投入了合资企业;又从国外二手货市场低价购买了旧设备,交工厂修理后,作价50万美元投入合资企业。中方办理了相当于30万美元的土地使用权转移手续后,又投入了相当于20万美元货币,以后再没有缴纳出资。

经过一段时间经营,中方发现外方投入的实物原来是淘汰的设备,其价值只有40万美元,中方指责外方虚假出资,要求其赔偿合资企业因此受到的损失。外方则认为中方的指责没有依据,还提出中方没有按时缴纳出资,应承担违约责任。

随着时间的推移,双方的矛盾越来越大。在外方贷款到期时,由于企业经济效益不好,外方很少分得利润,所以没有能力偿还贷款。省国际信托投资公司经多次催讨未果后,向法院起诉,要求由担保人清偿债务。

请问该案应如何处理?

第三章 公司法(上)

本章导读

公司制度是随着资本主义商品经济的发展逐渐得到确立的。在市场经济条件下,公司对一国经济、社会的发展有着巨大的作用和影响,必须通过明确、系统的法律规范调整公司的组织和行为。我国《公司法》对公司的设立条件与程序、发起人、公司章程、公司资本、公司债券、公司财务、公司变更、公司的解散与清算等都根据国际通行的做法,并结合我国的国情作了明确具体的规定,构成了我国《公司法》的基本法律制度,是规范股份公司和有限公司的基本依据。

第一节 公司概述

一、公司的概念与特征

(一)公司的概念

《中华人民共和国公司法》(以下简称《公司法》)第 2 条规定:“本法所称公司是指依照本法在中国境内设立的有限责任公司和股份有限公司。”第 3 条规定:“公司是企业法人,有独立的法人财产,享有法人财产权。公司以其全部财产对公司的债务承担责任。”据此,我国公司法上的公司,是指依照公司法设立的具有法人资格的企业。

公司制度是随着资本主义商品经济的发展逐渐得到确立的。在此之前,企业存在着个人独资和合伙两种形态。在个人独资条件下,自然人企业与自然人实是同一主体,企业产权归业主所有,经营由业主决定,风险责任由业主一人承担。而在合伙企业中,合伙企业是若干自然人的结合,企业产权归属合伙人共有,经营由合伙人协商决定,风险责任由合伙人连带承担。到了 17 世纪,欧洲海上贸易发展迅速,个人及合伙的资金不足且经营风险增长,为了适应大规模募集资金和减少投资风险的需要,西方一些国家确认承担有限责任的企业组织——公司的合法性,公司由此产生。

(二)公司的特征

1. 法人性

公司作为企业法人,具有法人的本质特征。

(1) 公司依法设立。公司是由法律赋予拟制人格的社会组织,必须依照法律的规定设立。我国《公司法》第 6 条规定:“设立有限责任公司、股份有限公司,必须符合本法规定的条件。符合本法规定的条件的,登记为有限责任公司或股份有限公司;不符合本法规定的条件的,不得登记为有限责任公司或股份有限公司。”

(2) 公司有自己独立的财产,公司的财产与股东个人的财产相分离。公司的财产虽然最初来自股东的投资,但股东一旦把财产投入公司,公司即对由股东投资形成的公司财产享有所有权。《公司法》第3条规定:“公司是企业法人,有独立的法人财产,享有法人财产权。公司以其全部财产对公司的债务承担责任。”

(3) 公司是一个组织体,有自己的名称、住所和生产经营场所,有自己的组织机构。《公司法》第8条规定:“依照本法设立的有限责任公司,必须在公司名称中标明有限责任公司字样。依照本法设立的股份有限公司,必须在公司名称中标明股份有限公司字样。”《公司法》第10条规定:“公司以其主要办事机构所在地为住所。”公司的生产经营场所则是公司为实现其设立目的所实施生产、经营行为的地方。公司的组织机构是对内管理公司事务,对外代表公司从事经济活动的机构。

(4) 公司独立承担责任。我国《公司法》第3条规定:“公司以其全部财产对公司的债务承担责任。”第5条规定:“公司从事经营活动,必须遵守法律、行政法规,遵守社会公德、商业道德,诚实守信,接受政府和社会公众的监督,承担社会责任。”

2. 营利性

公司具有营利性,是指公司必须从事经营活动。而经营活动的目的在于获取营利,并将其分配给股东。

营利性这一显著特征,使公司同以行政管理为目的的国家机关、不以营利为目的的公益事业单位以及社会团体法人区别开来。

3. 社团性

大陆法系法人学说依私法人形成的基础条件的不同将私法人分为社团法人和财团法人。前者是指以人的集合为基础而成立的法人,即对人的团体赋予人格;后者是指以捐助或托管的财产为基础,由特定组织按该财产的特定目的进行经营管理和使用而成立的法人,即对财产的团体赋予人格,根据社团法人活动的目的,通常又进一步分为公益性社团法人和营利性社团法人。公司是营利性社团法人,通常由多个股东出资组成。

公司的社团性与“一人公司”的公司形态并不矛盾。现代许多国家允许设立“一人公司”,我国《公司法》也规定了独资公司包括“一人公司”和国有独资公司。这似乎使传统的公司社团性特征发生动摇,但应当看到,既使公司的股东为单一主体,公司作为组织体并与其成员人格相分离的属性,始终没有被否定。

二、公司的分类

(一) 公司的学理分类

1. 无限责任公司、两合公司、股份有限公司及有限责任公司

这是根据股东对公司承担责任的不同对公司所作的分类。无限责任公司是指全体股东对公司债务负无限连带责任的公司。两合公司是指一部分股东对公司债务负无限责任,另一部分股东对公司债务仅以其出资额为限承担债务责任的公司。股份有限公司是指公司资本划分为均等股份,全体股东仅以各自持有的股份额为限对公司债务承担责任的公司。有限责任公司是指全体股东对公司债务仅以各自的出资额为限承担责任的公司。

2. 封闭式公司和开放式公司

这是根据公司股权掌握的主体及股权转让方式对公司所作的分类。封闭式公司是指股东人数较少,股东转让股权须受限制,不得向社会公众公开募股,实行封闭式运营的公司。

开放式公司是指可以向公众公开募股并由社会公众持股,股权可以自由转让的公司。

3. 人合公司、资合公司和人资兼合公司

这是根据公司的信用基础对公司所作的分类。凡公司的信用基础在于股东个人而不取决于公司资本的,称为人合公司,无限责任公司是其典型。凡公司的信用基础在于公司的资本数额而不考虑股东信用的,称为资合公司,股份有限公司是其典型。凡公司的信用基础兼具股东个人信用和公司资本数额的,称为人资兼合公司,两合公司是其典型。有限责任公司也可视为人资兼合公司。

4. 一般公司和特别公司

这是根据公司是否受公司法之外的特别法管辖对公司所作的分类。一般公司,指仅受公司法管辖的公司。特别公司是指除受公司法管辖外,还受其他法律、法规管辖的公司。我国绝大多数公司都是一般公司,而外商投资的有限公司、保险公司、商业银行、证券公司等特殊形态的公司还分别受有关外商投资企业法、保险法、银行法、证券法的管辖。

(二)现代法上的分类

1. 股份有限公司、有限责任公司和独资公司

按公司是否发行股份和参与投资人数的多少,可将公司分为股份有限公司、有限责任公司和独资公司。

2. 母公司和子公司

按公司与公司之间的控制依附关系,可将公司分为母公司和子公司。母公司有时也称"控股公司",拥有另一公司一半以上的股权或虽不足半数以上的股权但实际控制了另一公司半数以上的投票权。我国《公司法》第12条第1款规定:"公司可以向其他有限责任公司、股份有限公司投资,并以该出资额为限对所投资公司承担责任。"子公司有时也称"附属公司",已被母公司控制了多数股权和投票权。我国《公司法》第14条第2款规定:"公司可以设立子公司,子公司具有企业法人资格,依法独立承担民事责任。"子公司还可以分为控股子公司、参股子公司和全资子公司。需要注意的是,分公司是与子公司完全不同的公司形式。我国《公司法》第14条第1款规定:"公司可以设立分公司,分公司不具有企业法人资格,其民事责任由公司承担。"

3. 上市公司和非上市公司

按公司发行的股票是否在证券交易市场上流通,可将公司分为上市公司和非上市公司。上市公司是指经主管部门批准,其股票可以在证券市场公开交易。非上市公司是指已发行股票的股份有限公司,其股票未获准上市交易,因而不能在证券市场上流通。

4. 本国公司和外国公司

按公司的国籍,可将公司分为本国公司和外国公司。本国公司是指具有本国国籍的公司。凡依照中国法律在中国境内登记成立的公司,不论外国资本占多大比例,均为中国国籍。中外合资经营企业、具有法人资格的中外合作经营企业和外资企业,应认定具有中国国籍,属中国公司。外国公司是指具有外国国籍的公司。外国公司可在我国设立分支机构,从事生产经营活动。我国《公司法》第192条、第196条分别规定:"本法所称外国公司是指依照外国法律在中国境外登记成立的公司","外国公司属于外国法人,其在中国境内设立的分支机构不具有中国法人资格"。由此可见,我国对公司国籍的划分是以公司的注册登记为标准的。

第二节 公司法概述

一、公司法的概念

公司法是指规定公司的设立、组织、运作及其他对内对外关系的法律规范的总称。

公司法的具体形式在不同国家由于立法体例的不同存在一定差异。有的国家把公司法作为商法典的一部分,同时又在商法典之外制定关于有限责任公司、股份有限公司的单行法,从而以商法典中有关公司的一般规定和单行公司法的特别规定构成公司法规范,如法国、德国、日本。有的国家制定统一的公司法典,对除特许公司以外的各种公司进行全面、系统的规范调整,如英国、美国、瑞典等。有的国家实行民法商法合一的法律制度,有关公司法的内容由民法典作出规定,如意大利、瑞士等。我国公司法不仅指以"公司法"命名的单行法律,即《中华人民共和国公司法》,而且还包括其他法律、法规、规章有关公司的规定在内的一系列法律规范,如《中外合资企业法》、《中外合作企业法》、《外商独资企业法》、《中华人民共和国证券法》、《中华人民共和国商业银行法》、《中华人民共和国保险法》、《中华人民共和国公司登记管理条例》等。

二、公司法的特点

作为调整公司各种关系的法律规范,公司法具有不同于其他法律规范的特点。

首先,公司法是组织法。它不仅确认公司的法律地位和资格,对公司的设立、变更、终止和公司章程、组织机构、股东权利义务等作出明确具体的规定,而且还调整公司的财产关系、公司内部组织管理关系、公司与股东以及股东相互之间的关系。

其次,公司法是活动法。公司的活动大致可以分为两类:一类是生产经营活动,如订立各种合同等;另一类是与其自身的组织特点密切相关的活动,如股票的发行和交易、公司债券的发行和转让等。前者通常由合同法等法律规范调整,而后者则专门由公司法调整。

再次,公司法主要由强制性规范构成,体现了国家对社会经济生活的干预。一方面要求公司的设立和运作必须严格遵守公司的规定,对违法者依法追究其法律责任;另一方面,国家对依法设立的公司予以认可,并通过公司法的强制规范保护其合法权益不受侵犯。

第三节 公司的设立

一、公司设立的概念

公司设立是指为创设公司并使之取得法人资格,依照法定的条件和程序所进行的法律行为的总称。

公司的设立不同于公司的成立。公司的成立是指公司在实质上依公司法组织设立,以及完成申请设立登记程序,经公司登记机关审核发给营业执照,取得法人资格。具体来说,两者的区别主要有两点。

(1) 性质不同。公司设立是指组织公司的股东发起人的行为,这些行为有的是法律上的行为,如公司发起人订立章程,决定资本金额等;有的则不是法律行为,如公司场所的选择行为等。这些行为都是基于当事人之间的平等关系发生的。公司成立则是指为使公司具备法人资格必须履行的法定生效要求,其必须履行的程序是经审批相关部门批准,由公司登记机关核准颁发企业法人营业执照,这是基于法律设置的国家行政行为,是不平等主体之间的行为。

(2) 效力不同。公司设立是公司成立的前提条件,但将来是否一定能成立则是未知的。从公司设立到公司正式成立,需经过一段时间,这一时期的公司称为设立中的公司或未完成的公司。设立中的公司使用"公司筹备处"的名义进行设立行为。公司虽经设立,但最终未取得登记主管机关颁发的企业法人营业执照,即并未成立时,则不能成为权利义务主体,不是独立的法律主体,其所负债务由各股东(发起人)依合伙的有关规定承担。同时,设立中的公司不得以"公司"之名经营业务,或从事其他法律行为,也不能对他人主张排除使用相同或类似名称。

二、公司设立的主要原则

(一) 公司设立的通行原则

公司设立采取什么原则,这是世界各国设立公司都必须涉及的一个问题。纵观公司发展史,其设立原则的变迁大体经历了以下几个阶段。

1. 自由设立原则

自由设立原则,也称放任主义原则,是指公司的设立依发起人的意志,国家不予干预,也无须履行特别法律程序。这种原则出现在中世纪末公司出现的早期。

2. 特许设立原则

特许原则最早出现于英国。在英国公司法发展早期,公司资格被视为国王授予某些商人的特权,获得这种特权的商人可以通过组建公司的方式进行商业活动,除此之外的其他商人只能以普通个体商人的身份从事活动。根据传统特许主义,公司必须通过国王颁发"特许令"的方式——设立"元首特许主义"。特许主义发展到后期,改变了元首特许主义的做法而采用法律特许主义的方式,即由国家立法机关制定特许条例,凡是要设立公司并取得法人资格的,必须与某一特许条例的规定相符合,再经过特许才能成立。

现代特许主义立法原则通常分为两种情况:一是为每个公司制定专门的法律,由该法予以特别调整,这种情况又称为"法定主义"立法原则;二是制定特别法或专门法规,对符合条件者,经主管机关或领导人特许而设立公司。

按照特许主义立法原则设立的公司是政策性经营的公司,如我国由国务院决定设立的行业总公司、投资公司以及其他一些承担一定的管理职能或从事军工、航天、能源、交通等关系到国计民生行业的公司。发达国家的这类公司通常则是非商事公司或国有公司,如英国的皇家特许公司和法定公司,日本的公社、公库、营团等。

3. 核准设立原则

核准设立原则,又称许可设立原则或行政许可设立原则,是指设立公司除符合国家法律规定的设立条件外,还要经过政府主管机关对公司的设立进行审批。核准设立原则由法国国王路易十四颁布的《商事条例》所创设,并影响到一些国家的公司立法。核准设立原则不同于特许设立原则。特许意味着根据各个不同的公司而分别颁布法令,手续繁琐,特许令内容的不同也会导致公司权利能力和行为能力的不同。与此相反,核准则意味着各种公司应当遵循同样的设立原则,并获政府主管机关的认可。所以说,特许为立法之特权,核准为行政之特权。核准设立原则过分强调行政机关在公司设立中的作用。若所有公司的设立都采用这种原则,必然会妨碍某些急需设立公司的及时开办。所以,当今许多国家仅对设立与国计民生有密切关系的公司适用许可设立原则。

我国《公司法》规定,有限责任公司和股份有限公司的设立,原则上不需要报请政府部门审批,但依有关"三资企业法"规定,外商投资的有限责任公司须经国务院主管部门批准;商业银行、保险公司、证券公司无论采用何种公司形式,其设立须分别经银行监管部门、保险监管部门、证券监管部门的审批。这说明,我国有相当一部分特殊的公司设立还是采取许可原则的。

4. 准则设立原则

准则设立原则,又称登记设立原则,是指公司设立的必要条件由法律作出规定,凡具备法定条件的,不必经过国家主管机关批准,就可以设立公司。19 世纪末,随着社会经济的增长,西方各国为适应公司发展的需要,对公司的设立普遍采取了准则设立原则。准则设立原则在准许投资者自由设立公司的问题上与自由设立原则颇有类似之处,但它毕竟以法律的形式确立了公司设立的一般条件。

5. 严格准则设立原则

严格准则设立原则是相对上述单纯准则设立原则而言的,是对单纯准则设立原则的进一步完善。单纯准则设立原则虽然便于公司及时设立,迅速开展经营活动,但难以避免滥设公司的后果。20 世纪后期,为了兴利除弊,许多西方国家采取措施进一步完善准则设立原则:(1) 注重准则设立原则与公司设立登记制度相结合,即投资者在符合公司法所定的条件时即可成立公司,但公司设立的完成需经过公司登记机关的获准登记;(2) 强调公司设立过程中发起人的责任。通过加重发起人的责任防止发起人利用公司进行欺诈或者损害社会公众利益。无论公司设立采取何种原则,公司都是在公司登记管理机关进行注册登记后才成立的。

(二) 我国公司设立的原则

从我国《公司法》的规定看,我国公司设立原则的发展趋势是准则设立原则。《公司法》第 6 条第 1 款规定:"设立有限责任公司、股份有限公司,必须符合本法规定的条件。符合本法规定的条件的,登记为有限责任公司或者股份有限公司;不符合本法规定的条件的,不能登记为有限责任公司或者股份有限公司。"这是吸收西方国家公司立法的有益经验,并适应我国市场经济建设的需要而规定的。考虑我国公司发展的现状,除上述规定外,《公司法》第 6 条第 2 款又规定:"法律、行政法规规定设立公司规定必须报经审批的,应当在公司登记前依法办理审批手续。"第 12 条第 2 款规定:"公司的经营范围中属于法律、行政法规规定须经批准的项目,应当依法经过批准。"所以,我国公司的设立原则是:一般公司的设立,采用严格准则设立原则;特别公司的设立采用许可原则。

三、公司发起人

(一) 发起人的概念

发起人是指具有创办公司的共同意图,实施创办行为并在公司章程上签名的人。创办公司的共同意图是主观条件;实施创办活动,即发起行为;签名盖章为形式要件。

对发起人的内涵作出法律上的界定具有积极意义:第一,明确发起人的范围,使得那些要积极创办公司而又想避免承担其应负责任的人难以逃脱社会监督,以保证交易安全,维护社会公众利益;第二,借以明确发起人的权利义务,特别是其应负的法律责任。

(二) 发起人的资格

关于发起人资格,大多数国家没有什么限制,法人和自然人、本国人和外国人,在当地居住的人和不在当地居住的人均可作为发起人。但有的国家则有一定限制,如丹麦公司法规定发起人中至少有两人应居住在丹麦,但是商务大臣可以特许除外,欧洲经济共同体成员国的国民已经被特许了这种例外。瑞典公司法规定发起人必须是在瑞典居住的瑞典国民或瑞典法人,合伙公司只有在其内部的无限责任合伙伙伴都居住在瑞典境内和具有瑞典国籍时,才能成为发起人。我国台湾公司法规定,发起人须有半数以上在台湾有住所。

(三) 发起人的人数

我国《公司法》除对股份有限公司的发起人作了一定限制外,没作其他限制。《公司法》第 79 条规定:"设立股份有限公司,应当有二人以上二百人以下为发起人,其中须有半数以上的发起人在中国境内有住所。"由此可见,在其他情况下,不论中国人还是外国人,也不论是自然人,还是合伙企业、私有企业、法人企业都可以作为发起人设立公司。需要提及的是,一般情况下,机关法人和具有行政管理职能的社团法人不得作为发起人设立公司。自然人作为发起人应具备完全民事行为能力和财产能力。

(四) 发起人的法律地位

发起人是设立中公司的机关。公司在登记前虽然不具有法人资格,但发起人订立章程,共同认缴出资均构成将来公司组织中的人与物的要素的全部或部分,发起人因设立行为所取得的权利或所负担的义务,形式上属于发起人,实质上却属于公司的前身,亦即设立中的公司。公司一旦成立,发起人的权利义务在形式上一并归于公司,此种权利只为程序上归属变更。设立中的公司与设立的公司同为一体,发起人在设立期间作为设立中公司的机关亦最为合理。

(五) 发起人的权利和义务

发起人的活动和努力是公司得以设立的前提,因此发起人理应享有许多有别于公司其他股东的权利。但为了维护社会交易安全,保护广大投资者权益,赋予其重任亦是应该的、合理的。发起人一般享有下列权利:投资入股的优先权、获得报酬等。发起人应履行的义务通常包括:连带认缴股款、损害赔偿;公司不能成立时,对设立行为所产生的债务和费用负连带责任;非在公司设立登记一年后,不得转让其投资;等等。

(六) 发起行为的范围和性质

发起行为的目的在于设立公司。发起行为与设立是有所区别的。前者应该属于后者的范畴,但不能概括为后者的全部。公司设立行为除包括发起行为外,还包括社会公众的认股行为、缴纳股款、募集设立时的创立大会、选举董事、监事以及申请设立登记等行为。

四、公司章程

(一) 公司章程的概念

什么是章程? 有学者认为,章程就是当事人之间关于其法律行为的契约条款;还有学者认为,章程是某一团体的自治法规。相比而言,后一种观点较前一种观点更为严密。因为章程一经订立,不仅对当事人有拘束力,对以后参加团体的人也有拘束力。在一定条件下,对第三人也能产生一定的效力,也即其效力并不局限于制定章程的当事人之间。

订立公司章程是公司设立的第一阶段程序。公司章程是经发起人全体同意依法订立的,是设立公司所必需的,是公司组织和活动的基本准则。公司章程订立后,非依法定程序不得做任意变更。

(二) 公司章程的性质

1. 公司章程是公司的根本准则。公司从事经营活动必须遵守一定的行为规范,包括法律、法规、章程及其他有关行为规范。公司章程是公司最基本的规范性文件,它规定公司组织与经营的最根本的事项。另外,在公司内部除公司章程外,还有其他规范性文件,它们与公司章程一起被称为公司内部规章。其中,公司章程处于主导地位,它所确认的准则为其他内部规章提供依据,其他内部规章的规定不得与公司章程相抵触。

2. 公司章程是公司的自治规范。首先,公司章程作为一种行为规范不是由国家,而是由公司依法自行制订的。公司法只能就公司的普遍性问题作出规定,它不可能顾及各个公司的特殊性。而每个公司依照公司法制订的公司章程,则能反映本公司的个性,为本公司提供了行为规范。其次,公司章程是一种法律以外的行为规范,由公司自己来执行,无需国家强制力的保证实施。当出现违反公司章程的行为时,只要该行为不违反法律,就由公司自行解决。再次,公司章程作为公司内部规章,其效力仅及于公司和相关当事人,而不具有普遍的约束力。

(三) 公司章程的内容

公司章程的内容即记载的事项,其因公司种类的不同而不同。即便是在同一种类的公司之间,也会因具体情况的不同,而致使公司章程内容有所区别。一般来说,公司章程记载事项,根据法律所规定的强制性、任意性的不同,记载与否及发生法律效力的不同,可分为绝对必要记载事项、相对必要记载事项和任意记载事项。

1. 绝对必要记载事项。这是法定的每个公司必须记载于章程的事项。公司章程缺少其中任何一项或任何一项记载不合法,章程便不发生法律效力,亦会连带引起公司设立的无效。这些事项,一般是涉及公司根本问题的重大事项。由于法律规定的绝对记载事项的内容因公司种类的不同而有所区别,因此,公司设立人在制订公司章程时,应根据所设立公司的类型对照法律的规定,将其相应的绝对记载事项写入公司章程。

2. 相对必要记载事项。这种事项由法律列举,听凭当事人自由决定是否记载于章程。若予以记载,即具有法律效力;如不记载,也不影响章程本身的效力;若记载违法,则仅该事项无效,并不导致整个章程的无效。这种事项一般包括:(1) 分公司的设立;(2) 股份的种类与各种特别股的权利义务;(3) 特别股东或受益人姓名、住所及特别收益;(4) 有关实物出资事项,包括实物出资的种类及其折价金额等;(5) 设立费用及其支付方法;(6) 盈余分配方法;(7) 公司解散事由等。

3. 任意记载事项。这种事项法律并不列举其内容,与公司有关的,不违背法律、政策及社会公共程序和善良风俗的事项都可以作为任意记载事项记载于章程。如予以记载即具有法律效力。但如果变更,也必须履行法定手续。如缴纳股款的方法、股东会的召集时间和地点以及股份的过户转让等,可作为任意记载事项的选择。根据我国公司法的规定,章程记载的内容分为两类:一类是法定记载事项;另一类是任意记载事项。法定记载事项由《公司法》诸项列举。任意记载事项是法律列举事项的最后一项,往往表述为"其他需要规定的事项"。

(四) 公司章程的效力

1. 时间效力

公司章程制订后,并不立即发生效力,而是随着公司的成立发生效力。也就是说,设立公司时订立的章程,在公司进行设立登记取得营业执照,即公司成立之日起生效。当公司进行注销登记,被登记机关核准时,其章程的效力终止。

2. 对公司的效力

公司章程是公司最基本的规范性文件,当然应对公司自身有效力,这主要表现在两个方面:(1) 公司的组织机构即公司的权力机关、业务执行和经营意思决定机关、监督机关等都应按照公司章程规定的办法产生,在其规定的权限范围内行使职权;(2) 公司应当使用公司章程上规定的名称,在公司章程规定的经营范围内从事经营活动。

3. 对股东的效力

股东是公司的投资者。股东依照公司章程的规定享有权利和承担义务,主要包括:(1) 股东有权出席股东会、行使表决权;(2) 依照规定转让出资;(3) 查阅公司章程和财务会计报告;(4) 获得股息和红利以及公司终止后依法取得剩余财产等权利。同时,股东还负有缴纳所认缴的出资及公司章程规定的其他义务。

4. 公司章程对董事、监事和经理的效力

公司的董事、监事和经理应当遵守公司章程,依照法律和公司章程的规定行使职权。

五、公司设立登记

公司设立登记是公司设立程序的最后阶段,是指组织创建公司的负责人,为使公司取得法人资格,按照法定程序将应登记的事项呈报主管机关审批并领取企业法人营业执照的法律制度。

设置登记制度旨在巩固公司的信誉并保障社会交易的安全。根据该制度,公司的实体因章程的订立及其他法定程序的履行而形成后,即应依法定程序向主管机关申请取得法人资格,以确定公司设立的事实及内部组织和外部关系,并向社会公示。通过法定程序注册登记后,首先可以表明公司法人已得到法律承认,可以以自己的名义进行营业活动;其次,能防止未经注册登记的非法公司进行诈骗等违法行为的发生;最后,有利于社会公众对公司法人的监督,维护经济秩序的稳定。

公司设立登记应提交登记申请书及《公司登记管理条例》规定的有关文件。公司登记机关接到公司设立登记的申请公文后,发给《公司登记受理通知书》,并自发出该通知之日起30日内,作出核准登记或不予登记的决定。登记主管机关审查公司所提出的申请设立登记各事项,如认为申请事项有违反法律或不符合法定程序的,应责令其限期改正,非经改正合法的,不予登记。经审查符合法律规定的予以核准设立登记,并发给《企业法人营业执照》,公司即告成立。公司凭此执照刻制印章,开立银行账户,申请纳税登记。对于该登记而不予登记的,设立中的公司可以依法申请行政复议,纠正登记机关的错误行为。

六、公司设立无效

我国《公司法》尚无规定设立无效制度,但依法理可以作出判断。公司设立无效,会使公司内外关系处于不确定状态,并将危害社会经济秩序。因此,对公司设立无效须作严格解释,不可任意解释。

(一)公司设立无效的原因

1. 发起人违反主体资格的要求造成公司设立无效,主要有:公司发起人或股东为无民事行为能力人或限制民事行为能力人;有的发起人所实施的设立公司的行为并非是其真实的意思表示,而相对人已知或可知其真意的。

2. 违反法定条件和法定程序:公司设立没有达到法定条件。例如,设立股份有限公司,发起人没有达到法定人数;公司章程法定记载事项欠缺或记载违法;公司设立程序违反法律规定。如设立股份有限公司没有召开创立大会;设立股份有限公司发行股份存在重大缺陷。

(二)公司设立无效的提出

公司设立无效的问题,只能在公司设立登记后发生。对公司设立无效的提出可分两种情况:在公司设立登记后营业前,对公司设立无效的主张,任何人都可以提出;在公司设立登记完成并开始营业后,对公司设立无效的主张只能在法定期间内,由特定人通过诉讼程序提出。

(三)公司设立无效的后果

公司设立无效经法院判决确定时,公司即进入清算程序,清算完结,公司即告消灭。公司设立无效判决的效力也及于第三人,但无溯及力,不影响判决前公司、股东及第三人之间产生的权利和义务。在公司设立无效经判决确定的场合,如公司设立无效的原因仅存在于某股东,由其他股东协议一致,该公司可以继续存在,而存有无效原因的股东视为退出公司。最后,在公司设立无效的诉讼,经法院判决原告败诉的场合,如原告有恶意或重大过失的,应对公司负连带的损害赔偿责任。

七、公司能力

公司能力是指公司作为权利义务主体享有权利、承担义务的能力,是公司具有法人资格的表现。

公司能力是由法律规定的,由于不同类型的法律从不同方面对公司能力的内容作出规定,因而公司的能力表现为民商事能力、行政经济能力和诉讼能力等。公司的能力由权利能力和行为能力两部分组成。

(一)公司的权利能力

1. 公司权利能力的含义

公司的权力能力是指公司具有能够享有权利、承担义务的资格。这种资格是由法律赋予的,它是公司在市场经济活动中享有权利、承担义务的前提。公司权利能力从公司成立时产生,到公司终止时消灭。

我国《公司法》规定,公司营业执照签发日期为有限责任公司成立日期。由此可知,我国公司权利能力开始于公司营业执照签发的日期。关于公司权利能力的终止日期,按照我国

《公司法》和《公司登记管理条例》的规定,应理解为注销登记被核准之日。

2. 公司权利能力的内容

(1) 民事权利能力。即公司享有资产所有权、经营权、名称权、商誉权、荣誉权等。

(2) 行政经济权利能力。这是指在国家经济行政管理机关对公司经济活动进行管理过程中,公司依法享有权利和承担义务的资格,如公司享有商标注册申请权、公司有依法纳税的义务等。

(3) 诉讼权利能力。公司能充当经济诉讼的原告人、被告人或第三人等;公司能充当行政诉讼的原告人;公司能充当刑事诉讼的被害人或被告人。

(二) 公司的行为能力

公司的行为能力是指公司以自己的意思表示取得权利、承担义务的能力。公司的行为能力与其权利能力一同产生,一同终止。公司行为能力的范围和内容与其权利能力的范围和内容是一致的。换言之,公司有权从事实现公司宗旨所必需的一切法律行为,但其行为应以不超出公司权利能力的范围为限。

1. 公司行为能力的实现方式

(1) 公司的意思能力是社团意思能力。公司的行为能力以公司的意思表示为前提,其意思表示由依法产生的权力机构作出。我国《公司法》规定,有限责任公司和股份有限公司的权力机构分别为股东会和股东大会。股东会和股东大会所作的关于决定公司经营方针、投资计划、公司增加或减少资本、发行公司债券等项决议,就是该公司的意思表示。

(2) 公司的行为能力由法定代表人实现。公司作为法人,其行为能力要通过其法定代表人,按照公司的意思,以公司的名义对外为法律行为,使公司取得权利和承担义务。按照我国《公司法》的规定,除股东人数较少和规模较小的有限责任公司,其法定代表人为执行董事外,一般的有限责任公司和股份有限公司的法定代表人均为董事长。董事长的行为即公司的行为,其行为后果由公司承担。

(3) 法定代表人的越权行为。公司应在其经营范围内从事经营活动。因此,法定代表人所为的公司经营范围内的行为才是公司的行为。越出经营范围的行为,则为越权行为。为了维护交易安全和有效保护善意第三人的利益,应认定法定代表人的越权行为是公司的行为。不过,公司有权追究法定代表人的越权责任,以制止法定代表人为所欲为。

2. 公司的侵权行为能力

公司的侵权行为能力是指公司的违法行为能力,即公司在其经营范围内进行活动,违反法律、法规对他人造成损害的能力。

公司的侵权行为通常具备下列要件:(1) 须是公司法定代表人或其委托授权的工作人员的行为;(2) 须为公司的法定代表人或其委托授权的工作人员在执行职务时的加害行为;(3) 须具备侵权行为的一般要件,包括主观过错、行为已发生、行为与损害之间具有因果关系等。

对公司的侵权行为所造成的损害,除公司承担赔偿责任外,对法定代表人可给予行政处分、罚款,构成犯罪的,依法追究刑事责任。当公司的侵权行为是由法定代表人委托授权的工作人员所为时,还应追究直接责任人的法律责任。

第四节　公司的资本

一、公司“资本原则”

公司的资本,又称股本,是指由公司章程所确定的由股东出资构成的财产总额。它是公司生存并获得预期利润的物质条件,也是股东获取投资报酬的物质前提,还是公司清偿债务的担保。各国公司法对公司资本的认缴、募集、增减维持等都有严格的规定,通常将这些规定概括为“资本原则”。

(一) 资本确定原则

资本确定原则,是指公司在设立时,必须在章程中对公司的资本总额作出明确规定,并须由股东全部认足,否则公司不能成立。

1. 法定资本制

法定资本制是实行资本确定原则的资本制度。法定资本制要求公司设立时一次收足大量资本,其弊端在于:(1) 使公司设立变得困难;(2) 有可能导致资本的闲置;(3) 在未来经营中如需增加资本时,又将遇到繁琐的法律程序。

2. 授权资本制

公司在设立时,须在章程中确定资本总额,股东只认足一定比例的资本或章程中所规定的最低限额,公司即可成立;未认足的资本,授权董事会根据公司营业需要和市场情况随时发行新股。授权资本制具有方便性和灵活性,但同时也减弱了对债权人利益的保护,容易造成公司滥设。

3. 认可资本制

认可资本制又称为折衷资本制,是法定资本制与授权资本制相融合形成的一种新的资本制度。公司在设立时,公司章程所定的资本总额可不必全部认足,而授权董事会随时发行,但这种发行必须在法定期限内进行,并且首期发行股份不得少于法定数额。

(二) 资本维持原则

资本维持原则,又称为资本充实原则,指公司在存续期间,应经常保持与其资本额相当的财产。由于法定资本制的实行,公司资本在公司设立时即代表公司财产,而一旦开始经营,公司财产必然会由于种种原因发生变化,从而与注册资本不相吻合。资本维持原则的意图就在于防止公司财产的减少,维持公司的资信,保护公司债权人利益。

(三) 资本不变原则

资本不变原则,是指公司的资本一经确定,即不得随意改变,如需增减,必须严格依照法定程序进行。资本维持原则是从公司实有财产与资本数额的相互吻合方面防止资本的实质性减少;资本不变原则是从资产数额本身防止公司资本在形式上减少。所以,二者是从不同角度使法定资本制或认可资本制进一步具体化。

二、我国公司资本制度

我国《公司法》为保证公司资本的真实可靠,防止公司设立中的欺诈和投机,保护债权人利益,维护社会经济秩序的稳定和国际通行规则,实行授权资本制,并且坚持资本维持原则和资本不变原则的精神。《公司法》第26条规定:“有限责任公司的注册资本为在公司登记机关登记的全体股东认缴的出资额。公司全体股东的首次出资额不得低于注册资本的百分之二十,也不得低于法定的注册资本最低限额,其余部分由股东自公司成立之日起两年内缴足;其中,投资公司可以在五年内缴足。有限责任公司注册资本的最低限额为人民币三万元。法律、行政法规对有限责任公司注册资本的最低限额有较高规定的,从其规定。”第27条规定:“对作为出资的非货币财产应当评估作价,核实财产,不得高估或者低估作价。法律、行政法规对评估作价有规定的,从其规定。”第28条规定:“股东应当按期足额缴纳公司章程中规定的各自所认缴的出资额。股东不按照规定缴纳出资的,除应当向公司足额缴纳外,还应当向已按期足额缴纳出资的股东承担违约责任。”第29条规定:“股东缴纳出资后,必须经依法设立的验资机构验资并开具证明。”公司注册资本的增减,须由股东会或股东大会通过决议。

第五节 公司债券

一、公司债券的概念、特征和种类

(一)公司债券的概念与特征

公司债券是指公司依照法定程序发行、约定在一定期限还本付息的有价证券。

公司债券作为一种债权证券,具有自身的法律特征:(1)公司债券是公司发行的有价证券。作为债券的一种,其发行主体是公司,使公司为了筹措资金向社会发行的债券。(2)公司债券是债权证券。公司债券是表彰了已经在公司与债券持有人之间所发生的债权关系,持有某一公司债券,则表明持有人在债券约定的期限到来时具有要求公司还本付息的权利,是证权证券而非设权证券。(3)公司债券是要式证券。公司债券必须在债券上记载公司名称、债券票面金额、利率、偿还期限等事项,并由董事长签名,公司盖章,是一种要式证券。(4)债券收益的稳定性。由于公司债券是表彰了已经在公司与债券持有人之间所发生的债权关系,持有某一公司债券,则表明持有人在债券约定的期限到来时具有要求公司还本付息的权利,与公司经营的好坏通常没有直接联系,收益具有稳定性。

(二)公司债券的种类

1. 记名公司债券和无记名公司债券

我国《公司法》规定,公司债券可以为记名债券,也可以为无记名债券。记名公司债券是指在公司债券上记载债权人姓名或者名称的债券,无记名公司债券是指在公司债券上不记载债权人姓名或者名称的债券。区分记名公司债券和无记名公司债券的法律意义在于二者转让的要求不同。记名公司债券的转让,转让人需要在债券上背书;而无记名公司债券的转让,交付债券时,转让即发生法律效力。

2. 可转换公司债券与不可转换公司债券

我国《公司法》规定,发行可转换为股票的公司债券的,公司应当按照其转换办法向债券持有人换发股票,但债券持有人对转换股票或者不转换股票有选择权。可转换公司债券是指可以转换成公司股票的公司债券。这种公司债券在发行时规定了转换为公司股票的条件与办法,当条件具备时,债券持有人拥有将公司债券转换为公司股份的选择权。不可转换公司债券是指不能转换为公司股票的公司债券。凡在发行债券时未作出转换约定的,均为不可转换公司债券。上市公司经股东大会决议可以发行可转换为股票的公司债券,并在公司债券募集办法中规定具体的转换办法。上市公司发行可转换为股票的公司债券,应当报国务院证券监督管理机构核准。发行可转换为股票的公司债券,应当在债券上标明可转换公司债券字样,并在公司债券存根簿上载明可转换公司债券的数额。

二、公司债券的发行

(一) 公司债券发行的主体资格

任何公司只要符合公司债券的发行条件,都可以依法发行公司债券。

(二) 公司债券发行的条件

依据《中华人民共和国证券法》(以下简称《证券法》)规定,公开发行公司债券,应当符合下列条件:股份有限公司的净资产不低于人民币 3 000 万元,有限责任公司的净资产不低于人民币 6 000 万元;累计债券余额不超过公司净资产的 40%;最近 3 年平均可分配利润足以支付公司债券 1 年的利息;筹集的资金投向符合国家产业政策;债券的利率不超过国务院限定的利率水平;国务院规定的其他条件。公开发行公司债券筹集的资金,必须用于核准的用途,不得用于弥补亏损和非生产性支出。上市公司发行可转换为股票的公司债券,除应当符合第一款规定的条件外,还应当符合本法关于公开发行股票的条件,并报国务院证券监督管理机构核准。《证券法》还规定,有下列情形之一的,不得再次公开发行公司债券:(1) 前一次公开发行的公司债券尚未募足;(2) 对已公开发行的公司债券或者其他债务有违约或者延迟支付本息的事实,仍处于继续状态;(3) 违反本法规定,改变公开发行公司债券所募资金的用途。

(三) 公司债券发行的程序

1. 作出发行公司债券的决议或决定。股份有限公司、有限责任公司发行公司债券,应由公司董事会制订方案,由股东大会或者股东会作出决议。国有独资公司发行公司债券,应由国家授权投资的机构或者国家授权的部门作出决定。

2. 提出申请。申请公开发行公司债券,应当向国务院授权的部门或者国务院证券监督管理机构报送下列文件:(1) 公司营业执照;(2) 公司章程;(3) 公司债券募集办法;(4) 资产评估报告和验资报告;(5) 国务院授权的部门或者国务院证券监督管理机构规定的其他文件;(6) 依照证券法规定聘请保荐人的,还应当报送保荐人出具的发行保荐书。

3. 核准申请。国务院授权的部门或者国务院证券监督管理机构对公司提交的发行公司债券的申请,依照法定条件进行审核和核准。国务院证券监督管理机构或者国务院授权的部门应当自受理债券发行申请文件之日起 3 个月内,依照法定条件和法定程序作出予以核准或者不予核准的决定,发行人根据要求补充、修改发行申请文件的时间不计算在内;不予核准的,应当说明理由。国务院证券监督管理机构或者国务院授权的部门对已作出的核准发行的决定,发现其不符合法定条件或者法定程序,尚未发行的,应当予以撤销,停止发行;已经发行尚未上市的,撤销发行核准决定,发行人应当按照发行价并加算银行同期存款利息返还债券持有人。

4. 公开募集债券。(1) 公告债券募集办法。发行公司债券的申请经国务院授权的部门核准后,应当公告公司债券募集办法。公司债券募集办法中应当载明下列主要事项:①公司名称;②债券募集资金的用途;③债券总额和债券的票面金额;④债券利率的确定方式;⑤还本付息的期限和方式;⑥债券担保情况;⑦债券的发行价格、发行的起止日期;⑧公司净资产额;⑨已发行的尚未到期的公司债券总额;⑩公司债券的承销机构。上市公司经股东大会决议可以发行可转换为股票的公司债券,并在公司债券募集办法中规定具体的转换办法。(2)债券的认缴。公司债券经应募人认定后,应按所认定的数额缴纳款项,公司向其交付债券。发行可转换为股票的公司债券,应当在债券上标明可转换公司债券字样。(3)公司置备公司债券存根薄。发行记名公司债券的,应当在公司债券存根簿上载明下列事项:①债券持有人的姓名或者名称及住所;②债券持有人取得债券的日期及债券的编号;③债券总额、债券的票面金额、利率、还本付息的期限和方式、债券的发行日期。发行无记名公司债券的,应当在公司债券存根簿上载明债券总额、利率、偿还期限和方式、发行日期及债券的编号。发行可转换为股票的公司债券,应当在债券上标明可转换公司债券字样,并在公司债券存根簿上载明可转换公司债券的数额。

三、公司债券的转让和清偿

(一)公司债券的转让

公司债券可以转让,转让价格由转让人与受让人约定。公司债券在证券交易所上市交易的,按照证券交易所的交易规则转让。记名公司债券,由债券持有人以背书方式或者法律、行政法规规定的其他方式转让;转让后由公司将受让人的姓名或者名称及住所记载于公司债券存根簿。无记名公司债券的转让,由债券持有人将该债券交付给受让人后即发生转让的效力。

(二)公司债券的清偿

由于公司债券是公司依照法定程序发行、约定在一定期限还本付息的有价证券。那么,发行公司债券的公司,应当按照公司债券上所记载的偿还期限和还本付息方式,按期向公司债券持有人还本付息。

四、债券转股票

可转换公司债券自发行结束之日起6个月后方可转换为公司股票。转股期限由公司根据可转换公司债券的存续期限及公司财务状况确定。债券持有人于转股的次日起成为发行公司的股东。关于转股价格,应不低于募集说明书公告日前20个交易日该公司股票交易均价和前一交易日的均价。具体程序可参照股份发行的程序操作。

第六节　公司财务

一、公司的财务、会计报告制度

公司作为以资本为信用基础的企业形态,公司财产是公司经营和交易活动的基础。所以,《公司法》规定,公司应当依照法律、行政法规和国务院财政部门的规定建立本公司的财务、会计制度。

公司应当在每一会计年度终了时编制财务会计报告,并依法经会计师事务所审计。财务会计报告应当依照法律、行政法规和国务院财政部门的规定制作。有限责任公司应当依照公司章程规定的期限将财务会计报告送交各股东。股份有限公司的财务会计报告应当在召开股东大会年会的20日前置备于本公司,供股东查阅。公开发行股票的股份有限公司必须公告其财务会计报告。依据《企业会计准则——基本准则》的规定,公司的财务会计报告主要包括:(1)资产负债表;(2)损益表(利润表);(3)财务状况变动表(现金流量表);(4)财务情况说明书;(5)利润分配表。对于上市公司,在每一会计年度的上半年结束之日,还应制作中期财务会计报告。从法律的规定来看,财务会计报告应具体由公司的董事会来置备,同时应当在送交有限责任公司的股东或者股份公司股东大会召开的前20日置备完毕。

二、公司利润的分配

(一)利润分配的顺序

公司利润分配的顺序是由《公司法》规定的。

1. 弥补上一年度的亏损。公司的法定公积金不足以弥补以前年度亏损的,在依照规定提取法定公积金之前,应当先用当年利润弥补亏损。换言之,如果公司的法定公积金足以弥补上一年度公司亏损,则无需用当年利润弥补上一年公司亏损。

2. 缴纳所得税。

3. 依法提取法定公积金。法定公积金又称为法定盈余公积金,指基于法律的强制性规定而提取的公积金。《公司法》规定,公司分配当年税后利润时,应当提取利润的10%列入公司法定公积金。公司法定公积金累计额为公司注册资本的50%以上的,可以不再提取。

4. 提取任意公积金。任意公积金又称为特别盈余公积金,指依章程或股东会(股东大会)决议提取的公积金。我国《公司法》规定,公司从税后利润中提取法定公积金后,经股东会或者股东大会决议,还可以从税后利润中提取任意公积金。

5. 向股东分配利润。公司弥补亏损和提取公积金后所余税后利润,作为盈余分配。有限责任公司的盈余分配的方式是依照股东按照实缴的出资比例分取红利;公司新增资本时,股东有权优先按照实缴的出资比例认缴出资。但是,全体股东约定不按照出资比例分取红利或者不按照出资比例优先认缴出资的除外。股份有限公司按照股东持有的股份比例分配,但公司章程规定不按持股比例分配的除外。公司持有的本公司股份不得分配利润。股利的分配一般采用现金支付方式,也可以采用发行新股的方式,还可以采用实物支付的方式。同时,股东会、股东大会或者董事会违反公司法规定,在公司弥补亏损和提取法定公积金之前向股东分配利润的,股东必须将违反规定分配的利润退还公司。

第七节　公司变更

一、公司章程的修改

公司章程的修改,指由于某些情形的变化而依法对已经发生法律效力的公司章程进行变更的行为。

(一)修改公司章程的主体

1. 根据《公司法》的规定,公司章程由股东共同制定,所以,股东是当然的变动公司章程的主体。

2. 我国《公司法》规定,有限责任公司股东转让股权后,公司应当注销原股东的出资证明书,向新股东签发出资证明书,并相应地修改公司章程和股东名册中有关股东及其出资额的记载。因此,对公司章程的该项修改不需再由股东会表决。此时,章程修改的主体应该是公司的董事会。

3. 在公司破产重整中也会涉及公司章程的修改,此时,修改的主体是重整的执行人,即董事会或破产管理人。

(二) 公司章程修改的通过

《公司法》规定,有限责任公司股东会会议作出修改公司章程的决议,必须经代表2/3以上表决权的股东通过。股份有限公司股东大会作出修改公司章程的决议,必须经出席会议的股东所持表决权的2/3以上通过。

(三) 变更登记

公司章程修改后,必须到公司登记主管部门进行变更登记。

二、公司资本的变动

(一) 增加资本

1. 增加资本的方式

增加资本,简称增资,是指依法增加公司注册资本总额的行为,其具体方式有:(1) 增加票面价值,即公司在不改变原有股份总数的情况下增加每股金额;(2) 增加出资,即按原出资比例增加出资额,而不改变出资比例;(3) 发行新股,通常情况下,原股东有优先认购权;(4) 债转股,即公司将可转换公司债券转换为公司股份。

2. 增加资本的程序

股东会会议作出增加注册资本的决议,必须经代表2/3以上表决权的股东通过。股东大会作出增加注册资本的决议,必须经出席会议的股东所持表决权的2/3以上通过。

有限责任公司增加注册资本时,股东认缴新增资本的出资,依照《公司法》设立有限责任公司缴纳出资的有关规定执行。股份有限公司为增加注册资本发行新股时,股东认购新股,依照《公司法》设立股份有限公司缴纳股款的有关规定执行。

公司增加注册资本,应当依法向公司登记机关办理变更登记。

(二) 减少资本

1. 减少资本的方式

减少资本,简称减资,是指公司减少注册资本的行为。减资的主要方式有:(1) 减少票面价值,即公司在不改变原有股份总数的情况下减少股票的每股金额;(2) 出资或者股份总额的减少,即直接减少出资额或者股份总数。

2. 减少资本的程序

股东会会议作出减少注册资本的决议,必须经代表2/3以上表决权的股东通过。股东大会作出减少注册资本的决议,必须经出席会议的股东所持表决权的2/3以上通过。

公司需要减少注册资本时,必须编制资产负债表及财产清单。公司应当自作出减少注册资本决议之日起10日内通知债权人,并于30日内在报纸上公告。债权人自接到通知书

三、公司解散时的清算

(一) 清算组的成立

公司解散时,应当依法进行清算。清算就是了结、终止公司的各项财产关系。清算必须成立清算组。因公司章程规定的营业期限届满或者公司章程规定的其他解散事由出现时,或股东会议解散的,应当在15日内成立清算组。有限责任公司的清算组由股东组成,股份有限公司的清算组由股东大会确定其人选。逾期不成立清算组进行清算的,债权人可以申请人民法院指定有关人员组成清算组进行清算。公司违反法律、行政法规被依法责令关闭的,由有关主管机关组织股东、有关机关及有关人员成立清算组,进行清算。

(二) 清算组的职权

清算组的职权主要包括:(1) 清理公司财产,分别编制资产负债表和财产清单;(2) 通知或者公告债权人;(3) 处理与清算有关的公司未了结的业务;(4) 清缴所欠税款以及清算过程中产生的税款;(5) 清理债权、债务;(6) 处理公司清偿债务后的剩余财产;(7) 代表公司参与民事诉讼活动。

(三) 清算组的义务与责任

清算组在公司清算期间代表公司进行一系列民事活动,全权处理公司经济事务和民事诉讼活动,其地位十分重要。《公司法》规定,清算组成员应当忠于职守,依法履行清算义务,清算组成员不得利用职权收受贿赂或者其他非法收入,不得侵占公司财产。清算组成员因故意或者重大过失给公司或者债权人造成损失的,应当承担赔偿责任。

(四)清算程序

1. 登记债权。清算组应当自成立之日起10日内通知债权人,并于60日内在报纸上公告。债权人应当自接到通知书之日起30日内,未接到通知书的自第一次公告之日起45日内,向清算组申报其债权,并提供有关债权的证明材料,清算组应当对债权进行登记。在申报债权期间,清算组不得对债权人进行清偿。

2. 清理公司财产,制订清算方案。清算组在清理公司财产、编制资产负债表和财产清单后,应当制定清算方案,并报股东会、股东大会或者人民法院确认。清算期间,公司存续,但不得开展与清算无关的经营活动。公司财产在未依照规定清偿前,不得分配给股东。清算组在清理公司财产、编制资产负债表和财产清单后,发现公司财产不足清偿债务的,应当依法向人民法院申请宣告破产。公司经人民法院裁定宣告破产后,清算组应当将清算事务移交给人民法院。

3. 清偿债务。公司财产能够清偿公司债务的,应优先拨付清算费用。在拨付清算费用后,按下列顺序清偿:职工的工资;社会保险费用和法定补偿金、所欠税款;公司债务。清偿公司债务后的剩余财产,有限责任公司按照股东的出资比例分配,股份有限公司按照股东持有的股份比例分配。

4. 清算终止、注销登记。公司清算结束后,清算组应当制作清算报告,报股东会、股东大会或者人民法院确认,并报送公司登记机关,申请注销公司登记,公告公司终止。

案例思考

案例一:福乐装潢公司诉伟业房地产开发有限公司等7家企业债务清偿责任纠纷案

2006年9月,伟业房地产开发有限公司与其他6家国内企业共同筹划建立伟达开发股份有限公司。资本总额确定为1 200万元,7家发起企业认购其中500万元的股份,其余700万元向社会公开募集股份。同年10月,发起企业认足了500万元的股份,其出资方式有现金、厂房、设备、土地使用权等。由于发起人作为投资的厂房需要装修,因此,由发起人共同协商成立的开发股份有限公司筹建处向福乐装潢公司洽购一批装饰材料,包括墙纸、保丽板、地毯、吊灯等和成套办公用品若干套,货款总计人民币70万元。双方商定开发股份有限公司一经成立即向装潢公司一次性付清全部货款。一周后,装潢公司按约定将货物运到筹建处指定的仓库。筹建处即将该批装饰材料及办公用品投入厂房的装修。在各项准备工作均已完成的情况下,经国务院证券部门批准,伟业房地产开发公司等7家企业在当地报纸上发布招股说明书,进行公开募股。但4个月募股期限过后,仅募集到620万元,公司无法成立。福乐装潢公司向某房地产开发公司等7家企业要求偿付装饰材料及办公用品货款70万元。7家企业以种种理由相互推诿,拒付货款。装潢公司遂以7家企业为被告向当地人民法院提起诉讼。

问:本案应如何处理?

案例二:淮安市盐化工有限公司诉江苏省淮安石油支公司欠缴出资纠纷案

原告淮安市盐化工有限公司系被告江苏省淮安石油支公司与汪兆云两股东共同投资设立。1999年4月4日,淮安石油支公司与汪兆云订立了淮安市盐化工有限公司章程,章程规定:淮安石油支公司以货币形式出资,出资额占公司注册资本的51%,汪兆云以实物和非专利技术出资,出资额占公司注册资本的49%。此后,淮安石油支公司欠缴出资额36万元。汪兆云实际足额缴纳了出资。同年6月3日,淮安市盐化工有限公司取得公司法人营业执照。2001年4月11日,淮安石油支公司与汪兆云协商要求转让出资未果。此后,淮安市盐化工有限公司实际由汪兆云单方经营,因资金缺乏,无法正常生产,汪兆云以代理董事长名义多次提出召开董事会,要求被告继续缴足出资,遭被告拒绝。2001年5月28日,汪兆云遂以淮安市盐化工有限公司名义向淮安市人民法院提起诉讼,要求被告承担欠缴出资的违约责任。

原告诉称:被告淮安石油支公司在1999年4月4日与个人股东汪兆云订立协议,共同投资成立淮安市盐化工有限公司,同年6月3日经淮安市工商行政管理局予以核准登记注册。依有限公司章程规定,被告应出资的注册资金为668 300元,而被告仅在1999年4月和8月两次共投入资金308 300元,至今仍欠缴原告注册资金36万元。被告的违约行为使原告经营十分困难,给原告造成了极大的经济损失。请求法院依法责令被告履行法定出资义务,缴足出资,承担延迟出资利息和本案全部诉讼费用。被告淮安石油支公司答辩称:原告淮安市盐化工有限公司不具备本案的诉讼主体资格,我公司不应向原告承担违约责任。

一审法院经审理认为:原告淮安市盐化工有限公司与被告江苏省淮安石油支公司系公司与股东关系。被告欠缴出资,其违约行为直接侵害的是已足额缴纳出资的股东的合法权益,故要求被告履行缴足出资额义务的权利属于其他股东。本审理中,本院已明确告知原告无诉权,原告仍坚持以淮安市盐化工有限公司名义起诉本案被告,本院不予支持。依据《中华人民共和国民事诉讼法》第108条第1款,《中华人民共和国公司法》第25条第2款和最高人民法院《关于适用〈中华人民共和国民事诉讼法〉若干问题的意见》第139条的规定,驳回原告的起诉。

一审裁定后,原告不服,提起上诉称:被上诉人是上诉人淮安市盐化工有限公司的股东,其出资不到位不仅侵害了其他股东的权益,亦侵害了上诉人的资产完整权和经营权,故我公司作为已具有法人资格的有限责任公司享有请求权。请求依法撤销一审裁定,确认上诉人对被上诉人有追缴未到位注册资金的诉权。被上诉人未作书面答辩。

上诉法院经审查认为:上诉人以被上诉人欠缴其注册资金36万元的违约行为给其造成损失为理由,诉请原审人民法院判令被上诉人履行出资义务。而上诉人是由被上诉人参股设立的公司法人,股东欠缴出资,应对已足额缴付出资的股东承担违约责任。公司注册设立时,所有股东认缴的出资额应足额到位,如股东虚假出资或抽逃出资,可由公司行政管理机关或司法机关责令改正并追究法律责任,但不发生侵犯公司资产完整权及经营权的法律后果,故淮安市盐化工有限公司以诉讼方式要求股东缴足认缴股金缺乏法律依据。上诉人的上诉理由不能成立,不予采纳。原审裁定并无不当,应予维持。根据《中华人民共和国民事诉讼法》第154条的规定,驳回上诉,维持原裁定。

请对本案作出法理分析。

案例三:郭宝善与诸暨市申裕装饰有限公司返还投资款纠纷案

原告郭宝善为与被告诸暨市申裕装饰有限公司(下称申裕公司)返还投资款纠纷一案,于2000年11月27日向本院起诉,本院(指浙江省诸暨市人民法院)于次日立案受理,依法由审判员谈志超、应见玲、冯华泉组成合议庭,由谈志超担任审判长,并主审本案。本院于2000年12月13日公开开庭进行了审理。原告郭宝善的委托代理人宣卫忠和被告申裕公司的法定代表张秋其及委托代理人郦裕松到庭参加诉讼。现已审理终结。

原告郭宝善诉称,被告因经营缺少资金,要原告投入资金30万元,原告分别于1997年至1998年7月12日期间委托儿子郭佳新交给张秋其资金30万元,并出具收条一张。原、被告双方于1998年11月22日签订了一份增股增资协议,约定吸收原告为被告的股东,原告原借给被告的30万元作为原认缴出资额的资金投入,应及时办理工商变更凭证手续。经原告查证,被告未办理工商登记手续,原告并不是被告的股东,现原告要求被告归还资金30万元。审理中,原告增加要求被告按6.39‰计付原告30万元的利息55 593元。被告申裕公司辩称,1998年11月22日所订立的增股增资协议书是在征得原告同意的基础上双方自愿订立的。协议订立后,原告以股东的身份参加了公司内部责任制协议的签订,并认可签约事宜。原告又在公司尚有部分装饰板及货款未结清,应待双方结账后,再进行返还。经审查认定,1997年8月间,由张秋其出资流动资金30万元和投入轿车一辆计价35万元,合计65万元,郭林华出资流动资金3万元,以注册资本68万元共同出资开办了诸暨市申裕装饰有限公司。公司开办后,因缺少经营资本,被告多次向原告借款,在1997年至1998年7月12日期间,原告郭宝善委托其子郭佳新先后共借给被告30万元,并由被告董事长张秋其出具收条一张,言明“今收到郭佳新97年—98年投入公司资金叁拾万元整”,并注明了“公司建账后调换正式收据”,尾部有经办人张秋其的签名。1998年11月22日,由原告和被告公司的两位股东签订了《申裕装饰有限公司增股增资协议》一份,该协议载明:甲方为张秋其、乙方为郭林华、丙方为郭宝善;吸收郭宝善为申裕装饰公司股东,丙方原借给公司的30万元作为股金投入,为郭宝善的认缴出资额;郭林华出资总额增加到50万元,张秋其出资总额增加到200万元,差额部分于同年11月30日前缴足。上述三方缴足出资额后,公司注册资金为人民币280万元,应及时办理工商变更凭证手续;三方还就股金的撤回、转让和年终的分红等问题亦均作了明确的约定。尾部三方当事人签了名。当天,原告和被告公司的两位股东又订立了《申裕装饰有限公司内部制协议》,协议约定:由郭林华任公司总经理,并全权负责公司一切经营事宜;责任制为每年落实一次,1998年12月1日至1999年11月30日间,郭林华应保证完成利润28万元,超额部分30%作为郭林华的奖金分配,10%作为公司员工奖金,其余60%作为流动资金或作固定资产投入再生产,利润未能完成28万元,由郭林华全额补足。尾部有张秋其、郭林华、郭宝善的签名。此后,原告未曾参加过公司的经营活动,也未分过红利。2000年9月经原告查实,被告未到工商部门办理扩股增资的变更手续。嗣后,原告曾多次要求被告归还投资款30万元。

在法庭审理中,被告申裕公司主张,原告郭宝善是自愿出资入股,并以股东的身份参加过公司的经营决策,已享受了股东的权利,还以原告处的装饰板和货款未结账为由,提出要求与原告结账后再行返还投资款之主张。原告郭宝善予以反驳,据此,本庭责成原、被告双方对自己的主张提供证据。为此,被告向本庭提供了《申裕装饰有限公司内部责任制协议》一份及尚有部分装饰和货款在原告处的账单、销售清单11张。经当庭质证,原告认为《申裕装饰有限公司内部责任制协议》是在签订增股增资协议书的当天签订的,除此之外,原告没有参加过公司的经营活动,也未分得过红利,至于被告所出具的材料账单和销售清单,是公司的单方行为,况且与本案也没有直接的关系。原告提供了《中华人民共和国公司登记管理条例》,认为双方虽签订过增股增资协议,但因被告没有向工商行政管理机关办理变更手续,因此该协议尚未依法成立,原告的借款30万元,被告应当返还,支付利息也是合法的。合议庭认为,被告的抗辩缺少事实和法律依据,故该抗辩理由不能成立。审理中,被告曾向本庭表示,愿意补办工商变更登记,但被告因故未能在约定的期限内办理变更手续。

认定以上事实的证据有:

1. 1998年7月12日,由张秋其出具的收条(复印件)一张和2000年11月8日由郭佳新出具的证明一份,分别证实了由郭佳新受其父亲郭宝善的委托在1997年至1998年7月12日期间,出借给申裕公司人民币30万元的事实。

2. 1998年11月22日,由张秋其、郭林华和郭宝善签订的《申裕装饰有限公司增股增资协议》一份,证实了被告股东同意吸收原告为股东,并将原告的借款30万元作为股金,同时约定股份的撤回和转让及年终分红,且应及时办理工商变更凭证手续的事实。

3. 1998年11月22日,由张秋其、郭林华和郭宝善签订的《申裕装饰有限公司内部责任制协议》一份,证实了公司由郭林公款全权负责经营,并完成利润28万元等事实。

4. 原告提供的被告公司工商登记的摘抄材料一份,证实了被告公司于1997年8月19日开办,股东为张秋其和郭林华分别出资65万元和3万元,经营范围为五金机电、建材,注册资金为68万元,法定代表人为张秋其等事实。

5. 工商行政管理机关的企业登记材料(复印件)11份,分别证实了被告公司的开办,法定代表人的履行,股东、发起人出资情况,验资证明,公司章程,股东证明,私营企业转换审核表及1999年度公司的验资情况等事实。

6. 2000年12月25日,由本庭对张秋其的谈话笔录一份,证明了被告公司打算向工商行政管理机关补办变更登记,并由本庭责成被告于同年12月19日前向工商机关补办扩股增资登记的事实。

7. 当事人的陈述。被告申裕公司当庭所作的原告与被告股东签定协议后,没有到工商机关去办理过扩股增资登记,至今公司没有分过红利,30万元是陆陆续续的借款,到签订协议后转为股金的陈述。原告对被告的上述陈述无异议。

上述书证在法庭审理中,经举证和质证,当事人对证据的真实性未有异议,以上书证来源合法,客观真实,各证据之间又能相互印证,且双方没有异议,故合议庭对上述书证和被告的当庭陈述认定为有效证据和定案依据。对被告提供的材料账单和销售清单,原告提出了异议,认为是被告的单方行为,且与本案无关,可另行起诉。合议庭认为原告异议成立,被告提供的这11份证据不能作为认定本案事实的有效证据。

综上,本院认为,原告郭宝善与被告申裕公司所签订的扩股增资协议各方地位平等,主体合资,双方自愿,意思表示真实,各方权利义务内容明确,但由于被告未依照有关的法律规定到工商登记机关办理相应的变更登记,因此其扩股增资行为无效,不受法律保护。被告公司系依法成立的有限责任公司,因此其包括变更股东、增加资本在内的一切经营活动,均应当遵守《公司法》及《公司登记管理条例》的有关规定;但被告因故未能办理变更登记,导致本案纠纷,应承担过错责任。因此,对原告要求被告返还投资款30万元的诉请,本院予以支持,但对其要求支付利息55 593元之主张,缺乏法律依据,本院不予支持。对被告提出的双方经结账后,再行返还投资款之主张,仅向本院提供了公司内部责任制协议和材料账单及销售清单等书证,不足以证实自己主张的成立,本院不予采信。

据此,依照《中华人民共和国民法通则》第106条第1款、第117条第1款,《中华人民共和国合同法》第44条,《中华人民共和国公司登记管理条例》第2条、第31条,《中华人民共和国民事诉讼法》第64条第1款、第128条之规定,判决如下:

1. 被告诸暨市申裕装饰有限公司应返还原告郭宝善股金30万元。于本判决生效之日起15日内履行完毕。

2. 驳回原告郭宝善要求被告申裕公司支付利息55 593元的诉讼请求。

请对本案作出法理分析。

第四章 公司法（下）

本章导读

股份有限公司和有限责任公司为我国公司的两种基本形态，因而是我国《公司法》规则的主要对象和核心内容。股份有限公司是多数股东依《公司法》设立，公司资本划分为等额股份，每个股东以其所持股份为限对公司债务承担责任，公司以其全部资产对公司的债务承担责任的企业法人。有限责任公司是指由一定数量的股东构成，股东以其出资额为限对公司承担责任，公司以其全部资产对公司债务承担责任的企业法人。《公司法》在制度设计中既要考虑到股东的利益，又要考虑到第三人的利益。如何将两方面因素有效地加以平衡，是《公司法》的重要课题。为此，《公司法》对股份有限公司和有限责任公司的设立、组织机构、股份发行与转让等作了明确具体的规范。同时，《公司法》还对一人公司与国有独资公司这两种特殊形态作出了界定，以适应我国经济发展的需要。

第一节 股份有限公司

一、股份有限公司概述

（一）股份有限公司的概念

股份有限公司是多数股东依公司法设立，公司资本划分为等额股份，每个股东以其所持股份为限对公司债务承担责任，公司以其全部资产对公司的债务承担责任的企业法人。股份有限公司的特征可归纳为7个方面。

1. 股份有限公司是须有多数股东认购股份组成的公司。股份有限公司的股东，有最低人数的限制但没有最高人数的限制，即二人以上。

2. 股份有限公司的资本划分为等额股份。资本是由股东出资所构成的资金数额。公司资本有别于公司财产。公司财产是现有财产价额的总和，它可因估价标准及经营业绩的关系而时常变动，但资本则不依一定程序，不得变动。所谓股份，是将公司资本划分成若干股，每股金额归于一律。股份是股份有限公司设立的重要条件。股东的出资以股份为单位，红利的分配、表决权的行使等，均以股份为标准。

3. 股份有限公司的股份以股票为表现形式。股份有限公司的股份是计算股东权益的单位，股票是记载股东所持股份权益的有价证券。股票作为股东对股份公司享有权益的证权证券，只有股份公司才可向其股东或社会发行。

4. 股份有限公司的股东以其认购或所持的股份为限对公司承担有限责任。股东就所认购的股份缴纳了出资，即不再承担任何责任。公司不得以章程或决议为由扩大股东的责任范围。

5. 股份有限公司是最典型的资合公司。股份有限公司的信用基础在于其资本，而不在于股东个人的信用。一般来说，任何人不管其身份如何，只要承认公司章程，认缴出资，即可成为股东。由于是资合公司，股东只能以现金或其他可以用货币估价并可以依法转让的非货币财产作价出资，而不能以信用或劳务出资。

6. 股份有限公司是开放的公司。股份有限公司的股份可以自由转让，投资者可以在公开市场自由买进或卖出其所持股份，股东具有社会性、开放性。同时，股份有限公司应当将公司章程、股东名册、股东大会会议记录、财务会计报告置备于公司及在媒体公开披露，供股东和投资者查阅。

7. 股份有限公司的规模较大。股份有限公司通过发行股份广泛筹集资金，具有很强的集资功能，其形成的规模往往较大，甚至巨大。组织股份有限公司需要经过较复杂的法律程序。公司成立后需建立一整套规范的组织管理制度。股份有限公司就数量来说只占企业的少数，但其对国民经济的作用、影响则居首位。

（二）股份有限公司的设立条件

1. 发起人符合法定人数。《公司法》规定，设立股份有限公司，应当有 2 人以上 200 人以下的发起人，其中须有过半数的发起人在中国境内有住所。

2. 发起人认购和募集的股本达到法定资本最低限额。《公司法》规定，股份有限公司注册资本的最低限额为人民币 500 万元，法律、行政法规对股份有限公司注册资本的最低限额有较高规定的，从其规定。股份有限公司申请其股票股份有限公司申请股票上市，公司股本总额不少于人民币 3 000 万元。

3. 股份发行、筹办事项符合法律规定。《公司法》对制定公司章程、认购股份、出资以及股款的缴纳、选举公司机关、召开创立大会、申请登记等事项均有严格的规定，发起人必须严格遵守。

4. 发起人制订公司章程，并经创立大会通过。

5. 有公司名称，建立符合股份有限公司要求的组织机构。

6. 有公司住所。

（三）股份有限公司的设立方式和程序

股份有限公司的设立，可以采取发起设立或者募集设立的方式。所谓发起设立，是指由发起人认购公司应发行的全部股份设立公司，而不向发起人之外的人募集股份。所谓募集设立，是指由发起人认购公司应发行股份的一部分，其余股份向社会公开募集或者向特定对象募集而设立公司。

1. *发起设立*

（1）订立发起人协议。我国《公司法》规定，发起设立股份有限公司的，发起人应当签订发起人协议，明确各自在公司设立过程中的权利和义务，在公司成立前，发起人对设立费用及设立债务承担连带责任。

（2）办理公司名称预先核准。凡是法律、行政法规对设立公司规定必须报经政府有关部门审批的公司，在报送审批之前，首先要到工商部门办理公司名称预先核准。

（3）制订公司章程。

（4）必要的行政审批。必须经过行政审批的公司，一类是某些特殊的公司，如金融性公司的设立须经人民银行审批;另一类是公司的经营范围中属于法律、行政法规限制的项目,应当依法经过批准。如生产经营计量器具须经技术监督部门审批。

(5) 认缴资本及验证。发起人应当以书面认足公司章程规定其认购的股份;一次缴纳的,应缴纳其全部出资;分期缴纳的,应缴纳其首期出资。以非货币财产出资的,应当依法办理其财产权的转移手续。发起人全部缴纳出资后,必须经法定验资机构验资并出具真实的验资证明。

(6) 确立公司组织机构。发起人首次缴纳出资后,应当选举董事会和监事会。

(7) 申请设立登记。董事会向公司登记机关报送公司章程,验资证明以及法律、行政法规规定的其他文件,申请设立登记。

(8) 登记发照及公告。公司登记机关就是否符合登记的规定进行审核,符合《公司法》规定条件的,予以登记并签发公司营业执照;对不符合《公司法》规定条件的,不予登记。公司营业执照签发日期,为公司成立日期。同时,根据法律规定,公司成立后应当进行公告。

2. 募集设立

(1) 订立发起人协议。

(2) 办理公司名称预先核准。

(3) 发起人草拟公司章程。公司章程由发起人草拟,以备日后提交创立大会审议、修改、通过所用。

(4) 必要的行政审批。

(5) 发起人缴纳出资。发起人认购的股份不得少于公司股份总额的35%,但是,法律、行政法规另有规定的,从其规定。

(6) 对外募集股份。发起人向社会公开募集股份,必须公告招股说明书,并制作认股书。同时,发起人与依法设立的证券经营机构签订承销协议。根据《中华人民共和国证券法》的规定,发起人应当向国务院证券监督管理机构报送募股申请和有关文件,未经批准,不得向社会公开发行股票。发行股份的股款缴足后,必须经验资机构验资并出具证明。发行的股份超过招股说明书规定的截止期限尚未募足的,或者发行股份的股款缴足后,发起人在30日内未召开创立大会的,认股人可以按照所缴股款并加算银行同期存款利息,要求发起人返还。

(7) 召开公司创立大会。发起人应当自股款缴足之日起30日内主持召开公司创立大会。创立大会由发起人、认股人组成,负责下列事项:① 审议发起人关于公司筹办情况的报告;② 通过公司章程;③ 选举董事会成员;④ 选举监事会成员;⑤ 对公司的设立费用进行审核;⑥ 对发起人用于抵作股款的财产的作价进行审核。创立大会对发生不可抗力或者经营条件发生重大变化而直接影响公司设立的,可以作出不设立公司的决议。

(8) 申请设立登记。董事会应于创立大会结束后30日内,向公司登记机关申请登记。申请登记需要报送的文件包括:① 公司登记申请书;② 创立大会的会议记录;③ 公司章程;④ 验资证明;⑤ 法定代表人、董事、监事的任职文件及其身份证明;⑥ 发起人的法人资格证明或者自然人身份证明;⑦ 公司住所证明;⑧ 国务院证券监督管理机构的核准文件。

(9) 登记发照及公告。

(四) 发起人的义务与责任

1. 发起人的义务

(1) 筹办公司事务。

（2）缴纳出资。

（3）转让出资受到限制。为防止发起人欺诈设立,《公司法》规定,发起人持有的本公司股份,自公司成立之日起一年内不得转让。

（4）不得抽回出资。发起人缴纳股款或者交付抵作股款的出资后,除未按期募足股份、发起人未按期召开创立大会或者创立大会决议不设立公司的情形外,不得抽回其股本。

2. 发起人的责任

（1）发起人的设立公司行为的责任。公司不能成立时,对设立行为所产生的债务和费用负连带责任。公司不能成立时,对认股人已缴纳的股款,负返还股款并加算银行同期存款利息的连带责任。在公司设立过程中,由于发起人的过失致使公司利益受到损害的,应当对公司承担赔偿责任。

（2）发起人违反出资义务的责任。发起人未及时足额缴纳出资的,应当按照发起人协议承担出资人责任;股份有限公司成立后,发起人未按照公司章程的规定缴足出资的,应当补缴,其他发起人承担连带责任。股份有限公司成立后,发现作为设立公司出资的非货币财产的实际价额显著低于公司章程所定价额的,应当由交付该出资的发起人补足其差额;其他发起人承担连带责任。

二、股份有限公司的组织机构

（一）股东大会

1. 股东大会的组成

股东大会由全体股东组成,是公司的最高权力机构。

股份有限公司的股东是指股份有限公司的股份持有人,其资格基于股份的认购或受让取得,并因此而取得股东的合法地位,享有股东的权利。股份有限公司的股东与发起人是股份有限公司存续和设立两个阶段上的不同概念。股份有限公司的股东按其持有股份的数额对公司享有权利并承担相应的义务。

股东的权利主要包括:（1）参加股东会议的权利及表决权;（2）提案权;（3）质询权;（4）董事、监事的任免权;（5）查问权;（6）公司增资时的优先认购权;（7）转让出资或股份的权利;（8）利润分配权;（9）剩余财产分配请求权;（10）异议股东股份回购请求权;（11）解散公司的权利;（12）损害赔偿请求权;（13）股东诉讼的权利。

股东的义务主要包括:（1）出资义务;（2）遵守公司章程;（3）依法行使股东权利;（4）不利用关联关系损害公司利益;（5）公司成立后不得抽回出资;（6）法律、行政法规以及公司章程规定应该承担的其他义务。

2. 股东大会的职权

股份有限公司股东大会是全体股东共同组成的公司的权力机构,是对公司重大事项行使最终决策权的机构,是股东行使股东权利的组织形式,但不是一个常设机构。

股东大会的职权主要包括:（1）决定公司的经营方针和投资计划;（2）选举和更换非由职工代表担任的董事、监事,决定有关董事、监事的报酬事项;（3）审议批准董事会的报告;（4）审议批准监事会或者监事的报告;（5）审议批准公司的年度财务预算方案、决算方案;（6）审议批准公司的利润分配方案和弥补亏损方案;（7）对公司增加或者减少注册资本作出决议;（8）对发行公司债券作出决议;（9）对公司合并、分立、解散、清算或者变更公司形式作出决议;(10) 修改公司章程;(11) 公司章程规定的其他职权。

股东大会分为普通年会和临时会议两种。普通年会每年按时召开一次,临时会议是指遇有特殊情况时依法召开的股东大会。

股东大会会议一般由董事会召集,董事长主持。

股份有限公司股东大会的决议分为普通决议和特别决议。特别决议是指对修改公司章程、增加或者减少注册资本的决议,以及公司合并、分立、解散或者变更公司形式的决议,其他决议为普通决议。特别决议必须经出席会议的股东所持表决权的2/3以上通过,普通决议只需经出席会议的股东所持表决权的半数以上通过。

(二) 董事会和经理

1. 董事会的组成及职权

董事会是由一定人数的董事组成的股份公司的执行机构,对公司股东大会负责。董事会是股份公司的常设机构,由5~19人组成,其成员可以有公司职工代表。董事会设董事长一人,可以设副董事长。

董事会的职权包括:(1) 召集股东会会议,并向股东会报告工作;(2) 执行股东会的决议;(3) 决定公司的经营计划和投资方案;(4) 制订公司的年度财务预算方案、决算方案;(5) 制订公司的利润分配方案和弥补亏损方案;(6) 制订公司增加或者减少注册资本以及发行公司债券的方案;(7) 制订公司合并、分立、解散或者变更公司形式的方案;(8) 决定公司内部管理机构的设置;(9) 决定聘任或者解聘公司经理及其报酬事项,并根据经理的提名决定聘任或者解聘公司副经理、财务负责人及其报酬事项;(10) 制定公司的基本管理制度;(11) 公司章程规定的其他职权。

2. 董事和董事长

董事由股东大会按照法律和公司章程规定的决议程序选举产生,任期由章程规定,但每届任期不得超过3年,可连选连任。无民事行为能力人或者限制民事行为能力人、从事违法犯罪行为者等不得担任董事。

董事应履行对公司的忠实义务,不得从事损害公司利益的行为,对此,《公司法》作出了具体的规定。

董事长和副董事长由董事会以全体董事的过半数选举产生。董事长负责主持股东大会和召集主持董事会会议,检查董事会决议的实施情况,签署公司股票、公司债券。

3. 董事会会议

董事会每年度至少召开两次会议,代表1/10以上表决权的股东、1/3以上董事或者监事会,可以提议召开董事会临时会议。董事会会议实行一人一票制,但必须经全体董事的过半数通过。董事会的决议违反法律、行政法规或者公司章程、股东大会决议,致使公司遭受严重损失的,参与决议的董事对公司负赔偿责任。

4. 经理

《公司法》规定,股份有限公司设经理,由董事会决定聘任或者解聘。经理对董事会负责,行使以下几项职权:(1) 主持公司的生产经营管理工作,组织实施董事会决议;(2) 组织实施公司年度经营计划和投资方案;(3) 拟订公司内部管理机构设置方案;(4) 拟订公司的基本管理制度;(5) 制定公司的具体规章;(6) 提请聘任或者解聘公司副经理、财务负责人;(7) 决定聘任或者解聘除应由董事会决定聘任或者解聘以外的负责管理人员;(8) 董事会授予的其他职权。

(三)监事会

监事会是由股东大会依《公司法》以及公司章程选举的全体监事组成的对公司的事务进行监督和检查的常设机构,成员不得少于3人,应当包括股东代表和适当比例的公司职工代表,其中职工代表的比例不得低于1/3。监事的任期为每届3年,可以连选连任。监事会设主席一人,可以设副主席。主席和副主席由全体监事过半数选举产生。

监事会主要行使以下职权:(1)检查公司财务;(2)对董事、高级管理人员执行公司职务的行为进行监督,对违反法律、行政法规、公司章程或者股东会决议的董事、高级管理人员提出罢免的建议;(3)当董事、高级管理人员的行为损害公司的利益时,要求予以纠正;(4)提议召开临时股东会会议,在董事会不履行公司法规定的召集和主持股东会会议职责时召集和主持股东会会议;(5)向股东会会议提出提案;(6)对董事、高级管理人员提起诉讼;(7)监事可以列席董事会会议,并对董事会决议事项提出质询或者建议;(8)监事会发现公司经营情况异常时,可以进行调查;(9)必要时可以聘请会计师事务所等协助其工作,费用由公司承担。

(四)上市公司的特别规定

由于上市公司存在着众多的公众股东,《公司法》对其交易安全更加注重,对其组织机构中的特殊问题作了专门规定,包括4方面。

1. 一年内购买、出售重大资产或者担保金额超过公司资产总额30%的,应当由股东大会作出决议,并经出席会议的股东所持表决权的2/3以上通过。

2. 设立独立董事,具体办法由国务院规定。

3. 设董事会秘书,负责公司股东大会和董事会会议的筹备、文件保管以及公司股东资料的管理,办理信息披露事务等事宜。

4. 董事与董事会会议决议事项所涉及的与企业有关联关系的,不得对该项决议行使表决权,也不得代理其他董事行使表决权。

三、股份有限公司的股份发行

(一)股份的定义

股份是指按相等金额或者相同比例,平均划分公司资本的最小的计量单位,代表股东在公司中的权利和义务。股份具有以下特点:

1. 平等性。股份所代表的资本额一律相等,其所代表的股东权利是均等的。

2. 可转让性。股份有限公司的股份可自由转让,且手续简便。

3. 证券性。股份采取股票的形式。股票是公司所签发的证明股东所持股份的凭证,是表彰股份的有价证券,是证权性有价证券。

4. 不可分性。股份是公司资本的最小构成单位,不可再行分割。一个股份通常只能由一个主体持有,也可以几个主体共同持有一股,但每一个单位股份只能有一个代表权。

(二)股份的种类

1. 普通股和优先股。根据股份所代表的权利不同,可将股份分为普通股和优先股。普通股是股份有限公司构成的基本股份,是通常发行的无特别权利的股份。普通股股东具有平等的权利和相同的法律地位,例如"一股一权"。优先股是优先于普通股获得分配公司盈余和公司剩余财产的权利的股份。优先股通常没有表决权。

2. 记名股和无记名股。根据股票票面是否记载股东的姓名,可将股份分为记名股和无记名股。记名股是指股票票面上记载有股东姓名的股份。无记名股是指股票票面上不记载股东姓名的股份。

3. 面额股和无面额股。根据股票票面是否记载金额为标准,可将股份分为面额股与无面额股。面额股是指股票票面上记载股份金额的股份或股票。无面额股,又称比例股,是指股票票面上不记载股份金额的股份或股票。我国公司法只允许发行面额股。

4. 表决权股和无表决权股。依据股份有无表决权,可以将股份分为表决权股和无表决权。享有表决权的股份是表决权股,通常是"一股一权",但在累计投票时可以"一股多权"。无表决权股,是指股东的表决权在公司章程中予以剥夺的股份,不享有表决权,但一般享有经济上的优先权。

此外,在我国还可以根据股份持有者的身份不同,将股份划分为国家股、法人股、个人股和外资股。按上市地和认购币种的不同又可将股份分为 A 股、B 股和 H 股。

(三)股份的发行

股份的发行是指股份有限公司为设立公司或筹集资金,依照法律规定发售股份的行为。

1. 股份发行的原则

一是公开,即根据法定要求充分披露有关信息,如公司的财务、经营、信用等,使投资者在掌握充分和可信信息的基础上作出投资决策。二是公平,即同股同价、同股同权、同股同利。三是公正,即禁止欺诈、操纵、内幕交易等。

2. 股份发行的条件

公司设立时发行股票,应当符合《公司法》的规定,并符合国务院证券监督管理机构规定的其他条件,向国务院证券监督管理机构报送募股申请。

公司公开发行新股,应当符合下列条件:(1)具备健全且运行良好的组织机构;(2)有持续盈利能力,财务状况良好;(3)最近 3 年财务会计文件无虚假记载,无其他重大违法行为;(4)经国务院批准的国务院证券监督管理机构规定的其他条件。

3. 股票发行的程序

(1)申请准备。申请人聘请会计师事务所、资产评估机构、律师事务所等专业性机构,对其资信、资产、财务状况进行审定、评估,就有关事项出具意见书。

(2)提出申请。设立股份有限公司公开发行股票和公司发行新股,均须向国务院证券监督管理机构报送募股申请,提交相应的文件和材料。对此,《公司法》和《证券法》都作出了具体的规定。

(3)保荐人保荐。发行人公开发行股票,依法采取承销方式的,应当聘请具有保荐资格的机构担任保荐人。

(4)核准。国务院证券监督管理机构设发行审核委员会,依法审核股票发行申请,其自受理证券发行申请文件之日起 3 个月内,依照法定条件和法定程序作出予以核准或者不予核准的决定。

(5)实施发行方案和变更、公告。

4. 股票发行价格

股票发行价格可以执行票面金额,也可以超过票面金额,但不得低于票面金额。按票面金额发行的,称为等价发行;超过票面金额发行的,称为溢价发行。以超过票面金额发行的股票所得溢价款一般列入公司资本公积金。

四、股份有限公司的股份转让

股份转让是指股份持有人把自己应有的权利转让给受让人,使转让人丧失股东资格,受让人成为公司股东的法律行为。股份转让往往是通过转让股票完成的。一般的转让是股份的买卖,其他还有赠与、继承等,也具有同样的法律效力。

(一) 股份转让的原则

我国实行自由转让的原则,股东转让股份只要不违反强制性法律规定,就可以自由地进行,不受他人干涉。公司章程不得规定对非在公司任职的股东禁止或限制股份转让。

(二) 股份转让的限制

虽然股份转让是自由的,但是为了防止过度投机,保护公司和投资者的利益,我国和其他国家和地区一样,对股份转让的自由进行了限制,具体如下:

1. 对股份转让场所的限制。股东转让其股份,应当在依法设立的证券交易场所进行或者按照国务院规定的其他方式进行。

2. 对发起人持有本公司股份的限制。发起人持有的本公司股份,自公司成立之日起一年内不得转让。公司公开发行股份前已发行的股份,自公司股票在证券交易所上市交易之日起一年内不得转让。其目的是为了防止发起人虚设公司,获取利益,同时也防止发起人利用信息不对称破坏证券市场,损害其他投资者的利益。

3. 对董事、监事、高级管理人员持有本公司股份转让的限制。公司董事、监事、高级管理人员应当向公司申报所持有的本公司的股份及其变动情况,在任职期间每年转让的股份不得超过其所持有本公司股份总数的25%;所持本公司股份自公司股票上市交易之日起一年内不得转让。上述人员离职后半年内,不得转让其所持有的本公司股份。公司章程可以对公司董事、监事、高级管理人员转让其所持有的本公司股份作出其他限制性规定。

4. 对上市公司股东转让股份的限制。上市公司董事、监事、高级管理人员、持有上市公司股份5%以上的股东,不得将其持有的该公司的股票在买入后6个月内卖出,或者卖出后6个月内又买入。否则,所得收益归该公司所有。

(三) 股份转让的方式

按照股票类型的不同,股份转让的方式也是不同的。记名股票包括实物证券和无纸化股票即簿记股票两种,前者由股东以背书方式或者法律、行政法规规定的其他方式转让,后者通过上市交易的系统完成。转让后由公司将受让人的姓名或者名称及住所记载于股东名册。无记名股票的转让,由股东将该股票交付给受让人后即发生转让的效力。

(四) 股份的回购

股份的回购是指股份公司成立后,公司购买本公司股份的行为。根据资本维持原则,公司不得购买自己发行的股份,因为这将导致公司实际资本的减少。所以,我国公司法规定公司不得收购本公司股份,除非具备下列条件:(1) 为了减少公司注册资本;(2) 与持有本公司股份的其他公司合并;(3) 将股份奖励给本公司职工;(4) 股东因对股东大会作出的公司合并、分立的决议持异议,要求公司收购其股份等。

(五) 股份的抵押与灭失

股票可以作为抵押权的标的,但公司不得接受本公司股票作为质押权的标的。

记名股票被盗、遗失或灭失,股东可以依照民事诉讼程序进行公示催告,请求法院宣告该股票失效。法院宣告该股票失效的,股东可以向公司申请补发。

五、股份有限公司的股份上市

(一) 股票上市的条件

股份有限公司申请股票上市,应当符合下列条件:股票经国务院证券监督管理机构核准已公开发行;公司股本总额不少于人民币 3 000 万元;公开发行的股份达到公司股份总数的 25% 以上;公司股本总额超过人民币 4 亿元的,公开发行股份的比例为 10% 以上;公司最近 3 年无重大违法行为,财务会计报告无虚假记载。

(二) 股票上市的程序

1. 申请。申请股票上市交易,应当向证券交易所规定报送有关文件,包括:(1) 上市报告书;(2) 申请股票上市的股东大会决议;(3) 公司章程;(4) 公司营业执照;(5) 依法经会计师事务所审计的公司最近 3 年的财务会计报告;(6) 法律意见书和上市保荐书;(7) 最近一次的招股说明书;(8) 证券交易所上市规则规定的其他文件。

2. 核准。证券交易所收到发行公司的上市申请后,经审查认为符合上市条件的,即核准其股票上市;经审查认为不符合上市条件的,则不予核准。

3. 签订上市协议。被核准同意上市的,上市公司应当与证券交易所订立上市协议,确定相互间的权利义务关系。

4. 公告。股票上市交易申请经核准后,签订上市协议的上市公司应当在规定的期限内公告股票上市的有关文件,并将文件置备于指定场所供公众查阅。

(三) 上市公司的信息披露

股份有限公司的股票上市后,应依法向证监会、证券交易所以及投资者及时披露有关信息。发行人、上市公司依法披露的信息必须真实、准确、完整,不得有虚假记载、误导性陈述或者重大遗漏。信息披露的内容包括:

1. 股票公开发行文件。经国务院证券监督管理机构核准依法公开发行股票,应当公告招股说明书。依法公开发行新股,还应当公告财务会计报告。

2. 定期报告。包括年度报告和中期报告。上市公司和公司债券上市交易的公司,应当在每一会计年度结束之日起 4 个月内,向国务院证券监督管理机构和证券交易所报送记载以下内容的年度报告,并予公告:(1) 公司概况;(2) 公司财务会计报告和经营情况;(3) 董事、监事、高级管理人员简介及其持股情况;(4) 已发行的股票、公司债券情况,包括持有公司股份最多的前 10 名股东的名单和持股数额;(5) 公司的实际控制人;(6) 国务院证券监督管理机构规定的其他事项。上市公司和公司债券上市交易的公司,应当在每一会计年度的上半年结束之日起 2 个月内,向国务院证券监督管理机构和证券交易所报送记载以下内容的中期报告,并予公告:(1) 公司财务会计报告和经营情况;(2) 涉及公司的重大诉讼事项；(3) 已发行的股票、公司债券变动情况；(4) 提交股东大会审议的重要事项；(5) 国务院证券监督管理机构规定的其他事项。

3. 临时报告。发生可能对上市公司股票交易价格产生较大影响的重大事件，投资者尚未得知时，上市公司应当立即将有关该重大事件的情况向国务院证券监督管理机构和证券交易所报送临时报告，并予公告，说明事件的起因、目前的状态和可能产生的法律后果。以下情况为立法称为重大事件：(1) 公司的经营方针和经营范围的重大变化；(2) 公司的重大投资行为和重大的购置财产的决定；(3) 公司订立重要合同，可能对公司的资产、负债、权益和经营成果产生重要影响；(4) 公司发生重大债务和未能清偿到期重大债务的违约情况；(5) 公司发生重大亏损或者重大损失；(6) 公司生产经营的外部条件发生重大变化；(7) 公司的董事、1/3 以上监事或者经理发生变动；(8) 持有公司 5% 以上股份的股东或者实际控制人，其持有股份或者控制公司的情况发生较大变化；(9) 公司减资、合并、分立、解散及申请破产的决定；(10) 涉及公司的重大诉讼，股东大会、董事会决议被依法撤销或者宣告无效；(11) 公司涉嫌犯罪被司法机关立案调查，公司董事、监事、高级管理人员涉嫌犯罪被司法机关采取强制措施；(12) 国务院证券监督管理机构规定的其他事项。

（四）股票上市的暂停和终止

1. 上市暂停。又称为“停牌”，是证券交易所依照法律、法规或证券所业务规则、证券上市协议，对上市股票作出的暂时停止上市交易的措施。其法定事由有：(1) 公司股本总额、股权分布等发生变化不再具备上市条件；(2) 公司不按照规定公开其财务状况，或者对财务会计报告作虚假记载，可能误导投资者；(3) 公司有重大违法行为；(4) 公司最近 3 年连续亏损；(5) 证券交易所上市规则规定的其他情形。

2. 上市终止。俗称“摘牌”，指上市股票丧失其在证券交易所继续挂牌交易的资格。上市公司有下列情形之一的，由证券交易所决定终止其股票上市交易：(1) 公司股本总额、股权分布等发生变化不再具备上市条件，在证券交易所规定的期限内仍不能达到上市条件；(2) 公司不按照规定公开其财务状况，或者对财务会计报告作虚假记载，且拒绝纠正；(3) 公司最近 3 年连续亏损，在其后一个年度内未能恢复盈利；(4) 公司解散或者被宣告破产；(5) 证券交易所上市规则规定的其他情形。

第二节　有限责任公司

一、有限责任公司概述

有限责任公司是指由一定数量的股东构成，股东以其出资额为限对公司承担责任，公司以其全部资产对公司债务承担责任的企业法人。

有限责任公司作为出现较晚的公司类型，其设立门槛低，组织灵活，是适合于中小企业的一种组织形式。它具有以下特点：

1. 股东数额的有限性。《公司法》规定，有限责任公司由 50 个以下股东共同出资设立。这表明，我国有限责任公司的股东人数最高不超过 50 人。

2. 股东责任的有限性。股东以其出资额为限对公司承担责任，而不是对公司债权人直接负责。当公司的债务超过其全部资产时，有限责任公司对超过其全部资产的那部分债务不予清偿,即不承担责任。

3. 设立程序和组织的简便性。有限责任公司的设立只能采取发起设立的方式,而无募集设立,故设立程序较为简单。有限责任公司的组织机构也较简单,其设置具有一定的任意性。如股东人数较少和规模较小的有限责任公司可以不设董事会和监事会,设执行董事和监事即可。

4. 封闭性。有限责任公司不向社会公开募集股份、发行股票,出资人在公司成立后领取出资证明书;出资不能抽回,也不能自由转让,股东相当稳定;公司的财务会计等信息资料无须向社会公开。

5. 人资两合性。有限公司是一种资本的联合,具有资合公司的特点,同时,它又是一种人的集合,也具有人合公司的特点。

二、有限责任公司的设立

(一) 有限责任公司的设立条件

1. 股东符合法定人数。

2. 股东出资达到法定资本最低限额。有限责任公司注册资本的最低限额为人民币3万元,一人公司的注册资本的最低限额为人民币10万元。法律、行政法规对有限责任公司注册资本的最低限额有较高规定的,从其规定。

3. 股东共同制定公司章程。

4. 有公司名称,建立符合有限责任公司要求的组织机构。

5. 有公司住所。

(二) 有限责任公司的设立程序

1. 制定公司章程

设立有限责任公司,必须制定公司章程,所有股东应当在公司章程上签名、盖章。公司章程对公司、股东、董事、监事、经理均具有约束力。公司章程应当载明下列事项:(1) 公司名称和住所;(2) 公司经营范围;(3) 公司注册资本;(4) 股东的姓名或者名称;(5) 股东的出资方式、出资额和出资时间;(6) 公司的机构及其产生办法、职权、议事规则;(7) 公司法定代表人;(8) 股东会会议认为需要规定的其他事项。

2. 缴纳出资

股东依照法律规定的出资方式、法定比例缴纳出资后,应按期足额缴纳公司章程中规定的各自所认缴的出资额。股东可以用货币出资,也可以用实物、知识产权、土地使用权等可以用货币估价并可以依法转让的非货币财产作价出资;但是,法律、行政法规规定不得作为出资的财产除外。全体股东的货币出资金额不得低于有限责任公司注册资本的30%。公司全体股东的首次出资额不得低于注册资本的20%,也不得低于法定的注册资本最低限额,其余部分由股东自公司成立之日起两年内缴足;其中,投资公司可以在5年内缴足。

3. 验资

为了保证股东出资的真实性,《公司法》规定,股东缴纳出资后,必须经依法设立的验资机构验资并出具证明。

4. 设立登记

股东的首次出资经依法设立的验资机构验资后,由全体股东指定的代表或者共同委托的代理人向公司登记机关报送公司登记申请书、公司章程、验资证明等文件,申请设立登记。

5. 发照与公告

公司登记机关对符合《公司法》规定的条件的,予以登记,发给《企业法人营业执照》;对不符合条件的,则不予登记。公司营业执照签发日期为有限责任公司成立日期。同时,对公司登记进行公告。

(三) 出资证明书和股东名册

1. 出资证明书

出资证明书是有限责任公司成立后,由公司向股东签发的、证明股东出资及相关权利的凭证。其应当记载以下事项:(1) 公司名称;(2) 公司成立日期;(3) 公司注册资本;(4) 股东的姓名或者名称、缴纳的出资额和出资日期;(5) 出资证明书的编号和核发日期;(6) 公司盖章。

2. 股东名册

股东名册是记载有限公司股东及出资有关事项的名册。股东名册是法定必备的账册,是记载股东这一"人"的名册,不是商业账册。其应当记载下列事项:(1) 股东的姓名或者名称及住所;(2) 股东的出资额;(3) 出资证明书编号。

三、有限责任公司的组织机构

(一) 股东会

1. 股东会的性质和职权

有限责任公司的股东会是由全体股东组成的公司的权力机构,是公司的最高决策机构,是有限公司的必备机关,对公司的重大问题进行决策。

股东会行使下列职权:(1) 决定公司的经营方针和投资计划;(2) 选举和更换非由职工代表担任的董事、监事,决定有关董事、监事的报酬事项;(3) 审议批准董事会的报告;(4) 审议批准监事会或者监事的报告;(5) 审议批准公司的年度财务预算方案、决算方案;(6) 审议批准公司的利润分配方案和弥补亏损方案;(7) 对公司增加或者减少注册资本作出决议;(8) 对发行公司债券作出决议;(9) 对公司合并、分立、解散、清算或者变更公司形式作出决议;(10) 修改公司章程;(11) 公司章程规定的其他职权。

2. 股东会的议事规则

股东会会议分为定期会议和临时会议。定期会议按照公司章程的规定按时召开。临时会议是在公司章程规定的会议时间以外召开的会议。代表 1/10 以上表决权的股东,1/3 以上的董事、监事会或者不设监事会的公司的监事提议召开临时会议的,应当召开临时会议。

股东会的议事方式和表决程序由公司章程规定。股东会会议作出修改公司章程、增加或者减少注册资本的决议,以及公司合并、分立、解散或者变更公司形式的决议,必须经代表 2/3 以上表决权的股东通过。股东会应当对所议事项的决定做成会议记录,出席会议的股东应当在会议记录上签名。

(二) 董事会和经理

1. 董事会

有限责任公司的董事会是由公司董事组成的公司的执行机构和必设机关,对股东会负责。其成员为3～13人,但是法律另有规定的除外。董事会设董事长一人,可以设副董事长。董事长、副董事长的产生办法由公司章程规定。股东人数较少或者规模较小的有限责任公司,可以设一名执行董事,不设董事会,其职权由公司章程规定。董事任期由公司章程规定,但每届任期不得超过3年,可以连选连任。

董事会会议由董事长召集和主持。董事会实行一人一票。

董事会对股东会负责,行使下列职权:(1) 召集股东会会议,并向股东会报告工作;(2) 执行股东会的决议;(3) 决定公司的经营计划和投资方案;(4) 制订公司的年度财务预算方案、决算方案;(5) 制订公司的利润分配方案和弥补亏损方案;(6) 制订公司增加或者减少注册资本以及发行公司债券的方案;(7) 制订公司合并、分立、解散或者变更公司形式的方案;(8) 决定公司内部管理机构的设置;(9) 决定聘任或者解聘公司经理及其报酬事项,并根据经理的提名决定聘任或者解聘公司副经理、财务负责人及其报酬事项;(10) 制定公司的基本管理制度;(11) 公司章程规定的其他职权。

2. 经理

有限责任公司的经理是负责公司日常经营管理工作的高级管理人员。《公司法》规定,有限责任公司可以设经理,由董事会决定聘任或者解聘。

经理行使下列职权:(1) 主持公司的生产经营管理工作,组织实施董事会决议;(2) 组织实施公司年度经营计划和投资方案;(3) 拟订公司内部管理机构设置方案;(4) 拟订公司的基本管理制度;(5) 制定公司的具体规章;(6) 提请聘任或者解聘公司副经理、财务负责人;(7) 决定聘任或者解聘除应由董事会决定聘任或者解聘以外的负责管理人员;(8) 董事会授予的其他职权。公司章程对经理职权另有规定的,从其规定。经理列席董事会会议。

(三) 监事会

监事会或监事是有限责任公司的法定、必设、常设的监督机构,由全体监事组成,对公司执行机构的业务活动进行专门监督。其成员不得少于3人。股东人数较少或者规模较小的有限责任公司,可以设1～2名监事,不设监事会。监事会应当包括股东代表和适当比例的公司职工代表,其中职工代表的比例不得低于1/3,具体比例由公司章程规定。监事会中的职工代表由公司职工通过职工代表大会、职工大会或者其他形式民主选举产生。

监事会设主席一人,由全体监事过半数选举产生。监事会主席召集和主持监事会会议;监事会主席不能履行职务或者不履行职务的,由半数以上监事共同推举一名监事召集和主持监事会会议。董事、高级管理人员不得兼任监事。监事的任期每届为3年,可以连选连任。

监事会、不设监事会的公司的监事行使下列职权:(1) 检查公司财务;(2) 对董事、高级管理人员执行公司职务的行为进行监督,对违反法律、行政法规、公司章程或者股东会决议的董事、高级管理人员提出罢免的建议;(3) 当董事、高级管理人员的行为损害公司的利益时,要求予以纠正;(4) 提议召开临时股东会会议,在董事会不履行本法规定的召集和主持股东会会议职责时召集和主持股东会会议;(5) 向股东会会议提出提案;(6) 依法对董事、高级管理人员提起诉讼;(7) 公司章程规定的其他职权。

(四) 工会

公司工会不是公司的机关,而是公司职工的自治组织。其职能是维护职工的合法权益。公司职工依照《工会法》的规定组织工会,并开展相关活动,享有法律规定的权利。

第三节 一人公司

一、一人公司概述

(一)一人公司的概念和特征

一人公司是指仅有一个股东持有公司全部股权的公司。在我国,一人公司仅指有一个自然人股东或一个法人股东的有限责任公司。

一人公司的法律特征是:(1)一人公司仅有一个自然人或法人股东。(2)股东承担有限责任。一人有限责任公司的股东仅以其出资额为限对公司承担有限责任。(3)不设股东会,但是对于属于股东会职权范围内的事项作出决定时,应当采用书面形式,并由股东签名后置备于公司。

(二)一人公司的性质

一人公司的性质涉及一人公司是否为法人问题的争论。

传统的法人理论认为,一人公司不能成为法人,其理由是:只有复数人员组成的团体才能独立地从事营业交易,享有法人资格,团体以外的个人不能享有这个权利。也就是说,法人具有社团性,公司必须是人的联合体,是社团法人。所以,当公司成员为一人时,社团法人消灭。

现代法人理论承认一人公司的法人性。其理由是:法人制度不过是为了赋予企业组织独立的人格而在法律上拟制的产物,个人也可以享有这种法律上的人格经营公司业务。资本公司的法人资格不应受公司成员人数的限制,由于一人公司有独立支配的财产,且这一财产与股东财产相分离,能独立享有权利、承担义务,因而应肯定其法人资格。

(三)一人公司与个人独资企业的区别

个人独资企业,是由一个自然人出资经营,且由该出资人完全控制的企业。从股东人数及持股情形上看,一人公司与个人独资企业有相似之处,但两者之间存在着严格的区别,主要表现在3个方面。

1. 一人公司由公司法调整,它可以取得法人资格;个人独资企业,则由个人独资企业法调整,不具有法人资格。

2. 在一般情况下,一人公司的股东仅以其出资额或以其所持股份为限对公司负责,而不直接对公司债权人承担责任;而个人独资企业的出资人(即企业)主要对企业的债务承担无限责任。

3. 一人公司虽然不设股东会,但是可依法设立董事会、监事会等组织机构,而个人独资企业一般仅有以经理为首的经营管理机构。

二、《公司法》对一人公司的规制

一人公司只有一个股东,容易出现公司财产与股东财产的混淆,从而损害与公司交易的第三人的利益。为此,我国《公司法》对一人公司规定了严格的规制措施。

1. 严格法定资本制。一人公司的注册资本最低限额为人民币10万元,且股东应当一次足额缴纳公司章程规定的出资额。

2. 强化财务监督。一人公司应当在每一会计年度终了时编制财务会计报告,并经会计师事务所审计。

3. 防止公司滥设。一个自然人只能投资设立一个一人公司。该一人公司不能投资设立新的一人公司。

4. 明确出资主体。一人公司应当在公司登记中注明自然人独资或者法人独资,并在公司营业执照中载明。

5. 公司人格否认。一人公司的股东不能证明公司财产独立于股东自己的财产的,则适用人格否认,应当对公司债务承担连带责任。

三、国有独资公司

(一) 国有独资公司的概念和特征

国有独资公司,是指国家单独出资、由国务院或者地方人民政府授权本级人民政府国有资产监督管理机构履行出资人职责的有限责任公司。其特征包括3方面。

1. 国有独资公司是有限责任公司,即有限责任公司的一些重要原则都适用于国有独资公司,国有独资公司不是独立于有限责任公司之外的公司形态。

2. 国有独资公司是一人有限责任公司,一人公司的一些重要原则也适用于国有独资公司。

3. 国有独资公司的股东具有唯一性,即只能是国家,具体由国务院或者地方人民政府授权本级人民政府国有资产监督管理机构履行出资人职责。

(二) 国有独资公司的适用范围

《公司法》没有规定其具体的适用范围,但是从各国立法的规定以及我国的实践来看,国务院确定的生产特殊产品的公司或者属于特定行业的公司,可以采取国有独资公司的形式。

(三) 国有独资公司的设立

对国有独资公司的设立,《公司法》未作规定。但是由于其属于有限责任公司的特殊表现形态,因此,其设立适用《公司法》第二章第一节的规定。只是由于其股东的特殊性,导致设立过程中有一些特殊安排。例如,其公司的章程,一方面可由国有资产管理机构依照《公司法》对有限责任公司章程制定的要求直接制定,也可先由国有独资公司董事会制定草案,然后报经国有资产管理机构审批。

(四)《公司法》对国有独资公司的特殊规定

1. 关于国有独资公司的章程

国有独资公司的章程由国有资产监督管理机构制定,或者由董事会制订报国有资产监督管理机构批准。

2. 关于国有独资公司的权力机构

国有独资公司不设股东会,由国有资产监督管理机构行使股东会职权。国有资产监督管理机构可以授权公司董事会行使股东会的部分职权,决定公司的重大事项,但公司的合并、分立、解散、增加或者减少注册资本和发行公司债券,必须由国有资产监督管理机构决定。其中,重要的国有独资公司合并、分立、解散、申请破产的,应当由国有资产监督管理机构审核后,报本级人民政府批准。

3. 关于国有独资公司的执行机构

国有独资公司设董事会，董事会是国有独资公司的法定、必设、常设机构。董事会成员中应当有公司职工代表。董事会成员由国有资产监督管理机构委派；但是，董事会成员中的职工代表由公司职工代表大会选举产生。董事每届任期不得超过3年。董事会设董事长一人，可以设副董事长。董事长、副董事长由国有资产监督管理机构从董事会成员中指定。董事会除了行使一般有限责任公司董事会的职权外，还可以经授权行使除由国有资产管理机构必须行使职权之外的一般有限责任公司股东会的职权。

国有独资公司设经理，由董事会聘任或者解聘。经理依照《公司法》对一般有限责任公司经理的规定行使职权。经国有资产监督管理机构同意，董事会成员可以兼任经理。

国有独资公司的董事长、副董事长、董事、高级管理人员未经国有资产监督管理机构同意，不得在其他有限责任公司、股份有限公司或者其他经济组织兼职。可见，《公司法》对国有独资公司经营负责人规定了更严格的责任约束。

4. 关于国有独资公司的监事会

监事会是国有独资公司的必设机构，其成员不得少于5人，其中职工代表的比例不得低于1/3，具体比例由公司章程规定。监事会成员由国有资产监督管理机构委派；但是，监事会成员中的职工代表由公司职工代表大会选举产生。监事会主席由国有资产监督管理机构在监事会成员中指定。

监事会行使的职权有：(1) 检查公司财务；(2) 对董事、高级管理人员执行公司职务的行为进行监督，对违反法律、行政法规、公司章程或者股东会决议的董事、高级管理人员提出罢免的建议；(3) 当董事、高级管理人员的行为损害公司的利益时，要求董事、高级管理人员予以纠正；(4) 国务院规定的其他职权。

第四节　外国公司的分支机构

一、外国公司与外国公司的分支机构的概念

（一）外国公司的概念和特征

我国《公司法》第192条规定："本法所称外国公司是指依照外国法律在中国境外设立的公司。"据此规定，外国公司有如下特征：

1. 外国公司必须依据外国法律设立。即外国公司是依据其本国法律规定的条件、程序设立登记的企业法人，不能依据我国法律来判断其是否符合公司的资格要求。

2. 外国公司必须在我国境外设立。即外国公司的设立、登记行为发生在中国境外，即便是中国投资者，只要成立于国外，该公司即为外国公司。

（二）外国公司分支机构的概念和特征

外国公司分支机构是指外国公司依照我国《公司法》的规定，在我国境内设立的分支机构。其特征是：

1. 该分支机构不是独立于外国公司的公司，而是外国公司在中国的分支机构。
2. 该分支机构必须依我国《公司法》的规定设立。
3. 该分支机构必须在我国境内设立，并从事业务活动。

4. 该分支机构不具有中国法人资格。外国公司对其在中国境内进行的业务活动承担民事责任。

二、外国公司分支机构的名称

我国《公司法》规定,外国公司的分支机构应当在其名称中标明该外国公司的国籍及责任形式。

1. 外国公司分支机构所标明的国籍应与外国公司的国籍相一致。
2. 外国公司分支机构的名称应标明该外国公司的名称。
3. 外国公司分支机构的名称应标明该外国公司的责任形式。
4. 外国公司分支机构的名称应包括反映分支机构的字样,如代表处、分公司等。

三、外国公司分支机构的设立与撤销

(一)设立

1. 申请

外国公司在中国境内设立分支机构,必须具备的条件是:(1) 必须在中国境内指定负责该分支机构的代表人或者代理人,并向该分支机构拨付与其所从事的经营活动相适应的资金;(2) 外国公司的分支机构应当在其名称中标明该外国公司的国籍及责任形式。

外国公司在中国境内设立分支机构,必须向中国主管机关提出申请,并提交其公司章程、所属国的公司登记证书等有关文件。设立外国公司分支机构的申请人应是外国公司。通常,外国公司办理分支机构的设立申请,由其代表董事或执行业务股东负责,或者授权委托在我国的代表人、经理或代理人办理。

2. 审批

由于外国公司设立分支机构所从事的业务性质不同,因此,我国受理申请的主管机关也不同。我国主管机关对设立分支机构的申请一经受理即应进行审查。经审查符合设立条件的,予以批准。具体审批办法,由国务院另行规定。

3. 登记

办理注册登记设立分支机构的申请经我国主管机关批准后,应到公司登记机关办理注册登记手续。负责登记的主管机关为国家工商行政管理总局或其委托的省级工商行政管理局。经核准登记的,发给《营业执照》,分支机构即告成立。

经批准设立的外国公司分支机构,在中国境内从事业务活动,必须遵守中国的法律,不得损害中国的社会公共利益,其合法权益受中国法律的保护。

(二)撤销

外国公司分支机构可因下列原因被撤销:(1) 设立分支机构的外国公司解散或破产;(2) 设立分支机构的宗旨已经完全实现或已不可能实现;(3) 外国公司作出撤销其分支机构的决定;(4) 外国公司的分支机构的营业违反我国法律,被我国主管机关责令关闭。

为了保护债权人的利益,《公司法》还规定,外国公司撤销其在中国境内的分支机构时,必须依法清偿债务,依照本法有关公司清算程序的规定进行清算。未清偿债务之前,不得将其分支机构的财产移至中国境外。

案例思考

案例一：名流投资集团有限公司与中国教育服务中心有限公司公司知情权纠纷案

上诉人名流投资集团有限公司（下称名流公司）因与被上诉人中国教育服务中心有限公司（下称服务中心）公司知情权纠纷一案，不服北京市门头沟区人民法院（2006）门民初字第2439号民事判决，向本院（指北京市第一中级人民法院）提起上诉。本院依法组成合议庭审理了本案，现已审理终结。

服务中心一审诉称，名流公司是1996年依法设立的有限责任公司，服务中心因认缴出资1 300万元而成为公司的原始股东，占注册资本的26%，持有26%的股东表决权。服务中心为落实名流公司实收资本情况，多次要求查阅、复制自名流公司成立至今各年度的董事会决议和财务会计报告，并要求查阅会计账簿，均遭无理拒绝。服务中心的知情权遭受严重侵害。诉讼请求：(1) 判令名流公司提供1996年至2007年各年度的董事会会议决议、财务会计报告、会计账簿以供查阅；(2) 诉讼费由名流公司负担。

名流公司一审辩称：第一，《公司法》第34条第1款“股东有权查阅、复制公司章程、股东会议记录、董事会会议决议、监事会会议决议和财务会计报告”的规定中，并未规定股东可以直接诉讼的权利，服务中心无权向法院提起诉讼。第二，服务中心没有按照公司法的规定向名流公司提出要求查阅会计账簿的书面请求，也不存在被名流公司拒绝查阅的情况。因此，服务中心不具有法定起诉条件。第三，服务中心起诉违反民诉法立案条件。服务中心未向名流公司提出查阅、复制财务会计报告、董事会会议决议以及查阅会计账簿的请求，名流公司也没有拒绝查阅、复制的答复，服务中心与名流公司之间没有发生民事争议，也没有发生民事纠纷。综上，服务中心没有向名流公司提出书面请求，也没有名流公司书面拒绝的答复，不具有法定的起诉条件。请求法院驳回服务中心的诉讼请求。

一审法院经审理查明，名流公司于1996年5月14日由北京名流置业发展公司、北京温尔馨物业管理有限责任公司、华瀚国际文化发展公司、服务中心四方共同设立。根据名流公司章程规定，公司注册资本为5 000万元。其中，北京名流置业发展公司以货币方式出资700万元，占注册资本的14%；北京温尔馨物业管理有限责任公司以货币方式出资1 750万元，占注册资本的35%；华瀚国际文化发展公司以货币方式出资1 250万元，占注册资本的25%；服务中心以货币方式出资1 300万元，占注册资本的26%。根据北京中闻会计师事务所于1996年4月23日出具的验资报告，记载名流公司的4个股东分别于1996年4月18日、4月19日将货币出资存入名流公司在中国建设银行北京分行房地产信贷部前门支行分部开立的26303936－588账户内。

2006年7月，名流公司以服务中心未实际缴纳认缴的出资为由诉至北京市第二中级人民法院，请求判令：服务中心立即足额缴纳认缴的1 300万元出资，无权对名流公司享有所有者的资产受益权，服务中心在不能按期缴纳其所认缴的出资情况下，名流公司的其他股东有权缴纳服务中心未缴纳的认缴出资，并根据所缴纳的出资享受股东权利和承担股东义务。诉讼过程中，服务中心于同年9月30日通过京城邮政特快专递，向名流公司住所地北京市门头沟石龙工业开发区商务中心送达了“查阅财务资料等文件的通知及召开2006年临时股东会议的提议”的书面请求。同年10月2日，该邮件被妥投。

2006年11月17日北京市第二中级人民法院认定服务中心未向名流公司实缴股本金，遂作出(2006)二中民初字第11960号民事判决：1. 被告中国教育服务中心有限公司不享有其实缴出资前在原告名流投资集团有限公司的所有者的资产受益权；2. 驳回原告名流投资集团有限公司的其他诉讼请求。服务中心不服一审判决，上诉到北京市高级人民法院。因当事人在二审改变了对事实的陈述，并提交了新的证据，2007年12月14日北京市高级人民法院认定名流公司4个股东未实际履行出资义务，名流公司构成虚报注册资本，其法人人格存有瑕疵，遂作出(2007)高民终字第607号民事判决：1. 撤销北京市第二中级人民法院(2006)二中民初字第11960号民事判决；2. 驳回名流投资集团有限公司的诉讼请求。

另查，2006年10月17日名流公司签收本案起诉书副本。

一审法院认定以上事实的证据有：(2006)二中民初字第11960号民事判决书、(2007)高民终字第607号民事判决书，京城特快专递邮件详情单，国内特快专递邮件撤回、查询申请书、送达回证及当事人的陈述等。

一审法院判决认为，股东享有公司知情权。依照法律规定，股东有权查阅、复制董事会会议决议和财务会计报告；股东可以要求查阅公司会计账簿；股东要求查阅公司会计账簿的，应当向公司提出书面请求，并说明目的；公司有合理根据认为股东查阅会计账簿有不正当目的，可能损害公司合法利益的，可以拒绝提供查阅，并应当自股东提出书面请求之日起15日内书面答复股东并说明理由；公司拒绝提供查阅的，股东可以请求人民法院要求公司提供查阅。因此，服务中心作为名流公司股东，依法享有法律规定的公司知情权。根据查明的事实，在名流公司起诉要求服务中心足额缴纳认缴的出资后，服务中心即向名流公司提出了要求“查阅财务资料等文件”的书面请求，并在随后提起本案诉讼的起诉状中明确表示了查阅范围以及查阅的目的即“为落实名流公司实收资本情况”。名流公司不能证明服务中心的查阅请求有不正当目的，可能损害公司合法利益，又不给予服务中心书面答复的行为，构成拒绝提供查阅。因此，服务中心有权请求法院要求名流公司提供查阅。名流公司的辩称意见，与法院查明的事实不符，法院不予采信。综上，服务中心请求查阅1996—2007年各年度董事会会议决议、财务会计报告、会计账簿的诉讼请求，有事实及法律依据，法院予以支持。依照《中华人民共和国公司法》第34条之规定，判决：名流公司于判决生效后10日内，提供1996年至2007年期间公司董事会会议决议、财务会计报告、会计账簿供服务中心查阅。

名流公司不服一审法院上述判决，向本院提起上诉称：1. 服务中心实际上并不是名流公司的股东。(1) 服务中心仅在名义上为名流公司的“股东”，其从未向名流公司实际出资并参与名流公司的实际经营。在名流公司设立登记过程中，北京名流置业发展公司曾向名流公司投入注册资本90万元，北京温尔馨物业管理有限责任公司向名流公司投入注册资本10万元，服务中心及华瀚国际文化发展公司未向名流公司投入任何注册资本。在名流公司注册成立后，名流公司一直由北京名流置业发展公司、北京温尔馨物业管理有限责任公司实际管理和经营，并被投入价值8 000余万元的资金、资产。服务中心从来没有向名流公司投入所谓的1 300万元出资，实际上并不享有名流公司26%的股权，更没有也不可能参加名流公司的经营管理活动。对此，服务中心的原法定代表人认可服务中心并不存在对外投资，在2001年服务中心改制过程中，服务中心也再次对其没有对外投资的事实予以确认。(2) 北京中闻会计师事务所于1996年4月23日出具的验资报告虚假，并不能证明服务中心曾经向名流公司出资。北京市高级人民法院(2007)高民终字第607号民事判决书明确认定,名流公司并不存在26303936-588账户,名流公司关于北京中闻会计师事务所于1996年4月23日出具的验资报告是一份虚假验资报告的陈述可信,该虚假验资报告丧失了证明名流公司股东出资的证明效力;服务中心仅以一份银行进账单复印件证明已经将1300万元货币资金出资存入名流公司账户的主张,证据不足,不予采信。一审法院在判决中对于(2007)高民终字第607号民事判决书予以认可,但却没有采信北京市高级人民法院认定的上述事实,仍然根据虚假的验资报告认定服务中心向名流公司实际出资,并为名流公司的股东,显然是错误的。2. 服务中心不应享有名流公司股东所应享有的相关权利。由于服务中心从未向名流公司实际出资,并非名流公司的股东,因此不应当享有股东对公司情况的知情权以及其他股东权益。由于名流公司借用服务中心的名义注册成立的行为是发生在2006年新公司法实施之前,因此应当使用原公司法的相关规定来处理本案纠纷。原《公司法》第4条第1款规定:"公司股东作为出资者按投入公司的资本额享有所有者的资产受益、重大决策和选择管理者等权利。"由此可见,在名流公司成立时,实行的是实缴资本制,即股东以其在公司的实际出资为基础在公司享有股东权益,而在本案中,服务中心从未向名流公司投入任何资金,因此根据此规定,服务中心应当不享有包括公司知情权在内的相关股东权益。另外,服务中心以落实名流公司实收资本情况,而要求查阅名流公司1996—2007年的董事会决议、财务会计报告、会计账簿,显然具有不正当目的。服务中心明知自己并未向名流公司出资,也从未参与过名流公司的经营管理,仍然以此为由向法院提出起诉要求行使股东的知情权,其目的在于通过法院支持其诉讼请求,来间接地确认其股东身份,进而向名流公司主张包括收益权在内的其他股东权益。请求:撤销一审判决;驳回服务中心的全部诉讼请求;本案诉讼费由服务中心承担。

服务中心的答辩意见为:1. 名流公司的上诉请求没有事实及法律依据,应予以驳回,北京市高级人民法院(2007)高民终字第607号民事判决书是一份生效的终审判决书,该判决书已经确认服务中心是名流公司的股东,并且确认服务中心拥有股权权利。2. 名流公司的上诉理由是自相矛盾的。名流公司在认为服务中心不是名流公司股东时,撇开北京市高级人民法院的判决不谈,但事实上该判决已经认定"名流公司4个股东均未足额出资,名流公司法人人格存有瑕疵"。3. 名流公司主张服务中心没有任何股东权利,没有任何法律依据。

本院经审理查明,一审法院判决认定的证据真实有效,据此查明的事实无误。

另查,北京市高级人民法院(2007)高民终字第607号民事判决书认为,服务中心仅以一份银行进账单复印件证明其已经将1300万元货币出资存入名流公司账户的主张,证据不足,法院不予采信;名流公司的4个股东未实际履行出资义务,名流公司构成虚报注册资本,其法人人格存有瑕疵;在公司股东均没有实际出资且股东没有特别约定的情况下,公司股东应当按照认缴的出资额比例享有公司权益,履行对公司的义务;名流公司设立时存在的瑕疵,应由名流公司通过公司内部治理机制予以完善,名流公司的股东对此享有相同的权利,同时负有相同的义务。

以上事实,还有双方当事人陈述等在案佐证。

本院认为:针对名流公司关于服务中心实际上并不是名流公司股东的上诉意见,本院认为,名流公司的公司章程、工商登记资料等文件中均明确记载服务中心为名流公司的股东,因此,服务中心在形式上已具有名流公司的股东资格。其次,北京市高级人民法院(2007)高民终字第607号民事判决书已经发生法律效力,根据该判决认定的事实,服务中心虽未实际履行出资义务,但因名流公司的股东均没有实际出资,故服务中心仍应按照认缴的出资额比例享有公司的权益。本案系公司知情权纠纷,而非关于股东身份的确认之诉,故在没有生效法律文书或相反证据否认的情况下,服务中心依据现有证据仍应为名流公司的股东,具有该公司的股东资格。因此,名流公司的此项上诉理由,证据不足,本院不予支持。

针对名流公司关于服务中心不应享有名流公司股东所应享有的相关权利的上诉理由,因本案系公司知情权纠纷,服务中心是否享有除知情权以外的其他权利不属本案审理范围,故本院仅就服务中心是否享有股东知情权进行审理。本院认为,股东依法享有知情权,知情权属于股东身份权之一,知情权与股东身份有着直接的关联。而股东身份的取得并不必然受股东出资的影响,故知情权与股东的出资义务并无直接的关联性,只要具有股东身份,即应享有知情权。另外,现有法律、法规亦未限制或剥夺违反出资义务的股东享有知情权。因此,即使服务中心确实违反了出资义务而虚假出资或瑕疵出资,但在服务中心现仍系名流公司股东的情况下,其对名流公司依法享有知情权。名流公司关于服务中心不应享有知情权的上诉理由,缺乏事实及法律依据,本院不予支持。

针对名流公司关于服务中心以落实名流公司实收资本情况,而要求查阅名流公司1996—2007年的董事会决议、财务会计报告、会计账簿,显然具有不正当目的的上诉理由,本院认为,服务中心已经明确说明了查阅会计账簿的目的是"为落实名流公司实收资本情况",该目的并不构成对名流公司经营信息或商业秘密等事项的侵害,未损害名流公司的合法利益,应属正当。名流公司以服务中心行使知情权的目的在于向名流公司主张包括收益权在内的其他股东权益为由,拒绝向服务中心提供查阅,于法无据,本院不予支持。

综上,名流公司的上诉请求及理由,无事实及法律依据,本院不予支持。一审法院判决认定事实清楚,适用法律正确,应予维持。依照《中华人民共和国民事诉讼法》第153条第1款第1项之规定,判决如下:驳回上诉,维持原判。

请对本案作出法理分析。

案例二:衣可绮服饰(上海)有限公司诉周宝军等公司经理人员竞业禁止义务纠纷案

被告周宝军系被告中远公司拥有60%股份的主要股东,并担任该公司的法定代表人和总经理。2008年10月起,中远公司开始为衣可绮公司来料加工肩衬,衣可绮公司法定代表人井口清治(日籍)为此曾去中远公司进行过实地考察,井口清治及公司总经理华文野由此认识了被告周宝军。2008年12月至2009年9月,被告周宝军被衣可绮公司聘为技术及质检部负责人,代表该公司对外签订过代购汽车、加工生产等合同5份。

2009年2月27日,衣可绮公司与中远公司签订了一份肩衬生产合同,由中远公司为衣可绮公司加工服饰用肩衬。该合同是由中远公司厂长朱霖起草后,经衣可绮公司法定代表人、总经理同意,在衣可绮公司处打印,然后由衣可绮公司总经理华文野、中远公司厂长朱霖在该合同上签字盖章。周宝军作为衣可绮公司的部门负责人,参与了该合同的签订过程,但未作为任何一方的人员在合同上签字。签订该合同的同时,衣可绮公司还与松江锦绣校服厂签订了一份类似的合同。根据该合同,中远公司于2009年度和2010年度获得一定的利润。

2010年11月,衣可绮公司向上海市浦东新区人民法院提起诉讼称:被告周宝军隐瞒担任被告中远公司法定代表人和主要股东的事实,被聘为我公司生产部经理,负责产品开发与加工。周宝军利用此职务之便,欺骗我公司与中远公司签订了肩衬生产合同。合同签订后的两年中,周宝军利用其拥有的中远公司,从加工款中获得净利。被告的行为违反了我国《公司法》第59条、第61条有关公司董事、经理忠实义务、竞业禁止的规定,应将与我公司进行交易所获得的利润归还给我公司。请求判令两被告向我公司归还两年中所获利润。

上海浦东新区人民法院审理确认上述事实,认为:董事、监事、经理作为公司的受托人,应尽忠实信用的义务。《公司法》第59条规定,董事、监事、经理应当遵守公司章程,忠实履行职务,维护公司利益,不得利用在公司的地位和职权为自己谋取私利。第61条第1款规定,董事、经理不得自营或者为他人经营与其所任职公司同类的营业或者从事损害本公司利益的活动。从事上述经营或者活动的,所得收入归公司所有。第61条第2款规定,董事、经理除公司章程规定或股东同意外,不得同本公司订立合同或进行交易。在本案中,周宝军不论为原告的生产部经理还是技术科长,均为公司的部门负责人,而非公司法意义上的经理,不享有《公司法》第50条有关经理的法定概括授权。周宝军在原告公司任职时曾代表原告对外签订过5份合同,是原告对周宝军的特别授权。中远公司为原告生产服饰用肩衬,双方产品并非同种类或可替代之关系,只是一种加工协作关系,不同于同业竞争。故对原告而言,周宝军的行为不属竞业禁止的范围。根据诚实信用原则,周宝军接受原告特别授权时,应对原告尽勤勉忠诚的义务。就案涉合同而言,周宝军虽参与了合同的签订过程,但未作为原告的代理人在合同上签字;且在原告与中远公司合作前,原告董事长、总经理已与周宝军相识,原告董事长还曾到中远公司实地考察过,从有协作意向到签约历经3个月,故合同的签订过程不无公正之处。从合同内容看,部分条款对中远公司较为严格,且与原告同松江锦绣校服厂同时签订的肩衬生产合同条件基本一致,故案涉内容无显失公平之处。原告的诉讼请求缺乏事实根据和法律根据。根据《中华人民共和国民法通则》第4条之规定,法院判决:原告衣可绮公司的诉讼请示不予支持。

衣可绮公司不服一审判决,向上海市第一中级人民法院提起上诉,请求撤销一审判决,改判由两被上诉人返还所获非法利润。该院确认一审认定的事实属实,依照《中华人民共和国民事诉讼法》第153条第1款第1项之规定作出终审判决:驳回上诉,维持原判。

请对本案作出法理分析。

第五章 破产法

本章导读

经济意义上的破产是指债务人无力支付其到期债务而最终不得不倾其所有以偿还债务;法律意义上的破产则是指在债务人无力偿还债务的情况下,在法院的指挥和监督下,以其财产对债权人进行公平清偿的法律程序和手段。在我国,尽管经济意义上的破产古已有之,但法律意义上的破产则是在近代才从西方传播过来,并最早出现于1906年颁布的《破产律》中。新中国成立后,由于体制和观念的影响,破产法迟迟未能出台。1986年的《企业破产法》(试行)则是我国破产立法的改革与尝试。2006年8月27日,《中华人民共和国破产法》在十届全国人大常委会第二十三次会议上审议通过。这是我国转型时期的标志性事件。新《破产法》将适用范围扩大到所有的企业法人,包括国有企业与法人型私营企业、三资企业、上市公司与非上市公司、有限责任公司与股份有限公司,甚至包括金融机构。《破产法》引入国际通行的破产管理人制度,并按照市场化方式进行运作。该法填补了市场经济规则体系中关于退出法与再生法的一大缺口,是一个历史性的进步。其在规范企业破产程序、公平清理债权债务、保护债权人和债务人的合法权益、维护社会主义市场经济秩序等方面的作用和意义是显而易见的。

第一节 破产法概述

一、破产的概念与特征

破产是指在债务人无力偿债时,在法院的指挥和监督下,以其财产对债权人进行公平清偿的法律程序和手段。

破产具有以下特征:

1. 破产是一种特殊的清偿债务、结束债权债务关系的方式。
2. 破产是一种公平的清偿债务的方式。

二、破产法的概念

狭义的破产法是指由国家立法机关制定的破产法典;广义的破产法是指除破产法典之外的其他有关破产的法律法规。

我国第一部破产立法是1986年六届全国人大常委会通过的《中华人民共和国企业破产法(试行)》。1991年颁布的《民事诉讼法》"企业法人破产还债程序"适用于非全民所有制的企业法人。

2006年第十届全国人民代表大会常务委员会通过了新的《中华人民共和国企业破产

法》(以下简称《破产法》)。《破产法》的颁布,有利于维护经济秩序,促进企业市场主体的建立,规范企业破产行为,保护债权人、债务人的合法权益。

第二节　破产申请及其受理

一、破产要件

破产要件是指开始破产程序应具备的各项条件,主要包括 4 方面。

1. 存在多数债权人

破产程序是为多数债权人的利益而进行的,如债权人仅为一人,不存在多数债权人的债权竞合,没有清偿上的矛盾,不涉及对多数债权人的公平清偿问题,破产程序适用的主要原因便不存在。

2. 无破产障碍

已发生破产原因的债务人,因存在阻止破产程序开始或继续进行的法定事由,而不对其进行破产程序或终止已开始的破产程序,该法定事由即称为破产障碍,如提出和解申请、公司特别清算程序开始、公司重整申请提出、不交纳破产案件受理费用或破产财产不足以支付破产费用等。

3. 破产能力

破产能力是指债务人能够使用破产程序解决债务清偿问题的资格,即民事主体可以被宣告破产的资格。我国《破产法》规定,只有企业法人才有破产能力,自然人、公益法人等均无破产能力。

4. 破产原因

破产原因,又称为破产界限,是指认定债务人丧失债务清偿能力,法院用以启动破产程序、宣告债务人破产的依据。我国《破产法》规定,企业法人不能清偿到期债务,并且资产不足以清偿全部债务或者明显缺乏清偿能力的,依照本法规定清理债务。可见,我国破产原因的实质标准是不能清偿到期债务,简称为不能清偿,亦称支付不能,即指债务人对请求偿还的到期债务,因丧失清偿能力而无法偿还。

二、破产案件的申请

(一)债权人申请破产

1. 债权人申请破产的条件

《破产法》第 7 条第 2 款规定:“债务人不能清偿到期债务,债权人可以向人民法院提出对债务人进行重整或者破产清算的申请。”

以“债务人不能清偿到期债务”为债权人申请破产的条件,可以使债权人较为便利地行使破产申请权,更好地维护自身的合法权益。

2. 债权人申请破产的程序

债权人向人民法院申请破产时,应当提交破产申请书和有关证据。破产申请书应当载明下列事项:(1) 申请人、被申请人的基本情况;(2) 申请目的;(3) 申请的事实和理由;(4) 人民法院认为应当载明的其他事项。

(二)债务人申请破产

1. 债务人提出申请的条件

《破产法》规定,企业法人不能清偿到期债务,并且资产不足以清偿全部债务或者明显缺乏清偿能力的,可以向人民法院提出破产清算申请。企业法人已解散但未清算或者未清算完毕,资产不足以清偿债务的,依法负有清算责任的人应当向人民法院申请破产清算。

2. 债务人申请破产的程序

债务人向人民法院申请破产时,应当提交破产申请书和有关证据。破产申请书应当载明下列事项:(1)申请人、被申请人的基本情况;(2)申请目的;(3)申请的事实和理由;(4)人民法院认为应当载明的其他事项。对此,《关于审理企业破产案件若干问题的规定》作了更具体、详细的规定。

由于国有企业申请破产须经其上级主管部门批准,所以,申请破产时还应提交其向上级主管部门递交的破产申请与上级主管部门作出同意破产的批复。

(三)破产申请的撤回和驳回

人民法院受理破产申请前,申请人可以请求撤回申请。

人民法院受理破产申请后至破产宣告前,经审查发现债务人不符合破产原因或存在法律规定的其他事由的,可以裁定驳回申请。

三、破产案件的受理

破产案件的受理,又称立案,是指人民法院在收到破产案件申请后,认为申请符合法定条件而予以接受,并由此开始破产程序的司法行为。

(一)破产案件受理的程序

1. 审查

(1)形式审查。审查的内容包括:① 接受申请的法院是否有管辖权。企业法人破产案件由债务人住所地人民法院或者与核准其登记注册的工商行政管理机关同级的人民法院管辖。其中,地市级以上工商行政管理机关核准登记的企业的破产案件一律由债务人住所地的中级人民法院管辖。② 申请人是否具有破产申请资格。③ 申请材料是否符合法律规定。

(2)实质审查。审查的内容包括:① 债务人有无破产能力。② 债务人是否已达破产界限。

2. 受理

人民法院收到破产申请后在15日内裁定是否受理。

人民法院对破产申请的处理主要有4种情况:(1)认为破产申请符合有关规定的,裁定予以受理。(2)认为需要更正、补充的,可以责令申请人限期更正、补充。(3)发现不符合法律规定的受理条件的,驳回申请。(4)发现下列情况的,不予受理:① 债务人有隐匿、转移财产等行为,为了逃避债务而申请破产的;② 债权人借破产申请毁损债务人商业信誉,意图损害公平竞争的。

3. 通知和公告

人民法院受理破产申请的,应当自裁定作出之日起5日内送达申请人。债权人提出申请的,人民法院应当自裁定作出之日起5日内送达债务人。

通知和公告债权人。人民法院应当自裁定受理破产申请之日起25日内通知已知债权人,并予以公告。通知和公告应当载明下列事项:(1) 申请人、被申请人的名称或者姓名;(2) 人民法院受理破产申请的时间;(3) 申报债权的期限、地点和注意事项;(4) 管理人的名称或者姓名及其处理事务的地址;(5) 债务人的债务人或者财产持有人应当向管理人清偿债务或者交付财产的要求;(6) 第一次债权人会议召开的时间和地点;(7) 人民法院认为应当通知和公告的其他事项。

人民法院发布破产受理公告后,还需要做到:(1) 立即通知债务人或其他法定代表人停止清偿债务;(2) 通知债务人的开户银行停止办理债务人清偿债务的结算业务;(3) 向债务人的全体职工发布公告,要求他们保护好企业财产等。

(二) 破产受理的法律效力

1. 对债务人的效力

(1) 自人民法院受理破产申请的裁定送达债务人之日起至破产程序终结之日,债务人的法定代表人、财务管理人员和其他经营管理人员承担下列义务:① 妥善保管其占有和管理的财产、印章和账簿、文书等资料;② 根据人民法院、管理人的要求进行工作,并如实回答询问;③ 列席债权人会议并如实回答债权人的询问;④ 未经人民法院许可,不得离开住所地;⑤ 不得新任其他企业的董事、监事、高级管理人员。

(2) 债务人对个别债权人的债务清偿无效。

2. 对债权人的效力

破产受理后,债权人的个别清偿主张自动停止。

(1) 破产受理后,债权人只能通过破产程序行使权利,不得个别提出清偿请求,也不得向法院提起新的民事诉讼。

(2) 有财产担保的债权人,未经法院准许,不得行使优先权。

(3) 债务人的开户银行,不得扣划债务人的既存款和汇入款抵还贷款。

3. 对其他人的效力

(1) 债务人的债务人或者财产持有人应当向管理人清偿债务或者交付财产,故意违反该规定而向债务人清偿债务或者交付财产,使债权人受到损失的,不免除其清偿债务或者交付财产的义务。

(2) 债务人的银行应当停止办理债务人债务清偿的结算义务,支付债务人维持正常业务所必需的费用时,须经法院许可。

(3) 管理人对破产申请受理前成立而债务人和对方当事人均未履行完毕的合同有权决定解除或者继续履行,并通知对方当事人。

4. 对其他民事程序的影响

(1) 已经开始而尚未终结的有关债务人的民事诉讼或者仲裁应当中止。在管理人员接管债务人的财产后,该诉讼或者仲裁继续进行。

(2) 有关债务人的民事诉讼,只能向受理破产申请的人民法院提起。

(3) 有关债务人财产的保全措施应当解除,执行程序应当中止。

5. 指定破产管理人

人民法院裁定受理破产申请的,应当同时指定管理人。

第三节　破产管理人与债权人会议

一、破产管理人

1．破产管理人的概念

破产管理人是指破产程序开始后依法成立的，全面接管破产债务人，以自己的名义独立执行破产债务人财产的管理和分配等事务的专门机关。

2．破产管理人的选任

破产管理人由人民法院指定。债权人会议认为破产管理人不能依法、公正执行职务或者有其他不能胜任职务情形的，可以申请人民法院予以更换。

破产管理人可以由有关部门、机构的人员组成的清算组或者依法设立的律师事务所、会计师事务所、破产清算事务所等社会中介机构担任。人民法院可以在征询有关社会中介机构的意见后，指定该机构具备相关专业知识并取得执业资格的人员担任管理人。

3．破产管理人的职责

破产管理人的职责包括：(1) 接管债务人的财产、印章和账簿、文书等资料，调查债务人财产状况，制作财产状况报告；(2) 决定债务人的内部管理事务；(3) 决定债务人的日常开支和其他必要开支；(4) 在第一次债权人会议召开之前，决定继续或者停止债务人的营业；(5) 管理和处分债务人的财产；(6) 代表债务人参加诉讼、仲裁或者其他法律程序；(7) 提议召开债权人会议；(8) 人民法院认为管理人应当履行的其他职责。

管理人应当勤勉尽责，忠实执行职务，管理人违反义务时应承担法律责任。

破产管理人的报酬由人民法院确定。债权人会议对管理人的报酬有异议的，有权向人民法院提出。

二、债权人会议

(一) 债权人会议的概念

债权人会议是指在破产程序中，由全体债权人依照《破产法》的规定，为维护债权人的共同利益而组成的意思机构。

债权人会议是一种程序性机构，它伴随着破产程序的开始而产生，破产程序终结后，其使命也宣告结束。债权人会议同时又是一种自治性机构，在破产程序中，债权人会议具有独立的法律地位，它对有关破产事务的决议具有自主权。

(二) 债权人会议的组成和职权

1．债权人会议的组成

(1) 债权人会议成员。依法申报债权的债权人为债权人会议的成员，分为有表决权的债权人和无表决权的债权人。

有表决权的债权人是指对债权人会议的决议事项有权投票表示赞成或反对的债权人，主要包括：① 依法申报债权的无财产担保的债权人；② 放弃优先受偿权利的有财产担保的债权人；③ 虽享有财产担保，但未能就担保物足额受偿的债权人；④ 已代替债务人清偿债务的保证人或者其他连带债务人。

无表决权的债权人是指有权出席债权人会议和发表意见,但无权对债权人会议的决议事项投票表示赞成或反对的债权人。主要包括:① 未放弃优先受偿权利的有财产担保的债权人对某些事项无表决权,但在破产程序启动后,享有表决权;② 债权尚未确定的债权人;③ 尚未代替债务人向他人清偿债务的保证人或者其他连带债务人。

(2) 债权人会议主席。债权人会议设主席一人,负责召集、主持债权人会议,由人民法院从有表决权的债权人中指定。

(3) 债权人会议的列席人员。债务人的上级主管部门可以派员列席债权人会议。债务人的法定代表人必须列席债权人会议并回答债权人的询问。破产管理人应当列席债权人会议,接受债权人会议的询问。

2. 债权人会议的职权

债权人会议行使下列职权:(1) 核查债权;(2) 申请人民法院更换管理人,审查管理人的费用和报酬;(3) 监督管理人;(4) 选任和更换债权人委员会成员;(5) 决定继续或者停止债务人的营业;(6) 通过重整计划;(7) 通过和解协议;(8) 通过债务人财产的管理方案;(9) 通过破产财产的变价方案;(10) 通过破产财产的分配方案;(11) 人民法院认为应当由债权人会议行使的其他职权。

此外,债权人会议还有听取债务人企业重整情况的报告的权利,申请终结重整的权利,监督管理人活动的权利等。

(三) 债权人会议的召开与决议

1. 债权人会议的召开

(1) 第一次债权人会议。又称为法定债权人会议,是破产程序开始后在法定期间内必须召开的债权人会议,由人民法院召集,自债权申报期限届满之日起 15 日内召开。

(2) 必要的债权人会议。第一次债权人会议以后的债权人会议,在人民法院认为必要时,或者管理人、债权人委员会、占债权总额 1/4 以上的债权人向债权人会议主席提议时召开,通常以破产财产的变价和分配或者与此相关的问题为决议事项。

2. 债权人会议的决议

(1) 债权人会议的决议分为一般决议和特殊决议。一般决议由出席会议的有表决权的债权人过半数通过,并且其所代表的债权额占无财产担保债权总额的 1/2 以上。特殊决议主要是指关于和解协议或者重整计划的决议,由出席会议的债权人过半数同意,并且其所代表的债权额占债权总额的 2/3 以上。

(2) 债权人会议的决议对于全体债权人均有约束力,无论其有无表决权,是否赞同,是否参加会议。

(3) 债权人认为决议违反法律规定,损害其利益的,可以自债权人会议作出决议之日起 15 日内,请求人民法院裁定撤销,责令债权人会议依法重新作出决议。

三、债权人委员会

1. 债权人委员会的法律地位

债权人委员会是债权人会议的代表机关,代表债权人的共同利益监督破产程序的进行。

债权人委员会由债权人会议选任,向债权人会议负责。当其决议与债权人会议的决议不一致时,应以后者为准,故其仅仅是附属于债权人会议的代表机构。

债权人委员会执行职务时，有权要求管理人、债务人的有关人员对其职权范围内的事务作出说明或者提供有关文件。债权人委员会应当以善良管理人的注意为全体债权人的利益执行职务。债权人委员会因为故意或者过失造成债务人或者债权人损失的，应当承担赔偿责任。

2. 债权人委员会的设置和选任

是否设立债权人委员会由债权人会议决定。

债权人委员会由债权人会议选任的债权人代表和一名债务人的职工代表或者工会代表组成。债权人委员会成员不得超过9人，且应经人民法院书面决定认可。

第四节　破产中的实体权利

一、破产债权

（一）破产债权的概念与特征

破产债权是在破产宣告前成立的，对破产人发生的，经依法申报确认，并得由破产清算程序才能获得分配的债权。

破产债权具有以下特征：(1) 破产债权是基于破产宣告前的原因成立的债权；(2) 破产债权是对破产人发生的无财产担保的债权，或放弃优先受偿权利的有财产担保的债权；(3) 破产债权是财产上的请求权；(4) 破产债权是可以强制执行的债权；(5) 破产债权须是经依法申报并取得确认、通过破产清算程序受偿的债权。

（二）破产债权的范围

1. 破产宣告前成立的无财产担保的债权和放弃优先受偿权利的有财产担保的债权。

2. 有财产担保的债权，其数额超过担保物的价款的，未受清偿的部分。

3. 破产管理人决定解除破产企业未履行的合同，另一方当事人因合同解除受到损害的损害赔偿额。

4. 票据(汇票、本票、支票)发票人或背书人被宣告破产，而付款人或承兑人不知其事实而付款或承兑，由此所产生的债权为破产债权，付款人或承兑人为债权人。

5. 人民法院受理债务人破产案件后，债权人未申报债权的，保证人可以参加破产财产分配，预先行使追偿权。债务人的保证人或者其他连带债务人已经代替债务人清偿债务的，以其对债务人的求偿权申报债权，尚未代替债务人清偿债务的，以其对债务人的将来求偿权申报债权。

6. 债务人是委托合同的委托人，被裁定适用破产程序，受托人不知道该事实，继续处理委托事务的，以由此产生的请求权申报债权。

7. 附条件、附期限的债权，在破产宣告后可以作为破产债权申报，管理人应当将其分配额提存，在最后分配公告日，根据条件的是否成就作出相应的处理。

下列债权不属于破产债权：

(1) 债权人参加破产程序的费用；

(2) 破产宣告后债权所生利息；

(3) 破产宣告前的罚金、罚款等。

（三）破产债权的申报

1. 破产债权申报的程序

（1）人民法院受理破产申请后，应当确定债权人申报债权的期限。债权申报期限自人民法院发布受理破产申请公告之日起计算，最短不得少于30日，最长不得超过3个月。债权人未于人民法院确定的债权申报期限内申报债权的，不得依《破产法》规定的程序行使权利，但是债权实体并未消灭，还可以通过其他方式获得清偿。

（2）债权人申报债权必须采取书面方式，说明债权的数额和有无财产担保，并提交有关证据。

（3）破产案件受理前成立的债权，有财产担保的债权和无财产担保的债权，均在申报之列。未到期的债权，在破产案件受理时视为到期。破产案件受理后才到期的债权，付利息的，自破产案件受理时起停止计息；不付利息的，应当减去自破产案件受理时起至债权到期时止的法定利息，但是，不付利息的借贷债权，不在此限。连带债权人可以由其中一人代表全体连带债权人申报债权，也可以共同申报债权。连带债务人之一或者数人破产的，债权人可就全部债权向该债务人或者各债务人行使权利，申报债权。债务人的保证人或者其他连带债务人，以其承担连带清偿义务而享有的追偿权，申报债权。

（4）债权人应向破产管理人申报债权。

2. 破产债权的确定

管理人收到债权申报材料后，应进行审查，并编制债权表，提交第一次债权人会议核查。债务人、债权人对债权表记载的债权无异议的，由人民法院裁定确认；有异议的，可以向人民法院提起诉讼。

二、别除权

（一）别除权的概念与特征

别除权是指债权人因债权设有担保物，而对破产人特定担保财产在破产程序中享有的优先受偿权利。

别除权具有以下特征：（1）别除权是对破产人的特定财产行使的权利；（2）其基础是担保物权，是担保物权效力的体现；（3）别除权的设定必须在破产宣告之前的一定时间内，一般在法院受理破产案件前6个月内；（4）别除权的行使原则上独立于破产程序，但是其实现方式受到破产程序的制约。

（二）别除权的效力范围

抵押、质押、留置等担保物权在破产程序中都可以享有别除权。

别除权优先受偿的权利范围，应当包括债务本金及利息（不包括破产受理后所产生的利息）、违约金、损害赔偿金和实现权利的费用（如有担保物，保管费用亦应包括在内），但担保合同另有约定的，从其约定。

（三）别除权的行使

1. 在破产案件受理之后、债务人被宣告破产之前，别除权人可以依照原合同对担保物行使权利，但合同履行期限未到的，不得提前要求受偿，其债权的利息依实际受偿时间计算。

2. 在破产案件受理后（包括破产宣告后），对担保物原来的占有状况不得改变，原由担保债权人占有者,破产企业及清算组不得要求收回,但全额清偿担保债务者除外。

3. 破产企业对其同一财产设定两个以上抵押权的,抵押权人应按照抵押顺序行使优先受偿权。

4. 同一债权上数个担保物权并存时,债权人放弃债务人提供的物担保的,其他担保人在其放弃权利的范围内减轻或者免除担保责任。

三、取回权

取回权是指对债务人占有的不属于债务人的财产,该财产的权利人可以通过破产管理人取回财产的权利。

1. 取回权在破产宣告后方得形成,在破产宣告前,包括和解与整顿期间,权利人要取回财产,须依照原订立的合同进行。

2. 取回权的行使不受破产程序限制,也无需通过诉讼程序(无争议时),但须向破产管理人主张行使。

3. 权利人在取回定作物、保管物等财产时,存在相应给付义务的,应向管理人交付加工、保管等费用。

4. 取回权的行使,只限于取回原物。如在破产案件受理前,原物已被破产人卖出,则不能再要求取回价款,只能以物价作为破产债权要求清偿。但如果原物是在破产宣告后被管理人售出,则取回权人有权要求清算组归还所收物款,不必作为破产债权受偿。

5. 人民法院受理破产申请时,出卖人已将买卖标的物向作为买受人的债务人发运,债务人尚未收到且未付清全部价款的,出卖人可以取回在运途中的标的物。但是,管理人可以支付全部价款,请求出卖人交付标的物。

四、抵销权

破产债权人在破产宣告前对破产人负有债务的,无论是否已到清偿期限,无论债务标的、给付种类、品质是否相同,均可在破产分配完成之前主张抵销。这是破产债权只能依破产程序分配清偿的例外。

抵销权的行使应符合以下条件:(1) 用于抵销的债权债务均须成立于破产宣告之前,债权应经过申报确认;(2) 必须由债权人主动向破产管理人提出,破产人或者破产管理人不得主动主张;(3) 必须在破产清算分配之前行使,破产债权人尚未清偿对破产人的负债。

五、撤销权

撤销权是指破产管理人请求法院对破产债务人在受理破产案件前法定期限内实施的损害破产关系人利益的行为予以撤销,并将其不当处分的财产收归破产财产的的权利。

撤销权具有如下法律特征:(1) 行使主体是破产管理人;(2) 行使撤销权是破产管理人的法定职责;(3) 撤销的对象发生于法院受理破产案件前的法定期间内;(4) 行使期间是破产宣告之后,破产程序终结之前,完全和破产清算程序同步,没有固定的除斥期间。

撤销权行使的具体情形包括:

1. 人民法院受理破产申请前1年内,涉及债务人财产的下列行为,管理人有权请求人民法院予以撤销:(1) 无偿转让财产的;(2) 以明显不合理的价格进行交易的;(3) 对没有财产担保的债务提供财产担保的;(4) 对未到期的债务提前清偿的;(5) 放弃债权的。

2. 人民法院受理破产申请前6个月内,债务人有不能清偿到期债务,并且资产不足以清偿全部债务或者明显缺乏清偿能力的情形,仍对个别债权人进行清偿的,管理人有权请求人民法院予以撤销。但是,个别清偿使债务人财产受益的除外。

3. 涉及债务人财产的下列行为无效:(1) 为逃避债务而隐匿、转移财产的;(2) 虚构债务或者承认不真实的债务的。这些行为不受行为发生时间的限制,管理人都有权请求法院予以撤销。

六、追回权

追回权是指破产管理人行使撤销权后取得的追回被撤销行为所处分的财产的权利。

此外,破产管理人还有权追回两类财产:(1) 法院受理破产案件后,企业的出资人尚未履行出资义务的,管理人应当不问出资期限而请求出资人缴纳所认缴的出资;(2) 破产企业的董事、经理及其他负责人利用职权获取的非正常收入和侵占的企业财产,管理人应当追回。

第五节　破产和解与破产重整

一、破产和解

(一) 破产和解的概念

破产和解是指法院受理破产案件后,为了避免破产清算,由债务人提出并与债权人达成协议,经法院许可的,解决债权人、债务人之间的债权债务问题的制度。和解制度是为了预防破产而设立的再建型债务清理制度,主要是通过债权人的谅解、减少债权额、展期付款等方式,从而使债务人免受破产宣告。

(二) 破产和解的规则

1. 和解申请

债务人是唯一的和解申请人。

债务人可以在出现破产原因时直接向人民法院申请和解,也可以在人民法院受理破产申请后、宣告债务人破产前,向人民法院申请和解。

2. 和解协议的成立和生效

债务人以和解协议草案的形式向债权人团体发出要约,债权人会议以通过和解协议草案的决议形式进行承诺。债权人会议通过和解协议的决议,应当由出席会议的有表决权的债权人的过半数通过,并且其所代表的债权额必须占无财产担保债权总额的2/3以上。

和解协议草案一般应当包括下列内容:(1) 清偿债务的财产来源;(2) 清偿债务的办法;(3) 清偿债务的期限等。

人民法院经审查认为和解申请符合破产法规定的,应当裁定和解,予以公告,并召集债权人会议讨论和解协议草案。

3. 和解协议的效力

(1) 破产程序中止。债权人会议通过和解协议的,由人民法院裁定认可,中止破产程序,并予以公告。管理人应当向债务人移交财产和营业事务,并向人民法院提交执行职务的报告。

（2）对债务人的效力。和解协议生效后，债务人重新取得财产的支配权。债权人不得向债务人追索债务，请求企业给付财产的民事诉讼、民事执行程序以及相关的诉讼保全措施均不得进行。但债务人应当按照和解协议规定的条件清偿债务，不得给予个别债权人以和解协议以外的利益。同时，企业经营及财务状况应受债权人会议的监督，定期向其报告。

（3）对债权人的效力。和解协议一经债权人会议依法定程序通过并经法院认可，即对所有的债权人发生法律效力，包括不同意和解协议的债权人。债权人应当按照和解协议的规定接受清偿，不得向债务人要求和解协议规定以外的任何利益。任何债权人不得超越和解协议的约定实施干扰债务人正常生产经营和清偿活动的行为。

4. 和解的终结

（1）债务人不能执行或者不执行和解协议的，人民法院经和解债权人请求，应当裁定终止和解协议的执行，并宣告债务人破产。

（2）因债务人的欺诈或者其他违法行为而成立的和解协议，人民法院应当裁定无效，并宣告债务人破产。

（3）和解协议得到执行而终结。

（三）法庭外的和解

人民法院受理破产案件后，债务人经全体债权人一致同意就债权债务的处理自行达成协议的，可以请求人民法院裁定认可，并同时裁定终结破产案件。

法庭外的和解经人民法院裁定认可后即具有法庭内和解的效力。但是，需要注意的是，法庭外的和解需要经全体债权人同意后才能成立，这与和解协议的成立条件是不同的。

二、破产重整

（一）破产重整的概念

破产重整是指在企业无力偿债的情况下，但又有再生希望时，依照法律规定的程序，避免企业破产、获得再生的法律制度。重整制度通常仅适用于公司或股份有限公司，故又称为公司更生。

重整程序与和解程序有着各自的特点。重整程序比较复杂，有较多的法律干预，是一种力度较大但费用较高的企业拯救制度，适合规模较大、困境较严重的企业。和解程序充分尊重当事人意思自治，具有简便灵活的特点，适合规模较小、拯救难度较低的企业。但两者不存在相互转换的必要。因此，启动重整程序后，不能转为和解程序，反之亦然。

（二）破产重整的开始

1. 重整的条件

重整程序可适用于两类情形：(1) 企业法人不能清偿到期债务，并且资产不足以清偿全部债务或者明显缺乏清偿能力的；(2) 有明显丧失清偿能力可能的。

重整一般适用于规模较大的股份公司。

2. 申请和受理

债务人、一名或数名债权人或者持有债务人注册资本 1/3 以上的出资人可以在案件开始时或者在案件受理后、破产宣告前向人民法院申请重整。此外，商业银行、证券公司、保险公司等金融机构有法律规定的重整情形的，国务院金融监督管理机构可以向人民法院提出对该金融机构进行重整或者破产清算的申请。

人民法院经审查认为重整申请符合破产法规定的,应当裁定债务人重整,并予以公告。

(三)重整保护期间的营业

1. 重整期间

自人民法院裁定债务人重整之日起至重整程序终止,为重整期间。

2. 自动停止

(1) 在破产案件受理后,一切有关债务人财产的其他民事执行程序应当中止。同时,一切有关债务人财产的其他保全措施也应当中止。

(2) 在破产案件受理后,已经开始而尚未终结的有关债务人财产或者权利的民事诉讼应当中止;管理人接管债务人财产后,诉讼继续进行。

(3) 在重整期间,对债务人的特定财产享有的担保物权暂停行使。但是,担保物有损坏或者价值明显减少的可能,足以危害担保权人权利的,担保权人可以向人民法院请求恢复行使担保权。在重整期间,债务人或者管理人为继续营业而借款的,可以为该借款设定担保。

(4) 债务人合法占有他人财产,该财产的权利人在重整期间要求取回的,应当符合事先约定的条件。

(5) 在重整期间,债务人的出资人不得请求投资收益分配。在重整期间,债务人的董事、监事、高级管理人员不得向第三人转让其持有的债务人的股权。但是,经人民法院同意的除外。

3. 重整保护期间的企业经营管理

对重整期间的企业经营管理,可以经债务人申请,经人民法院批准,债务人在管理人的监督下自行管理财产和营业事务,也可以由管理人聘任债务人的经营管理人员负责管理财产和营业事务。

4. 重整程序的终止

(1) 重整期间有下列行为之一的:① 债务人的经营状况和财产状况继续恶化,缺乏挽救的可能性;② 债务人有欺诈、恶意减少债务人财产或者其他显著不利于债权人的行为;③ 由于债务人的行为致使管理人无法执行职务;④ 债务人或者管理人未按期提出重整计划草案的。

(2) 重整计划未获得通过或者没有获得法院的批准。

(3) 债务人不能执行或者不执行重整计划。

(四)破产重整计划

破产重整计划是债务人、债权人和其他利害关系人就维持债务人的继续营业,谋求债务人的再生,清理债权债务关系为内容所达成的协议。

破产重整计划应当包括以下内容:(1) 债务人的经营方案;(2) 债权分类;(3) 债权调整方案;(4) 债权受偿方案;(5) 重整计划的执行期限;(6) 重整计划执行的监督期限;(7) 有利于债务人重整的其他方案。

破产重整计划的通过和批准程序主要包括:(1) 管理人或者债务人应当在法院指定的期间内向法院提交重整计划草案和重整可行性报告。如果法院认为计划草案符合破产法的规定,应当在30日内召开债权人会议,将草案付诸表决。(2) 管理人应当向债权人会议就重整计划草案作出说明,并回答询问。股东和其他形式的出资人可以列席讨论重整计划的债权人会议。(3) 债权人会议应当依照规定的债权分类分成不同的表决组,对重整计划进行分组表决。出席会议的同一表决组的债权人过半数同意重整计划草案,并且其所代表的债权额占该组已确定债权额的2/3以上的,即为该组通过重整计划草案。各组均通过的,重整计划为通过。(4) 债务人的出资人代表可以列席讨论重整计划草案的债权人会议。重整计划草案涉及出资人权益调整事项的,应当设出资人组,对该事项进行表决。(5) 自重整计划通过之日起10日内,债务人或者管理人应当向人民法院提出批准重整计划的申请。人民法院经审查认为符合破产法规定的,应当自收到申请之日起30日内裁定批准,终止重整程序,并予以公告。法院在作出批准重整计划的裁定之前,应当开庭审理,听取管理人、监督人、有关当事人及有关部门和专家的意见。如果法院经审查认为重整计划不符合破产法的规定,则应裁定驳回请求批准重整计划的申请,或者允许管理人重新提出重整计划。

第六节　破产宣告与破产清算

一、破产宣告

(一) 破产宣告的概念

破产宣告是指法院依据当事人的申请或者法定职权,对债务人具备破产原因的事实作出具有法律效力的认定,并对债务人进行破产清算的破产程序。

(二) 破产宣告的情形

1. 债务人不能清偿到期债务

企业法人不能清偿到期债务,并且资产不足以清偿全部债务或者明显缺乏清偿能力的,依照《破产法》规定清理债务。

2. 债务人请求和解不成立或者和解协议依法终止

和解协议草案经债权人会议表决未获得通过,或者已经债权人会议通过的和解协议未获得人民法院认可的,人民法院应当裁定终止和解程序,并宣告债务人破产。因债务人的欺诈或者其他违法行为而成立的和解协议,人民法院应当裁定无效,并宣告债务人破产。债务人不能执行或者不执行和解协议的,人民法院经和解债权人请求,应当裁定终止和解协议的执行,并宣告债务人破产。

3. 重整计划未能提出或者未能通过以及重整被终止

债务人或者管理人未按期提出重整计划草案的,人民法院应当裁定终止重整程序,并宣告债务人破产。重整计划草案未获得通过且未依照破产法强制批准的规定获得批准,或者已通过的重整计划未获得批准的,人民法院应当裁定终止重整程序,并宣告债务人破产。债务人不能执行或者不执行重整计划的,人民法院经管理人或者利害关系人请求,应当裁定终止重整计划的执行,并宣告债务人破产。在重整期间,有下列情形之一的,经管理人或者利害关系人请求,人民法院应当裁定终止重整程序,并宣告债务人破产:(1) 债务人的经营状况和财产状况继续恶化,缺乏挽救的可能性;(2) 债务人有欺诈、恶意减少债务人财产或者其他显著不利于债权人的行为;(3) 由于债务人的行为致使管理人无法执行职务。

（三）破产宣告的法律效力

1. 破产宣告对破产人的法律效力

（1）企业由债务人变成了破产人，应当向原登记机关进行破产登记，其法律人格仅在清算意义上继续存在。

（2）企业丧失对其财产的管理权和处分权。

（3）企业法定代表人在向破产管理人办理移交手续前，负责保管本企业的财产、账册、文书、资料和印章等，在破产程序终结以前不得擅离职守，等等。

（4）职工与企业订立的劳动合同宣告解除，职工成为失业人员，有权领取失业救济金，并有权重新就业。

2. 破产宣告对债权人的法律效力

（1）对破产人的特定财产享有担保权的权利人，对该特定财产享有优先受偿的权利。

（2）对无财产担保的债权人，不管其债权是否到期，均视为到期债权，有权依破产程序受偿。

（3）债权人对破产企业负有债务的，可以在破产清算前抵销。

3. 破产宣告对第三人的法律效力

（1）破产企业的债务人和财产持有人应当而且只能向破产管理人清偿债务或者交付财产。

（2）破产人占有的属于他人的财产，其权利人有权通过破产管理人取回。

（3）破产人未履行的合同，破产管理人可以决定解除或者继续履行。

二、破产清算

破产清算是指企业破产以后，由清算组对破产财产进行清算、评估和处理、分配。清算组由人民法院依据有关法律的规定，组织股东、有关机关及有关专业人士组成。所谓有关机关一般包括国有资产管理部门、政府主管部门、证券管理部门等，专业人士一般包括会计师、律师、评估师等。

第七节　破产财产的分配与破产程序的终结

一、破产财产

（一）破产财产的概念

破产财产是指破产宣告时至破产程序终结前，由破产管理人管理和分配的破产人的全部财产。

破产财产的特征包括：（1）破产财产必须是破产企业享有财产权的财产；（2）破产财产必须是破产程序终结前属于破产企业的财产；（3）破产财产必须是可以依破产程序强制清偿的财产，即可以由法院扣押、查封、冻结、变卖的财产。

（二）破产财产范围

1. 破产申请受理时属于债务人的全部财产。从来源看，破产财产既包括股东投入的财产，也包括企业通过募集股份发行债券、联营、对外投资等方式筹集到的财产。从形态看，既包括有形财产,也包括无形财产(如财产权利)。从空间范围来看,既包括我国境内的财产,也包括我国境外的财产。

2. 破产申请受理后至破产程序终结前所取得的财产。这些财产是指破产企业在破产宣告时并不享有、而在破产程序进行过程中新取得的财产或财产权利,包括受赠财产,自然或法定孳息,新得之专利权、著作权、商标权等权利,管理人决定继续履行合同而取得的财产,从投资企业新分得的盈利,等等。

(三)不属于破产财产的财产范围

(1)债务人占有但所有权由他人享有的财产。

(2)担保物及担保物的代位物。

(3)存在法定优先权的财产,但权利人放弃优先受偿权或者优先偿付特定债权剩余的部分除外。

(4)所有权已发生转移或者应当向他人转移所有权的财产。

(5)因所有权保留约定而未取得所有权的财产。

(6)其他不属于债务人的财产。

二、破产财产的变价

(一)破产财产变价的概念

破产财产的变价,又称为破产财产的变现,是指破产管理人将破产财产中的非金钱财产,以变卖或拍卖的方式,转变为金钱财产的行为或过程。

破产财产的变价既是破产管理人的重要职权,也是破产管理人的义务之一。破产管理人应尽到善良管理人的注意义务,及时拟订变价方案,提交债权人会议讨论。变价方案报人民法院裁定后方可执行。

(二)破产财产的评估

破产财产的评估应由有相应资质的评估机构完成。债权人会议、管理人如对评估结论、评估费用有异议,可要求评估机构重新评估。

如果破产财产不是国有资产,且债权人会议对破产财产的市场价格无异议,经人民法院同意,也可以不进行评估。

(三)破产财产变价的方式

破产财产的变价一般采用拍卖或变卖的方式。破产管理人应向债权人会议和法院报告变卖破产财产的情况,债权人如对破产管理人在变卖中对破产财产的估价有异议,可请求法院进行审查。

三、破产财产的分配

(一)破产财产分配的概念

破产财产的分配是指破产管理人依照法定的清偿顺序和程序,将变价后的破产财产分配给债权人的过程。

破产财产的分配具有以下特征:(1)存在可供分配的破产财产是必要条件;(2)实施者为破产管理人;(3)受偿对象为破产债权人;(4)依照法定的清偿顺序和程序进行。

（二）破产财产分配的程序

1. 制定破产财产分配方案。管理人应及时拟订破产财产分配方案，提交债权人会议讨论。

2. 通过破产财产分配方案。债权人会议对破产财产分配方案以表决方式决定是否通过，并形成决议。经债权人会议讨论通过的破产财产分配方案，对全体债权人均有约束力，有异议的债权人，可以在决议后7日内提请人民法院裁定。

3. 裁定认可破产财产分配方案。债权人会议通过破产财产分配方案后，由管理人将该方案提请人民法院裁定认可。如经债权人会议多次讨论后，方案仍未通过的，破产管理人应提交法院直接裁定。

4. 执行破产财产分配方案。破产财产分配方案经人民法院裁定认可后，由管理人执行。破产财产分配程序终结后，破产管理人应当提请人民法院终结破产程序。

5. 分配的顺序。破产财产在优先清偿破产费用和共益债务后，依照下列顺序清偿：破产人所欠职工的工资和医疗、伤残补助、抚恤费用，所欠的应当划入职工个人账户的基本养老保险、基本医疗保险费用，以及法律、行政法规规定应当支付给职工的补偿金；破产人欠缴的除前述规定以外的社会保险费用和破产人所欠税款；普通破产债权。破产财产不足以清偿同一顺序的清偿要求的，按照比例分配。

四、追加分配

追加分配，是指在最后分配完毕乃至破产程序终结后，又发现了可供分配的破产财产，经法院许可而进行的分配。追加分配是对一般分配的补救，其价值在于保护债权人利益。

追加分配的财产来源主要包括：(1) 破产人实施破产无效行为和可撤销行为所转让的财产；(2) 破产程序中因纠正错误支出而收回的款项；(3) 权利被承认而追回的款项；(4) 债权人放弃的财产。

追加分配的执行者是法院。

追加分配以破产程序终结后2年为限，自破产终结之日起计算，不得延长或中止。

五、破产程序的终结

破产程序的终结，又称为破产程序的终止，是指在破产程序进行过程中发生法律规定的事由时，由法院裁定结束破产程序的行为。破产程序的终结具体包括：(1) 因破产财产分配完毕而终结；(2) 因和解或重整而终结；(3) 因破产财产不足以支付破产费用而终结；(4) 因全体债权人同意废止而终结。

案例思考

案例一：韩云诉湖南太子奶集团生物科技有限责任公司等破产债权确认纠纷案

原告韩云与被告湖南太子奶集团生物科技有限责任公司（下称太子奶集团公司）、株洲太子奶生物科技发展有限公司（下称株洲太子奶公司）、湖南太子奶集团供销有限公司（下称太子奶供销公司）破产债权确认纠纷一案，本院（指株洲市中级人民法院）于2011年4月11日受理后，依法组成合议庭，于2011年6月30日、7月14日两次公开开庭进行了审理，原告韩云及其委托代理人姚强、三被告委托代理人蒋笑非、袁明均到庭参加诉讼。本案现已审理终结。

原告诉称：我从2007年开始经销太子奶产品，在与三被告的业务往来中，被告短少价值157 155.5元的货物未送到，且我在经销中退回价值13 415.8元的货物，并垫付退货运费1 505元，被告也未入账冲减预付款。被告管理人审查确认债权错误，请求增加确认债权172 076.3元，并由被告承担本案诉讼费。

被告辩称：我方已经将货发给了任娓嫆，由任娓嫆转发给原告。任娓嫆是太子奶陕西省兴平地区的经销商，由其收货后分发给附近的韩云等县级经销商。原告诉称的157 155.5元短少货物，被告的证据体现已发给了任娓嫆，由任娓嫆转发给韩云。其余退货13 415.8元及1 505元运费，被告财务体现未上账，业务员签字无法核实其真实性，因此管理人未予确认。

原告为支持其诉讼请求，向本院提供以下证据材料：

证据一，债权金额确认函。证明管理人确认原告的债权金额数额，原告有异议。

证据二，经销合同。证明原、被告间存在经销合同关系。

证据三，原告部分汇款凭证。证明原告汇款事实，也可证明被告提供给原告的两张财务明细表的汇款部分的真实性。

证据四，部分货物运输合同。证明发货数量与财务明细表的部分发货数量相符合。

证据五，被告太子奶公司陕西办事处的财务明细表。证明原告对被告提供的财务明细表中的5笔共计157 155.5元的发货数量有异议，即原告并没收到货物。

证据六，送货单，证明从2008年4月起被告改由任娓嫆送货，对原告有异议部分货物，被告应提供相关收货凭据予以证明。

证据七，退货凭据。证明原告有货退回被告处没有上账，且垫付运费造成计14 920.8元损失。

三被告向本院提供以下证据材料：

证据一，任娓嫆的身份证复印件。证明她是被告兴平地区的经销商。

证据二，货物运输合同16份。证明被告已将货物全部发给了任娓嫆，由任娓嫆分发给原告(其中2008年7月21日所发货物中含韩云3 880件货物，2008年5月29日所发货物中含韩云的货物，2008年8月19日所发货物中含韩云的1 192件货物，2008年9月3日所发货物中含韩云的4 635件货物)，且韩云也收到了货物。兴平地区其他的县级经销商对其收货方式和数量均未提出异议。

证据三，任娓嫆与韩云的庭外对账笔录一份，证明原告起诉的异议部分货物除短少10 910元货物外，其余货物被告已交付任娓嫆，任娓嫆已将大部分货物交付韩云。

三被告对原告提供的证据发表以下质证意见：对证据一、证据二、证据三的真实性无异议，但证据二、证据三不能证明原告对债权确认金额的异议成立；证据四的真实性无异议，明达伟业物流公司送的货已全部交付原告，与原告提出债权异议的金额没有关联性；证据五没有原件，其真实性无法确认，以我方的财务账为准，但货物我们已经全部发给了大区经销商任娓嫆，由任娓嫆分发给韩云；证据六的真实性无异议，其关联性有异议，该证据证实2008年4月18日收到任娓嫆发的18 760元货物，但不能证实原告有异议的部分货物未交付；证据七的真实性无异议，业务员的身份无异议，但不能证明13 415.8元的退货包括在有异议的债权部分还是包括在已确认的债权部分。

原告对被告提供的证据发表以下质证意见：对证据一无异议。对证据二的真实性无异议,对证明内容有异议,被告将货物发给任娓嫆,但不能证明货物已经到了韩云手上。2008年7月21日的货物运输合同中含韩云的3 880件,2008年9月3日的货物运输合同中含韩云的4 635件,2008年8月19日货物运输合同中含韩云的1 192件,可以与我方的证据五相应证,足以证明我方提供的证据五的真实性,但这3笔货物韩云均没有收到。证据三的真实性无异议,但对帐后发现,任娓嫆在一张送货单上添加"1"字,虚增货物1 000件,价值16 000元。

本院对原、被告提供的证据分析认定如下:

原告提供的证据一、证据二、证据三、证据四,被告对其真实性无异议,且与本案具有关联性,予以认定;证据五,原告未提供原件,被告对真实性提出异议,依法不予认定;证据六,被告对其真实性无异议,但与本案争议事实无关联性,依法不予认定;证据七,被告对其真实性无异议,且与本案争议事实具有关联性,依法予以认定。

被告提供的3份证据,原告对其真实性均无异议,且与本案具有关联性,依法予以认定。

综合上述认定的证据,以及双方当事人陈述,本院审理查明本案事实如下:

2007年,原告与被告太子奶供销公司签订《经销合同书》,成为陕西省乾县太子奶经销商,原告按《经销合同书》的约定,将货款先预付至被告账户,被告将与汇款金额等值的货物委托明达伟业物流公司送至原告经营处。2008年4月开始,被告太子奶供销公司设立地区级经销商,任娓嫆为陕西省兴平地区太子奶经销商,被告太子奶供销公司将包括原告在内的县级经销商所需的货物先发至地级经销商任娓嫆处,再由任娓嫆送至原告处。本院裁定对被告太子奶集团公司、株洲太子奶公司、太子奶供销公司实施合并重整后,原告申报债权时主张被告有3笔价值157 155.5元的货物没有送至原告处,却扣减了原告相应的预付款;且2009年2月25日退回价值13 415.80元的货物给被告,被告亦没有冲减原告货款。太子奶集团公司、株洲太子奶公司、太子奶供销公司管理人在审查原告债权时未采纳原告的上述主张,确认原告债权金额为136 224元。原告不服,向本院提起诉讼,要求增加确认债权172 076.30元。

在本案诉讼中,太子奶集团公司、株洲太子奶公司、太子奶供销公司管理人和原告、任娓嫆在株洲对往来账进行了核对,确认任娓嫆短少原告价值10 910元的货物,三方同意减少任娓嫆债权金额10 910元,相应增加原告债权金额10 910元。另被告对公司业务员聂新辉收到原告退货13 415.80元的事实无异议。

原告对账后向本院提交了一份新证据,即任娓嫆于2008年7月23日送货给原告的送货单回执联(号码0004327),任娓嫆在送货单存根联的数量560件的前面添加了"1"字,将送货数量改为1 560件,虚增送货数量1 000件,价值16 000元。

本院认为,本案为破产债权确认纠纷。被告与原告对账后,双方确认地区级经销商任娓嫆短少价值10 910元的货物未送至原告,被告同意增加确认债权10 910元,系双方真实意思表示,应予确认。另原告在经销过程中返货13 415.80元,被告业务员已签字确认,不应再冲减原告预付货款。地区级经销商篡改送货单存根联,虚增送货数量1 000件,价值16 000元,应视为被告未能将这批价值16 000元货物送给原告,亦不应冲减原告的预付货款。综上,依照《中华人民共和国企业破产法》第58条第3款的规定,判决如下:确认原告韩云对被告湖南太子奶集团生物科技有限责任公司、株洲太子奶生物科技发展有限公司、湖南太子奶集团供销有限公司的债权总金额为176 549.80元。

请对本案作出法理分析。

案例二：河北省沧州市某药业有限公司破产管理人与韩某某破产撤销权纠纷上诉案

上诉人河北省沧州市某药业有限公司破产管理人（下称某公司管理人）为与被上诉人韩某某破产撤销权纠纷一案，不服沧州市中级人民法院（2011）沧民初字第21号民事判决，向本院（指河北省高级人民法院）提出上诉，本院依法组成合议庭，公开开庭审理了本案。上诉人某公司管理人委托代理人李某，被上诉人韩某某及委托代理人杨某、韩某到庭参加诉讼。本案现已审理终结。

一审查明，2005年3月24日，河北省沧州市某药业有限公司（下称某公司）第二届第十次董事会记录载明，出售公司土地及地上建筑物，甲公司出资520万元购买，乙公司（系被告韩某某所开办的企业）出资530万元购买，故将公司所有的土地及地上建筑物以530万元的价格出售给乙公司。2005年4月11日，某公司与韩某某签订协议书一份，主要内容为：将原告所有的沧州市某路南段8号，在房产中含有房产证的3处（房产证号分别为2000168，2000169，2000170）及未办房产出让的全部（中药厂权属房产除外），土地南北边长148.04米，东西边长82.93米（以土地证尺寸、面积为准），土地号分别为40－85－19－14－01，40－85－19－14－01，40－85－19－14－01。以上土地、地上附着物及房产全部出售给被告，价格为530万元，过户手续由被告自行负责，一切相关税、费全部由被告韩某某自负。协议签订后，被告韩某某向某公司付款380万元，余款150万元未付。被告韩某某于2006年11月28日办理了相关房产的登记手续，于2006年12月9日办理了相关的土地登记手续。同时，被告韩某某在接收该房地产后对其进行了改造与维修。2007年10月23日，某公司向本院申请破产，2007年10月24日，本院出具了（2007）沧民破字第73－1号和73－2号民事裁定书，依法受理了该公司的破产申请，并指定了破产管理人。2007年12月11日，原告某公司破产管理人向本院提起诉讼，要求撤销与被告韩某某的房地产交易行为。本案在该院第一次审理期间，委托河北正祥会计事务所有限公司对原、被告双方交易的房地产价格进行评估，结论为：土地使用权以2005年4月11日为基准日，评估价值523.47万元，房屋建筑物评估基准日为2008年6月18日，评估价值406.50万元。后河北正祥会计事务所有限公司称因鉴定人员出差，未能到庭接受当事人质询。2008年8月6日，本院司法鉴定技术室向河北众泰资产评估有限公司进行咨询，河北众泰资产评估有限公司出具咨询意见：经测算，贵院咨询意见函所涉及的房产基准日2005年4月11日的估算值位为397万元。对于以上两份证据，原告方无异议。被告质证称，河北正祥会计事务所有限公司的鉴定结论与法院委托的基准日不相符，且鉴定人员未能到庭接受质询，该评估报告不能作为证据使用。河北众泰资产评估有限公司的咨询意见书没有法院的正式委托，推测性的语言不能作为证据使用。

该院经审判委员会研究认为，某公司与韩某某2005年4月11日签订的协议书系双方真实意思表示，合法有效，所以当时并未办理物权登记手续，但协议订立时该房地产交易行为已经生效，对此本院予以确认。《中华人民共和国企业破产法》第31条规定："人民法院受理破产申请前一年内以明显不合理的价格进行交易的，管理人有权请求人民法院予以撤销。"《中华人民共和国合同法》第55条规定："有下列情形之一的，撤销权消灭：（一）具有撤销权的当事人自知道或者应当知道撤销事由之日起一年内没有行使撤销权"。原、被告双方于2005年4月11日进行的房地产买卖，该时间应认定为双方交易开始的时间，而本院于2007年10月24日才受理的某公司的破产申请，故原告提起的撤销权诉讼已超过法定的一年的除斥期间,对其诉讼请求本院不予支持。根据《中华人民共和国合同法》第55条第1款之规定,遂判决:驳回原告某公司管理人的诉讼请求。案件受理费200元,由某公司管理人承担。

判后,某公司管理人上诉提出,请求依法撤销(2011)沧民初字第21号判决,并查明事实,依法予以改判。理由如下:(1)原审判决认定上诉人提出的撤销权已过除斥期间是不正确的,双方的交易时间正确,没有超过除斥期间。被上诉人强调,其与某公司是在2005年4月11日签订的转让协议,并办理了付款和交接手续,此时,交易行为即已成立并且完成。事实并非如此:某药业是由原国有企业沧州中药厂改制而来,占地18亩,有生产、办公、实验、仓库、单身宿舍等8幢楼,加上托儿所、锅炉房等50余间平房总面积达3万平方米,当时企业效益很好,被市政府确定为改制试点企业,有全厂职工出资组建股份制公司。2005年4月11日,在未召开股东会且全体职工不知情的情况下,7名董事与韩某某个人签订了房地产转让协议。该协议违反了《公司法》第4条、第37条、第38条、第44条、第46条、第47条,《合同法》第52条、第54条、第74条、第132条,《民法通则》第58条、第59条、第72条、第78条、第80条、第117条,《物权法》第95条、第96条、第97条、第101条、第106条等强制性规定,违反法律法规强制性规定的无效协议,无效协议从始至终就没有法律约束力,不受法律保护,不产生法律效力,他不需要任何人主张,也无需人民法院确定和宣告其无效,是不符合条件的绝对无效。至于办理付款和交接手续,交易行为即已成立,均属无效。至此,交易行为并未完成,交易行为也未超过《企业破产法》规定的1年的除斥期间或诉讼时效。具体理由如下:首先,沧州市中级人民法院受理某药业破产案是2007年10月24日,某公司与韩某某房产过户登记时间是2006年12月9日。房地产属于不动产,不动产交易是以过户登记为准。物权法规定:不动产物权的设定、变更、转让和消灭,经依法登记发生效力,未经登记,不发生效力。所以,某公司与韩某某房地产交易时间是房地产的批准过户登记之日。根据破产法第31条之规定,受理破产申请前1年内,以明显不合理价格进行交易的债务人行为,管理人有权请求法院撤诉。本案没有超过《破产法》规定的1年的除斥期间。其次,被上诉人办理房产证、土地证手续时,所提供的协议等是伪造的。当时,市政府(2005)126号文规定,为防止国有土地资产流失,国有企业改制单位,土地不能卖。国有土地转让,必须经劳动与社会保障局、国资委审批,要有对职工的安置方案审批,本案中韩某某办理手续中没有以上审批,以欺骗和不正当手续办理的房产、地产过户登记手续,是属于严肃查处和撤销行为。(2)本案所涉及的鉴定结论及咨询意见函属合法有效证据,应当采信。某公司土地厂房(18亩地、8幢楼、50余间平房,总建筑面积近3万平方米)以530万元出售,为证明此价格明显不合理,上诉人请求法院委托有关部门对房地产进行评估,法院同意后,被上诉人始终不同意评估,审判庭依法通过司法鉴定室组织,在法院主持下,在监督部门下抽签确定评估机构,评估人员依法对涉案房地产进行现场据实勘察,据实记录,在此基础上,2008年6月30日、2008年8月8日评估机构对某药业公司土地房屋建筑物的评估报告及评估咨询意见回复报告是合法、有效的。本案两家评估机构都具有资格证,鉴定人员都具备评估当地产的相应资质,而正祥评估机构未到庭接受质询,也是经法院允许的,并且正祥评估机构对评估报告也有书面答复:关于对沧州市中级人民法院2008沧中法鉴委(163)补充鉴定《司法鉴定委托书》的书面解释说明。对此,众泰评估机构依法出庭接受质询,被上诉人对评估证据的质疑是不成立的。将众泰的咨询答复函列入证人证言范畴更是十分错误的,他不是自然人以个人名义出具的,怎么会成为证人证言呢？作为鉴定结论的补充，还应属鉴定结论，因此说本案涉及的鉴定结论及咨询意见函属合法的证据，人民法院应当作为本案的依据。

韩某某答辩称：(2011)沧民初字第21号判决认定事实清楚，依法应当维持原判。

1. 答辩人购买某药业不动产的行为不在被答辩人行使破产撤销权1年的除斥期间内。第一，被答辩人在上诉状中混淆概念：(1) 行使撤销权和合同无效不一样。《企业破产法》第31条规定了破产撤销权的行使情形，《合同法》第52条规定了合同无效的成立要件。被答辩人描述的“无效协议……不需要任何人主张，也无需人民法院确定和宣告其无效”（见上诉状），合同是否有效在双方当事人意见不统一的情况下，当然要由法院或仲裁部门依法作出裁决，被答辩人的这个说法不符合法律的规定。另外，被答辩人罗列的《公司法》、《合同法》、《民法通则》、《物权法》的法条，没有一条与行使破产撤销权有关，被答辩人如果选择宣告合同无效，请在举证证实该合同符合《合同法》第52条规定的合同无效的成立要件的同时，另行起诉。(2) 除斥期间与诉讼时效不是一个概念。除斥期间是不变的，不发生中止、中断的，而诉讼时效是可变的，是可以发生中止和中断的。被答辩人既然选择了行使破产撤销权，就不应当和诉讼时效混为一谈。(3) 债权和物权是两个概念。交易是债权变动的起因，交易产生债权关系，是债权行为；法律规定的登记是不动产物权变动的条件，是物权行为。把债权行为和物权行为混为一谈，是不符合法律规定的，是对法律的曲解。《物权法》第15条规定：“当事人之间订立有关设立、变更、转让和消灭不动产物权的合同，除法律另有规定或者合同另有约定外，自合同成立时生效；未办理物权登记的，不影响合同效力。”合同成立并生效后，产生债权债务关系，即意味着交易的完成。剩下的就是公示了，一方不公示，对方有请求公示的权利，一方不配合登记，对方有请求配合登记的权利。通俗地说，在我国现行法律体制下的国民习惯中，交易就是买卖，买卖落实到纸面上就是买卖合同，交易的完成就是买卖合同的成立并有效。第二，依据《物权法》第15条的规定，答辩人与某药业不动产的买卖协议，在2005年4月11日双方签订时即已成立并生效，交易行为即已完成。沧州市中级人民法院于2007年10月24日受理某药业的破产申请。依据《企业破产法》第31条的规定，被答辩人已经超出了行使破产撤销权的法定期间。

2. 被答辩人描述的答辩人“以欺骗和不正当手续办理的房产、地产过户登记手续”。首先，答辩人认为与本案诉求无关；其次，答辩人保留追究被答辩人承担诽谤责任的权利。

3. 答辩人的交易价格不符合《企业破产法》规定的“明显不合理价格”的规定，相反，交易价格还高于当时市场价格。(1) 对本案涉及的评估结论坚持原开庭过程中的质证意见。(2) 沧州市土地储备中心于2003年6月12日收购位于沧州市某路13号的沧州市建筑构件有限公司的土地房53 860.3平方米，收购价1 979.355万元，单价367.9元/平方米；沧州市土地储备中心于2004年4月29日将该地块变性后出售给沧州市长城房地产开发有限公司70年使用权，单价420.8元/平方米；答辩人于2005年4月11日购买某药业工业用地44年使用权限不动产，单价约431.7元/平方米。这说明答辩人的购买价格在交易当时是高于土地部门类地块收购及出售价的。(3) 沧州市土地储备中心主管土地收购工作的工作人员出具证明中描述某药业房地产交易情况是，土地储备中心至多给450万元的总价，某药业还得补齐欠缴的70多万元的出让金，而某药业的期望价格也就是500多万，主管局长的意见是考虑到各方面因素，包括地上物不能超过500万，最后也未成交。这说明答辩人的购买价格在交易当时是高于土地部门收购价的。(4) 某药业法定代表人彭建玉在2008年2月4

日给其上级主管部门提交的《关于职工提出的几个问题的说明》中描述到,“土地价格在2005年出让签合同时是高于沧州市土地局收回价和近10家开发商的价格的,……”这说明答辩人的购买价格在交易当时是“合理价格”甚至高于市场价格的。(5)答辩人实际上是在2005年3月24日就已经实际使用该不动产了,并在门口架设乙公司的牌子,被答辩人称“全体职工不知情的情况下”的情形根本就是子虚乌有,不存在的情况。而且某药业第二届第十次董事会决议中也能体现,对于土地及地上建筑物甲公司出资520万元,乙公司出资530万元。这份决议能充分说明答辩人与某药业之间的不动产买卖是经过公开竞买的,而不是私底下的交易并且是遵循价高者得原则交易的。某药业职工宿舍紧邻厂区,答辩人的挂牌、改建、增设等行为均在职工们眼前实施。

综上,被答辩人的上诉请求不能成立,应当依法维持原判,驳回被答辩人上诉请求。

本院查明的事实与一审一致。

本院认为,按照原告的诉讼请求和主张的理由,本案一、二审审理的内容为:某公司管理人向韩某某出售房地产的行为是否属于《破产法》第31条规定的“人民法院受理破产申请前一年内以明显不合理的价格进行交易的,管理人有权请求人民法院予以撤销”的情形。从2005年3月24日某公司董事会召开的会议决定可以看出,在出售某公司土地及地上建筑物时,在甲公司出资520万元,乙公司(系被告韩某某所开办的企业)出资530万元购买的情况下,才将该土地及地上建筑物以530万元的价格出售给乙公司。2005年4月11日,某公司与韩某某正式签订协议书,将某公司位于沧州市某路南段8号的土地及房产出售给韩某某,价格为530万元。双方按照协议约定,及时履行了付款和交付房地产的义务,韩某某的乙公司搬入经营并进行了改造装修。作为职工代表参加庭审旁听的、当时的董事会监事王某当庭认可韩某某的乙公司在2005年3月份就搬入某公司原厂区改造装修,挂牌经营。因此,某公司管理人认为全体职工不知情的上诉理由不能成立。某公司与韩某某的交易行为已经成立,一审以双方2005年4月11日进行了房地产买卖,该时间应为双方交易开始时间的认定并无不当。以2007年10月24日人民法院受理某公司的破产申请计算,某公司并没有在破产申请前一年内向人民法院提出请求撤销该房地产买卖行为,某公司管理人提起的撤销权诉讼已超过法定1年的除斥期间。从2005年3月24日某公司董事会召开的会议决定可以看出,本案不存在以明显不合理的价格进行了房地产交易。某公司管理人上诉理由不能成立。综上,依照《中华人民共和国民事诉讼法》第153条第1款第1项的规定,判决如下:驳回上诉,维持原判。

请对本案作出法理分析。

第六章 合同法(上)

本章导读

合同,又称为契约,是指平等主体的自然人、法人、其他组织之间设立、变更、终止民事权利义务关系的协议;合同法则是调整合同关系的法律规范,是规定市场交易规则的基本法律。我国的合同立法,经历了一个长期的历史发展过程。改革开放以来,为适应以经济建设为中心的需要,我国陆续颁布实施了《经济合同法》、《涉外经济合同法》和《技术合同法》。此外,《民法通则》也对合同制度作了大量规定。但是,在我国实行社会主义市场经济和加大对外开放的力度以后,3部合同法的计划经济色彩和其所存在的弊端与冲突已经不能满足社会主义市场经济发展的需要。为了维护社会主义市场经济秩序,促进社会主义市场经济的健康发展,切实保护合同当事人的合法权益,促进社会主义现代化建设,我国于1999年颁布和施行了统一的《中华人民共和国合同法》。该法在总结我国合同法制实践经验的基础上,借鉴和吸收两大法系的相关规定,对合同关系作了既符合国际惯例、又具有中国特色的法律调整,是我国社会主义市场经济法律体系中的核心法律部门之一。

第一节 合同法概述

一、合同的概念与种类

合同是平等主体的自然人、法人、其他组织之间设立、变更、终止民事权利义务关系的协议。

合同具有以下基本特征:(1)合同是一种协议,反映了当事人的共同意志;(2)合同是平等主体之间的协议;(3)合同的主体具有多方性和广泛性;(4)合同的内容是设立、变更、终止当事人之间的债权、债务关系。

根据不同标准,可对合同作不同分类。

1. 有名合同与无名合同

根据合同是否根据法律的专门规定成立,可将合同分为有名合同与无名合同。有名合同,又称为典型合同,指由法律加以特别规范并确定了特定名称的合同。如《合同法》分则中规定的各类合同。无名合同,又称为非典型合同,指法律尚未为其确定名称和特定规范的合同。

2. 诺成合同与实践合同

根据合同的生效是否以交付标的物为要件,可将合同分为诺成合同与实践合同。诺成合同,又称为不要物合同,指合同成立后,无须交付标的物即可生效的合同。实践合同,又称为要物合同,指合同成立后,须交付标的物才能生效的合同。

3. 要式合同与不要式合同

根据合同的成立是否需要特定的形式，可将合同分为要式合同与不要式合同。要式合同是指必须具备特定形式和手续才能成立或生效的合同。要式合同可分为法定要式合同和约定要式合同。不要式合同是指不需要以特定形式和手续为成立或生效要件的合同。

4. 双务合同与单务合同

根据当事人双方对权利义务的分担方式，可将合同分为双务合同与单务合同。双务合同是指当事人双方相互享有权利、承担义务的合同。单务合同是指当事人一方只享有权利，另一方只承担义务的合同，如赠与合同。

5. 有偿合同与无偿合同

根据合同当事人是否须偿付代价取得利益，可将合同分为有偿合同与无偿合同。有偿合同是指一方当事人取得利益须向对方偿付代价的合同。双务合同多为有偿合同。无偿合同是指一方当事人取得利益无须向对方偿付代价的合同。单务合同原则上为无偿合同。

6. 主合同与从合同

根据合同相互间的主从关系，可将合同分为主合同与从合同。主合同是指不以其他合同的存在为前提而能够独立存在的合同。从合同是指须以其他合同的存在为前提而存在的合同。如信贷合同为主合同，为信贷合同的履行进行担保的抵押合同或保证合同为从合同。

7. 为订约当事人利益的合同与为第三人利益的合同

根据订立合同的当事人是为谁的利益而订立合同，可将合同分为为订约当事人利益的合同与为第三人利益的合同。为订约当事人利益的合同，又称为利己合同，是指订约当事人为自己直接享有合同权利和取得利益而订立的合同。为第三人利益的合同，又称为利他合同、涉他合同、向第三人履行的合同，是指订约当事人一方不是为自己设定权利、而是为第三人的利益订立的合同。

8. 确定合同与射幸合同

根据当事人的给付义务是否事先规定，可将合同分为确定合同与射幸合同。确定合同指合同当事人双方的给付义务在合同订立时即已确定分别由双方负担的合同。双务合同多为确定合同。射幸合同指合同当事人一方或双方的给付，或一方或双方因给付所取得的或损失的利益系因不确定的偶然事件而发生的合同，如财产保险合同。

二、合同法的概念与适用

合同法，是指调整平等主体之间商品交换关系的法律规范的总称。1999 年 3 月 15 日我国九届全国人大二次会议通过了《中华人民共和国合同法》（以下简称《合同法》）。

合同法调整的范围包括：(1) 平等主体之间的民事关系；(2) 法人、其他组织之间的经济合同关系；(3) 在政府机关参与的合同关系中，政府机关作为平等的主体与对方签订合同时适用《合同法》的规定；(4) 其他法律对合同另有规定的，依照有关规定；其他法律没有明文规定的合同，适用《合同法》总则的规定。但涉及婚姻、收养、监护等有关身份关系的协议，不适用《合同法》，有关劳动关系的调整则适用《劳动合同法》。

第二节 合同的订立

一、合同订立的概念与形式

合同的订立，是指两个或两个以上的当事人，依法就合同的主要条款经过协商一致，达成协议的法律行为。

《合同法》第 10 条第 1 款规定，当事人订立合同，有书面形式、口头形式和其他形式。法律、行政法规规定采用书面形式的，应当采用书面形式。当事人约定采用书面形式的，应当采用书面形式。书面形式是指合同书、信件和数据电文（包括电报、电传、传真、电子数据交换和电子邮件）等可以有形地表现所载内容的形式。口头形式是指当事人各方就合同内容达成一致的口头协议。其他形式是指法律上认可的根据当事人的行为或特定情形能够推定合同成立或者根据交易习惯所采用的其他形式。

二、合同的内容

合同的内容是指合同中规定双方当事人权利义务的具体条款。

《合同法》规定，合同条款一般包括：（1）当事人的名称或者姓名和住所；（2）标的；（3）数量；（4）质量；（5）价款或者报酬；（6）履行期限、地点和方式；（7）违约责任；（8）解决争议的方法。

三、合同订立的方式

（一）要约

1. 要约的概念

要约是指希望和他人订立合同的意思表示。发出要约的一方称为要约人，接受要约的一方称为受要约人。

要约不同于要约邀请。要约邀请是指希望、邀请他人向自己发出要约的意思表示。实践中，寄送的价目表、拍卖公告、招标公告、招股说明书等都是要约邀请。对于商业广告，若内容符合要约规定的，视为要约，否则是要约邀请。

2. 要约的条件

（1）要约的内容具体、确定，包括：① 有特定的要约人；② 受要约人一般也是特定的；③ 具有足以使合同成立的主要条款。

（2）经受要约人承诺，要约人即受该意思表示的约束。

3. 要约的生效和有效期限

要约到达受要约人时生效。采用数据电文形式订立合同，收件人指定特定系统接收数据电文的，该数据电文进入该特定系统的时间，视为到达时间；未指定特定系统的，该数据电文进入收件人的任何系统的首次时间，视为到达时间。

要约生效后，要约人在要约的有效期限内不得随便反悔。要约中确定承诺期限的，该确定的期限即为要约的有效期限。要约中没有确定承诺期限的，以对话方式作出要约的，受要约人应当即时作出承诺；以非对话方式作出要约的，受要约人应当在合理期限内（如信函往返的在途时间加上对方合理的考虑时间）作出承诺。

4. 要约的撤回、撤销与失效

要约的撤回是指要约在到达受要约人前,要约人取消该要约,从而使要约丧失其法律的约束力。要约可以撤回,但撤回的通知应当在要约到达受要约人之前或者与要约同时到达受要约人。

要约的撤销是指在要约生效以后,将该项要约取消,从而使其丧失法律约束力。要约可以撤销,但撤销的通知应当在受要约人发出承诺通知之前到达受要约人。有下列情形之一的,则不得撤销要约:(1) 要约人确定了承诺期限或者以其他形式明示要约不可撤销;(2) 受要约人有理由认为要约是不可撤销的,并已经为履行合同作了准备工作。

要约的失效是指要约丧失法律约束力,要约人不再受要约的约束,包括:(1) 拒绝要约的通知到达要约人;(2) 要约人依法撤销要约;(3) 承诺期限届满,受要约人未作出承诺;(4) 受要约人对要约的内容作出实质性变更。

(二) 承诺

1. 承诺的概念

承诺是受要约人同意要约的意思表示。其条件是:(1) 必须由受要约人或其代理人作出;(2) 必须向要约人作出;(3) 必须在要约的有效期内作出;(4) 内容应当与要约一致。

2. 承诺的方式

承诺方式是指受要约人将其承诺的意思表示传送给要约人所采用的方式。合同法规定,承诺应当以通知的方式作出,但根据交易习惯或者要约表明可以通过行为作出承诺的除外。

3. 承诺的期限

承诺应当在要约确定的期限内到达要约人。要约没有确定承诺期限的,承诺应当依照下列规定到达:(1) 要约以对话方式作出的,应当即时作出承诺,但当事人另有约定的除外;(2) 要约以非对话方式作出的,承诺应当在合理期限内到达。

承诺期限的计算,若要约以信件或者电报作出的,承诺期限自信件载明的日期或者电报交发之日开始计算。信件未载明日期的,自投寄该信件的邮戳日期开始计算。要约以电话、传真等快速通讯方式作出的,承诺期限自要约到达受要约人时开始计算。

4. 承诺的生效

承诺通知到达要约人时生效。承诺不需要通知的,根据交易习惯或者要约的要求作出承诺的行为时生效。采用数据电文形式订立合同的,承诺到达的时间同前面所述要约到达时间一样。

承诺可以撤回。撤回承诺的通知应当在承诺通知到达要约人之前或者与承诺通知同时到达要约人。

受要约人超过承诺期限发出承诺的,除要约人及时通知受要约人该承诺有效的以外,为新要约。受要约人在承诺期限内发出承诺,按照通常情形能够及时到达要约人,但因其他原因承诺到达要约人时超过承诺期限的,除要约人及时通知受要约人因承诺超过期限不接受该承诺的以外,该承诺有效。

承诺的内容应当与要约的内容一致。受要约人对要约的内容作出实质性变更的,为新要约。有关合同标的、数量、质量、价款或者报酬、履行期限、履行地点和方式、违约责任和解决争议方法等的变更,是对要约内容的实质性变更。承诺对要约的内容作出非实质性变更的,除要约人及时表示反对或者要约表明承诺不得对要约的内容作出任何变更的以外,该承诺有效,合同的内容以承诺的内容为准。

四、合同成立

(一) 合同成立的时间

合同成立的时间为承诺生效的时间。采用合同书形式订立合同的,自双方当事人签字或者盖章时合同成立,但签字或者盖章之前,当事人一方已经履行主要义务,对方接受的,该合同成立。采用信件、数据电文等形式订立合同的,当事人可以在合同成立之前要求签订确认书,签订确认书时合同成立。法律、行政法规规定或者当事人约定采用书面形式订立合同,当事人未采用书面形式但一方已经履行主要义务,对方接受的,该合同成立。

(二) 合同成立的地点

合同成立的地点为承诺生效的地点。采用数据电文形式订立合同的,收件人的主营业地为合同成立的地点;没有主营业地的,其经常居住地为合同成立的地点。当事人另有约定的,按照其约定。采用合同书形式订立合同的,双方当事人签字或者盖章的地点为合同成立的地点。

五、缔约过失责任

(一) 缔约过失责任的概念

缔约过失责任是指在合同缔结的过程中,一方当事人因违反合同义务,给对方当事人造成损害而应承担的损害赔偿责任。其不同于违约责任。违约责任发生在合同成立后,其需要承担的是包括赔偿损失在内的多种责任方式;缔约过失责任发生在合同订立过程中,是在合同未成立、未生效或者合同无效、被撤销等情况下的损害赔偿责任。

依据诚实信用的原则,当事人在缔约过程中负有通知、协助、保护及保密等义务。如果违反上述义务,致使合同未成立,并且给对方当事人造成损失的,当事人应当承担相应的赔偿责任。

(二) 承担缔约过失责任的法定情形

《合同法》第 42 条规定,当事人在订立合同过程中有下列情形之一,给对方造成损失的,应当承担损害赔偿责任:(1) 假借订立合同,恶意进行磋商;(2) 故意隐瞒与订立合同有关的重要事实或者提供虚假情况;(3) 泄露或者不正当使用在订立合同过程中知悉的商业秘密;(4) 因一方当事人的过错,致使合同被宣告无效或者被撤销的;(5) 在订立合同过程中的其他违背诚信原则的行为。

第三节　合同的效力

合同的效力是指已经成立的合同对当事人产生的法律约束力。我国《合同法》就合同的效力规定了有效合同、无效合同、可变更或可撤销合同、效力待定合同等 4 种情况。

一、合同的生效

合同的生效是指合同具备一定的要件后,便产生法律上的效力。其情形具体分为:

(1) 合同原则上自成立时生效;(2) 合同自批准登记时生效;(3) 自条件成就或期限届满之时生效(或失效)。当事人对合同的效力可以约定附条件。附生效条件的合同,自条件成就时生效。附解除条件的合同,自条件成就时失效。当事人为自己的利益不正当地阻止条件成就的,视为条件已成就;不正当地促成条件成就的,视为条件不成就。当事人对合同的效力也可以约定附期限。附生效期限的合同,自期限届至时生效。附终止期限的合同,自期限届满时失效。

二、有效合同

具备如下条件的合同为有效合同,法律承认其效力:(1) 行为人具有相应的民事行为能力;(2) 当事人意思表示真实;(3) 不违反法律或者社会公共利益。

三、无效合同

无效合同是指国家不予承认和保护,没有法律效力的合同,分为部分无效合同和全部无效合同两种。合同部分无效,不影响其他部分效力的,其他部分仍然有效。根据《合同法》第52条规定,有下列情形之一的,合同无效。

1. 一方以欺诈、胁迫的手段订立合同,损害国家利益

欺诈是指一方故意告知对方虚假情况或者故意隐瞒真实情况,诱使对方当事人作出错误表示而与之订立合同。胁迫是指一方以将要发生的损害或者以直接实施损害相威胁,使对方当事人产生恐惧并因此与之订立合同。以欺诈、胁迫手段订立的合同,如果仅仅违反了意思表示真实的原则,受害方可以自愿选择是请求撤销还是请求变更或是继续履行合同,国家不作干预;但如果损害了国家利益,则只能确认该合同无效。

2. 恶意串通,损害国家、集体或者第三人利益

其构成要件是:(1) 双方当事人明知订立的合同会损害国家、集体或者第三人的利益;(2) 双方当事人非法勾结相互配合而订立合同;(3) 该合同发生或已经发生损害国家、集体或者第三人利益的后果。

3. 以合法形式掩盖非法目的

此即行为人为达到非法目的以迂回的方法避开了法律或行政法规的强制性规定,如"名为联营、实为借贷"的合同。其构成要件是:(1) 形式上合法;(2) 内容上违法;(3) 以合法的形式掩盖非法的内容。

4. 损害社会公共利益

在法律、行政法规无明文规定,但合同又明显地损害了社会公共利益时,可以适用"损害公共利益"条款确认无效,如偿还赌债的合同。

5. 违反法律、行政法规强制性规定

强制性规定是指义务性规定及禁止性规定。义务性规定是应当履行不得违反的规定;禁止性规定是指不得作出行为的规定。

另外,《合同法》还就免责条款作了规定。免责条款是指当事人在合同中约定的,免除或限制一方或双方当事人未来责任的条款。依照意思自治原则,一般来说法律承认其效力。但下列免责条款无效:(1) 造成对方人身伤害的;(2) 因故意或者重大过失造成对方财产损失的。

四、可变更、可撤销合同

可变更、可撤销合同是指合同成立后,存在法定事由,人民法院或仲裁机构根据当事人

的申请依法准许变更或撤销的合同。其特征有:(1) 可撤销合同在未被撤销前是有效的;(2) 一般是意思表示不真实的合同;(3) 由当事人通过行使变更权、撤销权来实现;(4) 由人民法院或仲裁机构做出。

对于下述几种情形下订立的合同,受害方当事人可以行使请求权,请求人民法院或仲裁机构变更或者撤销该合同。当事人请求变更的,人民法院或者仲裁机构不得撤销。

1. 因重大误解订立的合同

重大误解是指误解者作出意思表示时,因对涉及合同法律效果的重要事项存在着认识上的显著缺陷,而达不到误解者订立合同的目的,从而受到较大损失。所谓重要事项包括行为的性质,对方当事人,标的物的品种、质量、规格和数量等。

2. 显失公平的合同

显失公平的合同是指双方权利与义务明显不对等,使一方遭受重大不利的合同。

3. 欺诈、胁迫、乘人之危订立的合同

乘人之危是指行为人利用对方窘迫或危难之处境,迫使其违背真实意思而订立合同的行为。与上述因欺诈、胁迫订立的无效合同相比,二者的区别在于是否损害了国家利益。损害国家利益的为无效合同;未损害国家利益的,受欺诈、胁迫的一方可以自主决定该合同是否有效或请求变更、撤销。

有下列情形之一的,撤销权消灭:(1) 具有撤销权的当事人知道或者应当知道撤销事由之日起一年内没有行使撤销权;(2) 具有撤销权的当事人知道撤销事由后明确表示或者以自己的行为放弃撤销权。

无效的合同或者被撤销的合同自始没有法律约束力。合同无效或者被撤销后,因该合同取得的财产,应当予以返还;不能返还或者没有必要返还的,应当折价补偿。有过错的一方应当赔偿对方因此所受到的损失,双方都有过错的,应当各自承担相应的责任。当事人恶意串通,损害国家、集体或者第三人利益的,因此取得的财产收归国家所有或者返还集体、第三人。另外,我国《合同法》还规定,合同无效、被撤销或者终止的,不影响合同中独立存在的有关解决争议方法的条款的效力。

五、效力待定合同

效力待定的合同是指在某些方面不符合合同生效的要件,但并不属于无效合同或可撤销合同,法律允许根据情况予以补救的合同。主要有以下 3 种:

1. 限制民事行为能力人订立的合同,经法定代理人追认后,该合同有效,但纯获利益的合同或者与其年龄、智力、精神健康状况相适应而订立的合同,不必经法定代理人追认。相对人可以催告法定代理人在一个月内予以追认。法定代理人未作表示的,视为拒绝追认。合同被追认之前,善意相对人有撤销的权利。撤销应当以通知的方式作出。

2. 行为人没有代理权、超越代理权或者代理权终止后以被代理人名义订立的合同,未经被代理人追认,对被代理人不发生效力,由行为人承担责任。但相对人有理由相信行为人有代理权的,该代理行为有效。相对人可以催告被代理人在一个月内予以追认。被代理人未作表示的,视为拒绝追认。合同被追认之前,善意相对人有撤销的权利。撤销应当以通知的方式作出。法人或者其他组织的法定代表人、负责人超越权限订立的合同,除相对人知道或者应当知道其超越权限的以外,该代表行为有效。

3. 无处分权的人处分他人财产,经权利人追认或者无处分权的人订立合同后取得处分权的,该合同有效。

第四节 合同的履行

一、合同履行的概念与原则

合同的履行是指当事人按照合同约定的内容,完成各自应承担的义务,实现各自应享有的权利的行为。

根据《合同法》的规定,当事人在履行合同时应当遵循下列原则:

1. 全面履行原则。即当事人应当按照合同规定的全部条款,全面履行合同义务。

2. 协作履行原则。即当事人应基于诚实信用的要求,协助对方当事人履行合同义务,包括通知、协助、保密等。

二、合同履行的规则

(一)当事人就有关合同条款约定不明确时的履行规则

合同生效后,当事人就质量、价款或者报酬、履行地点等内容没有约定或者约定不明确的,可以补充协议;不能达成补充协议的,按照合同有关条款或者交易习惯确定。仍不能确定的,适用下列规定:(1) 质量要求不明确的,按照国家标准、行业标准履行;没有国家标准、行业标准的,按照通常标准或者符合合同目的的特定标准履行。(2) 价款或者报酬不明确的,按照订立合同时履行地的市场价格履行;依法应当执行政府定价或者政府指导价的,按照规定履行。(3) 履行地点不明确,给付货币的,在接受货币一方所在地履行;交付不动产的,在不动产所在地履行;其他标的,在履行义务一方所在地履行。(4) 履行期限不明确的,债务人可以随时履行,债权人也可以随时要求履行,但应当给对方必要的准备时间。(5) 履行方式不明确的,按照有利于实现合同目的的方式履行。(6) 履行费用的负担不明确的,由履行义务一方负担。

(二)价格变动时的履行规则

执行政府定价或者政府指导价的,在合同约定的交付期限内政府价格调整时,按照交付时的价格计价。逾期交付标的物的,遇价格上涨时,按照原价格执行;价格下降时,按照新价格执行。逾期提取标的物或者逾期付款的,遇价格上涨时,按照新价格执行;价格下降时,按照原价格执行。

(三)涉及第三人的合同履行

1. 向第三人履行的合同。当事人约定由债务人向第三人履行债务的,债务人未向第三人履行债务或者履行债务不符合约定,应当向债权人承担违约责任。

2. 由第三人履行的合同。当事人约定由第三人向债权人履行债务的,第三人不履行债务或者履行债务不符合约定,债务人应当向债权人承担违约责任。

三、合同履行中的抗辩权

抗辩权就是指在双务合同中,一方当事人在对方不履行或履行不符合约定时,依法对抗对方要求或否认对方权利主张的权利。

（一）同时履行抗辩权

同时履行抗辩权是指双务合同当事人应同时履行义务的，一方在对方未履行前，有权拒绝对方请求自己履行合同的权利。《合同法》第 66 条规定，当事人互负债务，没有先后履行顺序的，应当同时履行。一方在对方履行之前有权拒绝其履行要求。一方在对方履行债务不符合约定时，有权拒绝其相应的履行要求。

（二）后履行抗辩权

后履行抗辩权是指双务合同中应当先履行义务的一方当事人未履行时，对方当事人有权拒绝其请求履行的权利。《合同法》第 67 条规定，当事人互负债务，有先后履行顺序，先履行一方未履行的，后履行一方有权拒绝其履行要求。先履行一方履行债务不符合约定的，后履行一方有权拒绝其相应的履行要求。

（三）不安抗辩权

不安抗辩权，又称为先履行抗辩权，是指在有先后履行顺序的双务合同中，应先履行义务的一方当事人，有确切证据证明对方当事人有难以为对待给付的情况，在对方当事人未履行合同或就合同履行提供担保之前，有暂时中止履行合同的权利。《合同法》第 68 条规定，应当先履行债务的当事人，有确切证据证明对方有下列情形之一的，可以中止履行：（1）经营状况严重恶化；（2）转移财产、抽逃资金，以逃避债务；（3）丧失商业信誉；（4）有丧失或者可能丧失履行债务能力的其他情形。当事人依法行使先履行抗辩权的，应当及时通知对方。对方提供适当担保时，应当恢复履行。中止履行后，对方在合理期限内未恢复履行能力并且未提供适当担保的，中止履行的一方可以解除合同。当事人没有确切证据中止履行的，应承担违约责任。

四、合同履行的保全措施

合同履行的保全措施是指为防止因债务人的财产不当减少而给债权人的债权带来危害时，允许债权人为保全其债权的实现而采取的法律措施，包括代位权和撤销权。

（一）债权人的代位权

代位权是指因债务人怠于行使其到期债权，对债权人造成损害的，债权人可以向人民法院请求以自己的名义代位行使债务人的债权。根据《合同法》第 73 条规定，债权人行使代位权，应具备以下条件：（1）债权人对债务人的债权合法；（2）债务人怠于行使其到期债权，对债权人造成了损害；（3）债务人的债权已经到期；（4）债务人的债权不是专属于债务人自身的债权。

（二）债权人的撤销权

撤销权是指债权人对于债务人所实施的危害债权的行为，可请求人民法院予以撤销的权利。《合同法》第 74 条规定，因债务人放弃其到期债权或者无偿转让财产，对债权人造成损害的，或者债务人以明显不合理的低价转让财产，对债权人造成损害，并且受让人知道该情形的，债权人有权请求人民法院撤销债务人的行为。

第五节　合同的变更、转让与终止

一、合同的变更

（一）合同变更的概念

合同的变更有广义和狭义之分。广义的合同变更包括合同主体的变化和合同内容的变更，前者指合同债权或合同债务的转让；后者是指合同权利义务的变化。狭义的合同变更，仅指合同内容的变更。我国《合同法》上的合同变更为狭义的合同变更。

（二）合同变更的方式

1. 合意。即当事人协商一致变更合同。

2. 法院或仲裁机构的裁决。包括：(1) 因重大误解或显失公平的合同，可裁决变更；(2) 因情势变更的合同，法院或仲裁机构从维护双方当事人利益的角度出发，根据一方当事人的请求并结合情势变更对合同履行影响的程度，作出相应的变更裁决；(3) 因当事人违约，造成原合同没有履行或没有完全履行，可以裁决变更合同内容或变更合同权利实现方式等。

（三）合同变更的效力

合同变更后，合同内容发生了某些变化。发生变化的内容取代原合同的内容，未发生变化的内容仍继续有效。合同变更仅对未履行部分发生法律效力，对已履行部分没有溯及力，当事人不得主张对已履行完毕的债权债务关系按变更后的内容重新履行。当事人对合同变更的内容约定不明确的，视为合同未变更，原合同内容继续有效，当事人仍应按原合同内容履行。同时，合同变更不影响当事人要求赔偿的权利，因合同变更而使一方当事人遭受损失的，受害方可向另一方当事人要求损害赔偿。

二、合同的转让

合同的转让是指合同当事人依法将合同的权利和义务全部或部分转让给第三人的行为。合同的转让，一般由当事人自行决定，但法律、行政法规规定转让权利或者转移义务应当办理批准、登记等手续的，依照其规定。合同的转让有3种情况：合同权利转让、合同义务转移、权利和义务一并转让。

（一）合同权利转让

合同权利转让是指不改变合同的内容，由债权人将合同的权利转让给第三人，分为全部转让和部分转让。转让债权的人称为让与人，受让债权的第三人称为受让人。

一般而言，一切债权均可转让。但下列债权不得转让：(1) 根据合同性质不得转让的债权；(2) 按照当事人约定不得转让的债权；(3) 依照法律规定不得转让的债权。

债权人转让权利的，应当通知债务人。未经通知，该转让对债务人不发生效力。债权人转让权利的通知不得撤销，但经受让人同意的除外。债务人接到债权转让通知时，债务人对让与人享有债权，并且债务人的债权先于转让的债权到期或者同时到期的，债务人可以向受让人主张抵销。债务人接到债权转让通知后，债务人对让与人的抗辩，可以向受让人主张。

（二）合同义务转移

合同义务转移是指经债权人同意，债务人将合同的义务转移给第三人，分为全部转移和部分转移。

合同义务的转移应当经债权人同意。否则，对债权人不发生效力。

债务人全部转移合同义务时，新的债务人完全取代了旧的债务人的地位，承担全面履行合同义务的责任，享有债务人所应享有的抗辩权，可以主张原债务人对债权人的抗辩。同时，与所转移的主债务有关的从债务，也应当由新债务人承担，但该从债务专属于原债务人自身的除外。债务人部分转移合同义务时，新的债务人加入到原合同关系中，和原债务人一起向债权人履行义务。

（三）合同权利义务的一并转让

合同权利义务的一并转让是指当事人一方经对方同意，将自己在合同中的权利和义务一并转让给第三人。合同权利义务一并转让时，除了应当征得另一方当事人同意外，还应遵守合同法的相关规定：(1) 不得转让法律禁止转让的权利；(2) 转让合同权利和义务时，从权利和从债务一并转让，受让人取得有关的从权利和从债务，但该从权利和从债务专属于让与人自身的除外；(3) 转让合同权利和义务不影响债务人抗辩权的行使；(4) 债务人对让与人享有债权的，可以依照有关规定向受让人主张抵销；(5) 法律、行政法规规定应当办理批准、登记手续的，应当依照其规定办理。

当事人订立合同后合并的，由合并后的法人或者其他组织行使合同权利，履行合同义务。当事人订立合同后分立的，除债权人和债务人另有约定的以外，由分立的法人或者其他组织对合同的权利和义务享有连带债权，承担连带债务。

三、合同的终止

（一）合同终止的概念

合同的终止是指依法生效的合同，因具备法定情形或当事人约定的情形，合同确立的关系归于消灭。

合同终止后，当事人仍应遵守诚实信用原则，根据交易习惯履行通知、协助、保密等义务。否则，给他人造成损失，仍应承担赔偿责任。合同终止后，不影响合同中结算和清理条款的效力，也不影响当事人请求赔偿的权利。

（二）合同终止的情形

1. 清偿。即债务已经按照约定履行完毕。这是合同终止最主要、最正常的原因。

2. 解除。即合同因法律的规定或当事人的约定而解除。(1) 约定解除。即双方协商一致解除合同或约定解除的条件成就时解除合同。(2) 法定解除。即发生《合同法》所规定的下列情形之一时，当事人可以解除合同：① 因不可抗力致使不能实现合同目的。不可抗力是指不能预见、不能避免并且不能克服的客观情况，包括自然灾害、战争等。② 在履行期限届满之前，当事人一方明确表示或者以自己的行为表明不履行主要债务。③ 当事人一方迟延履行主要债务，经催告后在合理期限内仍未履行。④ 当事人一方迟延履行债务或者有其他违约行为致使不能实现合同目的。⑤ 法律规定的其他情形。

3. 抵销。即当事人互负债务，又互享债权，以自己的债权冲抵对方的债权，使自己的债务与对方的债务在等额内消灭，分为法定抵销和约定抵销两种情形。

4. 提存。即由于债权人的原因，债务人无法向其交付合同标的物而将该标的物交给提存机构，从而使合同权利义务关系终止。《合同法》第 101 条规定，有下列情形之一，难以履行债务的，债务人可以将标的物提存：(1) 债权人无正当理由拒绝受领；(2) 债权人下落不明；(3) 债权人死亡未确定继承人或者丧失民事行为能力未确定监护人；(4) 法律规定的其他情形。

对提存机构、提存的标的物及相关费用、提存通知、提存期限等提存规则，相关法律法规都作了明确的规定。

5. 免除。即债权人以免除债务人债务的方式终止合同。

6. 混同。即债权债务同归于一人。

7. 法律规定或者当事人约定终止的其他情形。

第六节 违约责任

一、违约责任的概念

违约责任即违反合同的民事责任，是指合同当事人不履行合同义务或者履行合同义务不符合约定时，依照法律规定或者合同约定所承担的法律责任。

违约责任是《合同法》规定的一项重要制度。其不仅是保障合同履行，确保当事人合法权益的需要，而且也是处理合同争端，确保市场经济秩序的重要法律依据。因此，违约责任制度是合同具有法律约束力的集中体现，是合同法律制度的核心内容。

二、违约责任的归责原则

违约责任的归责原则，是指合同当事人因不履行合同债务，依据何种标准确定其民事责任，体现了法律对违约行为的价值判断标准。

我国《合同法》实行严格的责任原则。《合同法》第 107 条规定，当事人一方不履行合同义务或者履行合同义务不符合约定的，应当承担继续履行、采取补救措施或者赔偿损失等违约责任。当事人双方都违反合同的，应当各自承担相应的责任。当事人一方因第三人的原因造成违约的，应当向对方承担违约责任。当事人一方和第三人之间的纠纷，依照法律规定或者按照约定解决。

三、违约行为的形态

违约行为是指合同当事人违反合同义务的行为，既包括违反当事人约定的合同义务，也包括违反法律直接规定的合同义务。违约行为是合同当事人承担违约责任的必备要件。

（一）预期违约

预期违约是指在合同履行期限届满之前，当事人一方明确表示或者以自己的行为表明不履行合同义务的行为，又称为毁弃合同。明确表示不履行的，称为明示预期违约；以自己的行为表明不履行的，称为默示预期违约。

（二）不能履行

不能履行是指合同债务人事实上已经不可能实际履行债务。其原因多种多样，可以是债务人或者债权人的原因,也可以是双方当事人以外的原因。但在这里,主要是指债务人的行为所致。

(三)迟延履行

迟延履行是指当事人未按合同规定的履行期限履行义务,包括债务人迟延履行和债权人迟延履行。合同中约定期限的,应在期限届满前履行,否则构成迟延履行;没有约定履行期限,经催告在合理期限内仍未履行的,亦构成迟延履行。

(四)不适当履行

不适当履行,又称为不完全履行,是指当事人的履约行为不符合合同约定。其主要包括:(1) 部分履行行为,如交付标的物数量不足;(2) 履行方式不适当,如依约应一次性履行而实际却分期履行;(3) 履行地点不适当,如未在合同规定地点履行;(4) 履行质量不适当,如瑕疵给付和加害给付;(5) 其他违反附随义务的行为,如违反告知义务等。

四、违约责任的承担方式

(一)继续履行

继续履行是指在当事人不履行或不适当履行合同义务时,对方有权要求法院强制违约方继续按合同约定内容履行义务,而不得以支付违约金、赔偿金等方式代替履行。

我国《合同法》第 109 条、第 110 条规定,当事人一方未支付价款或者报酬的,对方可以要求其支付价款或者报酬。当事人一方不履行非金钱债务或者履行非金钱债务不符合约定的,对方可以要求继续履行,但有下列情形之一除外:(1) 法律上或者事实上不能履行;(2) 债务的标的不适于强制履行或者履行费用过高;(3) 债权人在合理期限内未请求履行。

继续履行合同既是为了实现合同目的,又是一种违约责任承担方式。继续履行是一种补救方法,即在一方违约后,非违约方寻求法律上救济的一种方法。是否请求实际履行是债权人享有的一项权利,这种方式可以与违约金、赔偿金等并用,但不能与解除合同的方式并用。

(二)赔偿损失

赔偿损失是指当事人一方不履行或不适当履行合同义务而给对方造成损失时,依法或根据合同应承担的损害赔偿责任。它是合同责任中最常见的方式,实际上是法律强制违约方给受损害方经济补偿,以弥补受害人所遭受的损失。

赔偿损失的条件包括:(1) 违约方发生违约行为;(2) 受损害方存在实际损失;(3) 实际损失与违约行为之间存在因果关系。

赔偿损失的范围包括直接损失和间接损失。直接损失是指因违约行为而给对方造成现有物质财产的减损,如财产毁损、灭失和费用支出等;间接损失是指因违约行为而造成对方当事人未来可得利益的损失,如利润损失等。赔偿损失具体数额的确定,应遵循下列规则:(1) 合理预见规则。即损害赔偿以违反合同一方订立合同时预见到或者应当预见到的因违反合同可能造成的损失为限。(2) 减轻损害规则。即当事人一方违约后,对方应当采取适当措施防止损失的扩大;没有采取适当措施致使损失扩大的,不得就扩大的损失要求赔偿。当事人因防止损失扩大而支出的合理费用,由违约方承担。(3) 损益相抵规则。即受害人基于损失发生的同一原因而获得某种利益时,在其应得的损害赔偿数额中,应扣除其所获得的利益部分，包括因对方违约而避免的费用和因对方违约而避免的损失等。

（三）支付违约金

违约金是指当事人一方不履行或不适当履行合同义务时，按照合同的约定，向对方支付的一定数额的货币。其直接来源于双方当事人在合同中的约定，若当事人在合同中未约定违约金条款，则不产生违约金责任。

《合同法》第114条规定："当事人可以约定一方违约时应当根据违约情况向对方支付一定数额的违约金，也可以约定因违约产生的损失赔偿额的计算方法。约定的违约金低于造成的损失的，当事人可以请求人民法院或者仲裁机构予以增加；约定的违约金过分高于造成的损失的，当事人可以请求人民法院或者仲裁机构予以适当减少。当事人就迟延履行约定违约金的，违约方支付违约金后，还应当履行债务。"

（四）定金

当事人可以依照《中华人民共和国担保法》约定一方向对方给付定金作为债权的担保。债务人履行债务后，定金应当抵作价款或者收回。给付定金的一方不履行约定的债务的，无权要求返还定金；收受定金的一方不履行约定的债务的，应当双倍返还定金。

当事人既约定违约金，又约定定金的，一方违约时，对方可以选择适用违约金或者定金条款。违约金与定金不能并用。当事人执行定金条款后不足以弥补所受损害的，仍可以请求赔偿损失。

（五）其他补救措施

《合同法》规定，质量不符合约定的，应当按照当事人的约定承担违约责任。对违约责任没有约定或者约定不明确的，当事人可以协议补充或者按照合同有关条款或者交易习惯确定；仍不能确定的，受损害方根据标的性质以及损失的大小，可以合理选择要求对方承担修理、更换、重作、退货、减少价款或者报酬等违约责任。

当事人一方不履行合同义务或者履行合同义务不符合约定的，在履行义务或者采取补救措施后，对方还有其他损失的，应当赔偿损失。

五、违约责任与侵权责任竞合

违约责任与侵权责任竞合是指当事人一方的同一行为既构成违约行为，又构成侵权行为时，违约方既负有违约责任，又负有侵权责任。根据公平原则，《合同法》规定，因当事人一方的违约行为，侵害对方人身、财产权益的，受损害方有权选择要求其承担违约责任或者依照其他法律要求其承担侵权责任。

案例思考

案例一：前进钢材公司与大成钢厂诉建华公司买卖合同纠纷案

建华公司于2010年3月承包新月小区建设工程。当时因钢材供应短缺，又没有存货，工程急等着施工，建华公司向河北省的两家钢材公司——前进公司、清华金钢厂和外省的内蒙古大成钢厂发出通知，在通知中说明："我公司因为建设需要标号为×××的钢材1 000

吨,如贵公司有货,请速与我公司联系。我公司希望购买此类钢材。”建华公司于同一天收到3家钢材公司的复函,都说自己公司备有现货,并将价格一并通知了建华公司。前进公司在发出复函的第二天,派本公司车队载运200吨钢材送往建华公司。建华公司在收到3家公司的复函后,认为大成钢厂所提出的价格更为合理,且其是老牌钢厂,产品质量信得过,所以于当天下午即去函称将向其购买1 000吨钢材,请其速备货。大成钢厂随即复函建华公司,说其有现货并于第三天将钢材运往河北。在建华公司收到大成钢厂复函的第二天,前进公司的车队运送钢材到了建华公司,要求建华公司收货并支付货款。建华公司当即函电大成钢厂,请其仅运送800吨钢材到河北。大成钢厂复电说,全部1 000吨钢材已经发往河北。建华公司收到大成钢厂复电后,就对前进公司说,为照顾其损失,只收下其100吨钢材,其余的不收。前进公司对此不服,认为建华公司应当收取全部钢材。建华公司同时再次向大成钢厂发函称,本公司将仅收其中的900吨钢材,对此造成的损失,如因大成钢厂多运送钢材而造成的,由大成钢厂自行负责。第三天,大成钢厂的1 000吨钢材运到建华公司,建华公司仅收取了其中的900吨,剩余的100吨不予收货,为此双方发生纠纷。大成钢厂和前进公司双双向人民法院起诉,要求建华公司承担赔偿责任。

人民法院受理案件以后,将两案合并审理。经查明事实,分清是非,依据《中华人民共和国合同法》第14条、第15条、第18条、第25条、第107条的规定,作出判决如下:前进公司与建华公司之间没有达成钢材购买合同,前进公司没有向建华公司履行合同的义务,建华公司也没有收取货物支付货款的义务。但建华公司收取了前进公司100吨钢材,即视为两公司仅就该100吨钢材成立了合同,且该合同已经履行完毕。前进公司提出要求建华公司对拒收另100吨钢材所造成损失承担赔偿责任的请求不成立,驳回其起诉。大成钢厂与建华公司之间的1 000吨钢材购买合同有效成立,双方应当完全履行其合同义务。建华公司拒收大成钢厂100吨钢材的行为已经构成违约,应当承担赔偿责任。

请对本案作出法理分析。

案例二:张某诉某洗衣店格式合同条款纠纷案

原告张某诉称:2007年2月5日,我将一件乳白色羊绒大衣送到洗衣店干洗,因大衣颜色较浅,我要求店员要清洗干净,不要与其他衣服混放。洗衣店答应了并开给我取衣单。2月8日,我去取衣服时,发现衣服前襟被污染了大块黄渍,就拒绝取衣服。衣服经洗衣店重洗后,仍有黄色污渍,且羊绒面料大衣无柔软质感,板结发硬。因大衣已穿了两年,我要求洗衣店赔偿大衣价款的70%并返还洗衣费,共计1 100元。但洗衣店只同意按照取衣单背面印有的“顾客须知”第5条规定,赔偿洗衣费的3倍,即360元。我认为洗衣店提出的赔偿数额太少,远远不能弥补我的损失。我请求法院维护我的合法权益,宣告洗衣店“顾客须知”第5条的内容无效,判决洗衣店赔偿我大衣价款、返还洗衣费共计1 100元。

被告某洗衣店辩称:顾客张某将羊绒大衣送来本店干洗,因为本店过失造成大衣污损并导致质料变坏,我店愿意赔偿。但我店取衣单背面印有“顾客须知”,其中第5条规定,衣服如有污损,赔偿额最高为洗衣费的3倍。洗衣费为120元,所以本店只赔偿360元钱。我们不同意原告提出的赔偿其大衣价款的70%和返还洗衣费共计1 100元的不合理要求。

法院经审理查明:2007年2月5日,顾客张某到某洗衣店干洗大衣。该大衣颜色较浅,张某遂嘱咐店员要清洗干净并不要与其他衣服混放。洗衣店答应后为张某签了取衣单。

2007 年 2 月 8 日，张某取衣服时，发现因为洗衣店的过失导致衣服前襟被污染了大块黄渍。经洗衣店重洗后，大衣上仍有黄色污渍，且羊绒面料大衣无柔软质感，板结发硬。张某遂要求洗衣店赔偿其大衣价款的70%（因大衣已穿了两年）并返还洗衣费，共计 1 100 元。洗衣店只同意按照取衣单背面印有的“顾客须知”中的第 5 条规定，赔偿 360 元。

法院经审理后认为：洗衣店的“顾客须知”属格式合同。其第 5 条关于“造成衣物污损，赔偿费为洗衣费的 3 倍”的规定属格式条款，该条款单方减轻洗衣店的责任，造成不公平、不合理的结果，依《中华人民共和国合同法》第 39 条、第 40 条的规定，该条款无效。法院依法判决洗衣店付给张某 1 100 元钱。

请对本案作出法理分析。

案例三：某部队诉林某租赁合同无效纠纷案

季某是某部队后勤部的部长，主管该部队的后勤事务。2006 年初，由于部队军费紧张，物价又不断上涨，地方普遍都调整了工资，为了解决部队官兵的生活问题，该部队也效仿其他部队，搞起了“开源”，用部队人员的技术和劳动力去挣钱，季某当上了“开源”办公室的主任。有个老乡林某是个体运输专业户。2006 年 5 月 1 日，林某找到季某，要季某设法给自己弄辆东风 140 卡车跑运输。季某收下了林某送来的 2 条“红塔山”牌香烟和 4 瓶“五粮液”酒，答应给林某想办法，让他回去听信。10 天以后，季某通知林某来，把部队新配备的一辆新东风 140 卡车以“开源”办公室用的名义从汽车队调出，交给林某使用。因怕造成不良影响，季某以部队“开源”办公室的名义与林某签订了一份汽车租赁协议，租期 1 年，月租金为 200 元，“开源”办公室不负责该汽车租赁期间的一切费用。林某一次性支付了 2 400 元租金，又额外给了季某 1 000 元好处费，林某即将汽车开走。

一年以后，当林某把车还给部队时，汽车已严重损坏，基本上报废，无法继续使用。原因是林某将车开回后，就同其雇用的司机没日没夜地使用该汽车搞运输，有时甚至超载重违章行驶，汽车出现了小毛病也不修理，超过大修公里数后也不进行大修保养。此时季某已调到其他部队，因而接替他的后勤部部长提出要林某赔偿，而林某拿出了与部队“开源”办公室签订的汽车租赁协议书，上有“开源”办公室的公章和季某的签字，拒绝赔偿，只答应对汽车进行修理，双方争执不下。于是该部队遂以林某为被告向人民法院起诉，要求确认汽车租赁合同无效，林某赔偿汽车。

人民法院受理此案后经审理认为：林某虽然与季某（以部队“开源”办公室的名义）签订有汽车租赁协议，但租金极低，完全是季某牺牲国家利益而满足老乡个人利益，因而是恶意串通损害国家利益的违法协议，应认定该租赁协议无效。后人民法院还查明季某接受林某的送礼和好处费的事实，且部队将国家配给其使用的汽车租给他人谋利也违反了军委关于部队设备配备使用的有关规定，最后判决汽车租赁协议无效，根据《中华人民共和国民法通则》第 61 条的规定，要求林某赔偿该汽车，并没收 2 400 元的汽车租金和林某使用该汽车的一年所得。同时还建议该部队对季某的行为作出处理。

请对本案作出法理分析。

案例四：服装厂诉开发公司同时履行抗辩权纠纷案

2007 年 12 月初，安徽省安庆市申申服装厂与安徽省六安地区经济开发总公司协商购买羽绒服,并于同月16日向开发公司支付了20万元预付款。开发公司经同安徽省六安豪华制衣厂联系,由六安豪华制衣厂于12月11日和安徽省商业开发联合公司签订了购销羽绒服合同。次日,六安豪华制衣厂又与开发公司签订合同,规定由开发公司在合肥仓库提货,15日前交20万元,货到黑河后交40万元。经服装厂看货后,开发公司同服装厂于12月20日签订了合同,规定:开发公司供给服装厂羽绒服1.5万件,总价款额为128.7万元,货到黑河后验证、验数,付总货款的40%,其余货款分别于2007年1月、2月付清,运费由开发公司负担,如违约,每天按货款总额的2%进行罚款。

签约后,开发公司于12月21日在提货时间向安徽省商业开发联合公司交付20万元,依据其与六安豪华制衣厂的合同规定,取得该批货物所有权。开发公司用汽车将货物于12月31日从合肥市运至黑河市并存放于服装厂指定的停靠地点,原货主安徽省商业开发联合公司亦随车押运。开发公司向服装厂提供了商检证明复印件(原件在安徽省商业开发联合公司处)。但由于服装厂只筹集到20万元货款,不能按约定交付总货款的40%,故货物始终未卸车验数,开发公司等候数日后,于2007年1月7日带运货车队离开黑河,服装厂人员追至孙吴县继续与之协商,但由于服装厂仍不能按约定付足40%货款(约计518 800元),开发公司遂将货拉回合肥市。服装厂为此诉至法院,请求开发公司返还20万元预付货款,并偿付违约金64 350元。

开发公司答辩称:本公司按合同规定时间将货运至黑河,并已让服装厂验看了商检证书,服装厂对此未提出异议。但由于等待多日,服装厂仍无法筹到合同约定的40%货款,故不同意卸车验数,并将货物运回安徽。由于服装厂的违约行为,造成我公司往返运费损失138 225元,应由服装厂承担。

法院经审理认为:开发公司与服装厂间的购销羽绒服合同,除违约金条款因超出法定限额而无效外,其余部分有效。开发公司依法取得货物所有权并将货物运到交货地点,已尽到送货义务。由于合同中未明确规定验证、验数及付部分货款义务的履行先后顺序,双方应同时履行,在服装厂不能按时筹足并交付应付货款的情况下,为避免发生损失,开发公司有权不履行己方义务并将货物运回处理,其行为不属违约。由于合同未能履行,开发公司已接受的预付款及孳息应予返还。开发公司虽提出反诉,但未按规定期限交纳反诉诉讼费,故不予审理,依据《中华人民共和国民法通则》第106条第1款、《中华人民共和国经济合同法》第33条第1款、《工矿产品购销合同条例》第35条第1项之规定,法院判决如下:

1. 服装厂与开发公司签订的购销羽绒服合同部分有效。

2. 开发公司返还服装厂预付货款20万元及利息4 680元。

请对本案作出法理分析。

第七章 合同法(下)

本章导读

市场经济中的交易形态是形形色色的,同异互呈的情形在所难免。立法上为避免重复,并力求体系的明晰一贯,将各种合同类型的共同、相通的部分汇集在一处规定作为共同适用的依据,此即为合同法总则,而将各合同类型的个别部分,聚集在一处而予以分别规定,这就是合同法分则。我国《合同法》也采纳这种从抽象到具体、从一般到特殊的立法技术,从而建立起总则、分则的编制体例。《合同法》总则与《合同法》分则具有不可割舍的联系:总则抽象了典型合同的共性,是"法上之法";分则是对各种交易合同个性的概括和提炼,是总则的基础。我国《合同法》对买卖合同,借款合同,租赁合同,融资租赁合同,承揽合同,建设工程合同,运输合同,技术合同,保管合同,供用电,水,气,热力合同,赠与合同,仓储合同,委托合同,行纪合同和居间合同等15类合同作出了明确具体的规定。学习与运用时,需将总则与分则的规定相互融合,才能对当事人之间权利义务的法律调整更有针对性,更有利于合同法作用的发挥。

第一节 买卖合同

一、买卖合同的概念

买卖合同是出卖人转移标的物的所有权于买受人,买受人支付价款的合同。交付标的物并转移所有权的一方当事人为出卖人,受领标的物并支付对应价款的一方当事人为买受人,买和卖的物就是标的,称为标的物。出卖的标的物,应当属于出卖人所有或者出卖人有权处分。法律、行政法规禁止或者限制转让的标的物,依照其规定。

买卖合同具有如下特征:(1) 买卖合同是出卖人移转财产所有权于买受人,买受人支付价款的合同;(2) 买卖合同是双务合同;(3) 买卖合同是诺成合同。

二、买卖合同的效力

(一) 出卖人的主要义务

1. 交付标的物

(1) 出卖人应当履行向买受人交付标的物或者交付提取标的物的单证,并转移标的物所有权的义务。出卖人交付标的物时,还应当按照约定或者交易习惯向买受人交付提取标的物单证以外的有关单证和资料,如产品合格证、使用说明书、产品进出口检疫证书等。

(2) 出卖人应当按照约定的期限交付标的物。约定交付期间的,出卖人可以在该交付期间内的任何时间交付。没有约定标的物的交付期限或者约定不明确的,可以协议补充,或者根据合同有关条款或者交易习惯确定。仍不能确定的,出卖人可以随时交付,买受人也可以随时要求交付,但应当给对方必要的准备时间。

(3) 出卖人应当按照约定的地点交付标的物。当事人没有约定或者约定不明确的,可以协议补充或者根据交易习惯确定。仍不能确定的,适用下列规定:标的物需要运输的,出卖人应当将标的物交付给第一承运人以运交给买受人。标的物不需要运输,出卖人和买受人订立合同时知道标的物在某一地点的,出卖人应当在该地点交付标的物;不知道标的物在某一地点的,应当在出卖人订立合同时的营业地交付标的物。

(4) 出卖人应当按照约定的包装方式交付标的物。对包装方式没有约定或者约定不明确的,可以协议补充或者根据交易习惯确定。仍不能确定的,应当按照通用的方式包装,没有通用方式的,应当采取足以保护标的物的包装方式。

(5) 出卖人应当按照合同约定的数量要求交付标的物,不得多交或者少交,否则应承担违约责任。

(6) 出卖人应当按照合同约定的方式交付标的物。对于交货方式没有约定或者约定不明确的,当事人可以协议补充或者根据交易习惯确定。仍不能确定的,按照有利于实现合同目的的方式履行。

2. 瑕疵担保

(1) 权利瑕疵担保。出卖人就交付的标的物,负有保证第三人不得向买受人主张任何权利的义务。买受人订立合同时知道或者应当知道第三人对买卖的标的物享有权利的,出卖人不承担该项义务。买受人有确切证据证明第三人可能就标的物主张权利的,可以中止支付相应的价款,但出卖人提供适当担保的除外。

(2) 品质瑕疵担保。出卖人应当按照约定的质量要求交付标的物。出卖人提供有关标的物质量说明的,交付的标的物应当符合该说明的质量要求。当事人对标的物的质量要求没有约定或者约定不明确,可以协议补充或者根据交易习惯确定。仍不能确定的,按照国家标准、行业标准履行;没有国家标准、行业标准的,按照通常标准或者符合合同目的的特定标准履行。

(二) 买受人的主要义务

1. 给付价款

(1) 买受人应当按照约定的数额支付价款。对价款没有约定或者约定不明确的,可以协议补充或者根据交易习惯确定。仍不能确定的,按照订立合同时履行地的市场价格履行;依法应当执行政府定价或者政府指导价的,按照规定履行。

(2) 买受人应当按照约定的地点支付价款。对支付地点没有约定或者约定不明确的,可以协议补充或者根据交易习惯确定。仍不能确定的,买受人应当在出卖人的营业地支付,但约定支付价款以交付标的物或者交付提取标的物单证为条件的,在交付标的物或者交付提取标的物单证的所在地支付。

(3) 买受人应当按照约定的时间支付价款。对支付时间没有约定或者约定不明确的,可以协议补充或者根据交易习惯确定。仍不能确定的,买受人应当在收到标的物或者提取标的物单证的同时支付。

2. 检验和接受标的物

买受人收到标的物时应当在约定的检验期内检验。没有约定检验期间的,应当及时检验。发现数量或者质量不符合约定的情形时，应当通知出卖人；符合约定的，应当接受。

三、标的物所有权转移与风险责任

（一）标的物所有权转移

对于买卖合同中标的物所有权何时转移，《合同法》与《民法通则》的规定是一致的，即自标的物交付时起转移，但下列情况除外：(1) 法律另有规定的。例如，房屋买卖合同只有在房地产管理部门办理登记手续后，所有权才转移。(2) 当事人另有约定的。例如，当事人可以在买卖合同中约定买受人未履行支付价款或者其他义务的，标的物的所有权属于出卖人。

（二）标的物风险责任

标的物的风险责任是指买卖合同订立后，发生不是由于当事人双方的故意或过失而造成的标的物的毁损、灭失由谁承担责任的问题。

《合同法》规定，标的物毁损、灭失的风险，在标的物交付之前由出卖人承担，交付之后由买受人承担。因买受人的原因致使标的物不能按照约定的期限交付的，或者出卖人按照约定将标的物置于交付地点，买受人违反约定没有收取的，买受人应当自违约之日起承担标的物毁损、灭失的风险。出卖人出卖交由承运人运输的在途标的物，除当事人另有约定的以外，毁损、灭失的风险自合同成立时起由买受人承担。当事人没有约定交付地点或者约定不明确，标的物需要运输的，出卖人将标的物交付给第一承运人后，标的物的毁损、灭失的风险由买受人承担。因标的物质量不符合要求，致使不能实现合同目的，买受人可以拒绝接受标的物或者解除合同。买受人拒绝接受标的物或者解除合同的，标的物毁损、灭失的风险由出卖人承担。出卖人按照约定未交付有关标的物的单证和资料的，不影响标的物毁损、灭失风险的转移。

四、特种买卖合同

（一）分期付款买卖

分期付款买卖，即当事人约定买受人在一定期限内分批支付价金的买卖。分期付款的买受人未支付到期价款的金额达到全部价款的 1/5 的，出卖人可以要求买受人支付全部价款或者解除合同。出卖人解除合同的，可以向买受人要求支付该标的物的使用费。

（二）凭样品买卖

凭样品买卖，即出卖人交付的标的物须与双方当事人保留的样品具有同一品质的买卖。凭样品买卖的当事人应当封存样品，并可以对样品质量予以说明。出卖人交付的标的物应当与样品及其说明的质量相同。买受人不知道样品有隐蔽瑕疵的，即使交付的标的物与样品相同，出卖人交付的标的物的质量仍然应当符合同种类物的通常标准。

（三）试用买卖

试用买卖，即出卖人和买受人约定由买受人对标的物进行试用并由买受人决定是否购买标的物。当事人可以约定标的物的试用期间。对试用期间没有约定或者约定不明确的，可以协议补充，协议不成，依合同有关条款或者交易习惯也不能确定的，由出卖人确定。买受人在试用期内可以购买标的物，也可以拒绝购买。试用期间届满，买受人对是否购买标的的物未作表示的，视为购买。

(四) 拍卖

拍卖即在规定的时间、地点,按照一定的章程和规则,以公开竞价的形式,把拍卖物卖给最高报价者的买卖。当事人的权利和义务以及拍卖程序等,依照《中华人民共和国拍卖法》的规定。

第二节 借款合同

一、借款合同的概念和特征

借款合同是指一方当事人依照合同约定,将一定种类和数量的货币转移给对方当事人,对方当事人于一定期限后返还货币的协议。提供货币的一方为贷款人,接受货币的一方是借款人。一般来说,借款合同应包括以下条款:(1) 借款种类;(2) 币种;(3) 借款用途;(4) 借款金额;(5) 借款利率;(6) 借款期限;(7) 还款方式;(8) 双方认为需要约定的其他事项。

借款合同具有如下特征:(1) 其主体范围十分广泛,既可以是国家金融机构,也可以是其他法人、非法人组织和自然人;(2) 其标的是流通性极强的种类物货币;(3) 应当采取书面形式,为要式合同;(4) 一般是有偿合同,但也可以是无偿合同;(5) 一般为诺成合同;(6) 是转让货币所有权的合同。

二、借款合同的效力

(一) 贷款人的义务

贷款人的主要义务是按照合同约定按时向借款人发放借款。

(二) 借款人的义务

(1) 按照约定的日期、数额收取借款;

(2) 按照约定的借款用途使用借款,不得挪作他用;

(3) 按照合同约定的期限返还借款;

(4) 按照约定支付利息。

第三节 租赁合同

一、租赁合同的概念和特征

租赁合同是出租人将租赁物交付承租人使用、收益,承租人支付租金的合同。租赁期限不得超过 20 年;超过 20 年的,超过部分无效。租赁期间届满,当事人可以续订租赁合同。租赁期限 6 个月以上的,应当采用书面形式。当事人未采用书面形式的,视为不定期租赁。当事人可以随时解除合同,但出租人解除合同应当在合理期限之前通知承租人。

租赁合同具有如下特征:(1) 是移转财产使用收益权的合同;(2) 是双务、有偿合同;(3) 是诺成合同;(4) 是不要式合同;(5) 所生债权具有物权效力。租赁合同为债权合同,但却可产生物权效力,此即租赁权的物权化。承租人可以其租赁权对抗租赁合同当事人之外的第三人,这表现在买卖不破租赁原则上。《合同法》规定,租赁物在租赁期间发生所有权变动的,不影响租赁合同的效力。可见,当租赁物所有权发生变动时,承租人的租赁权不受影响,租赁物的新的所有人取代原所有人而成为新的出租人,其与承租人的关系依原租赁合同确定,这里实际上发生了租赁合同主体的法定变更。租赁权物权化的目的在于保护往往是经济上弱者的承租人的利益,租赁合同的标的是动产还是不动产,不影响租赁权物权化的适用。

二、租赁合同的效力

（一）出租人的主要义务

1. 将租赁物移交承租人使用、收益。出租人应当按照约定将租赁物交付承租人,并在租赁期间保持租赁物符合约定的用途。租赁物危及承租人的安全或者健康的,承租人可随时解除合同。因第三人主张权利,致使承租人不能对租赁物使用、收益的,承租人可以要求减少租金或者不支付租金。因不可归责于承租人的事由,致使租赁物部分或者全部毁损、灭失的,承租人可以要求减少租金或者不支付租金;因租赁物部分或者全部毁损、灭失,致使不能实现合同目的的,承租人可以解除合同。

2. 维修义务。出租人应当履行租赁物的维修义务,但当事人另有约定的除外。承租人在租赁物需要维修时可以要求出租人在合理期限内维修。出租人未履行维修义务的,承租人可以自行维修,维修费用由出租人负担。因维修租赁物影响承租人使用的,应当相应减少租金或者延长租期。

（二）承租人的主要义务

1. 按约定使用租赁物。承租人应当按照约定的方法使用租赁物。未按约定的方法或者租赁物的性质使用租赁物,致使租赁物受到损失的,出租人可以解除合同并要求赔偿损失。

2. 妥善保管。承租人应当妥善保管租赁物,因保管不善造成租赁物毁损、灭失的,应当承担赔偿责任。

3. 对租赁物不得擅自改变或转租。承租人未经出租人同意,对租赁物进行改善或者增设他物的,出租人可以要求承租人恢复原状或者赔偿损失。承租人未经出租人同意将租赁物转租给第三人的,出租人可以解除合同。

4. 支付租金。承租人应当按照约定期限支付租金。没有约定或者约定不明确的,可以协议补充,仍不能确定的,租赁期间不满 1 年的,应当在租赁期间届满时支付;租赁期间 1 年以上的,应当在每届满 1 年时支付,剩余期间不满 1 年的,应当在租赁期间届满时支付。

5. 租赁期届满返还租赁物。返还的租赁物应当符合按照约定或者租赁物的性质使用后的状态。

第四节　融资租赁合同

一、融资租赁合同的概念和特征

融资租赁合同是一方根据他方对出卖人、租赁物的选择,出资向出卖人购买租赁物,并在一定期限内移转租赁物的使用、收益权于他方,他方给付租金的合同。这是一种新型的合同类型,出现较晚,但发展迅速。出资购买标的物、移转标的物使用收益权的一方为出租人,给付租金的一方为承租人。其内容包括租赁物名称、数量、规格、技术性能、检验方法、租赁期限、租金构成及其支付期限和方式、币种、租赁期间届满租赁物的归属等。

融资租赁合同具有如下特征:(1) 出租人应为经营融资租赁业务的租赁公司,具有从事融资租赁业的商业行为能力;(2) 出租人根据承租人对租赁物及出卖人的选择而购买租赁物;(3) 出租人将为承租人购买的租赁物交承租人使用,但不丧失租赁物的所有权;(4) 涉及三方当事人(出租人、承租人、出卖人)、两个合同(出卖人与出租人之间的买卖合同和出租人与承租人之间的租赁合同);(5) 出租人对租赁物无瑕疵担保责任;(6) 是诺成合同、双务有偿合同、要式合同。

二、融资租赁合同的效力

(一) 出租人的义务

1. 购买租赁物。出租人应购买租赁物以供承租人使用。根据承租人对租赁物及出卖人的选择,出租人以自己的名义同出卖人订立合同。

2. 保证承租人对租赁物的占有使用。承租人订立合同的主要目的是取得租赁物的占有使用权,出租人不得作出可能影响承租人占有使用租赁物权利的行为,诸如非法干预承租人的正常使用或者擅自取回租赁物。并且,在承租人占有使用租赁物权利受到妨碍时,出租人应予排除妨碍。

3. 协助承租人向出卖人索赔。合同中往往约定当出卖人不履行买卖合同义务时,由承租人行使索赔的权利,一方面免去了出租人这一中间环节,节约索赔成本,也避免了出租人承担某些风险。同时,因承租人直接接收并使用租赁物,其具有更充分的知识和信息,能够及时有效地行使索赔权利。但在承租人行使索赔权利时,出租人应提供必要的帮助,诸如提供相应的资料等,以协助承租人索赔。

4. 不得擅自变更买卖合同中与承租人有关的内容。买卖合同的订立是出租人根据承租人对租赁物及出卖人的选择而为,承租人根据自己的使用需要可限定租赁物的种类、规格、型号、质量指标、性能等。此种限定是实现承租人合同目的所必需的,出租人虽是买卖合同的当事人,可与出卖人协商变更合同,但为保障承租人合同目的的实现,对出租人变更合同的权利进行适当限制是合理的。因此就买卖合同与承租人有关部分内容,出租人不得不经承租人同意而变更。

5. 向出卖人支付货款。这是出租人对出卖人和承租人负有的一项基本义务。出租人通过支付货款而从出卖人处取得租赁物所有权,承租人占有使用租赁物,而无需支付租赁物价款,这正体现了融资租赁合同融资兼融物的特征。

(二) 承租人的义务

1. 受领租赁物。出卖人交付标的物是直接向承租人履行的,承租人应受领给付,并及时验收。

2. 支付租金。这是承租人的主要义务。承租人不履行时,出租人可以要求支付全部租金,也可以解除合同,收回租赁物。

3. 保管、维修租赁物。

4. 返还租赁物。租赁期满时，租赁物的归属当事人可以约定，没有约定或约定不明的，可以协议补充，没有达成补充协议又不能依合同有关条款及交易习惯确定其归属的，租赁物的所有权仍归出租人，此时承租人即应将租赁物返还给出租人。

（三）出卖人的义务

出卖人因买卖合同而承担一定义务，如交付标的物、移转标的物所有权以及瑕疵担保等。其特殊性在于，出卖人应依约向非买受人的承租人履行交付标的物以及标的物瑕疵担保义务，仅标的物所有权的移转仍向作为买受人的出租人履行。

第五节 承揽合同

一、承揽合同的概念和特征

承揽合同是承揽人按照定作人的要求完成工作，交付工作成果，定作人给付报酬的合同，包括加工、定作、修理、复制、测试、检验等合同。承揽合同属劳务合同，其内容包括承揽的标的、数量、质量、报酬、承揽方式、材料的提供、履行期限、验收标准和方法等。

承揽合同具有如下特征：(1) 是诺成合同、有偿合同、双务合同；(2) 以完成一定工作为目的，标的具有特定性；(3) 承揽人独自承担风险。

承揽合同在现实经济生活中极为广泛。传统的承揽合同和因完成基本建设工程项目而发生的承揽关系有着明显的区别，因此学者一般把二者区分开来。我国立法也是将一般承揽与基本建设工程承揽加以区分。承揽合同主要包括5方面。

1. 加工合同。即承揽人以自己的力量用定作人提供的原材料，为定作人加工成成品，定作人接受该成品并支付报酬的合同。

2. 定作合同。即承揽人用自己的原材料和技术按照定作人的要求为定作人制作成品，定作人接受该特别制作的成品并支付报酬的合同。

3. 修理合同。即承揽人为定作人修复损坏的财物，由定作人为此支付报酬的合同。

4. 复制合同。即承揽人根据定作人提供的特定物，运用自己的技术、设备和经验，制出复制品交付给定作人，定作人支付报酬的合同。

5. 测试合同和检验合同。即承揽人运用自己的知识、技能，对定作人提供的物品的质量、数量、性能等内容进行测试、检验，并将结果提交定作人，定作人支付测试、检验费用的合同。

此外，印刷合同、设计合同、翻译合同、测绘合同等，也是常见的承揽合同。

二、承揽合同的效力

（一）承揽人的主要义务

1. 亲自完成工作。承揽人应当以自己的设备、技术和劳力，完成主要工作，但当事人另有约定的除外。承揽人将其承揽的辅助工作交由第三人完成的，应当就该第三人完成的工作成果向定作人负责。

2. 按约定使用符合标准的材料。承揽人提供材料的，承揽人应当按照约定选用材料，并接受定作人检验。定作人提供材料的，承揽人应及时检验，发现不符合约定时，应当及时通知定作人更换、补齐或者采取其他补救措施。承揽人不得擅自更换定作人提供的材料,不得更换不需要修理的零部件。

3. 交付所完成的工作成果。承揽人应当向定作人交付工作成果,并提交必要的技术资料和有关质量证明。交付的工作成果不符合质量要求的,定作人可以要求承揽人承担修理、重作、减少报酬、赔偿损失等违约责任。

4. 妥善保管。承揽人应当妥善保管定作人提供的材料以及完成的工作成果,因保管不善造成毁损、灭失的,应当承担损害赔偿责任。

5. 保密。承揽人应当按照定作人的要求保守秘密,未经定作人许可,不得留存复制品或者技术资料。

(二) 定作人的主要义务

1. 按约定提供材料、图纸或技术要求。承揽人发现定作人提供的材料、图纸或技术要求不合理的,应当及时通知定作人,定作人怠于答复造成承揽人损失的,应当赔偿损失。

2. 提供协助。承揽工作需要定作人协助的,定作人有协助的义务。定作人不履行协助义务致使承揽工作不能完成的,承揽人可以催告定作人在合理期限内履行义务,并可以顺延履行期限;定作人逾期不履行的,承揽人可以解除合同。

3. 接受定作物。承揽人将完成的工作成果交付给定作人时,定作人应负及时受领定作物的义务。定作人在受领工作成果时,应当及时验收该工作成果。

4. 支付报酬。定作人应当按照约定的期限支付报酬。对支付报酬的期限没有约定或者约定不明确的,可以协议补充,仍不能确定的,定作人应当在承揽人交付工作成果时支付。工作成果部分交付的,定作人应当支付相应报酬。定作人未向承揽人支付报酬或者材料费等价款的,承揽人对完成的工作成果享有留置权,但当事人另有约定的除外。

第六节　建设工程合同

一、建设工程合同的概念和特征

建设工程合同是指承包人进行工程的勘察、设计、施工等建设,由发包人支付相应价款的合同。负责工程的勘察、设计、施工任务的一方为承包人,委托承包人进行工程的勘察、设计、施工任务的建设单位为发包人。由于一项工程的建设需要经过勘察、设计、建筑、安装等若干过程才能最终完成,因此,建设工程合同可以细分为工程勘察合同、工程设计合同、工程施工合同等。

建设工程合同原为承揽合同的一种,属于承揽完成不动产工程项目的合同。但是建设工程不同于其他建设工作的完成,其除了具有与一般承揽合同相同的特征外,还具有自己的一些特点:(1) 主体双方只能是法人;(2) 标的仅限于工程建设;(3) 国家实行严格的管理和监督;(4) 为要式合同。

二、建设工程合同的效力

(一) 勘察、设计合同的效力

1. 委托人的主要义务

(1) 提供开展勘察设计工作的基础资料、技术要求,并对提供的时间、进度和资料的可靠性负责。

（2）提供必要的协作条件。如必要的工作条件和生活条件等。

（3）支付勘察、设计费。

（4）维护勘察、设计成果。委托人对于勘察人、设计人交付的勘察设计成果，不得擅自修改，也不得擅自转让给第三人重复使用。

2. 勘察、设计人的义务

（1）按期完成勘察、设计工作，并向委托人提交。

（2）对勘察设计成果的质量承担责任。

（二）施工合同的效力

1. 发包人的义务

（1）做好施工前的准备工作。

（2）及时向施工人提供各种材料和设备。

（3）解决施工中的有关问题，组织工程竣工验收。

（4）接受建设工程并按约定支付价款。

2. 施工人的义务

（1）做好施工前的准备工作，按期开工，确保工程质量。

（2）接受发包人的必要监督。

（3）按期按质完工并交付工程。

（4）对建设的工程在合理期限内的使用负保证责任。

第七节 运输合同

一、运输合同的概念和特征

运输合同是承运人将旅客或者货物从起运地点运输到约定地点，旅客、托运人或者收货人支付票款或者运输费用的合同。其特征包括：（1）标的是承运人的运送行为；（2）是双务、有偿合同；（3）多为定式合同。

二、客运合同

客运合同，又称为旅客运送合同，是指承运人将旅客及行李运抵目的地，旅客为此支付票款的合同。除当事人另有约定或者另有交易习惯者外，客运合同自承运人向旅客交付客票时成立。

旅客的主要义务包括：（1）支付票款，持有效客票乘运；（2）按时乘运；（3）携带行李要符合规定。

承运人的主要义务包括：（1）从事公共运输的承运人不得拒绝旅客通常、合理的运输要求；（2）按照客票载明的时间和班次将旅客安全运输到约定地点；（3）向旅客及时告知有关不能正常运输的重要事由和安全运输应当注意的事项；（4）尽力救助患有急病、分娩、遇险的旅客。

三、货运合同

货运合同是承运人将托运人托运的货物按时、安全运抵目的地，托运人或收货人支付运费的合同。

托运人、收货人的主要义务包括:(1) 如实报告托运货物的情况。(2) 办理审批、检验等必要手续。(3) 按约定的方式包装货物。(4) 中止、变更运输的责任。在承运人将货物交付收货人之前，托运人可以要求承运人中止运输、返还货物、变更到达地或者将货物交给其他收货人，但应当赔偿承运人因此受到的损失。(5) 及时提货，支付运费。托运人或收货人不支付运费、保管费以及其他运输费用的，承运人对相应的运输货物享有留置权。

承运人的主要义务包括:(1) 将货物安全运输到目的地，并及时通知收货人。(2) 除法律另有规定或当事人另有约定外，对运输过程中货物的毁损、灭失承担损害赔偿责任。(3) 两个以上承运人以同一运输方式联运的，与托运人订立合同的承运人应当对全程运输承担责任。损失发生在某一运输区段的，与托运人订立合同的承运人和该区段的承运人承担连带责任。

第八节　技术合同

一、技术合同的概念和特征

技术合同是指当事人就技术开发、技术转让、技术咨询或者技术服务订立的确立相互之间权利和义务的协议。其特征包括:(1) 标的是技术成果;(2) 既受民法法律，又受知识产权法调整;(3) 是双务、有偿合同;(4) 当事人具有广泛性和特定性。

二、技术开发合同

(一) 技术开发合同的概念和特征

技术开发合同是指当事人之间就新技术、新产品、新工艺或者新材料及其系统的研究所订立的合同，包括委托开发合同和合作开发合同两种。委托开发合同是指当事人一方委托另一方进行研究开发所订立的合同;合作开发合同是指当事人各方就共同进行研究开发所订立的合同。

技术开发合同具有如下特征:(1) 标的是具有创造性的技术成果，包括新技术、新产品、新工艺、新材料及其系统等;(2) 是双务合同、有偿合同、诺成合同、要式合同;(3) 履行风险和责任较大。

(二) 委托开发合同的效力

1. 委托人的义务

委托人的义务主要包括:(1) 支付研究开发费用和报酬;(2) 提供技术资料、原始数据，并完成协作事项;(3) 按期接受研究开发成果。

2. 研究开发方的义务

研究开发方的义务主要包括:(1) 制定和实施研究开发计划;(2) 合理使用研究开发经费;(3) 按期完成研究开发工作，交付研究开发成果;(4) 为委托方提供技术资料和具体技术指导，帮助委托方掌握研究开发成果。

（三）合作开发合同的效力

合作开发合同是以开发一定新技术为共同事业的合同，双方当事人共同负有以下义务：（1）依合同的约定投资；（2）各方有共同研究开发的权利和义务；（3）协作配合研究开发工作。

（四）技术成果的归属

技术开发合同的当事人可以在合同中约定技术开发成果的归属。如果合同中没有约定或约定不明确的，则按照以下原则处理：（1）在委托开发合同中，研究开发的技术成果属于专利技术的，申请专利的权利属于研究开发方，但研究开发方取得专利权的，委托方可以免费实施该项专利；研究开发方转让专利申请权的，委托方享有以同等条件优先受让的权利。研究开发的成果为非专利技术的，各方均有使用和转让该技术的权利，但研究开发方不得在向委托人交付研究开发成果之前，将研究开发成果转让给第三人。（2）在合作开发合同中，研究开发的技术成果属于专利技术的，专利申请权属于合作各方共有，但合作一方不同意申请专利的，其他各方不得申请专利。一方转让其共有的专利申请权的，其他各方享有优先受让的权利。一方声明放弃其共有的专利申请权的，可由另一方单独申请或者由其他各方共同申请；申请人取得专利权的，放弃专利申请权的一方可以免费实施该专利。合作开发研究成果为非专利技术的，合作各方均有使用和转让的权利。

三、技术转让合同

（一）技术转让合同的概念和特征

技术转让合同是指合同一方当事人将一定的技术成果交给另一方当事人，而另一方当事人接受这一成果并为此支付约定的价款或费用的合同。交付成果的一方为让与人，接受成果并支付报酬的一方为受让人。一般来说，技术转让合同包括专利申请权转让合同、专利权转让合同、专利实施许可合同和技术秘密转让合同。

技术转让合同具有如下特征：（1）标的是现有的技术成果；（2）是双务合同、有偿合同、诺成合同、要式合同。

（二）专利权转让合同的效力

专利权转让合同是指专利权人作为转让方将其发明创造专利的所有权或持有权移交给受让方，受让方支付约定价款所订立的合同。

转让方的义务主要包括：（1）将专利权移交给受让方，并交付与转让的专利技术有关的技术资料，向受让方提供必要的技术指导；（2）对转让的专利权承担瑕疵担保责任，如果所转让的专利被宣布无效，则应返还价款。

受让方的义务主要包括：（1）按照合同约定支付价款；（2）尊重发明创造人的人身权利。

（三）专利申请权转让合同的效力

专利申请权转让合同是指双方当事人约定，一方将技术成果的专利申请权及其未来的权利移转于他方，他方对此支付价款的合同。

转让方的义务主要是将特定的发明创造申请专利的权利移交给受让方，并提供申请专利和实施发明创造所需要的技术情报和资料，使受让人能足以了解和掌握该项技术。

受让方的义务主要是依合同约定向转让方支付约定的价款。

（四）专利实施许可合同的效力

专利实施许可合同是指专利权人或其授权的人作为转让方，许可受让方在约定范围内实施专利技术，受让方支付约定使用费的合同。

让与人的义务主要是按照约定许可受让人实施专利。

受让人的义务主要是在合同约定的范围内实施专利，并依合同约定支付使用费。

（五）技术秘密转让合同的效力

技术秘密转让合同是指转让方将其拥有的技术秘密提供给受让方，明确相互间技术秘密使用权、转让权，受让方支付约定使用费的合同。

转让方的义务主要是按照约定提供技术资料进行技术指导，同时，保证技术的实用性和可靠性，并承担保密义务。

受让方的义务主要是在合同约定的范围内使用技术，并按合同的约定支付使用费，并承担保密义务。

四、技术咨询合同

技术咨询合同是指当事人一方为另一方就特定技术项目提供可行性论证、技术预测、专题技术调查、分析评价报告，另一方支付报酬所订立的合同。

委托方的义务主要是：(1) 阐明咨询问题，并提供技术背景资料及有关技术资料、数据；(2) 为受托方进行调查论证提供必要的工作条件；(3) 接受受托人的工作成果并支付报酬；(4) 承担保密义务等。

受托方的义务主要是：(1) 按照约定期限完成咨询报告或者解答问题；(2) 保证所提出的咨询报告和意见达到合同约定的要求；(3) 承担保密义务等。

除合同另有约定外，在技术咨询合同履行中取得的新的技术成果的归属依以下原则确定：受托人利用委托人提供的技术资料和工作条件所完成的新的技术成果，属于受托人；委托人利用受托人的工作成果所完成的新的工作成果，属于委托人。

五、技术服务合同

技术服务合同是指当事人一方以技术知识为另一方解决特定技术问题所订立的合同。

委托人的义务主要是：(1) 为受托人提供工作条件；(2) 接受受托人工作成果并支付报酬。

受托方的主要义务是：(1) 完成服务项目，解决技术问题，保证工作质量；(2) 传授解决技术问题的知识，并保守委托方的技术秘密和商业秘密。

合同双方在履行合同过程中完成的新的技术成果的归属，当事人双方可以在合同中事先约定。当事人没有约定的，受托人利用委托人提供的技术资料和工作条件完成的新的技术成果，属于受托人；委托人利用受托人的工作成果完成的新的技术成果，属于委托人。

第九节　保管合同

一、保管合同的概念与特征

保管合同是保管人保管寄存人交付的保管物,寄存人支付保管费合同。

保管合同具有以下特征:(1) 是实践合同;(2) 可以是无偿合同,也可以是有偿合同;(3) 是提供劳务的双务合同;(4) 是只临时转移标的物占有权的合同;(5) 是不要式合同。

仓储保管合同是一种特殊的保管合同。其是指双方约定由保管人储存存货人交付的仓储物,存货人支付仓储费的合同。《合同法》规定,该法第20章"仓储合同"中没有规定的,适用保管合同的有关规定。

二、保管合同的效力

(一) 保管人的主要义务

保管人的主要义务包括:(1) 妥善保管;(2) 亲自保管;(3) 不得使用或者许可第三人使用保管物,但当事人另有约定的除外;(4) 返还保管物。

(二) 寄存人的主要义务

寄存人的主要义务包括:(1) 特殊保管的告知义务,即保管物有瑕疵或者按照保管物的性质需要采取特殊保管措施的,寄存人应当将有关情况告知保管人;(2) 支付保管费。

案例思考

案例一:电机厂诉威群公司买卖合同债务转移纠纷案

上海金国空调设备有限公司(下称金国公司)与原告电机厂曾发生买卖电机业务。2008年4月7日经双方对账,金国公司确认尚欠原告电机厂电机款27 070元、运输费750元,合计欠款27 820元。2008年5月12日,金国公司法人代表浦国清与被告威群公司总经理阮淑贤签订一份债权债务转让协议书,明确将所欠原告电机厂的货款27 820元转由被告威群公司承担。2008年12月17日,被告在对账单上盖章予以正式确认:上海金国空调设备有限公司于1997年尚欠杭州微电机厂货款27 070元、运输费750元,合计27 820元,于2008年5月13日起转移上海威群空调设备有限公司承付。2009年4月5日,被告公司致函原告电机厂,对所欠货款作出还款承诺,于2009年7月支付1万元,于2009年8月支付1万元,余款在2009年9月付清。之后,被告未能履行第一期付款义务,原告经催讨无着。在第二期付款期限即将届满前,被告仍无付款的意思表示,原告遂于2009年8月27日向法院提起诉讼,要求被告付清全部欠款。

原告电机厂诉称:金国公司与原告于2008年4月经对账确认,金国公司尚欠原告电机货款27 820元。2008年5月13日经债务转移,由被告承付;被告于同年12月再次确认债务转移。2009年4月5日,被告对此向原告作出还款计划,但被告至今未能履行第一期付款。请求法院判令被告付清全部欠款27820元,偿付逾期付款利息1 668元(自2009年4月至8

月起诉止,按每日万分之五计算),并承担本案诉讼费。

被告威群公司辩称:欠款属实,拖欠未付原因系其与债务转移方金国公司尚有一些事宜未完全了结,表示无力支付。

法院经审理认为:原告电机厂与金国公司间的口头购销合同,符合有关法律规定,应当予以认定。金国公司将合同的债务偿付义务全部转移给被告威群公司,已取得合同另一方即原告的同意,符合有关法律规定,应当确认有效,受法律保护。被告未按约履行付款义务,应承担本案纠纷的全部责任。根据《中华人民共和国民法通则》第 91 条、《中华人民共和国民事诉讼法》第 130 条,参照《中华人民共和国合同法》第 84 条、第 108 条之规定,于 2009 年 11 月 25 日作出判决:(1) 被告上海威群空调设备有限公司给付原告杭州微电机厂欠款 27 820 元,于本判决生效后 10 日内履行。(2) 被告上海威群空调设备有限公司偿付原告杭州微电机厂逾期付款违约金 1 335.60 元,于本判决生效后 10 日内履行。

请对本案作出法理分析。

案例二:刘兴梅诉李崇臣解除买卖合同纠纷案

2005 年 11 月 10 日,原告刘兴梅从被告李崇臣家买走 37 只绵羊,价款为 14 500 元,当时给付 5 000 元,余款 9 500 元双方言明次年 5 月份付清。欠款到期后,被告多次向原告追要,原告都以无款拒付。2006 年 6 月 7 日,因被告再次向原告追要欠款无果,被告李崇臣提出将 37 只羊赶回,原告表示同意。当日,被告李崇臣将 37 只绵羊及在原告饲养期间所繁殖的 16 只羊羔赶走。

被告的 37 只羊在原告处饲养期间所支出的费用为 4 058 元,37 只羊的羊绒卖价是2 052 元。

原告刘兴梅于 2007 年 1 月 5 日向法院起诉,要求被告李崇臣返还已付的买羊款 5 000 元,并给付饲养期间所花的费用 4 058 元。

被告李崇臣答辩称:因原告拒付欠款,导致我将羊赶走。这些羊赶走时羊绒已被原告剪去卖掉,当时曾言明购羊款与羊绒款顶平。故不同意原告的诉讼请求。

法院经审理认为:原、被告口头达成买卖绵羊协议,双方是在自愿平等的基础上达成的,故合法有效。原告未按期给付欠被告羊款是错误的。但被告在未按期得到卖羊款 9 500 元后,征得原告同意将出卖的绵羊赶回,亦是双方自愿解除买卖协议的真实意思表示,双方均应承担在此期间相应的法律后果。被告提出其在赶羊时已向原告言明购羊款 5 000 元与羊绒款顶平,证据不足,不予支持。依据《中华人民共和国民法通则》第 84 条、第 108 条规定,该院于 2007 年 4 月 8 日判决:

1. 被告李崇臣返给原告刘兴梅购羊款 5 000 元。

2. 被告李崇臣付原告刘兴梅在饲养期间的费用 4 058 元,原告刘兴梅所卖的羊绒款 2 052元返给被告李崇臣。

3. 原告刘兴梅在饲养被告李崇臣的羊期间所繁殖的 16 只羊羔归被告李崇臣所有。

请对本案作出法理分析。

案例三:某服务部诉乌市二中优先承租权纠纷案

2005 年 8 月,原告服务部与被告乌市二中签订一份房屋租赁合同。合同规定:原告租被告24平方米房屋一间,租期3年,从2005年8月15日至2008年8月15日;合同期满时,在同等条件下服务部有优先承租权。合同期满前后,原、被告曾多次商谈续租事宜。此时,第三人物资公司亦要求承租此房。2008年10月8日,原、被告与第三人再次协商,原告表示愿出3万元租金续租该房,被告与第三人即表示租金已提高到3.5万元,并应原告的请求写了租金为3.5万元的"说明"。原告见此即表示放弃竞争,不再坚持续租,但要求被告支付5 000元违约金。经三方协商,第三人以被告名义向原告支付5 000元违约金。此后,原告搬出该房屋。2005年10月30日,被告与第三人正式签订房屋租赁合同书,规定年租金为1.5万元整。与此同时,双方还签订了一份捐资协议书,规定第三人每年给被告捐资1.5万元助学。原告见此合同,认为自己受骗,于2005年11月8日起诉到法院,要求判令被告与第三人解除房屋租赁合同,确认原告对此房享有优先承租权。

被告乌市二中辩称:在我校与原告的合同到期时,我校曾通知原告须小幅度提高租金,原告表示最多只能出3万元。此时,第三人亦要求租房,并愿出租金3.5万元,原告表示3.5万元租金太高,无法续租。在此情况下,我校将该房出租给第三人。原告知道后即开始反悔。后经三方协商,第三人以我校名义给原告赔偿5 000元,原告才同意搬出。现原告提出的请求既无事实依据,又无法律依据,请求法院驳回原告的请求。

第三人物资公司诉称:我公司与原、被告协商租房事宜,当我公司提出年租金已提高到3.5万元时,原告表示不再竞争,但乌市二中必须给原告赔偿5 000元。经过协商,我公司以乌市二中名义给原告赔偿5 000元,原告即开始搬出。我公司与乌市二中的合同是合法的,原告的请求不合理。

法院经审理认为:原、被告于2005年8月签订的房屋租赁合同合法有效,应予以保护。被告与第三人隐瞒事实真相,将实际为1.5万元的租金谎称为3.5万元,欺骗了原告,使原告放弃了优先承租权,从而蒙受了损失。因此,被告与第三人签订的房屋租赁合同,法律不予保护,原告的诉讼请求予以支持。被告及第三人称原告是在收到5 000元赔偿金的情况下放弃竞争的,该5 000元是对原告的一种赔偿;又称因不懂法律,捐资助学1.5万元实际为租金的一种形式,双方的租金确为3.5万元,理由不充分,证据不足,不予认定。依照《中华人民共和国民法通则》第58条第4项,《中华人民共和国经济合同法》第31条、第39条第2款第1项之规定,法院判决如下:

1. 被告乌市二中与第三人物资公司签订的房屋租赁合同为无效合同。
2. 被告乌市二中支付原告服务部5 000元违约金(已给付)。
3. 在同等条件下,原告对该24平方米房屋享有优先承租权。

请对本案作出法理分析。

案例四:甲公司诉乙公司融资租赁纠纷案

2006年2月19日,甲公司与乙公司签订《租赁合同》,约定甲公司按照乙公司的要求向香港一家公司购买4套机器,租赁给乙公司使用,双方约定每月租金为42 301.50元港币,分54期支付租金,总计租金为2 030 472元港币,首期租金于2006年2月19日支付,其余租金应在每月19日支付,直至2010年1月19日止。双方约定总租金包括设备成本,并根据甲公司决定的每月之实际利率计算设备成本,利率为每月1.5%加上每月由甲公司对相等于甲公司之设备成本金额及有关货币所报之最优惠贷款利率,逾期利率为每月3%,并约定在租赁期间上述设备的所有权归甲公司，租赁期满，乙公司还清所有款项后要取得机器所有权必须另外再付500港元，如果乙公司拖欠租金，甲公司有权终止合同。之后，甲公司将上诉设备交给乙公司。2006年2月19日，乙公司于丙公司签订《承诺函》，乙公司将上述设备交给丙公司实际使用。截止2009年11月6日止，乙公司尚欠甲公司本金276 986.75元，逾期利息11 247.84元，经甲公司催要，乙公司拒绝支付。甲公司遂向法院提起诉讼。

甲公司诉称，因乙公司拖欠甲公司款项，甲公司决定终止合同、收回设备。甲公司请求法院判决乙公司归还甲公司尚欠本金276 986.75元及逾期利息11 247.84元；在乙公司未按时足额付清上述欠款时，丙公司应将其保管的为甲公司所有的本案融资租赁标的物归还给甲公司，以抵偿欠款。

乙公司辩称，甲公司主张的事实属实，对拖欠本金数额予以认可，但逾期付款的利息太高。甲公司要求乙公司未按时足额付清上述欠款时，丙公司应将其保管的为甲公司所有的本案融资租赁标的物归还给甲公司，以抵偿欠款的诉讼请求。

问：该案应如何分析处理？

案例五：冷冻厂诉食品厂承揽合同纠纷案

原告诉称，2008年8月原告下属安装队与被告签订冷冻间安装合同。合同约定，安装队负责为被告安装冷冻房一间，包工包料，工程总造价10万元，食品厂在合同签订后预付6万元，其余款项交工后一次付清，工程于2009年3月15日完工交付使用。合同签订后，被告预付6万元。为降低工程造价，原告采用被告联系的第三人停用的旧设备，并于2008年8月底，原被告一同去第三人处看样订购了他们停用的设备。自此，原告开始施工，购置了大量辅助材料及零配件，主体工程于2009年2月基本完工，各项工程完全符合国家质量标准。原告遂请被告验收并支付剩余款项。但被告验收时发现从第三人处购买的设备根本不能再行冷冻。被告遂以质量不合格为由，提出由原告赔偿损失的无理要求。此外还扣留了原告停放在工地上的车辆等一切材料，而且因被告不加保管，大多已损坏散失，直接损失3万元。原告请求法院责令被告履行合同并支付违约金、赔偿金及剩余工程款计7万元整。

被告辩称，原被告双方就冷冻间的安装已有明确合同，原告包工包料，保证在2009年3月交付使用。合同表明被告只需交付工程款，到期接收完工工程即可。但原告未按合同要求按质量履行合同，被告有权拒付剩余工程款项。被告反诉原告赔偿质量不合格造成的损失，并称，按法律有关留置的规定，留置原告在被告处的车辆等材料，并有权变卖留置财产以补偿被告所受损失。

第三人辩称，设备是原被告双方一起看样订货的，是否合格，原被告已经检查过，现在以质量原因请求赔偿没有依据。

经查，2008年8月，原告冷冻厂下属安装队与被告食品厂签订冷冻间安装合同。合同约定，原告安装队负责为被告安装冷冻房一间，包工包料，保证2009年3月15日前完工交付使用。工程总造价10万元，食品厂先预付6万元，其余款项待完工交付后一次付清。合同签订后，食品厂预付6万元，为降低成本，被告决定采用第三人冷饮厂停用的旧设备，并于2008年8月底到第三人处看样订货，购置了其停用的旧设备。因此，原告开始施工，购置大量材料和配件，主体工程于2009年2月基本完工，辅助工程在开工前由食品厂邀请有关部门验收。验收结果表明，在第三人处购买的旧设备系报废设备，根本不能再行冷冻。为此，被告请求原告赔偿损失,原告以设备系被告亲自购买为由拒不偿付。被告遂将原告停放在工地的一切车辆、工具等扣留,在双方调解过程中被扣车辆大多数损坏散失,损失计3万元。原告请求被告支付剩余工程款并赔偿损失,双方发生纠纷,诉到法院。

法院审理认为,此案系承揽合同纠纷,承揽方(原告)完全依合同及当事人请求履行其义务,对质量不合格结果不负责任;定作方即被告的留置行为因不合法律规定,不能成立。产品质量不合格的结果完全系被告要求原告使用其废旧设备而造成的,质量责任应由被告自负,故判决:被告向原告支付剩余工程款4万元,赔偿原告损失3万元,共计7万元。

请对本案作出法理分析。

案例六:某网络技术服务有限公司与张某技术委托开发合同纠纷案

2011年2月22日和2011年3月1日某网络技术服务有限公司与张某分别签订了《视频交易岛程序开发保密协议》(下称《保密协议》)和《视频交易岛系统升级软件开发承包责任书》(下称《承包责任书》),约定由张某对视频交易岛系统软件进行升级开发。

某网络技术服务有限公司依约向张某提供了已经运行的交易岛全部源程序代码和升级开发的静态网页。2011年3月17日,张某从某网络技术服务有限公司领款2 000元。2011年4月21日,某网络技术服务有限公司支付张某3 000元。2011年5月27日某网络技术服务有限公司与张某签署了《2011.5.27纪要》,纪要记载了部分涉案软件开发内容,同时注明"以上工作度已领3 000元责任内,上述工作完成验收后开始计算下月新工期,预付软件开发费实发3 000元人民币,领款人:张某"。2011年6月20日,张某从某网络技术服务有限公司借款1 200元并出具了借条。某网络技术服务有限公司表示,上述款项均为软件开发费预付款,张某对此并不认可。后因张某未能在约定的期限内完成任务,某网络技术服务有限公司又与张某签署了《视频交易岛JSP代码程序开发实现功能及验收标准》(称《验收标准》),张某亦出具了承诺书,承诺于2011年6月28日前完成软件开发任务后,张某未能如期完成上述任务,某网络技术服务有限公司与张某终止合作,但张某拒绝退还某网络技术服务有限公司9 200元预付款。故某网络技术服务有限公司诉至法院,请求法院判令张某退还该公司支付的软件开发费预付款9 200元。被告张某辩称:首先收到的某网络技术服务有限公司的款项是6 000元工资,并非软件开发款;其次,已经依约开发了涉案软件功能。不同意某网络技术服务有限公司的全部诉讼请求,请求法院依法予以驳回。

该案应如何分析处理?

第八章 电子商务法

本章导读

电子商务是利用计算机技术、网络技术和远程通信技术，实现电子化、数字化和网络化的整个商务过程，是一种新型的商业运营模式。电子商务法是调整电子商务活动或行为的法律规范的总称，有广义与狭义之分。广义的电子商务法既注重电子商务的形式，又注重电子商务的内容，其内容包括电子商务网站建设、在线交易主体及市场准入、数据电文、网上电子支付、电子商务市场规制、网上个人隐私保护、在线交易法律适用和管辖冲突。狭义的电子商务法注重的是电子商务的行为手段，其基本任务是在电子通信技术的商业化应用上，建立一个使之顺畅运行的法律平台，亦即从法律上营造一个使各种通信技术都能畅通无阻地应用于其中的商事交易活动的环境。在我国，电子商务法是一个新兴的法律部门，近几年来得到了长足的发展。了解和掌握电子商务合同订立的程序要求、电子商务合同的履行及其违约救济、电子签名法律制度的基本内涵以及电子商务纠纷的解决机制等内容是学习本章的目的和要求。

第一节 电子商务法概述

一、电子商务的概念与特征

（一）电子商务的概念

虽然电子商务模式在实践中已被各国传统市场所接受，但至今电子商务还没有一个完整、统一的概念。国际标准化组织（ISO）将电子商务定义为“企业之间、企业与消费者之间信息内容与需求交换的一个通用术语”。联合国国际经济合作与发展组织则将电子商务定义为“发生在开放网络 Internet 上的包含商家与商家、商家与消费者之间的商业贸易”。此外，还有学者认为，广义的电子商务，就是指一切以电子技术手段所进行的、一切与商业有关的活动；而狭义的电子商务，则是指以因特网为平台的商事交易活动，即 I-COMMERCE。这是当前发展最快、前途最广的电子商务的形式，是电子商务的主流。

尽管人们对电子商务的概念尚未达成一致，但都认为，电子方式与商务活动是电子商务的两个基本要素，电子商务是基于电子技术与商务活动的组合而产生的一种新型交易模式，是商务活动的电子化、信息化与网络化。由此，对于电子商务的概念应从以下几方面理解：（1）电子商务是商务活动的电子化与网络化；（2）电子商务是利用电子信息技术进行商务活动的过程；（3）电子商务内容广泛，是以信息流、物流、商流、资金流为核心，包括销售支付、运输、售后服务等在内的全方位的商务活动；（4）电子商务参与主体广泛，包括消费者、销售商、供货商、银行、金融机构和政府机构等；（5）电子商务是高效率、低成本的商务活动；

(6) 电子商务是跨越国界、跨越时空的全球性商务活动;(7) 电子商务作为一种新型的商务模式,其应用范围将越来越广。

根据不同的标准可以对电子商务进行不同的分类:(1) 以应有领域为标准,电子商务可以分为企业对消费者(B to C)、企业对企业(B to B)、企业对政府机构(B to G)、消费者对政府机构(C to G)的电子商务;(2) 以开展电子交易的信息网络范围为标准,电子商务可以分为本地电子商务、远程国内电子商务和全球电子商务;(3) 以是否包含支付内容为标准,电子商务可以分为简单电子商务和完全电子商务。简单电子商务是通过网络达成交易,但在网络之外完成支付的电子商务;完全电子商务是指能够通过网络达成交易,并且能够通过网络完成支付的电子商务。

(二) 电子商务的特征

1. 信息媒介的无形性。在电子商务交易中,传统的记载交易者意思和交易内容的纸张被电子信息这一新的媒介所替代,交易中的电子信息可借助于相应的计算机硬、软件和网络环境方便地读取,但由于电子信息具有易丢失、复制、破坏的缺陷,因此,电子商务对其赖以生存与发展的网络技术与环境的安全性要求较高。

2. 跨时空性。从空间概念看,电子商务依靠互联网所形成的空间范围与传统的领土范围是不同的,其没有地理界限。从时间概念看,电子商务没有时间上的间断,只要经营者具备足够的时间与精力,其网络店铺可以全天候营业,消费者可以在任何时间"逛"商铺,充分选择自己需要的商品。

3. 低成本、高效率性。电子商务模式中的商品信息在瞬间即可传递到处于不同地域的企业、消费者手中,企业、消费者也可以在较短时间内实现对所购商品的遴选、比较以及识别,而传统的合同订立过程中的要约、承诺行为则可以通过网络平台瞬间完成,相对于传统交易模式,电子商务交易低成本、高效率的优势十分明显。

二、电子商务法的概念与特征

(一) 电了商务法的概念

电子商务法是调整电子商务活动或行为的法律规范的总称,有广义与狭义之分。广义的电子商务法既注重电子商务的形式,又注重电子商务的内容,内容包括:电子商务网站建设;在线交易主体及市场准入;数据电文;网上电子支付;电子商务市场规制;网上个人隐私保护;在线交易法律适用和管辖冲突。狭义的电子商务法注重的是电子商务的行为手段,其基本任务是在电子通信技术的商业化应用上,建立一个使之顺畅运行的法律平台,亦即从法律上营造一个使各种通信技术都能畅通无阻地应用于其中的商事交易活动的环境。

电子商务立法得到了各国和国际社会的高度重视。联合国国际贸易法委员会经过 5 年时间起草了《电子商务示范法》,并在 1996 年的联合国大会上获得通过,其目的主要在于促成和便利电子商务的应用,并为基于纸面的文件与基于计算机信息的应用者提供同等的法律待遇。该法分为两个部分,共 17 条,对数据电文适用的法律要求,包括对数据电文的法律承认、书面形式、签字、原件,数据电文的可接受性和证据力,数据电文的留存,合同的订立和有效性,当事人各方对数据电文的承认,数据电文的归属、确认收讫、发出和收到数据电文的时间和地点等都作出了详细规定。1998 年 2 月,WTO 主持召开了电子商务讨论会,就电子商务对现有国际贸易体制的冲击,由此引起的知识产权问题以及信息技术产品、服务的进口税问题进行了专门探讨。美国是开展电子商务最早的国家,所以,其在电子商务立法方面取得了重要的突破。美国政府在1997年7月颁布了《全球电子商务纲要》(A Framework for Global Electronic Commerce)。这是全球第一个官方正式发表的关于电子商务立场的文件,现已成为主导电子商务发展的宪章性文献。1999年,美国公布了《统一计算机信息交易法》(Uniform Computer Information Transactions Act,UCITA)和《统一电子交易法》(Uniform Electronic Transactions Act, UETA),供各州在立法时参考。两者互相配套,主要解决电子交易中生成的各种实际法律问题。

我国政府高度重视电子商务立法工作。2004年以前,我国国家和地方立法主要集中在计算机和网络管制方面,除《合同法》中有几款关于数据电文的规定外,其他法律、法规几乎没有涉及电子商务规制的内容。2004年以后,我国开始了具有实质意义上的电子商务立法,并由此进入到一个崭新的立法阶段。2004年8月28日,第十届全国人大常委会第十一次会议通过了《中华人民共和国电子签名法》(以下简称《电子签名法》),并于2005年4月1日实施。《电子签名法》是我国电子商务发展的里程碑,扫除了电子签名在电子商务、电子政务和其他领域中应用的法律障碍,极大地改善了我国电子签名应用的法制环境。此外,国务院各部门及地方政府、行业协会相继出台有关规定,如2005年2月8日信息产业部发布的《电子认证服务管理办法》、2005年3月31日国家密码管理局颁布的《电子认证服务密码管理办法》、2005年10月26日中国人民银行发布的《电子支付指引(第一号)》、2005年4月18日中国电子商务协会政策法律委员会发布的《网上交易平台服务自律规范》,为我国电子商务法的健康发展发挥了重要的作用。

(二)电子商务法的特征

1. 法律主体的虚拟性。电子交易中合同的订立、履行主要通过电子交易系统(电子邮件、电子数据交换系统)自动完成,而在这一过程中,真实交易主体并未现身。

2. 法律规范的任意性与开放性。电子商务是有别于传统交易模式的新型交易形态,许多方面尚处于探索、完善阶段,因此,不宜采用僵硬化的规范来调整电子商务活动,而应与其交易实践的发展保持同步以体现制度规范的开放性。同时,意思自治、契约自由等任意性法律规范同样适用于电子商务。

3. 法律内容的程式性与全球性。一般情形下,电子商务法不重点规定电子商务法律关系中的具体权利、义务,而主要规定电子商务的新形态、新样式及与传统法律制度的协调与融合,这表明电子商务法律制度与传统法律制度同样具有形式法与程式法的特征。同时,由于网络全球性和电子商务的跨国性特征,电子商务法制定时必须考虑国际组织和其他国家电子商务法律制度的内容、特点,力求在主要法律理念、立法原则与制度设计上与其他国家相协调,凸显出电子商务法的全球性特征。

4. 法律客体的广泛性。电子商务双方当事人权利、义务所指向的对象主要是商品和服务,其在现实世界中已具有多种形态。随着网络技术和电子通信技术的发展以及安全性的增强,电子商务的应用领域在不断扩大,电子商务法的客体必将不断增加。

三、电子商务法的基本原则

电子商务法的基本原则是指贯穿于整个电子商务法律制度规范之中的根本准则,是指导电子商务立法、电子商务司法和进行电子商务活动的具有普遍指导意义的基本行为准则。

(一) 最小程度原则

最小程度原则是指目前应在最小程度上进行电子商务的立法,尽力将已经存在的法律适用到电子商务中,以扫除电子商务现存的障碍,从而使电子商务能够顺利发展,而不是通过完整的、系统的立法为其增加额外的要求。

(二) 程序性原则

电子商务法在一定程度上是为了将现存的实体法律适用到电子商务中而清除障碍或者明确关系,程序性问题是矛盾的主要方面,即电子商务法更倾向于程序性而非实体性。

(三) 功能相等原则

功能相等原则是指将传统的纸质媒介与新的网络技术媒介进行比较,如果两者法律意义的功能是相等的,则适用于前者的法律就可以直接适用到后者中。这反映和贯彻于电子商务立法的整个方面,包括合同的形式、签名的方式和技术以及文件的完整性和认证性等。联合国贸法会 1996 年《电子商务示范法》明确规定,只要信息资料符合书面的要求,就赋予该信息资料与书面文件同等的法律效力。

功能相等原则是电子商务法中整个概念的核心,是解决问题的出发点,对电子商务法的建立与完善具有重要意义。

(四) 技术中性原则

技术中性是指电子商务立法时不应该偏向于某一种技术而歧视另一种技术,以使各种技术在电子商务中都有其价值和空间,促进技术的竞争和进步。

(五) 意思自治原则

意思自治原则是指当事人对电子商务中的法律允许自主决定的问题有权根据自己的意思进行约定。这种约定对双方当事人均具有约束力。

(六) 国际协调性原则

国际协调性原则是指在制定电子商务法律规范时应该更加注重电子商务的国际性特征,立法时更应促进电子商务法的国际化。

四、电子商务法律关系

(一) 电子商务法律关系的概念

电子商务法律关系是指电子商务法律规范确认和调整的以电子商务活动参与人权利义务为内容的社会关系。

电子商务法律关系的特点包括:(1) 它是一种人与人之间的社会关系。(2) 它是一种意志关系。其既体现着国家意志,也最大程度体现了电子商务参与人的意志。(3) 平等性。(4) 复合性。其具有私法和公法相结合的性质。行政部门对电子商务主体、市场秩序、电子认证、网络安全、网络税收的监管等都反映了国家宏观调控的因素。

(二) 电子商务法律关系的要素

1. 主体。即电子商务法律关系的参与人,如企业网站、在线商店、在线商城、在线交易中心、网络公司等,还有顾客个人及第三方等。

2. 客体。即电子商务法律关系主体的权利和义务所共同指向的对象,包括有形商品、数字化商品或信息商品、知识产权和信息产权、在线服务等4大类。

3. 内容。即电子商务主体在电子商务法律关系中所享有的权利和承担的义务。

第二节 电子合同与电子签名法律制度

一、电子合同法律制度

(一) 电子合同的概念

联合国国际贸易法委员会《电子商务示范法》第2条A项规定:"'数据电文'系指经由电子手段、光学手段或类似手段生成、储存或传递的信息,数据电文包括但不限于电子数据交换(EDI)、电子邮件、电报或传真所传递的信息。"第6条第1款规定:"如果法律要求信息须采用书面形式,则假若一项数据电文所含信息能够调取以备日后查用,即满足了该项要求。"该法虽未对电子合同有明确的定义,但从这两条规定来看,《电子商务示范法》允许贸易双方通过电子手段传递信息、签订买卖合同和进行货物所有权的转让。这样,以往不具法律效力的数据电文将和书面文件同样得到了法律的承认。

美国统一州法委员会于1999年7月制定的《统一电子交易法》(UETC)对电子合同和电子方式定义为:"'合同'系指当事人根据本法案和其他适用法订立的协议所产生的全部法律义务。'电子方式'系指采用电学、数字、磁、无线、光学、电磁或相关手段的技术。"2000年8月修正的《统一计算机信息交易法》(UCITA)第2条A款17项和26项采用了与《统一电子交易法》相同的定义。这两部法案与联合国国际贸易法委员会《电子商务示范法》的定义方式是类似的,即不明文规定电子合同的定义,而是强调了"电子"的内涵,凡符合以"电子"形式订立的合同即属于电子合同。

我国《合同法》第11条规定:"书面形式是指合同书、信件和数据电文(包括电报、电传、传真、电子数据交换和电子邮件)等可以有形地表现所载内容的形式。"这就在法律上确认了采用电子手段缔结合同的法律效力。

目前,电子合同在我国尚未有明确的法律定义,但结合国际通行观念以及我国《合同法》对传统合同的定义,我们认为可将电子合同界定为:平等主体的自然人、法人、其他组织之间以数据电文为载体,使用电子签名,并利用电子通信设立、变更、终止民事权利义务关系的协议。

(二) 电子合同的订立

电子合同作为合同中的一种特殊形式,其订立与传统的合同相同,同样需要经过要约与承诺两个阶段。不同的是,电子合同中要约与承诺是通过计算机互联网实现瞬间传递的,甚至当事人的意思表示也可能以电子方式自动作出。

1. 电子合同中的要约

对于商家载于互联网上的广告是否属于要约,需要结合多方面因素加以分析确定。

电子商务中的要约同样可以撤回,但电子商务在线交易的特征使得要约的撤回难度大为增加,当事人必须考虑交易的法律风险。

电子商务中的要约同样可以撤销。在线交易中,要约能否撤销取决于交易的具体方式。受要约人的回应速度是要约人能否撤销的关键。如果当事人采用电子自动交易系统从事电子商务,承诺的作出是即刻的,要约人没有机会撤销要约;如果当事人在网上协商,可能形成新要约,这与传统的要约和承诺无异,要约人在受要约人作出承诺前是可以撤销的。

2. 电子合同中的承诺

《合同法》对承诺问题的规定同样适用于电子合同。

关于电子商务中承诺的撤回与撤销,实践中问题及其处理的原则与要约相同。

(三)电子合同的生效

《中华人民共和国民法通则》第55条规定,民事法律行为应当具备下列条件:(1) 行为人具有相应的民事行为能力;(2) 意思表示真实;(3) 不违反法律或者社会公共利益。电子商务合同作为一种特殊形式的合同,其效力判断的依据应与上述规定相一致。但在电子商务环境下,其效力判断标准也对传统规则形成了冲击。

1. 主体行为能力方面的挑战。《合同法》第47条规定:"限制民事行为能力人订立的合同,经法定代理人追认后,该合同有效,但纯获利益的合同或者与其年龄、精神健康状况相适应而订立的合同,不必经法定代理人追认。相对人可以催告法定代理人在一个月内予以追认。法定代理人未做表示的,视为拒绝追认。合同被追认之前,善意相对人有撤销的权利。撤销应当以通知的方式作出。"在网络交易中,行为能力的理论基础受到冲击。目前网民年龄呈现年轻化趋势,越来越多的限制民事行为能力的人能够独立地在网上签订电子合同。这就对传统行为能力的理论基础形成冲击。如目前网上拍卖合同订立的主体很有可能不具备相应的民事权利能力或民事行为能力,是否应视为无效合同?能否不考虑行为主体的行为能力,而只认定合同关系因要约与承诺的意思表示而成立?在电子商务时代,对这些问题进行深入研究非常必要。

2. 电子代理人对传统合同主体的挑战。美国法学会制定的《统一计算机信息交易法》第102条对电子代理人作了如下定义:"电子代理人指为某人用来代表该人对电子讯息或对方的行为采取行动或作出反应,且在作出此种行动或反应之时无需该人对该电子讯息或对方的行为进行审查或做出反应的一个计算机程序,或电子手段或其他自动化手段。"电子代理人的使用基本上有两种情况,一种是当事人双方各自拥有自己的交易系统,通过该系统进行交易;另一种是自动竞价系统。电子代理人虽然也使用了"代理"一词,但与民商法理论中之"代理"迥异,只是具备了后者的某些外部特征而已。电子代理人只是一种交易工具而已,只要具备与交易相应的智能化系统就够了,无行为能力,毫无独立意思和思维能力,完全按照当事人预先设定的程序对特定行为作出反应,同时也没有自身独立的利益,也不会享有自己的权益。总之,电子代理人不具备独立的法律人格,只是辅助当事人签订合同的交易工具。但是,由于电子代理人签订电子合同与双方权利义务关系密切,且电子代理人被日益广泛地应用在电子商务中,因此法律有必要对其进行规范。

(四)电子合同的履行

电子合同的标的可以是信息产品也可以是非信息产品,对于非信息产品,由于具有一定的物理载体,其合同履行方式与传统合同履行并无大的差异,而信息产品,由于其特殊性,在合同履行上则体现出较多的不同之处。

1. 电子合同履行的模式。从我国当前的情况看,电子合同的履行基本上有3种方式:(1) 在线付款、在线交货。此类合同的标的是信息产品,例如音乐的下载。(2) 在线付款、离线交货。(3) 离线付款、离线交货。后两种合同的标的可以是信息产品,也可以是非信息产品。对于信息产品,既可以选择在线下载的方式,也可以选择离线交货的方式。采用在线付款和在线交货方式完成电子合同履行的,与离线交货相比,其履行中的环节比较简单,风险较小,不易产生履行方面的争议。在电子合同的履行中,可能需要第三方加入协助履行,比如在线支付,往往需要银行的网络化服务。

2. 电子合同履行的规则。(1) 关于履行的时间。《合同法》第 62 条规定:"履行期限不明确的,债务人可以随时履行,债权人也可以随时要求履行,但应当给对方必要的准备时间。"以网络中的访问合同为例。访问合同一般给予被许可方在允许的一段期间内访问,这种访问一般是以一方以电子方式访问另一方的一个信息处理系统或从另一方的一个信息处理系统取得信息的合同。被许可方访问的方式和时间可以在合同中约定。(2) 关于履行地点。与有形商品不同,信息等无形产品可以通过媒介拷贝或网络交付即时完成。因此,电子商务合同履行地的规定不同于传统的有形商品。根据美国 UCTTA 第 606(a)款规定,拷贝的交付必须在协议指定的地点进行。如没有此种指定,下列规则应当适用:第一,以有形介质存在的拷贝的交付地点为交付方的营业地,如其没有营业地则为其住所地。但是双方在缔约之时知道拷贝位于其他某一地方,则该其他地方为交付地;第二,以电子方式交付拷贝的地点为许可方指定或使用的信息处理系统;第三,所有权凭证可以通过惯用的银行渠道交付。UCITA 第 606 (b)款规定了数字化信息交付的附随义务:拷贝的交付要求交付方将一份符合要求的拷贝置于另一方处置之下并向另一方发出使其能够访问、控制或占有该拷贝的合理必要的通知。交付必须在合理的时间内进行,并且,如果需要,应当交付访问材料以及协议所要求的其他文件。接受交付的一方应准备好适于接受交付的设施。

(五) 电子合同的违约救济

基于电子合同自身的特质,除传统合同违约救济方式外,电子合同的违约救济方式还包括实际履行、停止使用、继续使用、中止访问等措施。

1. 实际履行。实际履行对于电子商务中的无形标的物而言,其现实意义主要表现在:(1) 信息产品本身的易复制性使得它不易灭失,这就使违约方在违约后仍然有条件继续履行,对被许可方而言,可以继续得到所需要的信息。(2) 信息产品多数具有较高的技术含量,尤其是专业化的信息产品,从标的的接受到投入使用有一个时间过程,如果守约方另寻其他替代品,又会消耗一段时间,显然对守约方不利。(3) 对于信息访问合同,被许可方的目的即是获得有关信息,只要不是因为信息内容上的原因而违约,实际履行对当事人双方都具有重要意义。(4) 信息产品的销售、许可与服务是浑然一体的,这使得信息产品合同当事人的权利义务比其他合同更复杂,涉及当事人的多种利益,实际履行有利于减少当事人尤其是接受方的利益损失。

2. 停止使用。停止使用是指因被许可方的违约行为,许可方在撤销许可或解除合同时,请求对方停止使用并交回有关信息。在传统合同中,虽然也存在因违约而停止使用并交回标的的情况,例如,房屋的承租方违反约定改变使用性质,出租方可以解除合同并要求对方交回房屋。在电子合同中,当标的为信息产品时,停止使用具有特殊意义。对于信息产品,交回的只是信息产品的载体,所以交回的实际意义并不大,唯有停止使用才能保护许可方的利益。停止使用的内容包括被许可方将所占有和使用的被许可的信息及所有的复制件、相关资料退还给许可方,同时被许可方不得继续使用。许可方也可以采用电子自助措施停止信息的继续被利用。但是,被许可的信息在许可过程中已发生改变或与其他信息混合,使得它已无法分离的,则无需交回。

3. 继续使用。继续使用是指在合同终止或许可方有违约行为时,被许可人可以继续使用许可方的信息。继续使用不同于继续履行。在传统合同法的理论上,继续履行是当事人未能按照合同约定正常履行义务时,由法律强制其继续履行该义务,是承担违约责任的形式之一。而继续使用与此不同,虽然也是保护守约方的利益,但它是从赋予守约方权利的角度而非违反方责任的角度来保护的。对于信息许可使用和信息访问而言,如果许可方违约,未按照合同约定提供服务或产品,只要受害方认为必要,可以要求违约方继续履行。但是在被许可方实际使用或获得许可以后,许可方违约了,并不存在继续履行的问题,而是被许可方的继续使用。

4. 中止访问。中止访问是对信息许可访问合同的救济,在访问合同发生重大违约或协议中有特别规定的情形下,一方可以中止违约方所有的访问权并指示协助合同履行的任何人中止其协助行为。

二、电子签名法律制度

(一) 电子签名的概念

对于电子签名,目前国际上没有一个统一的定义。联合国国际贸易法委员会《电子签名示范法》第 2 条规定:“电子签名是指于数据电文中,以电子形式所含、所附或在逻辑上与数据电文有联系的数据,它可用于鉴别与数据电文相关的签名人和表明签名人认可数据电文中所含信息。”《电子签名法》第 2 条第 1 款规定:“本法所称电子签名,是指数据电文中以电子形式所含、所附用于识别签名人身份并表明签名人认可其中内容的数据。”其中的“签名人”,也就是“电子签名人”,是指持有电子签名制作数据并以本人身份或者以其所代表的人的名义实施电子签名的人。所谓“电子签名制作数据”,是指在电子签名过程中使用的,将电子签名与电子签名人可靠地联系起来的字符、编码等数据。

(二) 电子签名的特征

与传统签名相比,电子签名是一种新的签名方式,有其独特的技术特征与法律特征。

1. 非直观性。电子签名表现出来的仅是一组代码。它通过计算机数据信息来记录、传输和保存并通过计算机处理后才能被识别。因此,电子签名不是直观的,不像手工签名通过纸质来保存并可以直接被识别。

2. 特殊认证性。电子签名本身是一种数据,无法以原件形式提交,因此传统的证据法规则产生适用上的困难。一般传统签名的认证,可由有关专家进行职业鉴定来进行。而电子签名则由掌握电子签名的认证机构指令计算机系统通过数据比较来认证。前者的认证带有人为的主观因素,但后者则是通过比较与被比较者可生成的数据符号由铁面无私的计算机进行严格核查,电子签名比传统签名更具有认证效力。

3. 更改的隐蔽性。电子签名的更改仅需在认证系统中将代码与其可代表的特定人之间的映射关系或者数据代码本身重新排列组合,那么,同样的代码就立即变为代表不同的人。除非使用过程中发现问题,一般无法事先发现其已被更改。

4. 脆弱性。网络的开放性和多元性使得电子签名系统存在很多安全盲区,“黑客”泛滥,必将导致电子签名认证计算机系统成为其攻击目标。盗用、更改电子签名进行交易,逃避法律制裁,一般无法事先发现。由于网络通信可能在中途被他人截获并篡改,组成电子签名的符号或代码也易被破译,从而给签署者或使用者造成巨大损失,更造成电子合同双方当事人之间的信任危机。所以,电子签名有着明显的脆弱性。

(三)电子签名的效力

1. 电子签名的适用范围

我国《电子签名法》使用排除法确定了电子签名的使用范围。考虑到交易安全和社会公共利益,借鉴一些国家的做法,《电子签名法》第3条第3款规定在一些特定范围内的法律文书不适用关于电子签名、数据电文的法律效力。这些法律文书包括4个方面:(1) 涉及婚姻、收养、继承等人身关系的;(2) 涉及土地、房屋等不动产权益转让的;(3) 涉及停止供水、供热、供气、供电等公用事业服务的;(4) 法律、行政法规规定的不适用电子文书的其他情形。

2. 可靠电子签名及其法律效力

根据我国《电子签名法》第1条规定,若电子签名同时符合下列条件则视为可靠的电子签名:(1) 电子签名制作数据用于电子签名时,属于电子签名人专有;(2) 签署时电子签名制作数据仅由电子签名人控制;(3) 签署后对电子签名的任何改动能够被发现;(4) 签署后对数据电文内容和形式的任何改动能够被发现。

此外,当事人也可以选择使用符合其约定的可靠条件的电子签名。

《电子签名法》第14条规定,可靠的电子签名与手写签名或者盖章具有同等的法律效力。

(四)数据电文

1. 数据电文的形式要求

由于数据电文具有虚拟性,其保存与呈现形式不同于传统的文字保存与呈现方式,《电子签名法》第4条规定:"能够有形地表现所载内容,并可以随时调取查用的数据电文,视为符合法律、法规要求的书面形式。"

在保存形式方面,《电子签名法》第6条规定:"符合下列条件的数据电文,视为满足法律、法规规定的文件保存要求:(1) 能够有效地表现所载内容并可供随时调取查用;(2) 数据电文的格式与其生成、发送或者接收时的格式相同,或者格式不相同但是能够准确表现原来生成、发送或者接收的内容;(3) 能够识别数据电文的发件人、收件人以及发送、接收的时间。"

2. 数据电文的证据效力

《电子签名法》第7条规定:"数据电文不得仅因为其是以电子、光学、磁或者类似手段生成、发送、接收或者储存的而被拒绝作为证据使用。"该规定确立了数据电文所具有的证据效力。

同时,《电子签名法》对司法实践中审查数据电文证据真实性的参考因素作出了规定。该法第8条规定:"审查数据电文作为证据的真实性,应当考虑以下因素:(1) 生成、储存或者传递数据电文方法的可靠性;(2) 保持内容完整性方法的可靠性;(3) 用以鉴别发件人方法的可靠性;(4) 其他相关因素。"

第三节　电子商务纠纷的解决机制

电子商务跨地域性与虚拟性等特点使得电子交易过程中产生的纠纷与传统纠纷在时间、空间等方面存在差异，因此，除传统的纠纷解决机制外，还需要积极探索适合电子商务的新型纠纷解决机制。

一、电子商务纠纷解决的一般机制

电子商务纠纷解决的一般机制包括：(1) 协商；(2) 调解；(3) 仲裁；(4) 诉讼。

二、电子商务在线纠纷解决机制

（一）在线纠纷解决机制的概念与特点

所谓在线争议解决方式（Online Dispute Resolution，ODR）是指运用计算机和网络技术，以替代性争议解决方式（Alternative Dispute Resolution，ADR）来解决争议。替代性争议解决方式是指各国普遍存在的法定民事诉讼制度以外的非诉讼纠纷解决程序或机制的总称。在线争议解决方式实质上是替代性争议解决方式在互联网中的演变形式。

虽然在线争议解决方式基本上沿用了已有的替代性争议解决方式的形式，但是，由于其运用了网络这一特殊的技术手段而成为一种具有相对独立性的争议解决方式，有其自身的特点，包括：

1. 摆脱了传统管辖权与法律适用在网络世界中的无助。其采用了灵活的制定规则与选择规则，替代了法院程序和可能产生的法律与管辖权纷争，充分体现了虚拟互联网的特性。

2. 解决方式灵活多样，规则适用的非武断性，处理的高效率与经济性更是毋庸置疑的。

（二）在线纠纷解决方式的种类

1. 在线清算。Cybersettle 是最早提供在线清算（Online Settlement）服务的，主要针对保险索赔。Clicknsettle 紧随其后，适用于任何在线纠纷。两者都有一种专门的系统，通过这一系统，争议双方各自报价，但无从知晓对方的出价。如果双方的报价符合事先约定的某一公式，则系统自动以中间价成交。Cybersettle 允许被诉人出价 3 次，原告可以还价 3 次；Clicknsettle 则允许双方在 60 日内进行任意次数的报价。如果在此期限内双方无法达成一致，则当事人仍然可以不受影响地进行谈判，因为他们在在线清算系统中的报价是绝对保密的。这种系统的建立，可以大大缩短谈判和诉讼时间，降低解决争议的成本和费用。

2. 在线仲裁。世界上最主要的在线仲裁（Online Arbitration）提供者是加拿大的 eResolution，主要解决域名争议。因特网名称与地址分配公司（ICANN）授权 eResolution 以在线方式解决域名争议，争议的解决以 ICANN 的《统一域名纠纷处理规则》为依据。解决域名争议的请求可以通过电子邮件提出，也可以通过填写安全网页上的申请表提交。

3. 在线消费者投诉处理。更佳商业局在线（BBBOnline）是美国中央更佳商业局（Central Better Business Bureau）的子公司，致力于发展以在线方式处理消费者投诉。通过 BBBOnline，消费者可以以在线方式提交投诉，但是目前对投诉的处理还没有完全做到在线。一般情况下，在收到投诉后，BBBOnline 首先会进行和解，即与公司内部的有关人员联系，这种方法常常能马上解决问题。如果和解不成,在多数情况下会利用电子邮件和电话进行简易的调解。如果这些非正式的、部分利用在线方式的努力都不成功,BBBOnline 会提供更加正式的离线争议解决方式,包括面对面的调解和仲裁。

4. 在线调解。在线调解(Online Mediation)与离线调解在程序上的区别主要是沟通方式的不同。在线调解使用经过加密的电子邮件进行调解,或通过加密的聊天室进行沟通。在某些情况下,还可以使用可视会议系统。通过使用密码,调解员可以和一方当事人单独在一间"房间"里谈话,而另一方当事人在另一间"房间"等候。目前,在线调解在技术上已经没有问题。在线调解的双方当事人都可以通过一台接入因特网的计算机进行沟通。调解的系统和文件都存储在特定的服务器上,只有经过授权的使用者才可以进入。这一系统一般都是由调解员或调解组织提供的。在程序上,在线调解通常使用的流程包括 6 个阶段:申请人提出申请,登记案件相关信息,选择调解员,在线调解,达成调解书和履行调解书。所有程序都通过在线的方式进行,双方当事人通过随机创设的在线调解室,以网上文字的形式进行事实陈述和证据出示(主要是相关证据的电子照片),并由调解员介绍相关的法律,提出调解方案,双方当事人如果接受这一方案,则达成调解协议。

5. 网络庭审。网络庭审是指采用网络技术,简化诉讼程序从而解决纠纷的审判方式。其减少了诉讼成本,使当事人能以最少的投入行使自己的合法权益和受到法律的保护,具有十分现实的作用。但网络庭审也面临一定的挑战,一是对诉讼程序安全的挑战。如何应对黑客是网络庭审不可回避的,比如有关身份确认、签字真伪等的真实性和当事人的唯一性都需要认真对待。二是对法官审判能力的挑战。在网络庭审上,声音和图像乃至当事人是否受强迫等问题,很难保证没有失真,这对法官的审判能力是一个考验。

(三)我国的电子商务在线纠纷解决机制

基于我国电子商务市场、法治环境的缺陷,ODR 的理论研究与实践操作均未形成一种潮流。在实践中,只有中国互联网络信息中心认可的争议解决机构、中国国际经济贸易仲裁委员会和香港国际仲裁中心联合会成立的亚洲域名争议解决中心等提供针对网上域名争议的在线解决方式。除此之外,2004 年民间也自发成立了在线争议解决机构"中国在线争议解决中心",但该中心自成立以来,业务非常冷清。这说明国内民众对 ODR 这一新型纠纷解决方式尚未认可。

我国已经加入 WTO 十余年,国内企业迈向国际市场的步伐逐渐加快,国内市场逐渐与国际市场融为一体。面对全球统一的市场和消费者,电子商务是我国迅速高效融入国际市场的必经之路,我国必须给市场主体提供公正、迅捷的争议解决途径。因此,ODR 是我国发展电子商务必须面对的问题。当前,我国 ADR 主要包括调解和仲裁两种形式。而基于 ODR 与 ADR 的同质性,最有可能与 ODR 接轨的便是仲裁与调解相结合的网络仲裁调解模式。但由于《中华人民共和国仲裁法》制度性障碍以及国内立法、司法、舆论环境对网络 ODR 还存在偏见与冷漠,这些因素使得国内 ODR 发展缓慢,有待于通过实践进一步健全和完善,以发挥其对我国电子商务和电子商务法的促进与保障作用。

案例思考

案例一:网络服务合同纠纷案

2001 年 3 月 31 日,刘某以“Jaliseng”的用户名在交易平台注册,成为易趣网的用户,由易趣网为刘某提供免费的网络交易平台服务。2001 年 7 月 1 日,易趣网开始向用户收取网络交易平台使用费,并于 9 月 18 日发布了新的《服务协议》供新老用户确认,该协议对用户注册程序、网上交易程序、收费标准和方式及违约责任等作了具体的约定。此后,刘某确认了易趣网的《服务协议》,并继续使用易趣网的网络交易平台,但至 2001 年 9 月 24 日,刘某尚欠易趣网网络平台使用费 1 330 元,为此,易趣网诉至法院,要求刘某支付网络平台使用费、赔偿律师费用。刘某则认为,《服务协议》长达 67 页,过于冗长,致使用户不能阅读全文,故用户不应受该协议的约束。

本案应如何处理?

案例二:手机短信作证电子签名案

2004 年 1 月,杨先生结识了女孩韩某。同年 8 月 27 日,韩某发短信给杨先生,向他借钱应急,短信中说:“我需要 5 000 元,刚回北京做了眼睛手术,不能出门,你汇到我卡里。”杨先生随即将钱汇给了韩某。一个多星期后,杨先生再次收到韩某的短信,又借给韩某 6 000 元。因都是短信来往,两次汇款杨先生都没有索要借据。此后,因韩某一直没提过借款的事,而且又再次向杨先生借款,杨先生产生了警惕,于是向韩某催要所借款。但一直索要未果,于是起诉至海淀法院,要求韩某归还其 11 000 元钱,并提交了银行汇款单存单两张。但韩某却称这是杨先生归还以前欠她的欠款。

为此,在庭审中,杨先生在向法院提交的证据中,除了提供银行汇款单存单两张外,还提交了自己使用的号码为“1391166 × × × ×”的飞利浦移动电话一部,其中记载了部分短信息内容。如:2004 年 8 月 27 日 15:05,那就借点资金援助吧;2004 年 8 月 27 日 15:13,你怎么这么实在!我需要五千,这个数不大也不小,另外我昨天刚回北京做了个眼睛手术,现在根本出不了门口,见人都没法见,你要是资助就得汇到我卡里!等韩某发来的 18 条短信内容。后经法官核实,杨先生提供的发送短信的手机号码拨打后接听者是韩某本人。而韩某本人也承认,自己从去年七八月份开始使用这个手机号码。

法院经审理认为,依据《最高人民法院关于民事诉讼证据的若干规定》中关于承认的相关规定,对于“1391173 × × × ×”的移动电话号码是否由韩女士使用,韩女士在第一次庭审中明确表示承认,在第二次法庭辩论终结前韩女士委托代理人撤回承认,但其变更意思表示未经杨先生同意,亦未有充分证据证明其承认行为是在受胁迫或者重大误解情况下作出,原告杨先生对该手机号码是否为被告所使用不再承担举证责任,而应由被告对该手机其没有使用过承担举证责任,而被告未能提供相关证据,故法院确认该号码系韩女士使用。依据 2005 年 4 月 1 日起施行的《中华人民共和国电子签名法》中的规定,电子签名是指数据电文中以电子形式所含、所附用于识别签名人身份并表明签名人认可其中内容的数据。数据电文是指以电子、光学、磁或者类似手段生成、发送、接收或者储存的信息。移动电话短信息即符合电子签名、数据电文的形式。同时移动电话短信息能够有效地表现所载内容并可供随时调取查用;能够识别数据电文的发件人、收件人以及发送、接收的时间。经本院对杨先生提供的移动电话短信息生成、储存、传递数据电文方法的可靠性,保持内容完整性方法的可靠性,用以鉴别发件人方法的可靠性进行审查,可以认定该移动电话短信息内容作为证据的真实性。根据证据规则的相关规定,录音录像及数据电文可以作为证据使用,但数据电文可以直接作为认定事实的证据,还应有其他书面证据相佐证。杨先生提供的通过韩女士使用的号码发送的移动电话短信息内容中载明的款项往来金额、时间与中国工商银行个人业务凭证中体现的杨先生给韩女士汇款的金额、时间相符,且移动电话短信息内容中亦载明了韩女士偿还借款的意思表示,两份证据之间相互印证,可以认定韩女士向杨先生借款的事实。据此,杨先生所提供的手机短信息可以认定为真实有效的证据,证明事实真相,本院对此予以采纳,对杨先生要求韩女士偿还借款的诉讼请求予以支持。

请对本案作出法理分析。

第九章 保险法

本章导读

保险法上的保险是指投保人根据合同约定,向保险人支付保险费,保险人对于合同约定的可能发生的事故因其发生所造成的财产损失承担赔偿保险金责任,或者当被保险人死亡、伤残、疾病或者达到合同约定的年龄、期限等条件时承担给付保险金责任的商业保险行为。保险法是调整保险活动中产生的保险人与投保人、被保险人以及受益人之间社会关系的所有法律规范的总称。我国《保险法》既调整投保人与保险人之间的关系,即保险公司与客户之间的关系,又调整国家对保险业的监督管理关系,还调整与保险活动有关的其他社会关系。所以,我国《保险法》的内容十分丰富。保险法对各种保险关系的法律调整主要是围绕保险合同进行的。了解和掌握保险合同在订立、履行、变更、解除与终止等方面的法律规则是学习保险法的基本要求。

第一节 保险和保险法概述

一、保险概述

(一)保险的概念

保险法上的保险是指投保人根据合同约定,向保险人支付保险费,保险人对于合同约定的可能发生的事故因其发生所造成的财产损失承担赔偿保险金责任,或者当被保险人死亡、伤残、疾病或者达到合同约定的年龄、期限等条件时承担给付保险金责任的商业保险行为。

保险的条件一般包括:

1. 必须有特定危险存在。危险,又称为风险,是保险存在的前提,但其发生的时间、对象与损失具有不确定性。

2. 保险人必须对保险合同约定的保险责任范围内的保险事故造成的损失给予补偿。

3. 必须有多数人参加,缴纳保险费,建立保险基金。

4. 保险关系必须通过保险合同才能确立,依法订立的保险合同具有法律约束力。

(二)保险的分类

1. 按实施方式分为自愿保险和强制保险。自愿保险是指投保人和保险人根据自愿原则成立的保险。投保人对是否投保、保险金额、保险期限等可以自行决定。强制保险,又称为法定保险,是依据国家法令强制实施的保险,其保险标的多与人民生命、健康和国家重大经济利益有关,一般实行统一的保险条款和基础保险费率。

2. 按保险标的分为财产保险和人身保险。财产保险是指以财产及其有关利益为标的的保险,主要包括财产损失保险、责任保险、信用保险等。人身保险是指以人的生命、健康为标的的保险,主要包括人寿保险、健康保险、意外伤害保险等。

3. 按责任次序分为原保险和再保险。原保险又称第一次保险,是指保险人对被保险人因保险事故所造成的损失,承担直接的原始赔偿责任的保险。再保险,又称分保险或第二次保险,是保险人将其承担的保险业务以分保形式部分转移给其他保险人的保险。

4. 按营业目的分为社会保险和商业保险。社会保险是指为了贯彻国家社会保障政策的需要,不以营利为目的而实行的一种福利保险。商业保险是指以营利为目的的保险,属于社会保险以外的普通保险。

二、保险法概述

(一)保险法的概念

保险法是调整保险活动中产生的保险人与投保人、被保险人以及受益人之间社会关系的所有法律规范的总称。

我国现行的保险业基本法律是1995年5月30日第八届全国人大常委会第十四次会议通过,同年10月1日施行的《中华人民共和国保险法》(以下简称《保险法》)。该法于2002年10月28日、2009年10月1日分别作了修订。

按照传统法学理论,在"民商合一"的国家,保险法是单行法,属于民法的特别法;在"民商分立"的国家,保险法则属于商法。但随着经济法的产生和发展,现代保险法中所包含的国家对保险业监督和管理的内容,是传统民商法所无法容纳的。所以,有学者认为保险法更接近于经济法。我国保险法既有民法规范,又有经济法规范。综合性是保险法的突出特点。

(二)保险法的调整对象

我国保险法的调整对象包括:(1)投保人与保险人之间的关系,即保险公司和客户之间的关系;(2)国家对保险业的监督管理关系;(3)与保险活动有关的其他社会关系。

(三)保险法的基本原则

1. 保险利益原则

保险利益,又称为可保利益,是指投保人对保险标的具有法律上承认的利益。《保险法》第12条规定:"投保人对保险标的不具有保险利益的,保险合同无效。"保险利益是保险合同的根本要素。

构成保险利益必须具备3个条件:(1)合法利益。即必须是法律上承认的利益,非法所得不能作为保险标的投保,对于自己不能产生权益的标的也不能投保。(2)能够确定的利益。即被保险人或投保人可以确定保险标的的现有利益或者基于现有利益而产生的将来预期利益。(3)属于经济上的利益。即可以用金钱估量的财产利益或人身利益。其中,财产利益的范围主要包括现有利益、预期利益和财产责任利益;人身利益主要指人的生死存亡或身体遭受损害而导致的损失。

保险利益原则的必要性在于:(1)防止道德危险的发生。道德危险是指投保人、被保险人或受益人,为诈取保险赔款而违反法律或合同,故意造成和扩大的危险。保险利益原则可以防止投保人为诈取保险赔款而杀害保险人或毁损被保险财产。(2)防止赌博行为的发生。保险区别于赌博的关键就是有保险利益的存在。如果投保人或被保险人对保险标的可以不具有保险利益,就意味着被保险人可以不受任何损失而获得保险赔偿,使保险失去了补偿损失的意义,成为赌博。(3)限制损害赔偿的程度。保险利益是保险人所补偿损失的最高限度。投保人或被保险人不能因保险而得到保险利益以外的利益。

2. 最大诚信原则

最大诚信原则,又称为最大善意原则,是指在保险活动中当事人应当从善意出发,意思表示必须真实、非常讲究信誉、严格恪守诺言,以最大善意的方式履行义务,不得规避法律。

保险合同是射幸合同,保险危险是不确定的,保险人主要是依据投保人对保险标的的告知和保证来决定是否承保和保险费的大小,如果投保人诈欺或隐瞒,就有可能导致保险人判断失误和受骗,甚至使保险变成赌博。因此,法律对保险合同当事人的诚信程度提出了很高的要求。

在保险立法中,最大诚信原则的具体体现为如实告知义务的确立。

3. 损失补偿原则

损失补偿原则是指当保险事故发生使投保人或被保险人遭受损失时,保险人必须在责任范围内对投保人或被保险人所受的损失进行补偿。

损失补偿仅限于损失财产的实际价值,不包括精神损失。保险人补偿的范围主要包括:(1)保险事故发生时,保险标的的实际损失。在财产保险中,最高赔偿额以保险标的的保险金额为限,在人身保险中,以约定的保险金额为最高限额。(2)施救费用。《保险法》第57条第2款规定:“保险事故发生后,被保险人为防止或者减少保险标的的损失所支付的必要的、合理的费用,由保险人承担;保险人所承担的数额在保险标的损失赔偿金额以外另行计算,最高不超过保险金额的数额。”(3)诉讼费用。《保险法》第66条规定:“责任保险的被保险人因给第三者造成损害的保险事故而被提起仲裁或者诉讼的,除合同另有约定外,由被保险人支付的仲裁或者诉讼费用以及其他必要的、合理的费用,由保险人承担。”(4)其他费用。主要是指为了确定保险责任范围内的损失所支付的受损标的的检验、估价、出售等费用。

4. 近因原则

近因,也称为直接原因,是指对直接促成结果的发生有支配力的原因。近因原则是指损失与保险事故的发生有直接关系时,保险人才负赔偿责任。

第二节 保险合同

一、保险合同的概念和特征

《保险法》第10条第1款规定:“保险合同是投保人和保险人约定保险权利义务关系的协议。”

保险合同具有以下特征:

1. 保险合同是射幸合同。“射幸”的本意是碰运气。射幸合同是指当事人一方或双方应为的给付,取决于合同成立后偶然事件发生的合同。在保险合同的有效期内,如果发生合同约定的损失,被保险人可从保险人处获得的赔偿金额可能远远超出其所支付的保险费;如果没有发生损失,则只付出保险费而没有任何收益。对于保险人而言,当发生保险事故时,其所赔付的金额可能远大于其所收取的保险费,如果不发生保险事故,则只享有收取保险费的权利,不承担给付保险金的责任。保险合同具有射幸性质,是由保险事故的发生具有偶然性的特点所决定的。

2. 保险合同是双务合同。在保险合同中,投保人向保险人缴付保险费作为取得保险人对保险标的给予保障的权利的对价,保险人收取保险费就必须承担保险标的受损后的赔偿义务。

3. 保险合同是格式合同。格式合同是指合同条款已事先拟定,当事人只能就该条款表示愿意接受而签订合同。多数保险合同是格式合同。

4. 保险合同是最大诚信合同。诚实信用是任何一种合同应遵循的原则,但保险合同的诚信要求比一般合同要高。因为一般情况下保险人是根据投保人告知的情况决定是否承保及承保的条件,保险人在承保前无法实际勘察,所以要求投保人具有超出一般合同的最大诚信。

二、保险合同的分类

1. 根据保险标的的不同,分为人身保险合同和财产保险合同。人身保险合同是以人的寿命和身体为保险标的的保险合同。财产保险合同是以财产及其有关利益为保险标的的保险合同。

2. 根据是否预先确定保险价值,分为定值保险合同和不定值保险合同。定值保险合同是指双方事先确定保险标的的保险价值,并在合同中载明以确定保险金最高额的财产保险合同。保险事故发生后,保险人应按照约定的保险价值作为给付保险赔偿金的基础。其主要适用于海上保险合同、内陆货物运输合同以及以艺术品、矿石标本等不易确定价值的财产为标的的财产保险。不定值保险合同是指当事人对保险标的不预先确定其价值,而在保险事故发生后确定保险价值的财产保险合同,适用于大多数财产保险合同。

3. 根据保险金额和保险价值的关系,分为足额保险合同、不足额保险合同和超额保险合同。足额保险合同是指保险金额和保险价值相等的合同。保险事故发生后,如果保险标的全部损失的,保险人应按照保险价值全部赔偿;部分损失的,保险人按实际损失赔偿。被保险人既可以获得充分的保险保障,也不会多支付不必要的保险费。不足额保险合同是指保险金额小于保险价值的合同。保险人对被保险人损失的赔偿责任仅以保险金额为限,超出保险金额以外的部分,保险人不负赔偿责任,视作被保险人自保。除合同另有约定外,保险人按保险金额与保险价值的比例承担责任。超额保险合同是指保险金额超过保险价值的合同。《保险法》规定:"保险金额不得超过保险价值。超过保险价值的,超过的部分无效。"

4. 根据保险人的人数,分为单保险合同和复保险合同。单保险合同是指投保人对同一保险标的就同一保险利益、同一保险事故、同一保险期间与一个保险人签订的保险合同。复保险合同是指投保人对同一保险标的、同一保险利益、同一保险事故分别向两个或两个以上保险人订立的保险合同。《保险法》第56条规定:"重复保险的投保人应当将重复保险的有关情况通知各保险人。重复保险的保险金额总和超过保险价值的,各保险人的赔偿金额的总和不得超过保险价值。除合同另有约定外,各保险人按照其保险金额与保险金额总和的比例承担赔偿责任。"

5. 根据保险人的负责次序,分为原保险合同和再保险合同。原保险合同是指保险人对被保险人直接承担保险责任的合同。再保险合同是指保险人将其承担的保险业务,以承保的形式,部分转移给其他保险人的合同。两者的区别在于:原保险合同中只有一方是保险人,而再保险合同的双方都是保险人;原保险合同的保险标的可以是财产及其有关的利益或人身,而再保险合同的保险标的是原保险合同中所承担的部分责任。再保险合同以原保险合同的存在为前提。

三、保险合同的主体

(一) 保险合同的当事人

1. 投保人。又称要保人,是指与保险人订立保险合同,并支付保险费的人。其条件是:(1) 具备民事权利能力和民事行为能力;(2) 对保险标的具有保险利益;(3) 承担支付保险费的义务。

2. 保险人。又称承保人,是指与投保人订立保险合同并承担赔偿或给付保险金责任的人。其特征有:(1) 仅指经营保险业务的保险公司;(2) 有权收取保险费;(3) 有履行承担赔偿或者给付保险金的义务。

(二) 保险合同的关系人

1. 被保险人。即其财产或人身受保险合同保障,享有保险金请求权的人。其特征有:(1) 是保险事故发生时遭受损失的人。在财产保险中,被保险人必须是财产的所有人或者其他权利人;在人身保险中,被保险人应是其生命或者健康因危险事故的发生而遭受直接损害的人。(2) 是享有赔偿请求权的人。在财产保险中,请求权由被保险人亲自行使;如果被保险人死亡,则由其法定继承人取得请求权。在人身保险中,请求权可以由被保险人行使,也可以由受益人根据合同的约定取得。如果保险合同未约定受益人,在被保险人死亡时,其法定继承人继承取得请求权。(3) 可以是投保人,也可以是第三人。在投保人以自己的生命、身体或财产为保险标的的投保而订立的保险合同中,投保人也就是被保险人。投保人与保险人也可以不是同一人。在这种情况下,投保人不是为其本人而是为了他人利益而订立保险合同。(4) 资格一般没有严格限制。被保险人可以是无民事行为能力的人。但《保险法》第 33 条规定:"投保人不得为无民事行为能力人投保以死亡为给付保险金条件的人身保险,保险人也不得承保。"

2. 受益人。即人身保险合同中由被保险人或者投保人指定的享有保险金请求权的人。投保人和被保险人都可作为受益人。其特征有:(1) 享有保险金的请求权;(2) 由被保险人或投保人指定;(3) 投保人、被保险人本人可以为受益人;(4) 不受有无名民事行为能力及保险利益的限制。

四、保险合同的成立和履行

(一) 保险合同的成立

《保险法》第 13 条规定:"投保人提出保险要求,经保险人同意承保,并就合同的条款达成协议,保险合同成立。保险人应当及时向投保人签发保险单或者其他保险凭证,并在保险单或者其他保险凭证中载明当事人双方约定的合同内容。"

(二) 保险合同的内容

1. 法定条款。即法律规定保险合同必须具备的条款。《保险法》第 18 条规定:"保险合同应当包括下列事项:(1) 保险人名称和住所;(2) 投保人、被保险人名称和住所,以及人身保险的受益人的名称和住所;(3) 保险标的;(4) 保险责任和责任免除;(5) 保险期间和保险责任开始时间;(6) 保险价值;(7) 保险金额;(8) 保险费以及支付办法;(9) 保险金赔偿或者给付办法;(10) 违约责任和争议处理;(11) 订立合同的年、月、日。"

2. 约定条款。即投保人和保险人在保险合同的法定条款之外,就保险有关的其他事项作出约定的条款。

(三) 保险合同的履行

1. 投保人的义务

(1) 据实告知的义务。《保险法》第16条规定:"订立保险合同,保险人应当向投保人说明保险合同的条款内容,并可以就保险标的或者被保险人的有关情况提出询问,投保人应当如实告知。投保人故意隐瞒事实,不履行如实告知义务的,或者因过失未履行如实告知义务,足以影响保险人决定是否同意承保或者提高保险费率的,保险人有权解除保险合同。投保人故意不履行如实告知义务的,保险人对于保险合同解除前发生的保险事故,不承担赔偿或者给付保险金的责任,并不退还保险费。投保人因过失未履行如实告知义务,对保险事故的发生有严重影响的,保险人对于保险合同解除前发生的保险事故,不承担赔偿或者给付保险金的责任,但可以退还保险费。"

(2) 缴纳保险费的义务。财产保险的保险费一般在合同成立时一次缴清,经双方特别约定的,可以分期缴付;人身保险合同的保险费多以分期缴付。

(3) 通知的义务。《保险法》第52条规定:"在合同有效期内,保险标的的危险程度显著增加的,被保险人应当按照合同约定及时通知保险人,保险人可以按照合同约定增加保险费或者解除合同。被保险人未履行通知义务的,因保险标的的危险程度显著增加而发生的保险事故,保险人不承担赔偿保险金的责任。"

(4) 避免损失扩大的义务。保险事故发生时,被保险人有责任尽力采取必要的措施,防止或者减少损失。

2. 保险人的义务

(1) 支付保险金的义务。包括对保险标的的损失的赔偿或者对约定事项出现时的给付;对为防止或减少保险责任范围内的损失而采取的必要措施所支出的合理费用进行的补偿,包括诉讼费用。两部分应分别计算,除合同另有约定外,各自都以保险金额为最高支付限额。

(2) 解释说明保险合同的义务。《保险法》第17条规定:"订立保险合同,保险人应当向投保人说明保险合同的条款内容。"第18条规定:"保险合同中规定有关于保险人责任免除条款的,保险人在订立保险合同时应当向投保人明确说明,未明确说明的,该条款不产生效力。"

(3) 保密的义务。保险人或再保险接收人对于在办理保险业务中了解的投保人、被保险人、受益人或再保险分出人的业务或财产情况及个人隐私,负有保密义务。

(四) 保险索赔

保险索赔是指被保险人或受益人在保险标的因保险事故发生,造成财产损失或人身伤亡后,依照保险合同请求保险人赔偿损失或给付保险金的行为,是被保险人或受益人实现其保险权益的具体表现。其程序是：

1. 提出出险通知和索赔请求。出险通知是投保人、被保险人或者受益人在知道保险事故发生后，及时告知保险人已出险的通知。根据《保险法》的规定，出险通知义务人是投保人、被保险人或者受益人，只要其中有一人发出通知即为履行了此项义务。

2. 提供索赔单证。索赔单证是保险人、被保险人、投保人、受益人在保险活动中行使权利履行义务的重要凭证之一，主要有：保险单或者其他保险凭证；有关保险标的的原始单据，如发票、提单等，身份证、户口簿、工作证等可以证明被保险人姓名、年龄、职业等情况的资料。

3. 在规定期限内领取保险金。

（五）代位追偿权

代位追偿权是指在财产保险中，由于第三人的过错造成保险标的发生保险责任范围内损失的，如果保险人按照合同的约定给付了保险金，被保险人将对该第三人享有的赔偿请求权转移给保险人，由保险人代为行使。

代位追偿权的范围以被保险人享有的权利为限，并不得超过保险人赔付给被保险人的金额。

代为追偿权只适用于财产保险，不适用于人身保险。

《保险法》第61条规定："保险事故发生后，保险人未赔偿保险金之前，被保险人放弃对第三者的请求赔偿的权利的，保险人不承担赔偿保险金的责任。保险人向被保险人赔偿保险金后，被保险人未经保险人同意放弃对第三者请求赔偿的权利的，该行为无效。由于被保险人的过错致使保险人不能行使代位请求赔偿的权利的，保险人可以相应扣减保险赔偿金。"

第三节 保险合同的变更、解除和终止

一、保险合同的变更

（一）保险合同主体的变更

保险合同主体变更是指投保人、被保险人、受益人的变更。

在财产保险中，主体变更多由保险标的的所有权移转而发生。同时，主体变更以发生在投保人方面较为常见。投保人的变更有以下两种情形：（1）投保人可自由转让的合同。它是指投保人的变更毋需征得保险人的同意。如《中华人民共和国海商法》规定："海上货物运输保险合同可以由被保险人背书或者以其他方式转让，合同权利、义务随之转移。"（2）须经保险人同意方可变更的合同。大多数合同投保人的变更须征得保险人的同意。《保险法》第49条第2款规定："保险标的的转让应当通知保险人，经保险人同意继续承保后，依法变更合同。但是，货物运输保险合同和另有约定的合同除外。"

（二）保险合同内容的变更

保险合同内容的变更是指保险合同约定的事项的改变，体现为当事人权利和义务的改变，主要有：（1）根据合同约定或法律规定的条件，增加保险费；（2）由于客观情况发生变

化,降低保险费;(3) 补交保险费。

(三) 保险合同效力的中止和恢复

合同约定分期支付保险费,投保人支付首期保险费后,除合同另有约定外,投保人超过规定的期限60日未支付当期保险费的,合同效力中止,或者由保险人按照合同约定的条件减少保险金额。但经保险人和投保人协商并达成协议,在投保人补交保险费后,合同效力恢复。但是,投保人恢复合同效力的申请必须在合同效力中止之日起2年内提出。

二、保险合同的解除

保险合同的解除是指保险合同签订后或履行过程中,因客观情况发生变化,当事人依法提前终止合同的法律行为,分为约定解除和法定解除。

《保险法》规定:(1) 投保人故意隐瞒事实,不履行如实告知义务的,或者因过失未履行如实告知义务,足以影响保险人决定是否同意承保或者提高保险费率的,保险人有权解除保险合同。(2) 被保险人或者受益人在未发生保险事故的情况下,谎称发生了保险事故,向保险人提出赔偿或者给付保险金的请求的;投保人、被保险人或者受益人故意制造保险事故的,保险人有权解除保险合同。(3) 投保人申报的被保险人年龄不真实,并且其真实年龄不符合合同约定的年龄限制的,保险人可以解除合同。(4) 因为投保人延期交纳保险费导致合同效力中止的,自合同效力中止2年内双方未达成协议的,保险人有权解除合同。(5) 在合同有效期内,保险标的危险程度增加的,被保险人按照合同约定应当及时通知保险人,保险人有权要求增加保险费或者解除合同。(6) 投保人、被保险人未按照约定履行其对保险标的安全应尽的责任的,保险人有权要求增加保险费或者解除合同。

三、保险合同的终止

保险合同的终止分为自然终止和保险合同当事人行使终止权两种情况。

保险合同的自然终止,是指在正常情况下保险合同不再对当事人具有约束力的情形。主要包括:保险合同期间届满;保险事故发生,保险人已支付全部保险金;保险标的非因保险事故而全部灭失;等等。

行使终止权的终止,是指保险合同当事人依保险法和相关法律或依保险合同使生效的保险合同失去效力的行为。《保险法》第58条规定:“保险标的发生部分损失的,自保险人赔偿之日起30日内,投保人可以解除合同;除合同另有约定外,保险人也可以解除合同,但应当提前15日通知投保人。合同解除的,保险人应当将保险标的未受损失部分的保险费,按照合同约定扣除自保险责任开始之日起至合同解除之日止应收的部分后,退还投保人。”

第四节 保险公司

一、保险公司的法律规定

(一) 保险公司的设立

保险公司是指投资人以营利为目的依法设立的,经营保险业务的企业法人。

《保险法》第68条规定,在我国设立保险公司应当具备下列条件:(1) 有符合《保险法》

和《公司法》规定的章程;(2) 有符合《保险法》规定的注册资本最低限额;(3) 有具备任职专业知识和业务工作经验的高级管理人员;(4) 有健全的组织机构和管理制度;(5) 有符合要求的营业场所和与业务有关的其他设施。

(二) 保险公司的变更

根据《保险法》第 84 条的规定,保险公司有下列变更事项之一的,须经保险监督管理机构批准:(1) 变更名称;(2) 变更注册资本;(3) 变更公司或者分支机构的营业场所;(4) 调整业务范围;(5) 公司分立或者合并;(6) 修改公司章程;(7) 变更出资人或者持有公司股份 10% 以上的股东;(8) 保险监督管理机构规定的其他变更事项。

(三) 保险公司的解散和清算

1. 保险公司的解散

(1) 强制解散。即公司因为法律规定或保险监督管理机关的命令而被迫解散。(2) 任意解散。即公司基于自己的意志而自愿终止公司的活动或者消灭法人资格,包括因分立、合并而解散,或者股东会、股东大会决议解散,或者公司章程规定的解散事由出现,经国务院保险监督管理机构批准后解散。

2. 保险公司的清算

保险公司解散,应当依法成立清算组进行清算。公司自主解散的,应按照《公司法》的规定自己组织清算组进行清算。保险公司依法申请破产的,按照《破产法》的规定进行清算,在破产财产的分配上应优先适用《保险法》第 91 条的规定:"破产财产在优先清偿破产费用和共益债务后,按照下列顺序清偿:(1) 所欠职工工资和医疗、伤残补助、抚恤费用,所欠应当划入职工个人账户的基本养老保险、基本医疗保险费用,以及法律、行政法规规定应当支付给职工的补偿金;(2) 赔偿或者给付保险金;(3) 保险公司欠缴的除第(1) 项规定以外的社会保险费用和所欠税款;(4) 普通破产债权。破产财产不足以清偿同一顺序的清偿要求的,按照比例分配。破产保险公司的董事、监事和高级管理人员的工资,按照该公司职工的平均工资计算。"

(四) 保险公司的经营规则

1. 经营业务范围的规则。保险公司经营人身保险业务、财产保险业务以及与保险有关的其他业务的具体范围应严格按照《保险法》的规定执行。保险公司应当依法在国务院保险监督管理机构依法批准的业务范围内从事保险经营活动。

2. 保障偿付能力的规则。《保险法》第 101 条规定:"保险公司应当具有与其业务规模和风险程度相适应的最低偿付能力。保险公司的认可资产减去认可负债的差额不得低于国务院保险监督管理机构规定的数额;低于规定数额的,应当按照国务院保险监督管理机构的要求采取相应措施达到规定的数额。"

3. 保险资金运用的规则。《保险法》第 106 条规定:"保险公司的资金运用必须稳健,遵循安全性原则。保险公司的资金运用限于下列形式:(1) 银行存款;(2) 买卖债券、股票、证券投资基金份额等有价证券;(3) 投资不动产;(4) 国务院规定的其他资金运用形式。"根据《保险法》第 107 条的规定,经国务院保险监督管理机构会同国务院证券监督管理机构批准,保险公司可以设立保险资产管理公司,依法从事证券投资活动。

4. 风险基金管理的规则。为保障保险公司能及时支付保险金或赔款,各国保险法都要求保险公司建立相应的风险基金。我国《保险法》规定,保险公司应当根据保障被保险人利益、保证偿付能力的原则,提取各项责任准备金;依法提取公积金和公司清算时用于清偿债务的保证金,并依法缴纳保险保障基金。

二、保险业的监督管理

保险业监管是指国家保险监督管理机构依法对本国保险业的监督和管理。

根据“分业经营、分业监管”的原则,为了进一步加大对保险业统一监管的力度,防范与控制保险风险,我国在借鉴国外经验的基础上,结合我国国情,建立了与社会主义市场经济相适应的全国统一的保险监管体系。

1998 年 11 月 18 日,国务院批准设立了保监会,承担保险监管的职能。我国保监会履行以下职责:(1) 拟定保险业发展的方针政策,制定行业发展战略和规划;起草保险业监管的法律、法规;制定业内规章。(2) 审批保险公司及其分支机构、保险集团公司、保险控股公司的设立;会同有关部门审批保险资产管理公司的设立;审批境外保险机构代表处的设立;审批保险代理公司、保险经纪公司、保险公估公司等保险中介机构及其分支机构的设立;审批境内保险机构和非保险机构在境外设立保险机构;审批保险机构的合并、分立、变更、解散,决定接管和指定接受;参与、组织保险公司的破产、清算。(3) 审查、认定各类保险机构高级管理人员的任职资格;制定保险从业人员的基本资格标准。(4) 审批关系社会公众利益的保险险种、依法实行强制保险的险种和新开发的人寿保险险种等的保险条款和保险费率,对其他保险险种的保险条款和保险费率实施备案管理。(5) 依法监管保险公司的偿付能力和市场行为;负责保险保障基金的管理,监管保险保证金;根据法律和国家对保险资金的运用政策,制定有关规章制度,依法对保险公司的资金运用进行监管。(6) 对政策性保险和强制保险进行业务监管;对专属自保、相互保险等组织形式和业务活动进行监管。管理保险行业协会、保险学会等行业社团组织。(7) 依法对保险机构和保险从业人员的不正当竞争等违法、违规行为以及对非保险机构经营或变相经营保险业务进行调查、处罚。(8) 依法对境内保险及非保险机构在境外设立的保险机构进行监管。(9) 制定保险行业信息化标准;建立保险风险评价、预警和监控体系,跟踪分析、检测、预测保险市场运行状况,负责统一编制全国保险业的数据、报表,并按照国家有关规定予以发布。(10) 承办国务院交办的其他事项。

案例思考

案例一:李思佳诉中国人寿保险股份有限公司宜昌西陵区支公司人身保险合同纠纷案

原告李思佳诉称:2003 年 5 月,原告之母在被告西陵人保公司为原告购买学生平安保险一份(该保险附加意外伤害医疗保险),被告未按规定出具书面保险合同。原告在泰康人寿保险股份有限公司宜昌中心支公司(以下简称泰康保险公司)购买了相同类型的附加保险。2004 年 1 月 7 日,原告因发生交通事故受伤,共花去医疗费 1 313.90 元。2004 年 3 月,原告持医疗费发票原件到泰康保险公司进行了理赔。后原告持医疗费发票复印件及病历原件到被告处要求理赔,被告却以必须持医疗费发票原件方可办理理赔手续为由至今不予理赔。

请求判令被告向原告支付医疗保险金 1 313.90 元。原告提供了相应证据。

被告西陵人保公司辩称:原告李思佳在我公司投保的学生平安保险中附加的意外伤害医疗保险,是一种财产性质的保险,应适用损失补偿原则理赔,原告在已经获得泰康保险公司赔付的情况下,不能重复理赔。我公司要求原告提供医疗费原始凭证,是为了确认原告的损失是否获得赔偿,并对重复理赔行为加以控制。原告因交通事故受伤而支付的医疗费已经获得赔偿,我公司有权拒绝赔付。故原告的诉讼请求应当依法驳回。

宜昌市西陵区人民法院认为:根据《中华人民共和国保险法》中所称保险,包括财产保险和人身保险两大类。人身保险是以人的寿命和身体为保险标的的保险。原告在被告处投保的"学生、幼儿平安保险",是对被保险人因疾病或遭受意外伤害造成死亡或身体残疾,由保险人按约定给付保险金的保险,属于人身保险;其附加的意外伤害医疗保险,是以被保险人身体因遭受意外伤害需要治疗为给付保险金条件的保险,其性质亦应属人身保险。因此,被告应按照保险法中关于人身保险合同的赔付原则支付保险金。被告关于附加的意外伤害医疗保险是一种财产性质的保险,应适用损失补偿原则理赔的答辩观点无法律依据,不予采纳。

根据《保险法》第 23 条第 1 款的规定,保险事故发生后,被保险人申请理赔,应当向保险人提供其所能提供的与确认保险事故的性质、原因、损失程度等有关的证明和资料,并未要求必须提供相关资料原件。因此,被告要求原告必须提供医疗费收据等资料原件方可理赔的答辩观点,缺乏法律依据,不予采纳。

另外,关于原告李思佳请求的医疗保险金的给付标准问题。因原、被告双方对保险合同关系的成立和生效无异议,现原告已依被告西陵人保公司的要求交纳了保险费,尽管被告未向原告出具书面保险合同,根据权利义务对等的原则,被告应比照本公司承办此项保险业务对外公布的合同条款中载明的标准支付原告医疗保险金。被告提供的《国寿学生、幼儿平安保险附加意外伤害医疗保险条款》第 3 条第 1 项规定:"被保险人在县级以上(含县级)医院或者本公司认可的医疗机构诊疗所支出的、符合当地社会医疗保险主管部门规定可报销的医疗费用,本公司扣除人民币 50 元的免赔额后,在保险金额范围内,按 80% 的范围内给付医疗保险金。"对于被告提供的上述保险条款,原告亦予以确认,故该条款应当作为确定本案保险金给付标准的依据。因此,本案被告赔付的具体数额应当为原告实际支付的医疗费 1 313.90元减去免赔额 50 元后剩余金额的80%,即 1 011.12 元。原告要求被告对其发生的医疗费全额赔付的诉讼请求,没有法律依据,不予支持。

据此,宜昌市西陵区人民法院于 2004 年 9 月 1 日判决:被告西陵人保公司给付原告李思佳医疗保险金 1 011.12 元。

请对本案作出法理分析。

案例二:段天国诉中国人民财产保险股份有限公司南京分公司财产保险合同纠纷

原告段天国诉称:2008 年 3 月 24 日,原告与被告人保南京分公司签订了第三者责任保险合同。2008 年 9 月 11 日,原告驾驶被保险车辆在龙铜线上村西段与案外人王大伟驾驶的助力车相撞,造成两车损坏、王大伟受伤的交通事故。原告要求被告全额支付保险金,遭到被告无理拒绝。请求法院判令被告依据保险合同向原告支付保险金 72 825.68 元。

被告人保南京分公司辩称:(1) 根据涉案保险合同条款第 9 条的约定,即使理赔,也应扣除20%的免赔率;(2) 根据涉案保险合同条款第25条第2款的约定,对于伤者的4 080.20元的医保外用药费用不应理赔。

人民法院审理认为,双方当事人对保险合同第25条第2款:"保险人按照国家基本医疗保险的标准核定医疗费用的赔偿金额"的理解存在争议,根据《中华人民共和国合同法》第41条规定:"对格式条款的理解发生争议的,应当按照通常理解予以解释。对格式条款有两种以上解释的,应当作出不利于提供格式条款一方的解释。格式条款和非格式条款不一致的,应当采用非格式条款。"因此,在涉案保险合同争议条款的含义不明确的情况下,应当作出不利于人保南京分公司的解释。涉案保险合同是一份商业性的保险合同,保险人收取的保费金额远远高于国家基本医疗保险,投保人对于加入保险的利益期待也远远高于国家基本医疗保险。因此,如果按照被告人保南京分公司"医保外用药"不予理赔的主张对争议条款进行解释,就明显降低了人保南京分公司的风险,减少了人保南京分公司的义务,限制了原告段天国的权利。人保南京分公司按照商业性保险收取保费,却按照国家基本医疗保险的标准理赔,有违诚信。

综上,被告人保南京公司根据涉案保险合同约定"医保外用药不予理赔"的主张不予支持。原告段天国未投保"不计免赔附加险",涉案保险合同约定的保险条款已明确驾驶人在事故中负全部事故责任的免赔率为20%,人保南京分公司辩称应扣除20%免赔部分再予理赔的意见,符合涉案保险合同的约定,应予以支持。据此,南京市江宁区人民法院于2010年5月19日判决:被告人保南京分公司给付原告段天国保险理赔款58 260.78元。

请对本案作出法理分析。

案例三:韩龙梅等诉阳光人寿保险股份有限公司江苏分公司人身保险合同纠纷

原告诉称:2009年3月,刘元贞、王月兰之子,韩龙梅之夫,刘娜、刘凯之父刘继购买了阳光人保推出的"绚丽阳光"保险一份,保险金额为60 000元,保险期限为1年。同年4月20日,刘继在前往四川途中发生交通事故身亡。5原告均为刘继的合法继承人,依法向阳光人保要求理赔时遭拒绝。请求法院判令阳光人保按约定支付保险金60 000元,并承担本案的诉讼费用。

被告阳光人保辩称:"绚丽阳光"型保险采用"电子保单"形式订立保险合同,全部投保程序均采用数据电文,激活电子保单的过程,就是保险人对投保人进行询问和说明的过程。但是刘继没有履行如实告知义务,选择自己的职业是"农夫",如果刘继如实告知其职业是"营业用货车司机",他将被系统拒绝承保。鉴于刘继故意不履行如实告知义务,我公司有权解除保险合同,且对于合同解除前发生的保险事故,不承担赔偿或者给付保险金的责任,而且不退还保险费。

经查明刘继的职业填写为"农夫"是因为保险公司业务员的原因造成的。最终南京市鼓楼区人民法院于2009年11月20日判决:被告阳光人保赔偿原告韩龙梅、刘娜、刘凯、刘元贞、王月兰保险金60 000元。

请对本案作出法理分析。

第十章 证券法

本章导读

作为一种证明特定经济权益的凭证,证券在现代市场经济中的作用越来越明显。与此同时,证券在发行和交易中所带来的风险也越来越被人们所关注。通过法律的手段调整证券发行与交易关系中产生的各方面关系,并规定证券监管体制,发挥证券监管部门的作用,是世界各国的通行做法。但由于历史传统、立法技术上的原因,现在只有少数国家制定或实施了证券法或证券交易法,多数国家系通过颁布公司法或其他单行法律、法规调整证券关系。在我国,金融危机所带来的金融风险使得国家对证券法的重视程度大大提高,出台专门的法律规范证券市场的意愿大为增强。在此背景下,我国于1998年12月29日通过了《中华人民共和国证券法》,并于2004年8月28日通过了《关于修改〈中华人民共和国证券法〉的决定》,自2006年1月1日起施行。《证券法》是新中国成立以来第一部按国际惯例、由国家最高立法机构组织而非由政府某个部门组织起草的经济法。根据该法的规定,我国《证券法》以调整证券交易关系为主,同时也调整与证券交易有关的发行关系;同时,《证券法》未作规定的事项,适用公司法和其他法律、行政法规的规定,从而确立了《证券法》作为特别法优先适用的法律地位。

第一节 证券与证券法概述

一、证券概述

(一) 证券的概念和特征

证券有广义和狭义之分。广义的证券是指以证明或者设定权利所做成的书面凭证,表明证券持有人或者第三人有权取得该证券所记载的特定权益,包括资本证券、货币证券和商品证券。资本证券是证明持有人享有一定的经济权益的书面凭证,表明持券人对一定的本金带来的收益享有请求权,如股票、债券等。货币证券是证明持券人享有一定索取权的书面凭证,分为商业证券和银行证券,如汇票、本票、支票等。商品证券是证明持券人享有一定商品请求权的书面凭证,如提货单、运货单等。狭义的证券是指资本证券,即以一定书面形式或其他形式,记载并代表特定民事权利的书面凭证。我国《证券法》规定的证券是指狭义的证券,包括股票、公司债券和国务院依法认定的其他证券(包括政府债券、证券投资基金及权证、证券期货等证券衍生品种)。

证券具有如下特征:(1) 证券是一种投资证券。证券是投资者权利的载体,投资者权利通过证券记载,并凭借证券获取相应的收益。(2) 证券是一种权益凭证。证券代表了投资者享有的财产权,如股票代表股权、债券代表债权。(3) 证券是一种可转让的权利凭证。证券具有流通性。证券持有者可以随时将证券转让出售,以实现自身的权利。

(二)证券市场的概念

证券市场是指证券发行和交易的场所,分为:(1)证券发行市场,又称“一级市场”或“初级市场”,是发行人以筹集资金为目的,按照一定的发行条件和程序,向投资者出售证券所形成的市场;(2)证券交易市场,又称“二级市场”或“次级市场”,是已发行的证券通过买卖交易实现流通转让的场所。

证券市场的主体是指在证券市场上参与证券发行和交易的各类法律主体,包括证券发行人、投资者、中介机构、交易场所、自律性组织和监管机构等。证券发行人主要是指发行证券的单位,一般包括公司、金融机构、政府等;投资者是指证券的买卖者,可分为个人投资者和机构投资者,后者是指有资格进行证券投资的单位,如公司、金融机构、基金组织等;证券中介机构是指为证券发行和交易提供服务的各种中介机构,如证券登记结算机构、证券公司、资信评级机构、资产评估机构、会计师事务所、律师事务所等;交易场所是指为证券发行和交易提供场所和设施的服务机构,如上海证券交易所和深圳证券交易所等;证券自律组织一般是指证券业行业协会,如证券业协会、交易所协会等;证券监管机构是指代表政府对证券市场进行监督管理的机构,如中国证券业监督管理委员会及其派出机构。

二、证券法概述

(一)证券法的概念

证券法的概念有广义和狭义之分。广义的证券法是调整证券发行、交易和证券监管过程中发生的社会关系的法律规范的总称;狭义的证券法仅指《证券法》。

证券法的调整对象包括:(1)证券发行关系,包括证券发行的条件与方式、证券发行的制度、证券的承销、证券的购买等;(2)证券交易关系,包括证券交易的方式、过程,证券上市交易,持续性信息公开和禁止的证券交易行为;(3)证券监管关系,包括国家证券监督管理机构对证券发行人、证券经营机构、证券投资者、证券交易所等证券市场参与者活动的监督管理关系,以及证券业协会的自律管理关系。

(二)证券法的基本原则

证券法的基本原则是证券法基本精神的体现,是证券发行、交易和监管都必须遵循的最基本的准则,贯穿于证券立法、执法和司法活动的始终。

1. 公开、公平、公正原则。公开原则是指有关证券发行、交易的信息要公开,让投资者在充分了解真实情况的基础上自行作出投资决策。公平原则是指证券市场的所有参与者在法律上都具有平等地位,在市场中机会平等。公正原则是指证券的发行、交易活动执行统一的规则,适用统一的规范。

2. 自愿、有偿、诚实信用原则。自愿原则是指当事人有权按照自己的意愿参与证券发行与证券交易活动,任何机构、组织和个人都不得非法干预,任何一方都不得把自己的意志强加给对方。有偿原则是指在证券发行和交易活动中,一方当事人不得无偿占有他方当事人的财产和劳动。诚实信用原则是指有关各方当事人应自觉遵守社会公德,参与证券活动要诚实守信、客观公正、信守承诺,不弄虚作假,不欺人骗人。

3. 遵守法律、行政法规原则。《证券法》规定:“证券的发行、交易活动,必须遵守法律、行政法规;禁止欺诈、内幕交易和操纵证券市场的行为。”

4. 分业经营、分业管理原则。《证券法》规定:“证券业和银行业、信托业、保险业实行分业经营、分业管理,证券公司与银行、信托、保险业务机构分别设立。国家另有规定的除外。”

5. 保护投资者合法权益原则。这也是证券法的立法宗旨之一,贯穿于证券法中各项具体规则如发行上市保荐、信息披露、禁止证券欺诈行为等。

6. 监督管理与自律管理相结合原则。《证券法》规定:“国务院证券监督管理机构依法对全国证券市场实行集中统一监督管理。”“国务院证券监督管理机构根据需要可以设立派出机构,按照授权履行监督管理职责。”“在国家对证券发行、交易活动实行集中统一监督管理的前提下,依法设立证券业协会,实行自律性管理。”“国家审计机关依法对证券交易所、证券公司、证券登记结算机构、证券监督管理机构进行审计监督。”

第二节　证券机构

一、证券交易所

(一) 证券交易所的概念

证券交易所是指为证券集中交易提供场所和设施,组织和监督证券交易,实行自律管理的法人。按照组织形式不同,其分为:(1) 会员制证券交易所,是指由会员(一般是券商)自愿出资组成的、非营利性的证券交易机构。(2) 公司制证券交易所,是指由股东出资设立,以股份公司或者有限公司形式出现的法人。股东一般有银行、券商、信托投资公司及各类公营公司和民营公司等。我国的证券交易所目前有上海证券交易所和深圳证券交易所,都是会员制证券交易所,进入证券交易所参与集中交易的,必须是证券交易所的会员。

证券证券交易所可以自行支配的各项费用收入,应当首先用于保证其证券交易场所和设施的正常运行并逐步改善。实行会员制的证券交易所的财产积累归会员所有,其权益由会员共同享有,在其存续期间,不得将其财产积累分配给会员。

(二) 证券交易所的组织机构

会员大会是证券交易所的权力机构,决定证券交易所的重大问题。证券交易所设理事会。证券交易所设总经理一人,由国务院证券监督管理机构任免。

(三) 证券交易所的职责

1. 保障交易场所交易公平和交易信息公开。证券交易所应当为组织公平的集中交易提供保障,公布证券交易即时行情,并按交易日制作证券市场行情表,予以公布。未经证券交易所许可,任何单位和个人不得发布证券交易即时行情。

2. 技术性停牌和临时停市。因突发性事件而影响证券交易的正常进行时,证券交易所可以采取技术性停牌的措施;因不可抗力的突发性事件或者为维护证券交易的正常秩序,证券交易所可以决定临时停市。证券交易所采取技术性停牌或者决定临时停市,必须及时报告国务院证券监督管理机构。

3. 异常交易监控。证券交易所对证券交易实行实时监控,并按照国务院证券监督管理机构的要求,对异常的交易情况提出报告。证券交易所应当对上市公司及相关信息披露义务人披露信息进行监督,督促其依法及时、准确地披露信息。证券交易所根据需要,可以对出现重大异常交易情况的证券账户限制交易,并报国务院证券监督管理机构备案。

4. 证券交易所风险基金的设立。证券交易所应当从其收取的交易费用和会员费、席位费中提取一定比例的金额设立风险基金。风险基金由证券交易所理事会管理。风险基金提取的具体比例和使用办法,由国务院证券监督管理机构会同国务院财政部门规定。证券交易所应当将收存的风险基金存入开户银行专门账户,不得擅自使用。

5. 上市有关事务的办理。证券交易所有权依照法律、行政法规,以及国务院证券监督管理机构的规定办理股票、公司债券的暂停上市、恢复上市或终止上市的事务。

6. 制定证券交易及管理规则。证券交易所依照证券法律、行政法规制定上市规则、交易规则、会员管理规则和其他有关规则,并报国务院证券监督管理机构批准。

二、证券公司

(一) 证券公司的概念

证券公司是指依照法律、行政法规等的规定,由国务院证券监督管理机构审查批准设立的、从事证券经营业务的金融机构。《证券法》规定:"证券公司是指依照《中华人民共和国公司法》和本法规定设立的经营证券业务的有限责任公司或者股份有限公司。"

(二) 证券公司的业务范围

经国务院证券监督管理机构批准,证券公司可以经营下列部分或者全部业务:(1) 证券经纪;(2) 证券投资咨询;(3) 与证券交易、证券投资活动有关的财务顾问;(4) 证券承销与保荐;(5) 证券自营;(6) 证券资产管理;(7) 其他证券业务。

证券公司应当自领取营业执照之日起15日内,向国务院证券监督管理机构申请经营证券业务许可证。未取得经营证券业务许可证,证券公司不得经营证券业务。

(三) 证券公司的设立条件

证券公司的设立应符合以下条件:(1) 有符合法律、行政法规规定的公司章程。(2) 主要股东具有持续盈利能力,信誉良好,最近3年无重大违法违规记录,净资产不低于人民币2亿元。(3) 有符合本法规定的注册资本,证券公司的注册资本因业务范围的不同而有不同的要求。证券公司经营前述业务第(1)~(3)项业务的,注册资本最低限额为人民币5 000万元;经营第(4)~(7)项业务之一的,注册资本最低限额为人民币1亿元;经营第(4)~(7)项业务中两项及两项以上的,注册资本最低限额为人民币5亿元。证券公司的注册资本应当是实缴资本。国务院证券监督管理机构根据审慎监管原则和各项业务的风险程度,可以调整注册资本最低限额,但不得少于前款规定的限额。(4) 董事、监事、高级管理人员具备任职资格,从业人员具有证券从业资格。(5) 有完善的风险管理与内部控制制度。(6) 有合格的经营场所和业务设施。(7) 法律、行政法规规定的和经国务院批准的国务院证券监督管理机构规定的其他条件。

(四) 证券公司的业务规则

证券公司的业务规则主要包括:(1) 建立健全内部控制制度,采取有效隔离措施,防范公司与客户之间、不同客户之间的利益冲突。证券公司必须将其证券经纪业务、证券承销业务、证券自营业务和证券资产管理业务分开办理,不得混合操作。(2) 自营业务必须以自己的名义进行,不得假借他人名义或者以个人名义进行。自营业务必须使用自有资金和依法筹集的资金。不得将其自营账户借给他人使用。(3) 不得为其股东或者股东的关联人提供融资或者担保。(4) 客户的交易结算资金应当存放在商业银行,以每个客户的名义单独立户管理。具体办法和实施步骤由国务院规定。不得将客户的交易结算资金和证券归入其自有财产。禁止任何单位或者个人以任何形式挪用客户的交易结算资金和证券。证券公司破产或者清算时,客户的交易结算资金和证券不属于其破产财产或者清算财产。非因客户本身的债务或者法律规定的其他情形,不得查封、冻结、扣划或者强制执行客户的交易结算资金和证券。(5) 办理经纪业务应当置备统一制定的证券买卖委托书,供委托人使用。采取其他委托方式的,必须作出委托记录。客户的证券买卖委托,不论是否成交,其委托记录应当按照规定的期限,保存于证券公司。(6) 为客户买卖证券提供融资融券服务,应当按照国务院的规定并经国务院证券监督管理机构批准。(7) 办理经纪业务,不得接受客户的全权委托而决定证券买卖、选择证券种类、决定买卖数量或者买卖价格。(8) 不得以任何方式对客户证券买卖的收益或者赔偿证券买卖的损失作出承诺。(9) 证券公司及其从业人员不得未经过其依法设立的营业场所私下接受客户委托买卖证券。

证券公司的从业人员特别是董事、监事、高级管理人员等必须具备规定的任职要求。

三、证券登记结算机构

(一) 证券登记结算机构的概念

证券登记结算机构是指经国家证券监督管理机构批准,依法设立的为证券交易提供集中登记、托管和结算服务,不以营利为目的的法人组织。证券登记是指记录并确定当事人对证券的持有情况、当事人相关权益的行为。证券托管是指券商和投资者将自己拥有的证券委托给证券登记结算公司保管,并由证券登记结算公司提供相应服务的行为。证券结算是指证券交易成交后,对买卖双方应收应付的证券和价款进行核定计算,完成证券交割和资金交付的行为。

(二) 证券登记结算机构的设立条件

证券登记结算机构的设立应具备以下条件:(1) 自有资金不少于人民币 2 亿元;(2) 具有证券登记、存管和结算服务所必需的场所和设施;(3) 主要管理人员和从业人员必须具有证券从业资格;(4)国务院证券监督管理机构规定的其他条件。

证券登记结算机构的名称中应当标明证券登记结算字样。

(三) 证券登记结算机构的职能

证券登记结算机构的职能主要包括:(1) 证券账户、结算账户的设立;(2) 证券的存管和过户;(3) 证券持有人名册登记;(4) 证券交易所上市证券交易的清算和交收;(5) 受发行人的委托派发证券权益;(6) 办理与上述业务有关的查询;(7) 国务院证券监督管理机构批准的其他业务。

证券登记结算采取全国集中统一的运营方式。证券登记结算机构章程、业务规则应当依法制定,并经国务院证券监督管理机构批准。

四、证券交易服务机构

（一）证券服务机构的概念

证券服务机构是指为证券交易提供证券投资咨询和资信评估的机构。包括：(1) 专业的证券服务机构，即证券投资咨询机构、资信评估机构；(2) 其他证券服务机构，即经批准可以兼营证券投资咨询服务的资产评估机构、会计师事务所、律师事务所。

（二）证券服务机构及其人员的资格

投资咨询机构、财务顾问机构、资信评级机构、资产评估机构、会计师事务所从事证券服务业务，必须经国务院证券监督管理机构和有关主管部门批准。投资咨询机构、财务顾问机构、资信评级机构从事证券服务业务的人员，必须具备证券专业知识和从事证券业务或者证券服务业务两年以上经验。

投资咨询机构及其从业人员从事证券服务业务不得有下列行为，否则，给投资者造成损失的，依法承担赔偿责任：(1) 代理委托人从事证券投资；(2) 与委托人约定分享证券投资收益或者分担证券投资损失；(3) 买卖本咨询机构提供服务的上市公司股票；(4) 利用传播媒介或者通过其他方式提供、传播虚假或者误导投资者的信息；(5) 法律、行政法规禁止的其他行为。

五、证券监督管理机构

（一）证券监督管理机构的概念

证券监督管理机构是指中国证券监督管理委员会。其可以根据需要设立派出机构，按照授权履行监督管理职责。

（二）国务院证券监督管理机构的职责

国务院证券监督管理机构的职责主要有：(1) 依法制定有关证券市场监督管理的规章、规则，并依法行使审批或者核准权；(2) 依法对证券的发行、上市、交易、登记、存管、结算进行监督管理；(3) 依法对证券发行人、上市公司、证券公司、证券投资基金管理公司、证券服务机构、证券交易所、证券登记结算机构的证券业务活动进行监督管理；(4) 依法制定从事证券业务人员的资格标准和行为准则，并监督实施；(5) 依法监督检查证券发行、上市和交易的信息公开情况；(6) 依法对证券业协会的活动进行指导和监督；(7) 依法对违反证券市场监督管理法律、行政法规的行为进行查处；(8) 法律、行政法规规定的其他职责。

国务院证券监督管理机构可以和其他国家或者地区的证券监督管理机构建立监督管理合作机制，实施跨境监督管理。

国务院证券监督管理机构有权行使现场调查权，调查取证权，询问权，查阅、复制和封存权，账户查询权和冻结权，限制买卖证券权等执法权。

六、证券业协会

（一）证券业协会的概念

证券业协会是证券业的自律性组织，是社会团体法人。中国证券业协会于 1991 年 8 月 28 日成立，总部设在北京。

证券业协会的会员包括：(1) 团体会员，即证券公司；(2) 个人会员，即证券市场管理部门有关领导以及从事证券研究及业务工作的专家。

证券业协会的权力机构是全体会员组成的会员大会。每两年举行一次,必要时经常务理事会决议可临时召开,设会长、副会长、理事会。理事会成员依章程的规定由选举产生,每届任期两年,可连选连任。

(二)证券业协会的职责

证券业协会的职责主要包括:(1) 教育和组织会员遵守证券法律、行政法规;(2) 依法维护会员的合法权益,向证券监督管理机构反映会员的建议和要求;(3) 收集整理证券信息,为会员提供服务;(4) 制定会员应遵守的规则,组织会员单位的从业人员的业务培训,开展会员间的业务交流;(5) 对会员之间、会员与客户之间发生的证券业务纠纷进行调解;(6) 组织会员就证券业的发展、运作及有关内容进行研究;(7) 监督、检查会员行为,对违反法律、行政法规或者协会章程的,按照规定给予纪律处分。

第三节 证券的发行

一、证券发行的概念

证券发行的概念,有广义和狭义两种。广义的证券发行是指符合发行条件的商业组织或政府组织,以筹集资金为目的,依照法律规定的程序向社会投资人要约出售代表一定权利的资本证券的行为。狭义的证券发行是指发行人以集资或调整股权结构为目的作成证券并交付相对人的单独法律行为。通常所说的证券发行,是指广义的证券发行。

证券发行按不同标准可作不同分类:

1. 按发行对象,可以分为公开发行和非公开发行。《证券法》第10条第2款规定,有下列情形之一的,为公开发行:(1) 向不特定对象发行证券的;(2) 向特定对象发行证券累计超过200人的;(3) 法律、行政法规规定的其他发行行为。非公开发行是指只有特定的投资者可以认购所发行证券,并且向特定对象发行证券累计不超过200人的发行。我国证券法上的公开发行,基本相当于国外证券法上的公募发行;而我国证券法上的非公开发行,基本相当于外国证券法上的私募发行。

2. 按发行方式,分为直接发行和间接发行。直接发行是指发行人直接向投资者发行证券。间接发行是指发行人通过证券公司等承销商向投资者发行。依照《证券法》规定,发行人申请公开发行股票、可转换为股票的公司债券,以及依法应当采取承销方式发行的其他证券,须采取间接发行的方式。

3. 按发行价格,分为固定价格定价发行、议价发行和招标发行。固定价格定价,在股票市场表现为新股溢价发行制,是计划经济色彩浓厚的新股发行制度,即拟上市公司新发行股票的价格由这家公司和证券公司商定,报证监会批准发行。议价发行是指发行人和保荐机构须通过向基金公司、证券公司和保险公司等投资者询价确定发行价格的发行制度。招标发行是指通过招标的方式来确定证券的承销商和发行条件的发行方式。

4. 按发行目的,分为设立发行和增资发行。设立发行是指发行人为设立股份有限公司,而向社会投资者发行股票的行为。增资发行是指对已成立的股份有限公司因生产经营需要,追加资本而发行股票的行为。

二、证券发行的主要制度

（一）证券发行的保荐制度

证券发行的保荐制度是指由保荐人对发行人发行证券进行推荐和辅导，并核实公司发行文件中所载资料是否真实、准确、完整，协助发行人建立严格的信息披露制度，承担风险防范责任，并在公司上市后的规定时间内继续协助发行人建立规范的法人治理结构，督促公司遵守上市规定，对上市公司的信息披露负有连带责任。

《证券法》规定，发行人申请公开发行股票、可转换为股票的公司债券，依法采取承销方式的，或者公开发行法律、行政法规规定实行保荐制度的其他证券的，应当聘请具有保荐资格的机构担任保荐人。

（二）证券发行的承销制度

证券承销是指证券经营机构依照协议包销或者代销发行人向社会公开发行的证券的行为。其方式包括:(1) 证券代销。即证券公司代发行人发售证券，在承销期结束时，将未售出的证券全部退还给发行人的承销方式。(2) 证券包销，即证券公司将发行人的证券按照协议全部购入或者在承销期结束时将售后剩余证券全部自行购入的承销方式。

第四节 证券交易

一、证券交易的概念

证券交易，又称为证券买卖，是指证券所有人将已经依法发行并已交付的证券有偿转让给他人的法律行为。

证券交易依其是否在证券交易所进行而分为场内交易和场外交易。根据我国《证券法》第 40 条的规定:“证券在证券交易所上市交易，应当采用公开的集中交易方式或者国务院证券监督管理机构批准的其他方式。”在场外交易场所进行的证券交易称为场外交易。场外交易的对象包括:上市公司的非流通股票、非上市的公司债券、主板退市公司的股票等。

二、证券交易的方式

证券交易的方式包括:(1) 现货交易。即证券交易双方在成交后即时清算交割证券和价款的交易方式。(2) 期货交易。即交易双方在签订证券买卖合同后并不立即执行，而是按合同中约定的价格在未来的一个日期进行交割和清算。(3) 期权交易。期权是指在未来一定时期可以买卖的权利，是买方向卖方支付一定数量的金额(指权利金)后拥有的、在未来一段时间内(指美式期权)或未来某一特定日期(指欧式期权)以事先规定好的价格(指履约价格)向卖方购买(指看涨期权)或出售(指看跌期权)一定数量的特定标的物的权利，但不负有必须买进或卖出的义务。(4) 信用交易。即客户按照法律规定，在买卖证券时只向证券商交付一定的保证金，由证券商提供融资或融券进行的交易。

第五节 违反证券法的法律责任

一、违反证券法法律责任的概念

违反证券法的法律责任是指证券关系主体从事违反证券法法律、法规的行为，扰乱证券市场程序，损害投资者或其他当事人合法权益时应当承担的法律责任。

二、违反证券法法律责任的特征

违反证券法的法律责任具有如下特征：(1) 法律责任的类型包括民事责任、行政责任、刑事责任；(2) 一般采用双罚制，即同时处罚单位主体和直接负责的主管人员和其他责任人员；(3) 应当承担民事赔偿责任和缴纳罚款、罚金，其财产不足以同时支付时，先承担民事赔偿责任。

案例思考

案例一：国泰证券有限公司哈尔滨营业部诉郭志文等股票透支交易纠纷案

1994 年 2 月至 5 月，张忠宇、邹祥明、郭志文和蔡跃辉分别在国泰证券部开户交易。同年 5 月，张忠宇等 36 户股民分别购买了 755 680 股界龙实业股票(下称界龙股票)。在购买界龙股票过程中，张忠宇、邹祥明和蔡跃辉等股民在国泰证券部有几万至一百余万元不等的透支。后因界龙股票价格下跌，36 户股民共同委托张忠宇、邹祥明、田丹负责以原买入价处理界龙股票。同年 5 月 15 日，邹祥明与案外人武晓琨在上海市书面委托该市股民马晓全权处理。马晓接受股票后随即向邹祥明、武晓琨交付了面额为 19 569 962 元的支票。为将此款转回哈尔滨市，经张忠宇等人与国泰证券部商定，可用此款在上海买成股票，同时在国泰证券部卖掉股票的方式进行。邹祥明、武晓琨遂在上海市某证券营业部以武晓琨名义开立了 A112456111 股票账户(下称 111 账户)，并于 5 月 16、17 两日用马晓支付的界龙股票款购买东方企业股票(下称东方股票)、自仪股份股票、安徽马钢股票，余款 10 万元由邹祥明提出。同时，张忠宇、田丹于 5 月 16 日至 19 日在哈尔滨国泰营业部卖出 111 账户中的 1 283 600 股东方股票、16 300 股自仪股份股票和 20 万股安徽马钢股票，共得款 13 636 468.70元，尚余 48 万余股东方股票仍存于 111 账户。5 月 17 日，张忠宇、田丹在国泰证券部以田丹名义开立 A124682150 股票账户(下称 150 账户)，用于同其他原界龙股票持有者结算，并从 111 账户中转入 13 536 468.70 元。此款足够张忠宇、邹祥明、蔡跃辉及其他在国泰证券部透支购买界龙股票的股民平仓。但国泰证券部没有及时平仓，反而允许张忠宇等继续使用此款进行股票交易。张忠宇、邹祥明、田丹使用 150 账户大量买进东方股票，5 月 18 日后又出现透支。张忠宇还在个人的账户继续透支买进大量东方股票。

1994 年 5 月 20 日，国泰证券部应原 36 户界龙股票持有者中的宋洪弟、王大力、李明和杨东兴的书面请求，在 150 账户已透支的情况下，用增加透支额的方式，将 1 870 900 元从该账户划入该 4 人账户并予平仓。同年 5 月 10 日至 6 月初，张忠宇将个人在国泰证券部已透支的账户中的 429 040 股东方股票在黑龙江省国际信托投资公司等其他股票交易所卖掉，所得款在该公司平仓或自用,但未在国泰证券部平仓,引起国泰证券部的警觉。上海证券交易所实行指定交易后,111 账户的名义权利人武晓琨于6月2日书面委托张忠宇交易其名下的111 账户,委托书载明经营后果由受托人自负。当日,张忠宇凭此委托书与黑龙江省国际信托投资公司签订“指定交易协议书”,将111 账户指定在该公司交易。国泰证券部得悉后,于6月3日在指定交易尚未生效的情况下,采用“对敲”方式,将该股票账户中的480 680 股东方股票全部卖出,得款3 927 622.75 元,全部转入该部客户林秀娟的账户内,又以其名义买进同等数量的东方股票。张忠宇、邹祥明、田丹等人多次与国泰证券部协商返还股票或股票款,国泰证券部未予返还。此后,张忠宇、邹祥明、田丹等继续使用各自账户在国泰证券部进行交易,并有新的透支。8月9日,因田丹名下的150 账户透支额较大,国泰证券部便卖出该账户中的20 050 股浦东金桥股票、71 060 股大江股份股票、40 300 股哈天鹅股票、3 万股英雄股份股票、55 300 股东方股票和3 500 股哈医药股票,所得款项用于平仓,所得款与这些股票的买入价款相差100 868.40 元。8月23日、25日,国泰证券部又分别将林秀娟账户内的东方股票卖出,得款4 267 381.25 元,并于9月2日用此款给张忠宇个人账户平仓。9月8日至14日,郭志文、张忠宇、邹祥明、田丹和蔡跃辉谎称股票账户丢失,在其他交易网点办理了新的股票账户,并在其他股票交易所将各自名下的股票全部卖掉,股款全部提出,其中部分款项返还原界龙股票持有者或自用,部分款项买成新的股票。国泰证券部为追索郭志文、张忠宇、邹祥明、田丹、蔡跃辉透支款,向黑龙江省高级人民法院起诉。

国泰证券部起诉称:股民张忠宇等5名被告均在我部开户交易。自1994年5月以来,先后透支我部资金购买东方、春兰等40余种股票,股值915万元。我部屡次催促其平仓,被告不但未予平仓,反而采取欺诈手段同时将各自股票账户挂失,在其他股票交易网点另行开立账户,抛售作为抵押物的所有股票。被告的严重侵权行为给我部造成巨大损失,请求追回被告非法抽逃的款项。

被告郭志文、张忠宇、邹祥明、田丹答辩并反诉称:1994年6月,国泰证券部未经同意,盗卖其指定在黑龙江省国际信托公司交易的48万股东方股票,并将所得款项隐匿在原告自己的账户中,经多次索要拒不返还,致使其无法继续交易,造成股票交易利润损失1 267 万元。1994年5月,原告未经其同意,私自从其账户划款187万元,致其股金缺失,影响正常股票交易,造成股票交易利润损失554.5 万元。1994年5月至9月,原告以其透支为由,按每日1.5‰的罚息(计复利)对其罚款180万元,经交涉只退回542 696.50 元,尚欠120万元。1994年8月9日,原告擅自对其账户中的价值80万元的股票进行平仓,由此丧失股票交易利润损失541.2 万元。原告的上述违法欺诈客户的行为给反诉人造成重大损失,使反诉人在原告处无法正常进行股票交易。为防止继续造成更大损失,反诉人迫不得已将自己的股票转移他处。请求判令原告赔偿上述损失。

被告蔡跃辉答辩称:其已转移的股票已转回原告处交易,故原告的诉讼请求实际上已不成立。

国泰证券部对反诉答辩称:张忠宇等5名被告在我部已形成巨额透支的情况下,未经我部同意,擅自将其透支账户内的429 040 股东方股票转移在黑龙江省国际信托公司等处卖出,抽走资金411万元,继而又将另一原在我部交易的111 股票账户指定在黑龙江省国际信托投资公司交易,直接影响我部资金安全。为制止张忠宇等人的侵权行为,我部被迫于6月3日将111 股票账户中的48万股东方股票转回。被告田丹名下的150 股票账户中的资金系原界龙股票持有者结算款，其中包括宋洪弟等 4 户股民在我部的透支款 187 万元，我部是应宋洪弟等 4 户股民的申请将此款划回各自账户平仓。根据我部规定，禁止信用交易，对透支者应按透支款项 5‰的比例罚款。但考虑到郭志文等 5 被告的损失，我部仅按日 1.5‰的比例对其罚款，并先后退回了部分款。被告反诉不成立。

黑龙江省高级人民法院审理查明：被告郭志文名下的股票账户是黑龙江省团委龙青城市信用社以其副主任郭志文名义开立的。1994 年 3 月，龙青城市信用社将该账户连同账户中的股票口头委托张忠宇交易，张忠宇便用此账户在国泰证券部进行股票交易。9 月 7 日前后，张忠宇用该账户透支 793 443.54 元买进浦东金桥、上海石化等股票后，将该股票账户及上述股票交还龙青城市信用社。由于该账户已被指定在国泰证券部交易，龙青城市信用社遂同张忠宇等人共同挂失该股票账户并卖掉所有股票，得款均被提出转入龙青城市信用社。诉讼中龙青城市信用社向法院保证承担应由郭志文承担的一切责任。另查明，至被告最后交易时间，张忠宇的账户扣除罚息和林秀娟账户转入的款项后，实际透支额为 7 149 174.83 元；邹祥明的账户扣除罚息后实际透支额为 1 680 491.83 元；田丹的账户扣除罚息后实际透支额为 734 230.01 元，国泰证券部多向该账户退罚息 217 971.30 元；蔡跃辉账户扣除罚息后实际透支额为 281 939.29 元。

黑龙江省高级人民法院经审理认为：国泰证券部向被告张忠宇、邹祥明、田丹和蔡跃辉等人股票交易融资的行为，违反《股票发行与交易管理暂行规定》第 3 条、第 71 条第 1 款第 8 项和国家证券委、证监会有关规定以及上海证券交易所的交易规则，其与各被告之间因而形成的借贷关系均无效，国泰证券部对此应承担主要责任。各被告采取挂失股票账户的方式，转移非法取得的资金，属民事欺诈行为，依据《民法通则》第 61 条第 1 款之规定，其对因透支占用的资金应予返还并赔偿占用资金期间的利息。国泰证券部关于透支罚息的内部规定，不适用于股民与证券商合意透支的情形，故其要求各被告给付罚息的诉讼请求不予支持。在返还责任的承担上，各被告应对各自名下账户中形成的透支及占用资金期间的利息负清偿责任。其中，由于郭志文名下账户的透支是在其委托张忠宇交易期间形成的，故张忠宇应对该账户上的透支及利息负连带清偿责任；田丹名下的账户是张忠宇、邹祥明、田丹为结算界龙股票款开立的，该账户的透支是由张忠宇、邹祥明、田丹共同进行交易形成，故张忠宇、邹祥明应对该账户的透支及利息负连带清偿责任。

国泰证券部未经客户允许，擅自将未发生透支的 111 账户中的股票卖出的行为，依据《禁止证券欺诈行为暂行办法》第 9 条、第 10 条第 1 款第 2 项、第 10 项的规定，属侵权行为，给张忠宇个人账户平仓的行为亦无效，对卖出股票所得款项应予返还，并赔偿股票差价及利息损失。对于反诉人张忠宇、邹祥明、田丹要求国泰证券部赔偿因其侵权行为造成的股票交易利润损失的诉讼请求，因股票交易本身所具有的特点，股票交易利润的取得不具有必然性，该请求无法律和事实根据，其主张不予支持。但由于国泰证券部的侵权行为客观上造成张忠宇、邹祥明、田丹丧失交易机会，根据《民法通则》第 4 条、第 5 条之规定，国泰证券部应给予适当补偿。此外，国泰证券部未经权利人允许，擅自划拨 150 账户款项的行为，依据上述法律规定，亦属侵权行为，对所划款项应予返还并赔偿利息损失。但由于划款时该账户上的透支额已超过所划款额，故对反诉人要求赔偿其他损失的要求不予支持。关于强行平仓的损失承担问题，依据《民法通则》第 58 条第 2 款、第 134 条第 1 款第 4 项、第 5 项以及有关证券交易规则的规定，在出现透支的情况下，国泰证券部有权强行平仓，但由于透支系因双方合意而成,故平仓损失应由双方按责任各自承担,国泰证券部应承担主要责任。

郭志文未参与111账户和150账户的交易,对上述账户中的股票无实体上的权利,故其对国泰证券部提出的反诉无法律根据,予以驳回。

基于上述理由,黑龙江省高级人民法院于1995年5月2日作出判决如下:

1. 郭志文返还国泰证券部透支款793 443.54元,赔偿占用资金期间的利息损失48 356.42元,张忠宇对上述债务负连带清偿责任。

2. 张忠宇返还国泰证券部透支款7 149 174.83元,赔偿占用资金期间的利息损失668 970.73元。

3. 邹祥明返还国泰证券部透支款1 680 491.83元,赔偿占用资金期间的利息损失145 758.75元。

4. 田丹返还国泰证券部透支款734 230.01元和多退罚息217 971.30元,赔偿占用资金期间的利息损失110 463.91元,张忠宇、邹祥明对上述债务负连带清偿责任。

5. 蔡跃辉返还国泰证券部透支款281 939.29元,赔偿占用资金期间的利息损失30 216.21元。

6. 国泰证券部返还张忠宇、邹祥明、田丹股票款3 927 622.75元,赔偿损失1 076 203.23元。

7. 国泰证券部返还张忠宇、邹祥明、田丹从150账户所划款项1 870 900元,赔偿利息损失162 300.58元。

8. 国泰证券部赔偿张忠宇、邹祥明、田丹强行平仓损失60 521.04元,利息损失3 703.89元。

请对本案作出法理分析。

案例二:朱丽云诉广州市同福证券部不尽严格审查义务致其股票被盗卖

1994年5月16日,原告朱丽云持身份证、股东卡和中国人民建设银行存折与被告同福证券部签订了一份"证券交易协议",该协议书上留存了原告的身份证号码及深圳、上海股东卡号码等。此后原告在股票交易的过程中认识了股民杨某某,并常带杨某某进大户室。在此期间,杨某某偷看了原告的个人资料,随后,杨某某凭所盗的资料伪造了原告的身份证和上海、深圳股东卡,于同年7月26日到中国工商银行开设了一本银行存折,以原告名义与被告同福证券部签订一份"证券交易协议",并办理了电话委托项目。1994年7月28日下午1时46分,杨某某用假的身份证、股东卡将原告的保证金129 000元转入其冒名开设的中国工商银行账户,随后分2次将该款提走。下午2时左右,原告下单给同福证券部的工作人员准备买入股票时,被告知保证金只剩下800多元,方知出现了问题。2时8分至2时10分,杨某某用电话委托又将原告辽房天15 000股、川长钢8 900股、粤富华3 500股3只深圳股票盗卖,用回笼资金买入界龙实业3 100股;2时38分,杨某某又将该3 100股界龙实业及原告原有的5 000股重庆万里卖出。案发当日,同福证券部向公安机关报了案。次日,杨某某再去提款时,被有准备的公安人员抓获,追回被杨某某提走的保证金129 000元和抛售股票所得款143 230元,共272 230元。1994年10月27日,公安局将上述款交还原告。案发后,深圳、上海股票综合指数不断攀升,由1994年7月28日的96点、339点升至9月13日最高点225点、1033点,退还款的10月27日回落至159点、703点。原告的身份证、股东卡与杨某某伪造的假身份证、股东卡的照片、地址、有效日期、签发日期、代码位数、电话号码位数等均有不同。被告同福证券部是经中国人民银行广州分行批准,具有独立财产、能承担民事责任的主体,被告中国人民建设银行广州市信托投资公司是其上级。

原告向广州市东山区人民法院起诉称:由于被告的过错,致使我的保证金被他人转走。发现问题后,我当即向同福证券部请求马上把余款和股票冻结,但该部没有采取冻结措施,致使我的所有股票在中国股市最低潮的时候被盗卖,蒙受了巨大的损失。要求二被告按1994年7月28日被盗卖股票数价和1994年9月13日股票升至最高价之间的平均价减去已退回的盗卖款,以及因保证金被转走不能下单买进股票而造成的损失,共计赔偿人民币239 141元。

二被告辩称:1994年7月28日下午2时许,原告递单准备买入股票发现问题后,我们立即赶到工商银行拟采取措施,但为时已晚,案犯已在10分钟前把款提走。与此同时,根据资料显示,案犯已将原告深圳粤富华、辽房天、川长钢等几只股票卖出,并用卖股票的钱买入上海界龙实业股票3 100股。经与上海证交所取得联系,连夜部署了一个抓获案犯的计划,次日,将前来提款的案犯抓获,并把129 000元保证金及抛售原告上海股所得的款项143 230元全部退回。原告的身份证、股东卡号码等资料是案犯在其身边偷窥分多次记下后伪造的,原告的保证金、股票被盗卖,其本人有不可推卸的责任。原告的诉讼请求无理无据,其本人应对自己的过错承担责任。要求驳回原告的诉讼请求。

广州市东山区人民法院认为:案犯杨某某多次利用与原告留存的资料有明显漏洞的假证买入卖出股票,从不同的开户行提款,并利用与身份证照片不同的其他人去签协议等,被告同福证券部均无发现,说明其对"三证"(身份证、股东卡、股东资金账户)的审查是不严谨的。同福证券部在发现原告的保证金账户和股票出现异常后,亦未依职责立即向登记公司或交易结算中心提出冻结要求,工作上存在一定的疏忽大意和过失。但其在事后能准确判断,对及时破案追回款项起到积极作用,挽回了不必要的损失。鉴于案发后股票指数不断上升,确有原告的一定预期收益,故被告同福证券部应对自己过错造成原告的损失给予适当的补偿。原告在股票交易过程中,不注意保密个人资料,给了罪犯可乘之机,亦有一定的过错。同福证券部是能独立承担民事责任的主体,所产生的后果由其自行承担。依照《中华人民共和国民法通则》第106条、第121条、第131条的规定,于1995年10月12日作出如下判决:

1. 本判决生效之日起10日内,被告同福证券部支付4万元给原告作损失补偿。

2. 驳回原告的其他诉讼请求。

宣判后,同福证券部不服,向广州市中级人民法院上诉称:证券商仅登记客户的身份证号码、股东卡号码及签名,其他家庭住址、电话号码、领息代码等资料均不是必要记载事项,也不是法定审查事项。因此,我们无法根据这些内容进行审查。被上诉人发现保证金被转走时,其3只深圳股票正在委托卖出,处在"买卖冻结"状态,无法进行"事故冻结",故我们不存在疏忽和过失。被上诉人向案犯泄露关键资料,也有过失。原判决判令赔偿4万元,缺乏依据。原判适用《民法通则》第121条不当。

朱丽云辩称:同福证券部不按章办事,造成我的损失,理应承担赔偿责任。我没有泄露资料,是案犯杨某某偷看我的资料,造成损失责任不应由我承担。一审法院仅判决赔偿我4万元,远远不能补偿我的损失,且我的股票多次被人买入卖出,所交的手续费和税费都应计入损失。

广州市中级人民法院进一步查明:1994年7月29日各股票价格均低于7月28日。案涉买入卖出辽房天、川长钢、粤富华、界龙实业、重庆万里的佣金、印花税、过户费合计2 510.61元,129 000元保证金从被盗提至发回日止的利息3 870元,全部损失共计6 380.61元。

广州市中级人民法院经审理认为:被上诉人疏于保密,给犯罪分子可乘之机,对造成经济损失有一定过错。上诉人对犯罪分子所持假证件审查不严,亦有过错,对造成纠纷负有相应的责任,对被上诉人的损失应予赔偿。被上诉人的实际损失有:被盗卖股票所交纳的佣金、印花税、过户费以及保证金被非法转走不能获取的银行利息。被上诉人以股票1994年7月28日的低价与同年9月27日之间最高价的平均价为其损失不合理,原审判决不予认定是正确的。原审判决认定事实清楚。但认定损失数额及适用《中华人民共和国民法通则》第121条不当,应予更正。依据《中华人民共和国民事诉讼法》第153条之规定,于1996年7月17日判决如下:

1. 维持原审判决主文第二项。

2. 变更原审判决主文第一项为:接到本判决之日起10日内,上诉人支付6 380.61元给被上诉人作损失补偿。

请对本案作出法理分析。

第十一章 期货法

本章导读

现货市场与期货市场有本质的区别,交易机制也不相同。期货市场是在现货市场基础上发展起来的,是涉及社会公众信用和利益的金融市场。期货交易主要具有发现价格和套期保值的经济功能,是企业规避现货交易价格风险的工具,同时也是一种允许众多以赚取买卖差价利益为动机的投机者参与交易的投资工具。其参与者除了与所交易品种有关的现货企业外,还有大量的社会公众投资者。因此,调整期货交易中产生的各种权利义务关系的期货法必须既要保障期货买卖对市场交易和经济发展的促进作用,又要采取有效措施防范和控制衍生品市场交易的风险,避免交易机构成为一个带有赌博性质的交易场所。我国的期货市场发展较晚,故有关立法显得有些滞后。在银行、证券、期货、保险、信托、基金六大金融行业当中,唯独期货业还没有立法,是我国经济法制建设中的一块短板。目前,国务院制定的《期货交易管理条例》及相关的配套管理办法是我国期货交易现有的法制基础。

第一节 期货交易概述

一、期货交易的概念

期货交易是指交易者在交易所内以公开集中竞价的方式买卖标准化的期货合约,买卖双方根据合约条款的规定,在未来某一特定时间和地点,按照合约成交的价格买卖某一特定数量和质量的资产或与某一资产有关的指标。期货交易与通常的现货交易相比,最主要的区别是,买卖双方先确定交易的价格,过一段时间后再进行"钱货两清"的交割。

在我国,期货交易是指采用公开的集中交易方式或者国务院期货监督管理机构批准的其他方式进行的以期货合约或者期权合约为交易标的的交易活动。期货合约是指期货交易场所统一制定的、规定在将来某一特定的时间和地点交割一定数量标的物的标准化合约,包括商品期货合约和金融期货合约及其他期货合约。期权合约是指期货交易场所统一制定的、规定买方有权在将来某一时间以特定价格买入或者卖出约定标的物(包括期货合约)的标准化合约。

期货相对于现货主要不是货,而是以某种大宗产品如棉花、大豆、石油等以及金融资产如股票、债券等为标的标准化可交易合约。期货交易是在现货交易的基础上发展起来的,是通过在期货交易所买卖标准化的期货合约而进行的一种有组织的交易形式。买卖期货的合同或协议叫做期货合约。买卖期货的场所叫做期货市场。在期货市场中,大部分企业买卖期货合约的目的是为了规避现货价格波动的风险,而大部分投资者则是为了博取价格波动的差额。

二、期货交易的沿革

随着现代商品经济的发展和社会劳动生产力的极大提高,国际贸易普遍开展,世界市场逐步形成,市场供求状况变化也更为复杂。仅有一次性地反映市场供求预期变化的远期合约交易价格已经不能适应现代商品经济的发展,而要求有能够连续地反映潜在供求状况变化全过程的价格,以便广大生产经营者能够及时调整商品生产,以及回避由于价格的不利变动而产生的价格风险,使整个社会生产过程顺利地进行。在这种情况下,期货交易便应运而生了。

现代意义上的期货于19世纪中叶产生于美国。美国1848年成立了芝加哥期货交易所(CBOT),1851年引进远期合同,1865年推出标准化合约,1882年出现对冲交易,1925年成立结算公司。标准化合约、保证金制度、对冲机制和统一结算的实施等创新制度标志着现代期货市场的确立。

我国期货市场产生的背景是粮食流通体制的改革。随着国家取消农产品的统购统销政策、放开大多数农产品价格,市场对农产品生产、流通和消费的调节作用越来越大,农产品价格的大起大落和现货价格的不公开以及失真现象、农业生产的忽上忽下和粮食企业缺乏保值机制等问题引起了人们的关注。1990年10月12日郑州粮食批发市场经国务院批准成立,以现货交易为基础,引入期货交易机制,迈出了中国期货市场发展的第一步;1991年5月28日上海金属商品交易所开业;1991年6月10日深圳有色金属交易所成立;1992年9月第一家期货经纪公司——广东万通期货经纪公司成立;1993年2月28日大连商品交易所成立;1998年8月,上海期货交易所由上海金属交易所、上海粮油商品交易所和上海商品交易所合并组建而成,于1999年12月正式运营;2006年9月8日中国金融交易所成立。

为了规范期货交易市场,国务院于1999年颁布了《期货交易管理暂行条例》,中国证监会于2002年颁布了《期货交易所管理办法》、《期货经纪公司管理办法》。2007年国务院通过了《期货交易管理条例》,取代了1999年的《期货交易管理暂行条例》,《期货交易管理条例》于2012年进行了修订,并于2012年12月1日开始起施行。最高人民法院2003年发布了《关于审理期货纠纷案件若干问题的规定》等。

三、期货交易的特点

(一)期货合约的标准化

期货合约除价格随市场行市波动外,其余所有条款都是事先规定好的。

(二)交易集中化

期货交易必须在期货交易所内集中进行。交易所实行会员制,只有会员才能进场交易。处于场外的广大投资者只能委托经纪公司参与期货交易。

(三)双向交易和对冲机制

与证券交易不同,期货交易不仅可以先买后卖,同样允许交易者先卖后买。这使得投资者无论在牛市或熊市中均有获利机会。对冲平仓则是指交易者在期货合约到期前,进行与前期操作反向的交易来了结交易活动,而不必进行交割实物。

四、期货交易的程序

与一般的现货交易相比，期货交易在其业务操作程序上一般包括开户、委托、结算、交割等几个方面。期货交易规则要求交易参与者在决定参与交易时，必须首先履行开立交易账户的手续。要买进或卖出一张（或更多的）期货合约，必须经过下单、交易、回报几个环节来完成一个基本的流程。

（一）开户

由于期货交易必须集中在交易所内进行，而在场内操作交易的只能是交易所的会员，包括期货经纪公司和自营会员。普通投资者在进入期货市场交易之前，应首先选择一个具备合法代理资格、信誉好、资金安全、运作规范和收费比较合理的期货经纪公司会员。自营会员没有代理资格。投资者在经过对比、判断，选定期货经纪公司之后，即可向该期货经纪公司提出委托申请，开立账户。

（二）委托

客户在按规定足额缴纳开户保证金后，即可开始交易，进行委托下单。所谓下单是指客户在每笔交易前向期货经纪公司业务人员下达交易指令，说明拟买卖合约的种类、数量、价格等的行为。通常，客户应先熟悉和掌握有关的交易指令，然后选择不同的期货合约进行具体交易。

（三）结算

结算是指根据交易结果和交易所有关规定对会员交易保证金、盈亏、手续费、交割货款和其他有关款项进行的计算、划拨。结算包括交易所对会员的结算和期货经纪公司会员对其客户的结算，其计算结果将被计入客户的保证金账户。

（四）交割

在期货交易中，投资者开仓之后要了结期货交易的头寸有平仓或者到期交割两种方式。绝大部分合约在到期前平仓，只有少数合约参加交割，参加交割的合约一般以套期保值为目的。

第二节　期货市场的主体

期货交易市场是由期货交易主体、期货交易所、期货经纪公司和期货结算所构成的有机整体。

一、期货交易主体

（一）期货交易主体的概念

期货交易主体，亦称期货交易者，是指参加期货交易的成员。各国法律对期货交易参加者的资格没有严格规定，可以是公司，也可以是个人，无任何限制。但能够进场直接交易的只能是会员和场内经纪人。前者拥有自己的交易席位，可以为自己的利益进行交易；后者则是接受客户委托，代理客户交易或者经过允许从事双重交易。其他不能进场交易的客户，只能委托经纪人进行间接交易。

（二）期货交易主体的分类

根据参与交易的动机，期货交易主体可分为套期保值者和投机者。

1．套期保值者

套期保值者指通过在期货市场上买卖与现货市场数量相等但交易方向相反的期货合约，来抵消现货市场价格波动所带来的风险的企业或个人。一般是实际商品的生产商、加工商、储运商和贸易商。他们参与期货交易的目的，是便于将现货市场价格波动的风险转嫁给第三方。简言之，就是在买入或卖出一种商品现货的同时，又在期货市场卖出或买进在各方面同等的期货，以规避因市场价格波动而带来的市场风险。

套期保值者有两个主要的共同点：(1) 他们都必须在现货市场上操作，买进或卖出实物商品或金融商品；(2) 利用期货市场转移和回避价格风险。

在期货市场中，参与套期保值的主要是产品生产者和使用者以及经营者。他们进入期货市场的目的是为了寻找一种理想的保值手段，因而总希望价格能够平稳，这与投机者不同，投机者则希望价格波动频繁以便捕捉获利机会。

2．期货投机者

期货投机者，又称为投机套利者，指那些专事在期货市场上赚取买卖价差的企业或个人。通常是指采用各种技术方法预测未来商品期货价格，并试图通过频繁的买卖期货合同以赚取买卖差价的市场参与者。

期货投机者不同于套期保值者，无现货在手，绝大多数的投机者都是期货经纪商的客户。期货市场吸引投资者的原因有两个：一是获得的可能性，另一个是交易成本的动力。期货交易以小博大的刺激性及其中所含的专业知识和买卖乐趣，吸引大量的投机者不断地入市交易。

当投机者预测某种期货商品的价格将要上涨时，他们往往选择时机先买入期货合约，待将来价格上涨时再卖出，称为“买空”或“多头”；而当投机者预测某种期货商品的价格将要下跌时，他们先在期货交易所内卖出期货合约，等日后价格下跌时再买入，称为“卖空”或“空头”。

二、期货交易所

（一）期货交易所的概念

期货交易所，也称商品交易所，是经政府部门批准认可的专门进行期货合约买卖的场所。

我国设立期货交易所，由国务院期货监督管理机构审批。未经国务院批准或者国务院期货监督管理机构批准，任何单位或者个人不得设立期货交易场所或者以任何形式组织期货交易及其相关活动。期货交易所不以营利为目的，按照其章程的规定实行自律管理。期货交易所以其全部财产承担民事责任。期货交易所的负责人由国务院期货监督管理机构任免。

期货交易所一般实行会员制，其财产来源于初始投资及会员会费、席位费及交易手续费。期货交易所会员应当是在中华人民共和国境内登记注册的企业法人或者其他经济组织。

（二）期货交易所的组织机构

会员制期货交易所设会员大会。会员大会是期货交易所的权力机构，由全体会员组成。期货交易所设理事会，每届任期3年。理事会是会员大会的常设机构，对会员大会负责。理事会由会员理事和非会员理事组成，其中会员理事由会员大会选举产生，非会员理事由中国证监会委派。理事会设理事长1人、副理事长1～2人。理事长、副理事长的任免，由中国证监会提名，理事会通过。理事长不得兼任总经理。期货交易所设总经理1人，副总经理若干人。总经理、副总经理由中国证监会任免。总经理每届任期3年，连任不得超过两届。总经理是期货交易所的法定代表人，总经理是当然理事。

公司制期货交易所设股东大会。股东大会是期货交易所的权力机构，由全体股东组成。期货交易所设董事会，每届任期3年。期货交易所设董事长1人，副董事长1～2人。董事长、副董事长的任免，由中国证监会提名，董事会通过。董事长不得兼任总经理。期货交易所设总经理1人，副总经理若干人。总经理、副总经理由中国证监会任免。总经理每届任期3年，连任不得超过两届。总经理是期货交易所的法定代表人，总经理应当由董事担任。

（三）期货交易所履行的职责

期货交易所履行的职责主要有：(1) 提供交易的场所、设施和服务；(2) 设计合约，安排合约上市；(3) 组织并监督交易、结算和交割；(4) 为期货交易提供集中履约担保；(5) 按照章程和交易规则对会员进行监督管理；(6) 制定并实施期货交易所的交易规则及其实施细则；(7) 发布市场信息；(8) 监管会员及其客户、指定交割仓库、期货保证金存管银行及期货市场其他参与者的期货业务；(9) 查处违规行为；(10) 国务院期货监督管理机构规定的其他职责。

期货交易所不得直接或者间接参与期货交易。未经国务院期货监督管理机构审核并报国务院批准，期货交易所不得从事信托投资、股票投资、非自用不动产投资等与其职责无关的业务。

（四）期货交易所的风险管理

期货交易所应当按照国家有关规定建立、健全下列风险管理制度：(1) 保证金制度；(2) 当日无负债结算制度；(3) 涨跌停板制度；(4) 持仓限额和大户持仓报告制度；(5) 风险准备金制度；(6) 国务院期货监督管理机构规定的其他风险管理制度。实行会员分级结算制度的期货交易所，还应当建立、健全结算担保金制度。

（五）期货交易所紧急措施实施情形

当期货市场出现异常情况时，期货交易所可以按照其章程规定的权限和程序，决定采取下列紧急措施，并应当立即报告国务院期货监督管理机构：(1) 提高保证金；(2) 调整涨跌停板幅度；(3) 限制会员或者客户的最大持仓量；(4) 暂时停止交易；(5) 采取其他紧急措施。

异常情况是指在交易中发生操纵期货交易价格的行为或者发生不可抗拒的突发事件以及国务院期货监督管理机构规定的其他情形。异常情况消失后，期货交易所应当及时取消紧急措施。

三、期货公司

（一）期货公司的概念

期货公司，又称为经纪行，是依法成立的以期货代理业务为主的公司，他们以自己的名义代理客户买卖期货，收取佣金，并向期货交易所、清算所和客户负责。

在我国，期货公司是依照《公司法》和《期货交易管理条例》规定设立的经营期货业务的金融机构。设立期货公司，应当经国务院期货监督管理机构批准，并在公司登记机关登记注册。未经国务院期货监督管理机构批准，任何单位或者个人不得设立或者变相设立期货公司，经营期货业务。

（二）期货公司设立的条件

申请设立期货公司，应当符合《公司法》的规定，并具备下列条件：(1) 注册资本最低限额为人民币 3 000 万元；(2) 董事、监事、高级管理人员具备任职资格，从业人员具有期货从业资格；(3) 有符合法律、行政法规规定的公司章程；(4) 主要股东以及实际控制人具有持续盈利能力，信誉良好，最近 3 年无重大违法违规记录；(5) 有合格的经营场所和业务设施；(6) 有健全的风险管理和内部控制制度；(7) 国务院期货监督管理机构规定的其他条件。

国务院期货监督管理机构根据审慎监管原则和各项业务的风险程度，可以提高注册资本最低限额。注册资本应当是实缴资本。股东应当以货币或者期货公司经营必需的非货币财产出资，货币出资比例不得低于85%。

国务院期货监督管理机构应当在受理期货公司设立申请之日起 6 个月内，根据审慎监管原则进行审查，做出批准或者不批准的决定。

（三）期货公司的主要职能

作为交易者与期货交易所之间的桥梁，期货公司主要具有如下职能：(1) 根据客户指令代理买卖期货合约、办理结算和交割手续；(2) 对客户账户进行管理，控制客户交易风险；(3) 为客户提供期货市场信息，进行期货交易咨询，充当客户的交易顾问。

（四）期货公司的业务实施

期货公司业务实行许可制度，由国务院期货监督管理机构按照其商品期货、金融期货业务种类颁发许可证。期货公司除申请经营境内期货经纪业务外，还可以申请经营境外期货经纪、期货投资咨询以及国务院期货监督管理机构规定的其他期货业务。

期货公司不得从事与期货业务无关的活动，法律、行政法规或者国务院期货监督管理机构另有规定的除外。期货公司不得从事或者变相从事期货自营业务。期货公司不得为其股东、实际控制人或者其他关联人提供融资，不得对外担保。

期货公司从事经纪业务，接受客户委托，以自己的名义为客户进行期货交易，交易结果由客户承担。

四、清算所

（一）清算所的概念

清算所，又称为清算公司，是负责对期货交易所内进行的期货合同进行交割、对冲和结算的独立机构。清算所是随期货交易的发展以及标准化期货合同的出现而设立的清算结算结构。

一旦期货交易达成,交易双方分别与清算所发生关系。清算所既是所有期货合同的买方,也是所有期货合同的卖方,是负责期货合约对冲、结算和交割的机构。通过清算所,期货合同的转让、买卖以及实际交割,可以随时进行,不用通知交易对方,由它负责统一的结算、清算以及办理货物交割手续,这就是清算所特殊的"取代功能"。从组织形式上看,有的附属于交易所,也有的完全独立。我国的期货交易所有组织、监督期货结算的职能,交易所下设结算部作为承担期货结算职责的机构。

(二) 清算所的功能

清算所的功能主要有:(1) 负责处理期货合约交易的一切账目往来。所有在交易所达成的交易,都必须在清算所进行结算,而不是交易双方之间相互往来款项。(2) 担保期货合约的履行,处理违约者账户并对受损者进行补救。(3) 负责安排、监督期货交割。

第三节　期货市场的监管

一、期货市场监管的概念

期货市场作为分散风险、发现价格的场所,随着经济发展和社会进步而不断创新发展,交易品种推陈出新,市场规模迅速扩大,经济功能和作用日益增强,对产业的影响越来越广泛。但我国期货市场是在计划经济向市场经济转轨条件下发展起来的新兴市场,作为市场经济高级形式的期货交易活动仍然处在恢复性增长时期,需要市场内外部环境的不断完善。期货市场的规范涉及诸多法律问题,期货市场多空双方的高对抗性及期货交易的投机性大、风险性高、流动性强等基本特征要求对期货市场加强管理。

期货市场的管理应由政府监管、行业协会自律管理和期货市场内部管理 3 个层次共同构成完整的管理体系。分别是政府监管,期货业协会、期货市场内部自律化管理。目前中国证监会、中国期货业协会、期货交易所 3 层次的市场监管体系已初步形成。

二、期货市场的政府监管

(一) 政府监管的主体

中国证券监督管理委员会是我国政府最高的市场监管机构。目前我国期货市场监管采取以证监会为中心的集中监管模式。证监会内设期货监管部,对期货市场统一进行监督管理。

(二) 监管机构的职责

监管机构的主要职责有:(1) 制定有关期货市场监督管理的规章、规则,并依法行使审批权;(2) 对品种的上市、交易、结算、交割等期货交易及其相关活动,进行监督管理;(3) 对期货交易所、期货公司及其他期货经营机构、非期货公司结算会员、期货保证金安全存管监控机构、期货保证金存管银行、交割仓库等市场相关参与者的期货业务活动,进行监督管理;(4) 制定期货从业人员的资格标准和管理办法,并监督实施;(5) 监督检查期货交易的信息公开情况;(6) 对期货业协会的活动进行指导和监督;(7) 对违反期货市场监督管理法律、行政法规的行为进行查处;(8) 开展与期货市场监督管理有关的国际交流、合作活动;

(9) 法律、行政法规规定的其他职责。

政府监管机构拥有广泛的监督权力，还可以采取以下措施：(1) 对期货交易所、期货公司及其他期货经营机构、非期货公司结算会员、期货保证金安全存管监控机构和交割仓库进行现场检查；(2) 进入涉嫌违法行为发生场所调查取证；(3) 询问当事人和与被调查事件有关的单位和个人，要求其对与被调查事件有关的事项作出说明；(4) 查阅、复制与被调查事件有关的财产权登记等资料；(5) 查阅、复制当事人和与被调查事件有关的单位和个人的期货交易记录、财务会计资料以及其他相关文件和资料，对可能被转移、隐匿或者毁损的文件和资料，可予以封存；(6) 查询与被调查事件有关的单位的保证金账户和银行账户；(7) 在调查操纵期货交易价格、内幕交易等重大期货违法行为时，经国务院期货监督管理机构主要负责人批准，可以限制被调查事件当事人的期货交易，但限制的时间不得超过15个交易日，案情复杂的，可以延长至30个交易日；(8) 法律、行政法规规定的其他措施。

三、期货市场的行业自律管理

(一) 行业自律管理的主体

期货的行业自律管理和政府的监督管理互相配合、互为补充，共同保证期货市场正常运行。期货业的自律可分为3个层次，即整个行业的自律、业内机构自律以及从业人员自身的自律。2000年12月29日成立的中国期货业协会，是全国期货行业自律性、非盈利性的社会团体法人。期货公司以及其他专门从事期货经营的机构应当加入期货业协会，并缴纳会员费。期货业协会的权力机构为全体会员组成的会员大会。

(二) 中国期货业协会的职责

中国期货业协会的主要职责有：(1) 教育和组织会员遵守期货法律法规和政策；(2) 制定会员应当遵守的行业自律性规则，监督、检查会员行为，对违反协会章程和自律性规则的，按照规定给予纪律处分；(3) 负责期货从业人员资格的认定、管理以及撤销工作；(4) 受理客户与期货业务有关的投诉，对会员之间、会员与客户之间发生的纠纷进行调解；(5) 依法维护会员的合法权益，向国务院期货监督管理机构反映会员的建议和要求；(6) 组织期货从业人员的业务培训，开展会员间的业务交流；(7) 组织会员就期货业的发展、运作以及有关内容进行研究；(8) 期货业协会章程规定的其他职责。

期货业协会的业务活动应当接受国务院期货监督管理机构的指导和监督。

四、期货交易所的自我管理

(一) 自我管理的主体

期货交易所是进行期货交易的场所，是期货市场最基本的管理和执行机构。期货交易所对期货市场的管理是第一线的管理，期货交易能否实现其基本经济功能，很大程度上取决于期货交易所自我管理能力的高低。期货交易所的自律管理是整个期货市场管理体系的基础和核心，对保障市场的竞争性、高效性和流动性起到极其重要的作用。

(二) 期货交易所的职能

期货交易所的主要职能有：

1. 对期货交易、结算、交割活动的监管。(1) 制定、完善业务规则；(2) 以适当方式及时发布期货行情;(3) 设立专门的监督系统,及时监控。

2. 对市场风险的监控。(1) 制定和执行风险管理制度:保证金制度、每日结算制度、持仓限额和大户持仓报告制度、涨跌停板制度、风险准备金制度和证监会规定的其他风险管制度。(2) 在异常情况下可采取紧急措施。紧急措施的内容有:提高保证金,调整涨跌停办幅度,限制会员或者客户的最大持仓量,暂时停止交易及其他紧急措施。

3. 对会员的管理。(1) 制定会员管理办法;(2) 对会员业务进行管理;(3) 对会员违规行为的处置。

五、期货市场管理的基本制度

(一) 保证金制度

保证金制度就是按期货交易所规定,期货交易的参与者在进行期货交易时必须存入一定数额的履约保证金。履约保证金是用来作为确保买卖双方履约的一种财力担保,其额度通常为合约总值的5% ~10%。保证金水平随市场交易风险大小而调整,在价格波动较大要求较高的保证金水平,而在价格波动较小时要求的保证金水平较低。

(二) 每日结算制度

期货交易的结算是由交易所统一组织进行的。每日结算制度,也称为每日无负债制度、逐日盯市制度,是指每日交易结束后,交易所按当日结算价结算所有合约的盈亏、交易保证金及手续费、税金等费用,对应收应付的款项同时划转,相应增加或减少会员的结算准备金。期货交易的结算实行分级结算,即交易所对其会员进行结算,期货经纪公司对其客户进行结算。

(三) 涨跌停板制度

涨跌停板制度,又称为每日价格最大波动限制,即指期货合约在一个交易日中的交易价格波动不得高于或低于规定的涨跌幅度,超过该涨跌幅度的报价将被视为无效,不能成交。

(四) 持仓限额制度

持仓限额制度是指期货交易所为了防范操纵市场价格的行为和防止期货市场风险过度集中于少数投资者,对会员及客户的持仓数量进行限制的制度。超过限额,交易所可按规定强行平仓或提高保证金比例。

(五) 大户报告制度

大户报告制度是指当会员或客户某品种持仓合约的投机头寸达到交易所对其规定的头寸持仓限量80%以上(含本数)时,会员或客户应向交易所报告其资金情况、头寸情况等,客户须通过经纪会员报告。大户报告制度是与持仓限额制度紧密相关的又一个防范大户操纵市场价格、控制市场风险的制度。

(六) 实物交割制度

实物交割制度是指交易所制定的、当期货合约到期时,交易双方将期货合约所载商品的所有权按规定进行转移,了结未平仓合约的制度。

(七) 强行平仓制度

强行平仓制度,是指当会员或客户的交易保证金不足并未在规定的时间内补足,或者当会员或客户的持仓量超出规定的限额时，或者当会员或客户违规时，交易所为了防止风险进一步扩大，实行强行平仓的制度，即交易所对违规者的有关持仓实行平仓的一种强制措施。

（八）风险准备金制度

风险准备金制度是指期货交易所从自己收取的会员交易手续费中提取一定比例的资金，作为确保交易所担保履约的备付金的制度。

第四节　期货交易中违法行为的法律责任

一、期货交易中违法行为法律责任的概念

从事期货交易活动，应当遵循公开、公平、公正和诚实信用的原则。禁止欺诈、内幕交易和操纵期货交易价格等违法行为。

对期货交易中的违法行为，我国法律、法规都明确了相应的法律责任。

二、关于内幕交易行为及其法律责任

内幕信息是指可能对期货交易价格产生重大影响的尚未公开的信息，包括：(1) 国务院期货监督管理机构以及其他相关部门制定的对期货交易价格可能发生重大影响的政策；(2)期货交易所作出的可能对期货交易价格发生重大影响的决定；(3) 期货交易所会员、客户的资金和交易动向；(4) 国务院期货监督管理机构认定的对期货交易价格有显著影响的其他重要信息。

内幕信息的知情人员是指由于其管理地位、监督地位或者职业地位，或者作为雇员、专业顾问履行职务，能够接触或者获得内幕信息的人员，包括：(1) 期货交易所的管理人员以及其他由于任职可获取内幕信息的从业人员；(2) 国务院期货监督管理机构和其他有关部门的工作人员；(3) 国务院期货监督管理机构规定的其他人员。

期货交易内幕信息的知情人或者非法获取期货交易内幕信息的人，在对期货交易价格有重大影响的信息尚未公开前，利用内幕信息从事期货交易，或者向他人泄露内幕信息，使他人利用内幕信息进行期货交易的，没收违法所得，并处违法所得 1 倍以上 5 倍以下的罚款；没有违法所得或者违法所得不满 10 万元的，处 10 万元以上 50 万元以下的罚款。单位从事内幕交易的，还应当对直接负责的主管人员和其他直接责任人员给予警告，并处 3 万元以上 30 万元以下的罚款。

国务院期货监督管理机构、期货交易所和期货保证金安全存管监控机构的工作人员进行内幕交易的，从重处罚。

三、关于操纵期货交易价格的行为及其法律责任

任何单位或者个人有下列行为之一，操纵期货交易价格的，责令改正，没收违法所得，并处违法所得 1 倍以上 5 倍以下的罚款；没有违法所得或者违法所得不满 20 万元的，处 20 万元以上 100 万元以下的罚款：(1) 单独或者合谋，集中资金优势、持仓优势，利用信息优势联合或者连续买卖合约，操纵期货交易价格的；(2) 蓄意串通，按事先约定的时间、价格和方式相互进行期货交易，影响期货交易价格或者期货交易量的；(3) 以自己为交易对象，自买自卖，影响期货交易价格或者期货交易量的；(4) 为影响期货市场行情囤积现货的；(5) 国务院期货

监督管理机构规定的其他操纵期货交易价格的行为。单位有前述所列行为之一的,对直接负责的主管人员和其他直接责任人员给予警告,并处1万元以上10万元以下的罚款。

案例思考

案例一:权绍宁与中谷期货经纪有限公司期货交易纠纷案

上诉人权绍宁为与被上诉人中谷期货经纪有限公司(下称中谷公司)期货合同纠纷一案,不服上海市第一中级人民法院(2004)沪一中民三(商)初字第274号民事判决,向本院(上海高级人民法院)提出上诉。本院于2005年4月5日受理后,依法组成合议庭,并于2005年5月18日对本案公开开庭进行了审理。上诉人权绍宁的委托代理人魏阳、张玉凯,被上诉人中谷公司的委托代理人田雨、周后兴均到庭参加诉讼。本案现已审理终结。

原审法院经审理查明:经案外人钟山介绍,权绍宁与中谷公司于2004年2月26日签订包括《期货经纪合同》、《风险说明书》、《电子化交易协议书》等在内的系列文件。合同约定权绍宁委托中谷公司按照权绍宁指令进行期货交易,中谷公司有义务将交易结果转移给权绍宁,权绍宁有义务对交易结果承担全部责任;权绍宁可以通过书面、电脑自助、网上自助及语音电话等方式下达交易指令,若采用电子化期货交易或其他方式下达指令,权绍宁应补签交易结算单,并约定如对电子化交易结果有异议,应在下一个交易日开市前向中谷公司提出书面异议并送到中谷公司;中谷公司以风险率(持仓保证金/客户权益)来计算权绍宁期货交易风险,控制条件为100%,权绍宁风险率等于或高于100%时,中谷公司按照合同约定方式向权绍宁发出追加保证金通知,权绍宁必须在下一开市前及时追加保证金或采取减仓措施,否则中谷公司有权无须通知权绍宁而对权绍宁部分或全部未平仓合约强行平仓;关于通知事项,约定中谷公司采取当面交收、发送电子邮件、电报、传真或邮寄方式送达交易结算单、结算月报、追加保证金通知书及强行平仓通知书;权绍宁在合同中指定其自己为指令下达人、通知事项确认人及资金调拨人。权绍宁当日在《期货交易风险说明书》上签字确认。合同签订后,权绍宁开立010381资金账户,在上海期货交易所交易密码为230648。权绍宁口头委托钟山代理期货交易。

2004年2月26日,权绍宁电汇人民币(以下所涉币种均为人民币)100万元至010381保证金账户,当日开仓买入铝0408计215手,其后,权绍宁于同年4月5日平仓其中25手,又于4月8日开仓买入铝0410计40手,至4月15日将全部合约平仓,共计盈利565 540元,当日权绍宁在客户保证金出金单上签字,清退保证金1 565 540元。

2004年4月20日,权绍宁汇入300万元至010381账户,当日开仓买入铜0410计200手。4月22日,权绍宁持仓风险度超过100%,4月29日,权绍宁将其中100手平仓,平仓价位是23 500元及23 560元,当日结算价为23 640元。次日,中谷公司将权绍宁剩余100手铜0410全部平仓,平仓价位是23 510元及23 520元。平仓后,权绍宁保证金已亏损完毕,另亏欠中谷公司580 687.97元。

2004年5月15日,中谷公司致函权绍宁,告知权绍宁期货交易及盈亏情况,同时附上权绍宁账户的交易结算单45份及交易结算月报表3份,其中4月22日的结算单上附有追加保证金通知书,4月23日至30日的结算单上附有强行平仓通知书。权绍宁未在上述单据上签字，并复函称：中谷公司存在违约和侵权，要求中谷公司作出解释，赔偿权绍宁包括保证金在内的全部经济损失。双方数次往来函件后，最终中谷公司对权绍宁要求赔偿300万元的要求予以拒绝，并表示保留向权绍宁主张亏欠中谷公司580 687.97元的权利。

原审法院另查明：(1) 经权绍宁口头委托，钟山下达了自2004年2月26日至同年4月30日权绍宁的交易指令，在此过程中另有上海德锦投资有限公司(下称德锦公司)员工杨吉才电话查询权绍宁的资金及成交价格等情况；(2) 因德锦公司于2004年3月1日出具担保书给中谷公司，承诺以其在中谷公司处010360资金账号为包括权绍宁等在内的16名自然人客户进行期货投资可能出现的结算风险提供担保，中谷公司据此按照比例将德锦公司资金354 755.82元冲抵了权绍宁亏欠其款项，至此中谷公司认为权绍宁尚欠其225 932.15元。

权绍宁认为，其于2004年4月20日汇入300万元保证金后，未亲自或委托任何人下达交易指令，但2004年5月16日，权绍宁接到中谷公司书面材料，方知中谷公司自2004年4月20日至4月30日期间擅自动用权绍宁存入的保证金进行期货交易，导致权绍宁300万元保证金全部亏损。故请求判令中谷公司赔偿保证金损失300万元；支付自权绍宁存入保证金之日至中谷公司实际支付之日的同期存款利息；承担诉讼费用及在诉讼中支付的其他费用(包括律师费、交通费、住宿费等)。

中谷公司则认为，划入本案系争保证金之前，权绍宁在签订合同后曾划入100万元保证金，通过钟山指令交易后，获取盈利，权绍宁也提取了资金，因此，权绍宁已实际变更钟山为指令下达人。权绍宁在提取交易盈利时，未对钟山的操作提出异议，中谷公司有理由相信指令下达人发生变更。且权绍宁划入本案系争保证金时，未书面通知中谷公司终止钟山民事代理行为，故钟山在本案系争期货交易中下达的指令继续有效。权绍宁就同一份经纪合同、同一账号及同一指令下达人的两次交易行为，对前次盈利不持异议，却将第二次的交易损失推卸给中谷公司，有违公平原则及期货交易风险与利益相一致的原则。现权绍宁经催促未追加保证金时，中谷公司为避免损失进一步扩大，按约定强行平仓，平仓后权绍宁亏欠中谷公司580 687.97元。扣除担保资金后，权绍宁尚亏欠中谷公司资金225 932.15元。故提起反诉，请求判令权绍宁赔偿因期货交易亏损给中谷公司造成的损失225 932.15元。

原审法院认为，权绍宁、中谷公司订立《期货经纪合同》后，建立了期货经纪关系。权绍宁自签订合同至争议发生，共两次打入保证金，进行期货交易，包括本案系争的300万元的保证金。权绍宁起诉的诉因在于认为中谷公司在履约中就系争保证金执行了非权绍宁的指令，构成违约，中谷公司应就该违约行为赔偿权绍宁的保证金损失。就此原审法院认为，权绍宁编码内交易的下单人是否有权下单，进而中谷公司执行下单人指令是否违约，是本案的争议焦点。现已查明权绍宁自开户始至最终亏损，所有交易均发生于其010381保证金账户下，整个交易过程亦涵盖了本案系争保证金项下的交易，而所有交易指令均为钟山所下达，故结合整个交易过程对争议焦点作出如下认定。

首先，权绍宁是否明知下单人身份。权绍宁一再声称自始不知账户下期货交易系何人操作。原审法院认为从查明事实看，权绍宁此说难以成立。理由在于：其一，权绍宁和钟山相识，经钟山介绍至中谷公司处开户交易，且权绍宁口头委托了钟山为其交易下单人。其二，纵观整个交易过程，权绍宁入金及出金行为与交易结果密切相关，无论是打入保证金当日即开仓交易，还是平仓盈利当日提取盈利资金，上述事实可以印证钟山关于将交易情况告知权绍宁的陈述。且权绍宁对其本人没有下过单是明知的，若说其提取资金时不知盈利来源,显然与常理相悖。

其次,权绍宁第一次提取保证金行为是否视为同意钟山代理行为。在明知下单人身份的情况下,权绍宁第一次提取资金时未就交易行为向中谷公司提出异议,接受了钟山履行代理行为的后果,其不作否认的表示,应视为同意。权绍宁所称没有向中谷公司告知过变更代理人不能否定前述行为产生的代理有效之法律后果。钟山因基于口头委托从事期货交易而带来的委托上的瑕疵在此得以涤除。

最后,钟山的代理权是否延续至本案系争交易。本案系争保证金入账前,权绍宁提取了账户中的大部分资金,但并未销户,权绍宁再次入金之后发生的交易系在继续履行权绍宁、中谷公司的期货经纪合同,中谷公司接受钟山指令,不属违约之举。

综上,权绍宁称中谷公司违约,擅自动用其保证金的事实不能成立,依据期货交易风险与利益相一致的原则及公平原则,权绍宁应按照法律规定及双方合同约定,自行承担期货交易后果。

中谷公司反诉请求权绍宁返还因穿仓而占用的中谷公司资金。原审法院认为本案中中谷公司资金被占用的直接原因在于行情持续下跌而权绍宁未及时追加保证金,中谷公司在权绍宁在采取减仓措施后,为避免损失进一步扩大而采取的强制平仓措施,无不当之处。综上,中谷公司有权要求权绍宁返还占用的中谷公司资金,至于中谷公司将德锦公司款项予以抵扣,要求权绍宁返还余款 225 932.15 元,属其对权利的自由处分,应予准许。

综上,原审法院根据最高人民法院《关于民事诉讼证据的若干规定》第 2 条、《中华人民共和国民法通则》第 66 条第 1 款及最高人民法院《关于审理期货案件若干问题的规定》第 36 条第 2 款之规定,作出如下判决:(1) 对权绍宁的全部诉讼请求不予支持。(2) 权绍宁应于判决生效之日起 10 日内返还中谷期货经纪有限公司资金人民币 225 932.15 元。案件受理费人民币 25 010 元及反诉诉讼费人民币 5 898 元,均由权绍宁承担,于判决生效之日起 7 日内缴纳。

权绍宁不服一审判决,向本院提出上诉称:原审法院仅凭钟山的个人证词,认定权绍宁口头委托钟山代理期货交易没有事实依据。即使权绍宁口头委托钟山代理期货交易成立,按照我国期货交易的相关法律法规及行政规章的规定,以及《期货经纪合同》中有关"交易指令下达人必须采取书面方式进行"的约定,口头委托也应属无效。正因为此原因,原审法院依据口头委托成立的事实认定"权绍宁明知下单人身份系钟山"和"钟山代理权延续到本案系争交易"没有事实基础。中谷公司没有履行任何身份审查程序,接受钟山的交易指令,由此给权绍宁造成的全部损失,应承担赔偿责任。请求撤销一审判决,支持权绍宁一审诉讼请求。

中谷公司辩称:权绍宁口头委托钟山从事期货交易,该事实的认定并非仅仅基于钟山的证言,而是由一系列的事实予以印证。在权绍宁 010381 资金账户下进行的所有期货合约交易,均是钟山下达的交易指令,并且权绍宁已提取了前次的交易盈利;权绍宁对钟山的交易行为一直未提出异议;德锦公司为权绍宁在期货交易合同项下的期货交易结算风险提供担保,这 3 点已足以说明钟山为权绍宁的代理人,钟山下达期货交易指令所导致的后果均应由权绍宁承担。因此,权绍宁第二次交付的保证金共计 300 万元后所产生的全部亏损均是钟山合法有效的代理行为和市场行情下跌所致,是正常的期货交易风险,理应由权绍宁本人承担。根据《中华人民共和国民法通则》中有关委托代理的规定,委托代理既可以用书面形式,也可以采用口头形式,所以,权绍宁主张口头委托无效没有法律依据。

本院经审理查明,原审法院查明事实中,除“权绍宁口头委托钟山下达交易指令”这一事实外,其余查明事实均属实。另本案在审理过程中,中谷公司表示,因权绍宁的期货合同保证人德锦公司对中谷公司直接划转德锦公司期货交易资金的行为提起诉讼,为此,中谷公司提起反诉。该案中中谷公司的反诉诉讼请求与本案反诉诉讼请求系同一债权而两次主张权利。故在二审中中谷公司请求撤回其在一审中的反诉诉讼请求。

本院认为,本案的争议焦点在于:其一,是否存在权绍宁口头委托钟山从事期货合约交易的事实;其二,中谷公司对权绍宁保证金亏损的结果是否应当承担民事责任。对此,本院分别评判如下。

关于争议焦点一:

中谷公司在一审中的抗辩理由,系权绍宁是否明知钟山下达期货合约交易指令及其导致的法律后果。但是,这一事实与口头委托系不同的法律事实。因为,口头委托必须有委托这一事实存在,而前者则不然。口头委托该节事实的认定,原审判决仅直接给予结论性的判断意见(见原审判决书第8页“另查”部分),至于如此认定的理由,原审判决则未作阐述。纵观本案,能直接证明该节事实的证据仅有原审庭审中钟山的证言。然而,钟山的证言仅涉及口头委托的事实本身,对于委托期限、委托方式等合同主要内容,均未予证明。因此,证人对于口头委托这一事实内容的证明并不充分。况且,证人实为期货合约交易指令下达人,对于证人而言,该节事实能否认定关系证人本人及德锦公司之利益,因此,仅根据证人钟山之证言判定权绍宁口头委托钟山代理期货交易的事实,证据不足。

关于争议焦点二:

(一)权绍宁对钟山下达期货合约交易指令的事实是否明知

既然权绍宁本人从未下达任何期货交易指令,因此,在无人下达交易指令的情况下,权绍宁的保证金本不应产生盈利或者亏损。然而,2004年4月15日,权绍宁在客户保证金出金单上签字,清退保证金1 565 540元,其中包括交易盈利。这足以说明,权绍宁对其保证金账户下实施了期货合约交易的事实是明知的。就整个交易过程而言,权绍宁入金、提取盈利资金、再次入金、亏损、平仓降低持仓风险均应是在知晓资金状况的情况下采取的举措,更进一步说明权绍宁对此时的交易情况也是明知的。

尚需认定的是,权绍宁是否明知是钟山下达期货合约交易指令。原审判决认定权绍宁明知是钟山下达交易指令,该认定虽然客观上同样也仅有钟山的证言为凭,但是这一认定应当予以维持。理由在于,既然权绍宁已经明知交易结果,并曾提取交易盈利资金,其应当知道盈利或者亏损是何人操作的结果,否则,与常理不符;再者,就整个交易过程而言,权绍宁入金、提取盈利资金、再次入金、亏损、平仓降低风险的行为充分说明权绍宁是根据交易结果采取的举措,印证了钟山关于“其已将交易结果告知权绍宁”的证词的可信性。

(二)法律后果

钟山未经权绍宁授权,擅自以权绍宁的名义下达期货合约交易指令,其行为属无权代理。但是,既然权绍宁明知钟山以其名义下达交易指令,而未作否认表示。根据《中华人民共和国民法通则》第60条有关“本人知道他人以本人名义实施民事行为而不作否认表示的,视为同意”的规定,应当认为,权绍宁对钟山的无权代理行为所造成的后果予以确认,对交易亏损应自行承担责任。原审法院此节处理正确,应予维持。另由于中谷公司在二审中撤销了其一审中的反诉诉讼请求,属其对权利的自由处分,本院予以准许。原审此项判决因此应予撤销。

综上所述,根据《中华人民共和国民事诉讼法》第 153 条第 1 款第 1 项、第 3 项以及第 158 条之规定,判决如下:

1. 维持上海市第一中级人民法院(2004)沪一中民三(商)初字第 274 号民事判决主文第一项;

2. 撤销上海市第一中级人民法院(2004)沪一中民三(商)初字第 274 号民事判决主文第二项。

请对本案作出法理分析。

案例二:刘小梅与广西银建期货经纪有限责任公司期货交易纠纷案

上诉人刘小梅因期货交易纠纷一案,不服南宁市中级人民法院(1997)南市经初字第 270 号民事判决,向本院提起上诉。本院依法组成合议庭公开开庭进行了审理。上诉人的委托代理人杨贵永、被上诉人的委托代理人杨振将、李安华到庭参加诉讼。本案现已审理终结。

上诉人与被上诉人讼争一案,经一审法院审理认为,被告与原告签订的《期货业务委托代理协议》合法有效,应受法律保护。被告接受原告的委托后依原告的指令进行入市交易,无对冲、对赌、吃点等违规行为。原告在 1996 年 6 月 26 日和 8 月 1 日两日交易中亏损的 144 925 元保证金系由于其对市场行情判断失误所致,属正常交易风险,对此应由原告自行承担。鉴于原被告双方已无继续履行合同的必要,原告提出解除期货业务委托代理协议的理由成立,应予支持。被告履行了查询义务,有权收取原告查询费。原告主张被告赔偿其保证金损失及其他经济损失的理由不成立,应予驳回。判决:1. 解除原告与被告 1996 年 3 月 28 日签订的期货业务委托代理协议书;2. 驳回原告其他诉讼请求。诉讼费 4 962 元由原告负担。

原告刘小梅不服一审判决上诉称:一审判决认定被上诉人依上诉人的指令进行入市交易,无对冲、对赌、吃点等违规行为是认定方法的错误,根据有关法规,客户有权知道期货交易的内容,经纪公司应当把期货交易的真实情况告诉客户等。查询成交结果是上诉人在行使自己的权利。因此,被上诉人收取上诉人的查询费是毫无根据的。请二审法院撤销一审的错误判决,判令被上诉人赔偿上诉人的经济损失。被上诉人答辩称:双方签订的《期货业务委托代理协议书》明确约定,被上诉人在发出成交通知 12 小时以内,未收到上诉人的任何异议,视为交易得到上诉人确认。上诉人刘小梅起诉及在庭审中提出 1996 年 6 月 26 和 8 月 1 日的交易未进入交易市场交易,早已超过了协议规定的期限,无权再就此提出索赔;被上诉人已按协议约定将刘小梅的交易指令进入了交易所交易,交易结果由刘小梅自行承担;按照双方签订的协议,刘小梅没有在协议规定时间内提出异议及查询要求,在协议规定时间之外的查询,被上诉人需专门派人在海南中商所查询,因此收取查询费是合理的。综上所述,一审法院的事实认定和判决是正确的,请二审法院维持原判。

经审理查明:1996 年 3 月 28 日上诉人与被上诉人签订一份期货业务委托代理协议。协议约定:甲方(被上诉人)接受乙方(上诉人)的授权委托,根据乙方的口头或书面指令,代理乙方进行国际商品和金融的期货、期权的买卖。乙方应在协议签字生效之日起 1 个月内将开户资金汇入甲方指定的账户,甲方提出追加保证金要求时,乙方应及时和充分地执行,乙方已充分认识到从事期货交易具有相当的风险,并且愿意承担超出保证金存款之外的损失的风险。甲方在交易成交后24小时内应按乙方提供的号码,以电话、传真或电传方式向乙方授权代理发出成交结果的通知;甲方在发出成交通知12小时以内,未收到乙方的任何异议,视为该交易得到乙方确认。甲方向乙方发出的乙方交易记录和账户情况报告,若在甲方寄出后5天内未收到乙方的书面异议,应视为该报告已得到乙方认可等内容。同日上诉人聘请李志海、唐艳英为期货交易经纪人,授予经纪人下列权利:接受指令填写交易单、递交交易单、签收账单、签收保证金催缴通知书。

协议签订后,上诉人先后共交付交易保证金216 236元。上诉人自1996年3月28日至10月3日,委托被上诉人进行了39天的交易,交易总量为336手。其中,上诉人于1996年6月26日填写一份指令单,内容如下:交易品种/咖啡(F609),交易方向和数量/卖出30手,价位/2 851元。被上诉人在上诉人的交易指令单上批上的时间为1996年6月26日13时59分。被上诉人当天出具的交易日报上标明:上诉人的指令已在海南中商期货交易所成交,成交价位为2 851元,收取手续费1 500元,平仓亏损122 300元。上诉人委托的经纪人李志海在交易日报上签字。上诉人于1996年8月1日填写了一份交易指令单,内容为:交易品种:橡胶(R608),交易方向和数量/买入5手,价位/14 310~14 710元。被上诉人在上诉人的交易指令单上打上的时间为1996年7月32日(实为8月1日)11时33分。被上诉人当天出具的交易日报上标明:上诉人的指令已在海南中商期货交易所成交,成交时间为8月1日,成交价位为14 710元,收取手续费300元,平仓亏损22 625元。上诉人委托的经纪人李志海在交易日报上签字确认。1997年4月11日上诉人认为被上诉人1996年6月26日的交易未入市,要求被上诉人查询并支付资料查询费1 500元给被上诉人。被上诉人所提供的海南中商期货交易所稽核部的证明,证明被上诉人在1996年6月26日确实在交易所进行了交易,卖出量为47手,品种均为咖啡(F609),价位均为2 851元。

在一审期间,被上诉人所提供的海南中商期货交易所稽核部1996年6月26日和8月1日入市交易的流水表证实:在相同的时间内,被上诉人在交易所交易的品种、交易方向、数量、价位等与上诉人的指令以及被上诉人给上诉人的交易日报相一致。此外,上诉人从被上诉人提取现金70 097元。

另查明,被上诉人原名广西南宁银建期货经纪有限公司,有该公司于1993年4月7日经国家证券监督管理委员会批准成立在国家工商行政管理局登记注册,经营范围为国内商品期货代理、期货咨询和培训,为海南中商期货交易所的会员。1996年3月28日变更为现名。

本院认为,被上诉人具备国内商品期货代理的资格,其与上诉人签订的期货代理协议没有违反法律规定,一审法院认定双方所订合同有效是正确的。被上诉人接受上诉人的委托后依上诉人的指令进入市交易,在交易中无私下对冲、对赌、吃点等违规行为,上诉人的交易亏损属其对市场行情判断失误所致,对此应由上诉人自行承担。上诉人未在协议约定的时间对交易提出异议及查询要求,事后又要求查询,而查询的结果又证实上诉人的指令已经入市交易,因此而支付的费用应由上诉人负担。综上所述,一审判决正确,上诉人的上诉无理,应予驳回。

依照《中华人民共和国民事诉讼法》第153条第1款第1项的规定,判决如下:驳回上诉,维持原判。

请对本案作出法理分析。

第十二章 票据法

本章导读

票据是随着商品经济的产生和繁荣而出现和发展起来的。一般认为，现代意义上的票据起源于12世纪的欧洲。当时欧洲各国的商事交易极为发达，商人们为避免货币因交通不便带来的携带困难，通常以现金到货币兑换商处换取一张凭证，依该凭证向兑换商在目的地的分店支取当地通用的货币。这种凭证即为票据的萌芽。在现代市场经济条件下，票据被喻为"商品交易的血管中流动的血液"、"世界不可缺少的第五要素"。票据关系非常严格，而且格式化、国际化的特点非常明显。与此相适应，调整票据关系的票据法也具有强制性、技术性和国际性的特征。票据法有自己独特的理论与规则，与传统民商法原理差异较大，理解和掌握上有一定的难度。学习票据法需要从票据关系入手，了解和掌握各自票据行为的要件和法律效力，以便为行使票据权利、票据抗辩等打下基础。

第一节 票据法概述

一、票据的概念和特征

（一）票据的概念

票据是指出票人依票据法签发的，约定由自己或委托他人于见票时或在票载日期无条件支付确定金额给收款人或持票人的一种有价证券。广义的票据是指凡是能使财产证券化并具有支付功能的所有证券，如汇票、本票、支票、提单、仓单、保函等；狭义的票据则专指票据法上所规定的票据。我国票据法规定的票据有3种：汇票、本票和支票。

（二）票据的特征

1. 票据是设权证券。即票据权利的产生以作成证券为前提，票据上所表示的权利，是在票据作成的同时产生的，没有票据就没有票据上的权利。

2. 票据是文义证券。即票据上设定的一切权利和义务，必须严格以票据上所记载的文字为准，而不能进行任意解释或根据票据以外的任何其他文件确定。即使票据上记载的文义有错也需以该文义为准。

3. 票据是无因证券。即票据权利仅以票据法的规定发生，而不需要考虑票据权利发生的原因或基础。只要权利人持有票据，就享有票据权利，就可以行使票据上的权利。至于权利人持有票据或取得票据的原因以及票据权利发生的原因，在所不问。

4. 票据是要式证券。票据的作成必须依照票据法规定的格式进行。票据有严格的形式要求，其记载事项、记载方式等均由法律加以规定；必须按照法律规定的记载内容和记载方式进行记载，否则会影响票据的效力，甚至会造成票据的无效。

二、票据法的概念和特征

（一）票据法的概念

票据法是指调整票据关系的法律规范的总称。票据法有广义和狭义之分。狭义的票据法仅指《中华人民共和国票据法》（以下简称《票据法》）；广义的票据法则除此之外，还包括其他法律规范中与票据相关的所有规定。

（二）票据法的特征

1. 强制性。票据是一种流通性极强的金融工具，与经济秩序的稳定具有密切联系，如果让当事人自行确定票据上的权利义务，势必不利于保证票据的信用和交易的安全。因此，票据的种类、格式、必要记载事项、票据当事人的权利和义务等内容均为票据法以强制性规范所规定，当事人只在极小范围内有自由适用的余地。

2. 技术性。票据的流转牵涉到复杂的会计、银行财务等专业制度，普通人并不熟悉。为了保证票据当事人权利的实现，票据法的制度设计有着较强的技术性。

3. 国际性。不论是国内贸易还是国际贸易，一般均使用票据支付结算。所以，各国的票据立法不仅要考虑本国的国情，还需考虑国际通行的票据规则。国际联盟 1930 年的《日内瓦统一汇票本票法》和 1931 年的《日内瓦统一支票法》、联合国 1988 年的《国际汇票本票公约》等对世界票据规则的统一都起到了重要的作用。票据法已成为国际上统一程度最高的法律之一，并呈现出一体化的趋势。

第二节　票据的基本制度

一、票据法上的法律关系

（一）票据关系的概念

票据关系是基于各种票据行为而产生的，体现在各种票据行为下的当事人的权利、义务关系。

票据关系具有以下特点：(1) 因各种票据行为的存在而产生。(2) 独立性。即票据行为人的票据行为各自独立，每一个票据行为的效力是由该行为本身的效力确定的，与其他相关联的行为不发生联系。(3) 不对等性。由于票据是无因证券，在某一特定票据关系中，票据权利人所享有的票据权利并不以履行对等的义务为前提。

（二）票据法上的非票据关系

票据法上的非票据关系是指由票据法直接规定的与票据行为有联系但不是基于票据行为而发生的法律关系。主要包括：(1) 对于恶意或重大过失而取得票据的持票人，真正权利人向其行使票据返还请求权而发生的关系；(2) 因时效或手续的欠缺，丧失票据上权利的持票人，对出票人或承兑人在其所享受利益范围内行使利益返还请求权而发生的关系；(3) 付款人付款后，对持票人行使交出票据请求权而发生的关系；(4) 汇票的持票人向出票人行使给予副本请求权而发生的关系。

（三）票据的基础关系

票据的基础关系是指票据关系赖以产生的民事基础法律关系，即票据关系产生之前，当事人之间就已经存在着的一种法律关系。

（四）票据当事人

票据当事人是指享有票据权利、承担票据义务以及与票据权利义务有密切关系的法律主体，分为基本当事人与非基本当事人。基本当事人是指在票据作成时就已经存在的当事人，如出票人、收款人和付款人；非基本当事人是指在票据签发后通过各种票据行为而加入到票据关系中成为票据当事人的人，如背书人、保证人等。

1. 出票人。即签发票据并将票据交付给收款人，从而创设票据权利的人。汇票和支票的出票人负有担保票据承兑和付款的义务，本票的出票人负有直接付款的义务。出票人是票据关系中的义务主体。

2. 收款人。即记名票据上最初的持票人，是出票人在票据中明确记载的权利人。收款人是票据关系中的权利主体。

3. 付款人。即票据中记载的承担付款义务的人。汇票和支票的付款人承担的是可能付款的责任，本票的付款人承担现实的付款责任。

4. 持票人。即依法实际持有票据的人。收款人是最初持票人，如果票据依法转让，受让人就是持票人，享有票据权利。

5. 背书人。即在票据背面或者粘单上记载一定事项，从而将票据转让给他人或者将票据权利授予他人行使的人。背书人首先是持票人，背书后应对被背书人票据权利的实现负有担保义务，属于义务主体。

6. 被背书人。即经背书人的背书转让行为而取得票据的人。如果被背书人不再转让票据，则成为最后持票人，属于权利主体。

7. 承兑人。即在汇票关系中表示愿意在票据到期日无条件付款的付款人。在汇票关系中，付款人是可能的付款义务主体，而承兑人是现实的付款义务主体。

8. 保证人。即由原有票据义务人之外的第三人，记载于票据中并愿意为某一票据义务人担保履行票据义务的人。在作出保证行为之前，其不属于票据当事人，在作出保证行为之后，其即成为票据义务主体，对票据权利的实现负担保义务。

9. 被保证人。即保证人所担保的对象。其必须是票据关系中的义务主体。

二、票据行为

（一）票据行为的概念

票据行为是以发生或转移票据上权利、承担票据上义务为目的的法律行为，包括出票、背书、承兑、保证4种。

票据行为作为民事法律行为的一种，具有其特殊性，表现为：（1）无因性。票据行为一经完成，其效力即不再受其所赖以发生的原因关系的影响。（2）形式性。行为人必须以法律规定的行为方式，作出相应的票据行为。否则，不发生票据行为的效力。（3）独立性。同一票据上的若干票据行为在效力上互不牵连，均独立地发生效力。

（二）票据行为的要件

1. 票据行为的实质要件

包括行为人的票据能力、行为人的意思表示以及行为的合法性3方面。票据能力包括票据权利能力和票据行为能力。前者是指享有票据权利或承担票据义务的资格或能力；后者是指通过独立的票据行为取得票据法上的权利、承担票据法上的义务的资格或能力。意思表示作为票据行为的实质要件之一，民法中关于意思表示真实的规定同样适用于票据行为。但是，因为票据是文义证券、无因证券，票据行为人的意思表示是否真实、合法有时很难考察，因此，对票据行为人的意思表示应采用表示主义，即以行为的外观确定行为的效力。

2. 票据行为的形式要件

由于票据是文义证券、无因证券、要式证券，《票据法》对票据行为的形式要件作了严格的要求。只有在形式上符合《票据法》的要求，票据行为才有效。根据《票据法》的规定，票据行为的形式要件可以归纳为书面、签章、记载事项和交付。

（1）书面。票据是文义证券，各种票据行为都必须以书面形式作成才能生效，且要求十分严格，甚至对纸张格式、所用的笔墨都作出了具体规定。《票据法》第109条规定："汇票、本票、支票的格式应当统一。票据凭证的格式和印刷管理办法，由中国人民银行规定。"《支付结算办法》第120条规定："签发支票应使用碳素墨水或墨汁填写，中国人民银行另有规定的除外。"

（2）签章。签章的意义在于识别行为人，辨别行为人的真伪，并确定行为人的票据责任。《票据法》第4条规定："票据出票人制作票据，应当按照法定条件在票据上签章，并按照所记载的事项承担票据责任。"第7条规定："票据上的签章，为签名、盖章或者签名加盖章。法人和其他使用票据的单位在票据上签章，为该法人或者该单位的盖章加其法定代表人或者其授权的代理人的签章。"

（3）记载事项。票据行为的有效还必须依票据法的要求记载相关事项，分为：必要记载事项、无益记载事项、有益记载事项。必要记载事项是指票据法规定在票据上应当进行记载的事项，包括绝对必要记载事项和相对必要记载事项。前者是必须记载、不可缺少的事项，如未记载，将导致票据的无效；后者是应当记载，但可不记载，如未记载，不影响票据的效力，未记载的事项视为已按照法律规定的内容记载。无益记载事项是指《票据法》规定在票据上不应记载的事项，包括绝对无益记载事项和相对无益记载事项。前者为绝不允许记载的事项，如记载，将导致票据无效；后者是不应记载，但可以记载的事项，如记载，不影响票据效力，所记载的事项视作未记载。有益记载事项是指票据法规定在票据上可以进行记载的事项，包括绝对有益记载事项和相对有益记载事项。前者为可以进行记载、记载后发生票据法上规定效力的事项；后者为可以进行记载、但记载后不发生票据上效力的事项。

3. 票据的伪造和变造

（1）票据的伪造。即假借他人名义出票或在票据上签章的行为，对被伪造人不产生法律效力。被伪造人可以据此抗辩事由对抗一切持票人，包括善意持票人。但伪造人应承担民事侵权损害赔偿责任、刑事责任或行政责任。通常，同一票据上有多个票据行为，如果票据上既有伪造的签章，又有真实的签章，基于票据行为的独立性，伪造的签章不影响其他真实签章的效力。

（2）票据的变造。即无权限而改变票据上除签章以外的其他记载事项，以影响票据责任的行为。其不影响票据上真实签章的效力。在变造之前签章的人,对原记载事项负责;在变造之后签章的人,对变造之后的记载事项负责;不能辨别是在票据被变造之前或者之后签章的,视同在变造之前签章。

三、票据权利

（一）票据权利的概念

票据权利是指持票人向票据债务人请求支付票据金额的权利,包括付款请求权和追索权。付款请求权是向票据上的付款人行使的权利,是一次性权利;追索权是在付款请求权没能实现时,向票据上的背书人、保证人等行使的权利,是二次性权利。

（二）票据权利的取得

1. 原始取得

原始取得是指持票人不经过其他前手票据权利人的受让,而最初取得票据权利,包括出票取得和善意取得。出票取得是指持票人直接通过出票行为从出票人处取得票据权利;善意取得是指受让人善意且无重大过失,从无权利人手中受让票据,从而取得票据权利。

2. 继受取得

继受取得是指持票人从有票据处分权的前手权利人处受让票据,从而取得票据权利,包括票据法上的继受取得和非票据法上的继受取得。前者是指依票据法规定的背书方式而取得票据权利;后者是指依照普通债权转让、继承、公司合并等方式取得票据权利,其只能得到民法的保护。

（三）票据权利的消灭

1. 付款请求权的消灭

一是因为清偿而消灭,即票据义务人支付票据金额而使付款请求权归于消灭;二是因为时效而消灭,即付款请求权时效届满而使付款请求权归于消灭。

2. 追索权的消灭

一是因未保全而消灭,即没有按照规定的日期提示承兑或者提示付款而使追索权消灭;二是因时效而消灭,即追索权时效届满而使追索权消灭。

四、票据抗辩

票据抗辩是指票据债务人依法对票据权利人拒绝履行票据义务的行为,分为对物的抗辩和对人的抗辩两种。

（一）对物的抗辩(绝对抗辩)

对物抗辩即基于票据自身所存在的事由而发生的抗辩,可以对抗任何票据权人,包括:(1) 有关票据记载的抗辩,即因票据上所存在的一定记载内容而发生的抗辩,例如因票据法规定的出票必要记载事项欠缺而发生的抗辩;(2) 有关票据效力的抗辩,即因票据债务所赖以成立的实质性要件欠缺,无相应效力而发生的抗辩,例如因票据行为人无行为能力而发生的抗辩;(3) 有关票据债权债务的抗辩,即因票据债务虽存在,但基于某种事由已归于消灭而发生的抗辩,例如因付款请求权时效届满而发生的抗辩。

（二）对人的抗辩(相对抗辩)

对物抗辩即基于票据债务人与特定的票据权利人之间的关系而发生的抗辩,只能对抗特定的票据权利人,包括:(1) 原因关系抗辩,即基于票据债务人与票据权利人之间存在的一定原因关系而发生的抗辩;(2) 票据行为瑕疵抗辩,即因票据债务人的意思表示有瑕疵而发生的抗辩,即因持票人不存在票据权利而发生的抗辩;(3) 物权的抗辩,即因持票人不存在权利而发生的抗辩。

五、票据丧失的补救

(一) 挂失止付

挂失止付是指持票人丢失票据后,依照法律规定的程序通知票据上记载的付款人停止支付的行为。

《票据法》第 15 条规定:“票据丧失,失票人可以及时通知票据的付款人挂失止付,但是,未记载付款人或者无法确定付款人及其代理付款人的票据除外。”

挂失支付应依照《支付结算办法》第 49 条、第 50 条的规定履行必要的程序。

《票据法》第 15 条规定:“收到挂失止付通知的付款人,应当暂停支付。”

(二) 公示催告及诉讼

公示催告是指人民法院根据票据权利人的申请,以向社会公众公示的方法,将丧失的票据告知各界,催促不明利害关系的当事人在一定期间向法院申报票据权利,如不在规定期间内申报,就不能以有关的票据权利请求法院保护。《民事诉讼法》第 218 条规定:“按照规定可以背书转让的票据持有人,因票据被盗、遗失或者灭失,可以向票据支付地的基层人民法院申请公示催告。”

《票据法》第 15 条第 3 款规定:“失票人应当在通知挂失止付后三日内,也可以在票据丧失后,依法向人民法院申请公示催告,或者向人民法院提起诉讼。”

根据《民事诉讼法》的规定,法院受理公示催告后,应当立即通知支付人停止支付,并在通知后 3 日内发出公告,催促国内票据利害关系人在 60 日内申报权利,涉外票据权利利害关系人最长可在 90 日内申报权利。公告期间,票据权利被冻结,不能承兑、付款、贴现或者转让,有关当事人对票据的任何处分均没有法律效力。

第三节　汇　票

一、汇票的概念和种类

汇票是由出票人签发的,委托付款人在见票时或者指定日期,无条件支付确定金额给持票人的票据,汇票可分为:银行汇票与商业汇票,即期汇票与远期汇票,一般汇票与变式汇票。

(一) 银行汇票与商业汇票

依汇票当事人身份的不同,汇票可以分为银行汇票和商业汇票。银行汇票是以银行为出票人、同时以银行为付款人的汇票。商业汇票是以银行以外的其他公司、企业等为出票人的汇票,其对付款人的身份无特别限制,在付款人为银行时,称为银行承兑汇票;在付款人为银行以外的其他公司、企业时,称为商业承兑汇票。

(二) 即期汇票与远期汇票

依汇票付款期限的不同,汇票可分为即期汇票和远期汇票。即期汇票也称为见票即付的汇票,是指在汇票上无到期日的记载,持票人向付款人提示付款时即为到期,付款人应立即付款。远期汇票是在汇票上记载到期日,付款人在到期时承担付款责任的汇票。到期日的记载方式有3种:一是定日付款,即以确定的日期为到期日;二是出票后定期付款,即以出票日后一定期间届满为到期日;三是见票后定期付款,即在持票人向付款人提示见票之日后一定期间届满时为到期日。目前我国的银行汇票均为即期汇票,而商业汇票通常是远期汇票。

(三) 一般汇票与变式汇票

依汇票上当事人地位的不同,汇票可以分为一般汇票和变式汇票。一般汇票是出票人、持票人、付款人分别为不同当事人的汇票。变式汇票是出票人、持票人、付款人中,一个当事人同时兼有两种或者两种以上地位的汇票。出票人同时为付款人时,称为对己汇票;出票人同时为持票人时,称为指己汇票。商业承兑汇票既可以是指对己汇票,也可以是指己汇票。

二、出票

出票是指出票人依照法律规定的形式签发汇票,并将其交付给持票人的票据行为。出票是最初始的票据行为,是创设票据以及票据权利的行为,因而成为基本票据行为。其必要记载事项分为:

(1) 绝对必要记载事项。《票据法》第22条规定,汇票必须记载下列事项,否则无效:① 表明“汇票”的字样。汇票单据均是统一格式,当事人不得私自印制汇票单据。② 无条件支付的委托。汇票是一种信用的支付工具,汇票上记载无条件支付委托的字样是为了使收款人和被背书人从票据的本身就得到此票据权利能够实现的保证。③ 确定的金额。首先要确定货币的种类,其次在填写资金数额时不得进行选择性、浮动性的记载,也不得记载不具体的金额,否则汇票无效。④ 付款人名称。付款人是受汇票出票人委托而支付票据金额的人,可以是自然人,也可以是法人。付款人承兑后称为汇票的主债务人,到期必须无条件付款。⑤ 收款人名称,指汇票上记载收取款项的公司或其他交易主体的名称,该名称必须使用全称,不得使用简称或企业代号。⑥ 出票日期,是作为出票日而在票据上载明的日期。出票日是决定到期日的计算基准日,也是决定汇票到期后利息如何计算的基准日,还是决定保证是否成立的基准日。⑦ 出票人签章,是表明出票人为行为人本人的标记。

(2) 相对必要记载事项。包括:① 付款日期,是汇票的到期日,未记载付款日期时,为见票即付。② 付款地,是付款人进行票据支付的地域,在未记载付款地时,付款人的营业场所、住所或者经常居住地为付款地。③ 出票地,是出票人进行出票行为时所在的地域,在未记载出票地时,出票人的营业场所、住所或者经常居住地为出票地。

三、背书

背书是指收款人(持票人)以转让票据权利为目的在汇票上签章并进行必要的记载所作的一种票据行为。转让人称为背书人,受让人称为被背书人。

(一) 转让背书与非转让背书

以背书的目的为标准,背书分为转让背书和非转让背书。转让背书是指持票人以转让汇票权利为目的而为的背书;非转让背书是指持票人非以转让汇票权利为目的,而是以授予他人一定的汇票权利为目的而为的背书。

(二) 完全背书与空白背书

这是对转让背书的进一步划分。完全背书是指背书人在汇票背面或粘单上记载背书的意思、被背书人的名称并签章的背书。空白背书是指背书人不记载被背书人的名称,仅仅由自己签章的背书。《票据法》第30条规定:“汇票以背书转让或者以背书将一定的汇票权利授予他人行使时,必须记载被背书人名称。”可见,我国《票据法》不承认汇票的空白背书。

(三) 委任背书与设质背书

这是对非转让背书的进一步划分。以委托他人代为取款为目的的背书是委托背书,以为担保债务而在汇票上设定质权为目的的背书为设质背书。

背书的效力是指票据因背书行为所带来的法律后果。

1. 转让背书可产生3种效力:(1) 权利转移的效力。即汇票上的一切权利由背书人移转给被背书人,是转让背书的主要效力。(2) 权利担保的效力。即背书人以负担票据债务的意思为背书,对其后手有担保承兑及付款的责任。承兑人破产或不承兑、付款人拒绝付款时,均应由背书人负责清偿。(3) 权利证明的效力。即持票人只要依背书形式上的连续,而不需要其他证据,即可证明其是票据权利人。

2. 非转让背书可产生2种效力:(1) 委任取款背书的效力。委托取款背书仅产生对被背书人的代理权授予的效力,而不产生票据权利转移的效力。因此,被背书人对票据权利无处分权,不得为转让背书,只能为背书人利益再为委任背书。(2) 设质背书的效力。设质背书同样不产生权利转移的效力,仅使被背书人取得票据权利的质权,具有权利证明的效力。被背书人有再背书的权利,但只能为委任背书,不得为转让背书,同时也不得再为设质背书。

四、承兑

承兑是指汇票付款人承诺在到期日支付汇票金额的一种票据行为。付款人进行承兑后即为承兑人,承担绝对付款的义务。

承兑有3项原则:(1) 自由承兑,即汇票上所载付款人可以自由决定是否承兑;(2) 完全承兑,即承兑人如果承兑,就必须对全部票据金额给予承兑,不允许部分承兑,否则视为拒绝承兑;(3) 单纯承兑,即承兑人在承兑时,不得附加其他条件,否则视为拒绝承兑。

提示承兑是指持票人向付款人出示汇票,请求付款人承诺付款的行为。汇票的提示承兑应该在提示承兑期间进行。对于定日付款或者出票后定期付款的汇票,在出票日后、到期日前的期间,均可向付款人提示承兑;见票后定期付款的汇票,持票人应当自出票日起1个月内向付款人提示承兑;如果持票人未在法律规定的提示期间进行提示承兑,则丧失对前手的追索权。

五、保证

保证是指汇票债务人以外的第三人在发行的汇票上,进行保证文句的记载并签章,从而对特定票据债务人的票据债务承担保证责任的票据行为。担保汇票付款的人称为保证人,被保证的特定汇票债务人称为被保证人。

对被保证的汇票,保证人应当与被保证人对持票人承担连带责任,汇票到期后,被保证人不能付款的,持票人有权向保证人请求付款,保证人应当无条件足额付款。保证人清偿汇票债务后,代为取得汇票的权利,可以行使持票人对被保证人及其前手的追索权。

保证人为两人以上的,保证人之间承担连带责任、不得互相推诿,持票人可以向任何一个保证人或全体保证人请求付款。

保证人必须在汇票或者粘单上记载的事项包括:(1) 表明"保证"的字样。如果保证人未在票据或粘单上记载"保证"字样而另行签订保证合同或者保证条款的,不属于票据保证。(2) 保证人的名称和住所。个人须用其身份证上的本名,单位须用其企业注册登记全称,地址须详细具体。(3) 被保证人的名称。一般将付款人列作被保证人,如果保证人在汇票或粘单上未记载被保证人名称的,已承兑的汇票,承兑人为被保证人;未承兑的汇票,出票人为被保证人。(4) 保证日期。保证人在汇票或者粘单上未记载保证日期的,出票日期为保证日期。(5) 保证人签章。

保证不得附有条件。附有条件的,不影响保证人对汇票承担的付款责任,即汇票上记载的保证事项中虽然有保证人提出的担保付款的条件,但这些条件不被法律认可,视为无记载。

六、付款

付款是指付款人或者承兑人在汇票到期时,向持票人支付票据金额的行为。

提示付款是指持票人向汇票上所载付款人或者承兑人出示票据,请求其支付票据金额的行为。提示付款应当在法律规定的提示付款期间内进行。不同种类的汇票,提示付款日期不同。见票即付的汇票,自出票日起 1 个月内向付款人提示付款;定日付款、出票后定期付款、见票后定期付款的汇票,自到期日起 10 日内,向承兑人提示付款。未按期提示付款时,持票人丧失对前手背书人的追索权。

七、追索

追索是指持票人在汇票到期前未获承兑或者到期未获付款时,向其前手请求偿还票据金额及其他必要金额的行为。追索权是指汇票到期被拒绝付款或其他原因出现时,持票人得请求其前手偿还汇票金额及有关损失和费用的权利。

《票据法》第 61 条规定:"汇票到期日前,有下列情形之一的,持票人也可以行使追索权:(1) 汇票被拒绝承兑的;(2) 承兑人或者付款人死亡、逃匿的;(3) 承兑人或者付款人被依法宣告破产的或者违法被责令终止业务活动的。"

持票人不能出示承兑人或者付款人出具的拒绝证明或者退票理由书,或者未按照规定期限提供其他合法证明如人民法院的有关司法文书、有关行政部门的处罚决定、承兑人或付款人的死亡证明,则丧失对其前手的追索权。但是,承兑人或者付款人仍应对持票人承担责任。

持票人行使追索权一般包括下列程序:(1) 票据提示。持票人在行使追索权时,必须先在法定期限内向付款人提示票据,请求承兑或付款,否则丧失追索权。(2) 作成拒绝证书。票据全部或部分不获承兑或付款,或无法为承兑或付款提示的,持票人应请求作成拒绝证书。(3) 通知拒绝事由,又称追索通知或偿还请求的通知。持票人应当通知票据全部的债务人,在知悉被拒绝的事实后做好相应的准备,或者准备届时自动偿还,或者及早筹备资金。(4) 确定追索对象。当追索通知发出后无人自动偿付时,追索权人应向汇票的出票人、背书人、保证人进行追索。持票人可以不按照汇票债务人的先后顺序,对其中任意一人行使追索权。

出现下列原因时,汇票追索权丧失:(1)《票据法》第 40 条规定:“见票后定期付款的汇票,持票人应当自出票日起 1 个月内向付款人提示承兑。汇票未按照规定期限提示承兑的,持票人丧失对其前手的追索权。”(2)《票据法》第 65 条规定:“持票人不能出示拒绝证明、退票理由书或者未按照规定期限提供其他合法证明的,丧失对其前手的追索权。”(3)《票据法》第 17 条规定:“票据权利在下列期限内不行使而消灭:持票人对前手的追索权,自被拒绝承兑或者被拒绝付款之日起六个月;持票人对前手的再追索权,自清偿日或者被提起诉讼之日起三个月。”

第四节　本票与支票

一、本票

(一) 本票的概念

《票据法》第 73 条第 1 款规定:“本票是由出票人签发的,承诺自己在见票时无条件支付确定的金额给收款人或者持票人的票据。”第 2 款规定:“票据法所指的本票是指银行本票,不包括商业本票和个人本票。”所以,目前我国通行的是即期本票,并没有将国际通行的远期本票和商业本票包含在内。

本票关系中包括两个基本当事人,即出票人和持票人。

(二) 本票的出票和付款

1. 出票人。本票的出票人必须具有支付本票金额的可靠资金来源,并保证支付。

2. 必要记载事项。本票的必要记载事项,除了不包括付款人名称,其他与汇票相同。本票的可任意记载的事项也与汇票相同,目的均在于提高本票的信用记载。

3. 付款。(1) 提示付款。《票据法》第 77 条规定:“本票的出票人在持票人提示见票时,必须承担付款的责任。”(2) 付款期限。《票据法》第 78 条规定:“本票自出票日起,付款期限最长不得超过 2 个月。”

(三) 本票适用汇票的规定

本票作为票据的一种,具有各类票据的共同属性和特征。因此,《票据法》第 80 条规定:“本票的背书、保证、付款行为和追索权的行使,除第三章本票的规定外,适用本法第二章有关汇票的规定。本票的出票行为,除第三章本票的规定外,适用本法第二十四条、二十六条关于汇票的规定。”

二、支票

(一) 支票的概念

《票据法》第 82 条规定:“支票是出票人签发的,委托办理支票存款业务的银行或者其他金融机构在见票时无条件支付确定的金额给收款人或者持票人的票据。”

在支票关系中,包括 3 个基本当事人:出票人、付款人和持票人。支票限于见票即付,且支票付款人限于银行或者其他金融机构。

我国票据法将支票分为普通支票、现金支票和转账支票。普通支票是对付款无特别限制的支票，既可以用于支取现金，也可以用于转账；现金支票用于支取现金；转账支票只能用于转账。

（二）支票的出票

出票人签发支票必须符合下列条件：(1) 支票的出票人是在办理支票存款业务的银行或者其他金融机构开立支票存款账户的单位和个人。(2) 开立支票存款账户，申请必须使用其本名，并提交证明其身份的合法证件。(3) 支票存款账户的开立和支票的领用，应当有可靠的资信，并存入一定的资金。(4) 开立支票存款账户，申请应当预留其本名的签名式样和印鉴。

出票人不得签发空白支票，即签发的支票金额不得超过其付款时在付款人处实有的存款金额；出票人不得签发与其预留本名的签名样式或者印鉴不符的支票，使用支付密码的，出票人不得签发支付密码错误的支票。否则，该支票无效。

支票的记载事项包括：(1) 绝对必要记载事项。包括：① 表明“支票”的字样；② 无条件支付的委托；③ 确定的金额；④ 付款人名称；⑤ 出票日期；⑥ 出票人签章。支票上未记载前述规定事项之一的，支票无效。(2) 未记载事项的补救。《票据法》第85条规定：“支票上的金额可以由出票人授权补记，未补记前的支票不得使用。”《票据法》第86条规定：“支票上未记载收款人名称的，经出票人授权，可以补记；支票上未记载付款地的，付款人的营业场所为付款地；支票上未记载出票地的，出票人的营业场所、住所或者经常居住地为出票地。”

（三）支票的付款

《票据法》第90条规定：“支票限于见票即付，不得另行记载付款日期。另行记载日期的，该记载无效。”第91条规定：“支票的持票人应当自出票日起十日内提示付款；异地使用的支票，其提示付款的期限由中国人民银行另行规定。超过提示付款期限的，付款人可以不予付款；付款人不予付款的，出票人仍应当对持票人承担票据责任。”

付款人在对支票进行审查后，出票人在付款人处的存款足以支付支票金额时，付款人应当在当日足额付款。付款人依法支付支票金额的，对出票人不再承担受委托付款的责任，对持票人不再承担付款的责任。但是，付款人恶意或有重大过失付款的除外。

（四）支票适用汇票的法律规定

支票作为票据的一种，具有各类票据的共同属性和特征。因此，《票据法》第93条规定：“支票的背书、付款行为和追索权的行使，除第四章支票的规定外，适用本法第二章的有关规定，支票的出票行为，除第四章支票的规定外，适用本法第二十四条、二十六条关于汇票的规定。”

案例思考

案例一：长治煤运劳服公司诉经坊煤矿等汇票不能获兑付追索权行使纠纷案

2007年5月27日，南证公司经红围工行开出一张收款人为经坊煤矿、到期日为2007年8月27日的35万元银行承兑汇票。经坊煤矿收到该汇票后，因嫌其承兑期长达3个月，告知南证公司欲退回。南证公司于2007年6月3日书面告知经坊煤矿背书转让给经贸公司。经坊煤矿即持南证公司书函找经贸公司,将该汇票背书转让给了经贸公司。随后,南证公司与经贸公司签订了煤炭购销合同。经贸公司因无能力履行该合同,于6月4日与煤运劳服公司签订了煤炭购销合同,并将该汇票又背书转让给煤运劳服公司。煤运劳服公司持票后通过其开户行查询,红围工行于6月5日电传答复此汇票属实请受理。但因南证公司与经贸公司就双方签订的煤炭购销合同发生诉讼,受案法院武汉市武昌区人民法院于2007年7月31日裁定冻结了该汇票,红围工行于8月1日电传煤运劳服公司,请其向武昌区人民法院申报票据权利。煤运劳服公司于10月6日向该院申请要求解冻,该院未答复。因该汇票不能承兑,煤运劳服公司于2007年11月12日向长治市中级人民法院提起诉讼,称其所持出票人为南证公司的银行承兑汇票,因被法院另案冻结而至今不能兑付,受到较大经济损失。请求判令南证公司偿还汇票金额35万元及同期银行利息,并承担因其拒付给煤运劳服公司造成的经济损失。

被告南证公司答辩称:煤运劳服公司既然收票,却不发煤,仅要我公司承付35万元汇票,其行为是明显的恶意占有。请求驳回其起诉并立即退票,赔偿因此给我公司造成的经济损失。

被告经坊煤矿答辩称:我矿是南证公司签发的银行承兑汇票的收款人,但已背书转让给了经贸公司,因此本矿不应承担责任。

被告经贸公司没有答辩。

被告红围工行答辩称:我行开出的涉案汇票被武昌区人民法院裁定冻结,由我行协助办理了冻结手续并及时告知了持票人该情况。我行未在汇票到期日向持票人付款,是法院行为的结果,我行不应承担任何责任。

长治市中级人民法院经审理还查明:武昌区人民法院已于2007年8月25日作出其案判决,并已发生效力,其冻结的汇票已自动解冻。长治市中级人民法院认为:原告煤运劳服公司所持被告南证公司开出的银行承兑汇票真实,为可背书转让汇票。原告持票合法,是该汇票的债权人。被告红围工行作为承兑人,经坊煤矿、经贸公司作为背书人,均是该汇票的债和务。南证公司在武昌区法院作出的判决确定了赔偿义务主体为经贸公司后,仍以与前手经贸公司的抗辩理由对抗该汇票的现合法持票人,违背我国《票据法》第13条之规定,使原告所持35万元汇票至今未能承兑,并造成原告90 030元经济损失,应承担全部责任。被告红围工行在法院冻结该汇票期满已超过半年后未予承兑,其行为违背《银行结算办法》第18条之规定。被告经坊煤矿和经贸公司作为汇票债务人均应承担连带赔偿责任。原告的诉讼理由成立,应予以支持。依照《民法通则》第106条、第108条,《票据法》第18条、第61条、第68条、第70条之规定,于2008年4月17日判决如下:

1. 被告南证公司在本判决生效后10日内返还原告煤运劳服公司所持银行承兑汇票金额35万元,并按同期银行利率计算偿还该数额自到期日至清偿之日止的利息。

2. 南证公司赔偿煤运劳服公司因诉讼造成的经济损失90 030元。

3. 被告红围工行、经坊煤矿、经贸公司承担连带责任。

宣判后,被告红围工行还是不服,向山西省高级人民法院提起上诉,山西省高级人民法院于2008年10月26日判决驳回上诉,维持原判。

请问该案应如何分析处理?

案例二:中国工商银行上海市长宁支行诉某商场票据记载事项错误纠纷案

2007年8月26日,被告签发了一张号码为IXIV20555923、收款人为上海富士坤制衣公司的商业承兑汇票。汇票金额80万元,到期日为2008年1月23日,并由被告予以承兑。汇票上无交易合同号码。同日,上海富士绅制衣公司(以下简称“富士绅公司”)经背书后持该商业承兑汇票向原告申请贴现,原告经审核后于同年9月3日予以贴现。2008年1月23日原告持该汇票向被告开户银行提示付款,被告开户银行以“收款人‘坤’错,交易合同不复写”为由予以退票。2008年9月30日原告曾以借款合同纠纷将本案被告富士绅公司、贴现申请担保人上海枫泾商城利万家科技经营公司诉诸上海市长宁区人民法院,同年10月18日原告向长宁区人民法院撤回起诉。之后原告以南汇县百货总公司汇海商场为被告,以票据纠纷为由向南汇县法院提起诉讼。原告所持汇票的背书日期为2007年9月26日。

原告诉称:2007年8月26日,富士绅公司持被告于8月20日签发的80万元的商业承兑汇票向原告申请贴现,原告经审核后认为符合发放贴现贷款规定,故向其发放了80万元贷款。1998年1月23日票据到期日,原告向被告提示付款遭退票。故请求判令被告归还票据款80万元;偿付拖欠利息104 320元,并承担本案诉讼费用。

被告辩称:原告不具有票据权利,被告于2007年8月26日开具的汇票的收款人是上海富士坤制衣公司,而原告所持票据的背书人及该票据的申请贴现人系富士绅公司,故背书没有连续性;且汇票上的交易合同号码是后添的,银行的退票通知也明确退票理由是收款人与背书人名称不符,汇票交易合同号码无复写;该汇票系无效票据,而原告明知是无效票据仍贴现该汇票,责任由原告自己承担。且被告与富士绅公司之间无交易合同。原告诉讼已超过6个月的票据权利。故原告诉求不能成立。

上海市南汇县人民法院经审理认为:票据上所载明的收款人开户行及账号均系富士绅公司开设,因此可认定收款人“坤”系“绅”之笔误所致,这种笔误致使富士绅公司收到的票据因收款人名称不符而属废票。原告作为专业金融机构未严格执行《票据法》的规定,对废票进行了贴现,负有过错责任。现原告持废票向被告主张票据权利,于法无据,不能支持。至于原告与富士绅公司之间的纠纷,可另行解决。依照《票据法》第9条第2款,判决原告要求被告归还票据款80万元及相应利息的诉讼请求不予支持。案件受理费14 053元由原告负担。

一审判决后,原告不服,向上海市第一中级人民法院提起上诉,二审法院判决驳回上诉,维持原判。

请问该案应如何分析处理?

第十三章 竞争法

本章导读

市场经济是竞争经济,社会生产力的发展依赖于良好的竞争结构和竞争机制。不正当竞争和垄断是市场竞争过程中出现的违反公平竞争规则的行为,都会给市场竞争秩序带来危害,是市场经济国家经济法调控的重点。由反不正当竞争法和反垄断法组成的竞争法是维护公平竞争和自由竞争的法,是对竞争结构、竞争机制和良好的竞争秩序进行保障的法。因此,竞争法在市场经济发展中作用重大,有"经济宪法"之称。通过对本章的学习,了解竞争法的调整对象和调整原则,全面掌握竞争法在现代市场经济国家的作用和地位,进而运用竞争法来规制损害市场竞争结构、市场竞争机制及破坏市场竞争秩序的行为。

第一节 反不正当竞争法

一、反不正当竞争法的概念

反不正当竞争法作为一国竞争法的重要组成部分,是与国家鼓励和保护公平竞争,制止不正当竞争行为,保护经营者和消费者的合法权益紧密相连的。

竞争是市场经济主体为了获取有利的产销条件或投资领域,增进自身的物质利益而相互较量、各尽其能的过程。竞争是市场经济的产物,是市场经济最重要的运行机制,普通作用于市场经济条件下几乎所有的商品交易领域和服务贸易领域。竞争促使市场经济主体不断了解市场需求,调整产品结构,提高服务质量,以使自已取得最佳的经济效益,并使社会资源得到合理配置和分布,国民经济得到健康发展。

但是,竞争也有其消极的一面。竞争可能会使社会处于无政府状态,经营者在优胜劣汰机制作用下产生两极分化,从而加速资本的积累与集中,形成生产经营的垄断。垄断虽然不能完全排除竞争,并会引起更激烈的竞争,但垄断发展到一定阶段和程度,会造成极不公平的竞争环境和竞争条件。垄断组织会利用其经济实力和在市场中的优势地位排斥中小企业,控制一定的生产经营领域,维持垄断价格,阻碍技术进步和经济发展,从而使中小企业无法取得竞争优势,最终导致竞争机制难以发挥正常的作用。

竞争的上述副作用依靠其自身是无法克服的。这就要求通过法律的形式,以国家强制力的手段来排除危害和妨碍竞争的行为。

反不正当竞争法正是这样一部保护公平竞争,防止和制止不正当竞争,以维护市场经济秩序,保障市场经济正常运行的基本法律。它是指调整和规范在反对与制止不正当竞争行为过程中所发生的社会经济关系的法律规范的总称。

《中华人民共和国反不正当竞争法》(以下简称《反不正当竞争法》)于1993年9月2日

经八届全国人大常委会第三次会议通过，并于 1993 年 12 月 1 日正式施行。该法共 5 章 33 条，除总则和附则外，主要对不正当竞争行为、监督检查和法律责任作了较系统的规定。

二、反不正当竞争法的原则

反不正当竞争法调整的社会关系是国家执法机关与实施不正当竞争行为的有关当事人之间以及有关当事人相互之间因违反公平和诚实信用原则而产生的特殊社会关系。这种关系既不同于行政法调整的建立在行政隶属基础上，基于行政管理而发生的行政管理关系，也不同于民商法所调整的建立在平等互利基础上，基于平等协商而产生的民事商事经济关系。因此，反不正当竞争法存在其特有的法律原则，主要包括 3 个原则。

(一) 自由竞争的原则

市场经济的基本条件与要求之一是市场经济的主体有权凭自己的意志自主地进入竞争领域，以自己认为最合适的竞争手段与竞争对手展开竞争，不受任何外力的非法干预和限制。

反不正当竞争法反映市场经济的这一内在要求，反对竞争领域的一切人为障碍，禁止各种封锁与垄断，以有利于形成开放式的、各种生产要素自由流动和有效配置的统一市场。

当然，自由竞争并不意味着竞争不受任何规则的约束。竞争必须符合法律的规定，必须符合道德的要求。

(二) 公平竞争的原则

"商品是天生的平等派。"市场经济不容忍任何特权的存在，也不允许任何人利用其经济实力和优势地位排斥竞争对手，巧取豪夺，更不允许"以权经商"、"以官经商"。

反不正当竞争法确认各竞争主体在法律地位上的平等，禁止以大欺小、以强凌弱，并保障竞争主体机会均等、交易公平。

(三) 诚实信用的原则

诚实信用不仅是对竞争主体的道德要求，也是对竞争主体的法律要求，现已成为市场经济中最重要的原则之一，对维护正常的社会经济秩序具有极其重要的意义。竞争关系中的任何一方必须尊重他人利益，善意地行使权利，切实地履行义务，恪守商业信用。

反不正当竞争法反对任何人以损人利已为目的，不通过艰辛的劳动和良好的信用，而是以各种不符合商业道德的歪门邪道骗取对方的信任，取得非法利益的行为。

三、不正当竞争行为的表现形式

《保护工业产权巴黎公约》规定，凡在工商业事务中违反诚实的习惯做法的竞争行为均构成不正当竞争行为。世界知识产权组织拟定的《商标、商号和不公平竞争行为示范法》规定，违反工业或商业事务中诚实做法的任何行为即为不正当竞争。在各国立法中，有的采取概括式方法，如德国将不正当竞争行为表述为"在营业中为竞争目的采取的违反善良风俗的行为"；有的采取列举式方法，如日本罗列了 6 种"不公正交易方法"。尽管上述规定不尽相同，但它们都将不正当竞争与违反"诚实"、"公正"原则联系在一起。所以，不正当竞争行为实质上是一种违反公正平等、诚实信用的竞争规则的非法行为。

我国《反不正当竞争法》第 2 条规定："本法所称的不正当竞争，是指违反本法规定，损害其他经营者的企业权益，扰乱社会经济秩序的行为。"可见，不正当竞争行为应具备如下构成要件：

1. 行为人是经营者。《反不正当竞争法》对经营者作了如下界定："本法所称的经营者，是指从事商品经营或者营利性服务的法人、其他经济组织和个人。"

2. 行为人存在主观上的故意。行为人明知违反国家有关法律法规，损害国家、社会和他人利益，扰乱正常经济秩序，但为了牟取私利而不择手段，费尽心机，主观上的故意较为明显。

3. 行为人从事了反不正当竞争法所列举的行为。

4. 行为人的行为损害了经营者和消费者的合法权益，损害了公平竞争的秩序。

5. 行为人的行为与损害结果之间存在因果关系。

在市场经济国家，不正当竞争行为不仅普遍存在，而且其表现形式也多种多样，究竟哪些行为应通过立法予以禁止，各国的规定不尽相同。在我国，根据《反不正当竞争法》的规定，不正当竞争行为包括11类。

（一）仿冒行为和虚假表示行为

《反不正当竞争法》第5条规定："经营者不得采用下列不正当手段从事市场交易，损害竞争对手：(1) 假冒他人的注册商标；(2) 擅自使用知名商品特有的名称、包装、装潢，或者使用与知名商品近似的名称、包装、装潢，造成和他人的知名商品相混淆，使购买者误认为是该知名商品；(3) 擅自使用他人的企业名称或者姓名，引人误认为是他人的商品；(4) 在商品上伪造或者冒用认证标志、名优标志等质量标志，伪造产地，对商品质量作引人误解的虚假表示。"

上述仿冒或虚假表示的欺诈性行为基本上属于盗用他人成果的行为。一个企业要在市场上创造自己的商业信誉、商品声誉，需要耗费大量的人力、财力、物力，包括研究开发技术、设备、产品、建设基础设施、进行广告宣传、开展公关活动等。企业的名称、产品的名称、商标、包装、装潢、标记等，都形成特定的知识产权，构成企业的无形资产。法律保护经营者通过上述正当途径建立自己的商业信誉和商品声誉。然而，由于狭隘的利益驱动，一些不法经营者企图不付出必要的劳动就轻易地获得利益。他们采用欺骗性手段，盗用他人商业信誉或商品声誉，假冒或仿冒他人商品。这不仅损害了其他经营者的利益，使其遭受了财产和名誉上的巨大损失，而且也破坏了正常的竞争秩序甚至直接危害到消费者的健康与生命安全。所以，《反不正当竞争法》对此予以明文禁止。

（二）商业贿赂行为

商业贿赂是指经营者在交易中采用财物或其他手段进行贿赂，以销售或购买商品。这里的"财物"是指现金和实物，包括经营者为销售或者购买商品，假借促销费、宣传费、赞助费、科研费、劳务费、咨询费、佣金等名义，或者以报销各种费用等方式，给付对方单位或者个人的财物。这里的"其他手段"，是指提供国内外各种名义的旅游、考察等给付财物以外的其他利益的手段。

商业贿赂行为具有如下特点：(1) 行为的主体是从事市场交易的经营者，既包括卖方，也包括买方。(2) 贿赂的对象一般是交易相对人或对交易具有法定作用或重大影响的人，既包括单位，也包括个人；既包括普通的经理、厂长、董事长、董事、负责人、经办人、代理人、合伙人、采购人员、销售人员等，也包括国家机关特别是政府机关的公务人员。(3) 行为人系故意为之,且希望以此来销售或购买商品,以排挤竞争对手,获取不正当竞争利益。(4)行为具有明显的违法性,不仅违反了反不正当竞争法,而且也违反了刑法、行政法规等规范性文件。

商业贿赂是一种较典型的不正当竞争行为,普遍存在于各种交易环节,如商品流通、银行贷款、土地开发、工程承包、项目审批等。其所造成的危害在于:它违反了公平竞争的基本原则,违反了基本的商业道德,使得价值规律被扭曲,市场机能的正常作用遭到破坏,正常的交易秩序不能维持,不仅使诚实守法的经营者消费者的利益受到损害,而且使国家税收严重流失,公务员队伍被腐化、商业道德被摧残、社会风气被败坏。所以,各国都通过包括反不正当竞争法在内的有关法律,对此予以禁止。

在商业贿赂的各种表现形式中,“回扣”是主要的表现形式。这是指经营者一方以交易所得的价款的一定比例支付给对方单位或个人的金钱或其他财产。《反不正当竞争法》第8条规定:“经营者不得采用财物或者其他手段进行贿赂以销售或者购买商品。在帐外暗中给予对方单位或者个人回扣的,以行贿论处;对方单位或者个人在帐外暗中收受回扣的,以受贿论处。经营者销售或者购买商品,可以以明示方式给对方折扣,可以给中间人佣金。经营者给对方折扣、给中间人佣金的,必须如实入帐。接受折扣、佣金的经营者必须如实入帐。”在认定“回扣”这一问题时要注意以下两个问题:

(1)注意区分折扣、佣金与回扣的界限。折扣是指经营者在所成交的价款上给对方以一定比例的减让而返还给对方的一种交易上的优惠。明示折扣作为一种促销手段,是各国的商业惯例,对促进销售和吸收客户有积极作用。佣金是对居间服务行为的合法酬劳所得,对活跃市场流通、维护交易秩序有一定积极意义。实践中,弄清折扣、佣金是否以明示方式给付与接受,是否在帐册上有记载,记载是否真实,乃是区分折扣、佣金与回扣的根本标准。

(2)注意区分小额附赠与商业贿赂的界限。小额附赠是经营者为了笼络客户和消费者,树立企业形象,而在经营中附赠小礼品的促销手段,是合乎商业惯例的合法行为。其与商业贿赂的区别在于:小额附赠的最终对象是消费者,且价值不大;更重要的是,小额附赠的对象是不特定的,不直接针对交易对象中对交易有法定影响的人。

(三)引人误解的虚假宣传行为

《反不正当竞争法》第9条规定:“经营者不得利用广告或者其他方法,对商品的质量、制作成分、性能、用途、生产者、有效期限、产地等作引人误解的虚假宣传。广告的经营者不得在明知或者应知的情况下,代理、设计、制作、发布虚假广告。”《中华人民共和国广告法》也有类似的规定。

虚假宣传违反了诚实信用的原则,违反了商业道德,欺骗了用户和消费者,损害了消费者的利益和商品生产者相互之间的正当的竞争关系,故为反不正当竞争法所制止。

在认定和查处这一行为时,要注意区分其与合理夸张的广告之间的界限。后者的特征在于一般的客户和消费者在正常情况下能够予以正确的判断,不至于受其影响而作出错误的选择。一般认为,人们对这种性质的广告的相信有所保留。而虚假广告宣传则超出了这一可允许的范围,严重地影响了消费者的主观判断。

(四)侵犯商业秘密的行为

所谓商业秘密,是指“不为公众所知悉、能为权利人带来经济利益、具有实用性并经权利人采取保密措施的技术信息和经营信息”(《反不正当竞争法》第10条)。根据这一规定,商业秘密主要有4个特点:(1)信息性。即商业秘密是与工商业活动有关的经营或技术信息,而不涉及国家机密、个人隐私等方面的信息。(2)未公开性。即商业秘密不为公众所知悉。此处的公众并非是指一切人,如果权利人将自己的商业秘密告知需要使用这种秘密的人,其未公开性并不丧失。(3)实用性。即商业秘密能为权利人带来实际的或潜在的经济利益和竞争优势。(4)保密性。即权利人通过采取适当的保密措施,使他人通过正当途径无法获得。上述特点表明,商业秘密与专利有质的不同。

商业秘密包括经营秘密和技术秘密两方面内容。经营秘密,即未公开的经营信息,是指与生产经营销售活动有关的经营方法、管理方法、产销策略、货源情报、客户名单、标底及标书内容等专有知识。技术秘密,即未公开的技术信息,是指与产品生产和制造有关的技术诀窍、生产方案、工艺流程、设计图纸、化学配方、技术情报等专有知识。

侵犯商业秘密,是指行为人未经权利人认可,以非法手段获取商业秘密并加以公开或使用的行为。这里的“行为人”,包括负有约定的保密义务的合同当事人,实施侵权行为的第三人,侵犯本单位商业秘密的行为人。所谓“非法手段”,包括直接侵权与间接侵权两种情况。前者指直接从权利人窃取商业秘密并加以公开或使用,后者指通过第三人窃取权利人的商业秘密并加以公开或使用。

根据《反不正当竞争法》第10条的规定,侵犯商业秘密的行为有4种具体表现形式。

1. 以盗窃、利诱、胁迫或其他不正当手段获取权利人的商业秘密。所谓盗窃商业秘密,包括单位内部人员盗窃、外部人员盗窃、内外勾结盗窃等手段;所谓以利诱手段获取商业秘密,通常指行为人向掌握商业秘密的人员提供财物或其他优惠条件,诱使其向行为人提供商业秘密;所谓以胁迫手段获取商业秘密,是指行为人采取威胁、强迫手段,使他人在受强制的情况下提供商业秘密;所谓以其他不正当手段获取商业秘密,是指上述行为以外的其他非法手段。例如,通过商业洽谈、合作开发研究、参观学习等活动套取他人的商业秘密等。

2. 披露、使用或允许他人使用以不正当手段获取的商业秘密。所谓披露,是指将权利人的商业秘密向第三人透露或向不特定的其他人公开,使其失去秘密价值;所谓使用或允许他人使用,是指非法使用他人商业秘密的具体情形。需要指出的是,以非法手段获取商业秘密的行为人,如果将该秘密再行披露或使用,即构成双重的侵权;倘若第三人从侵权人那里获悉了商业秘密而将秘密披露或使用,同样构成侵权。

3. 违反约定或违反权利人有关保守商业秘密的要求,披露、使用或允许他人使用其所掌握的商业秘密。合法掌握商业秘密的人,可能是与权利人有合同关系的对方当事人,也可能是权利人单位的工作人员或其他知情人。上述行为人违反合同约定或单位规定的保密义务,将其所掌握的商业秘密擅自公开,或自己使用,或许可他人使用,即构成对商业秘密的侵犯。

4. 第三人在明知或应知前述违法行为的情况下,仍然从侵权人那里获取、使用或披露他人的商业秘密。这是一种间接的侵权行为。行为人知悉其为他人的商业秘密,并明知或应知系侵犯商业秘密的情形,依然获取、使用、披露该秘密,有关法律将这种未直接侵权行为亦作为侵犯商业秘密的行为处理。

侵犯商业秘密的行为不仅严重损害了权利人的合法权益,使之不可避免地遭受巨大的损害,而且也破坏了公平竞争的市场环境,扰乱了正常的市场秩序。从一定意义上讲,侵犯他人商业秘密的经营者往往是市场中品位低下的竞争者,他们无视商业道德,无视公平竞争的市场规则。非法获取商业秘密的较低代价和一旦获取商业秘密后的巨大的经济价值,使这些不法经营者铤而走险,置正常的市场秩序于不顾。因此,反不正当竞争法禁止侵犯他人商业秘密不仅是维护权利人利益的需要,也是维护公平竞争的市场秩序的要求。

(五)压价销售行为

《反不正当竞争法》第 11 条规定:“经营者不得以排挤竞争对手为目的,以低于成本的价格销售商品。”

在市场交易中,哄抬物价以牟取暴利为法律所不允许,但如果以排挤竞争对手为目的,低价销售产品亦同样为法律所禁止。原因在于一些实力雄厚的经营者在竞争激烈的情况下,为了操纵或独霸市场,不惜以暂时亏本为代价,将某种或某些商品的价格压低到成本价以下销售,使竞争对手难以应付、倒闭或退出市场,等到挤垮其他竞争对手,操纵市场以后,它又抬高价格,获取更高的利润。这种貌似对消费者有利的压价销售,最终会让消费者付出更高的代价,遭受更大的损失。因此,各国有关法律对此种行为均作为不正当竞争行为予以禁止。

在认定和处理该不正当竞争行为时,需注意以下几个问题:

1. 何谓“排挤竞争对手”? 概括地讲,在市场交易中,一种行为使原有的竞争对手经营困难,难以为继甚至退出市场,使新的竞争对手很难产生,潜在对手很难进入市场,则构成排挤竞争对手。但在实践中,则需综合考虑以下几方面因素作出判断:(1) 该经营者的经营规模以及在该销售商品市场中的地位。如果其规模不大,市场规模很小,一般就难以构成“排挤竞争对手”。通常,能排挤竞争对手的,往往是具有实力的大企业,是在市场竞争中具有优势地位的经营者。(2) 受影响的经营者的数量和规模。只有压价销售造成市场内的大部分经营同种类商品或类似商品的竞争对手因此而发生经营上的困难,才能谈得上排挤竞争对手。(3) 压价销售的时间。只有持续较长时间地以低于成本价格销售商品,才有可能排挤竞争对手。(4) 对市场造成的现实和潜在的影响。压价销售的经营者是不会负担压价销售期间的价格损失的,当竞争对手被排挤以后,它就会提高价格出售商品,从而破坏正常的市场竞争机制。总的来说,要从是否妨碍公平竞争的秩序的角度分析、判断是否构成排挤竞争对手。

2. 掌握正常的价格竞争与以排挤竞争对手为目的的压价销售之间的界限。前者的特点在于它是在采取提高技术、减少消耗、降低成本等措施的基础上,根据市场供求状况、自身发展战略等因素在成本价格以上销售商品,与后者在成本价格以下销售商品有实质性的区别,二者不能混为一谈。

3. 有些情况下,即使以低于成本的价格销售商品,也不能被认定为不正当竞争行为。《反不正当竞争法》第 11 条规定:“有下列情形之一的,不属于不正当竞争行为:(1) 销售鲜活商品;(2) 处理有效期限即将到期的商品或者其他积压的商品;(3) 季节性降价;(4) 因清偿债务、转产、歇业降价销售商品。”

(六)搭售或附加其他不合理条件的行为

《反不正当竞争法》第 12 条规定:“经营者销售商品,不得违背购买者的意愿搭售商品或者附加其他不合理的条件。”

所谓搭售或附加其他不合理条件是指经营者利用其经济优势，违背购买者的意愿，在销售一种商品或提供一种服务时，要求购买者以购买另一种商品或接受另一种服务为条件，或者就商品或服务的价格、销售对象、销售地区等进行不合理的限制。其构成要件一般包括：(1) 交易所附条件违背了购买者的意愿。这是构成此种行为的关键。(2) 该搭售或所附加的其他条件必须是不合理的。判断、认定所附加的条件是否合理，应以条件是否符合平等、公平、诚实信用及公认的商业道德为基本原则，结合经营者的主观目的、所涉及商品或服务的特性或特殊要求、所涉及行业的行业惯例、经营者先前的经营习惯等因素予以全面分析。(3) 行为系行为人主观上故意为之。

搭售或附加其他不合理的条件销售商品是经济生活中最常见的不正当竞争行为之一。从主体上看，行为主要发生在经营者与消费者之间，但在经营者相互之间也较为常见。从客体上看，行为既涉及有形财产的交易，也涉及无形财产的交易。从形式上看，行为的具体表现形式主要有：

1. 直接搭售商品或提供服务。如销售者利用生产经营上的优势，要求购买某种产品的经营者必须同时购买另一种产品；或者是要求购买某单价产品必须以购买其全套产品为条件。

2. 在销售商品时附加不合理的条件。包括限定销售价格，限定交易对象或渠道，限定交易的地区范围；在订立合同时，限制对方选择原材料，限制改进技术和发展技术，限制选择市场或扩大市场等。

搭售或附加其他不合理条件销售商品的行为不仅损害了购买者的合法权益，而且还造成了资源的浪费和低效利用。更为严重的是，这种行为违反了公平竞争的原则，不仅使已占有经济优势的经营者不合理地获取额外利润或独占市场，从而丧失改进技术以提高产品质量的动力，而且使新加入市场的经营者因此而举步维艰，难以促进竞争发展。因此，该行为具有明显的反竞争性质，自然为反不正当竞争法所禁止。

需注意的是，在我国，规范搭售或附加其他不合理条件销售商品行为的法律除了《反不正当竞争法》以外还有《消费者权益保护法》、《技术引进合同条例及其实施细则》等。其中，《消费者权益保护法》侧重于从保护消费者权益的角度约束经营者的行为。该法第 9 条规定："消费者享有自主选择商品或者服务的权利。消费者有权自主选择提供商品或者服务的经营者，自主选择商品品种或者服务方式，自主决定购买或者不购买任何一种商品、接受或者不接受任何一项服务。消费者在自主选择商品或者服务时，有权进行比较、鉴别和挑选。"该法第 10 条第 2 款规定："消费者在购买商品或者接受服务时，有权获得质量保障、价格合理、计量正确等公平交易条件，有权拒绝经营者的强制交易行为。"《反不正当竞争法》与《消费者权益保护法》从不同的角度调整搭售或附加其他不合理条件的不正当竞争行为，保护消费者免受这一行为的侵害，两者是相辅相成的。

(七) 不当有奖销售行为

《反不正当竞争法》第 13 条规定，经营者不得从事下列有奖销售：(1) 采用谎称有奖或者故意让内定人员中奖的欺骗方式进行有奖销售；(2) 利用有奖销售的手段推销质次价高的商品；(3) 抽奖式的有奖销售，最高奖的金额超过五千元。

有奖销售是指经营者销售商品或者提供服务，附带性地向购买者提供物品、金钱或者其他经济上的利益的行为，包括奖励所有购买者的附赠式有奖销售和奖励部分购买者的抽奖式有奖销售。凡以抽签、摇号等带有偶然性的方法决定购买者是否中奖，均属于抽奖方式。《反不正当竞争法》所规范的有奖销售行为不包含政府或经政府有关部门批准的有奖募捐及其他彩票发售活动。对于附赠式有奖销售，许多国家均予认可，但必须在所赠物品的价值大小等方面加以限制。对于巨奖销售，各国一般都持否定态度，只是在认定是否构成巨奖时，对奖品价值的界定标准与方法上有所区别。

有奖销售是市场经济条件下经营者为扩大销售、提高市场占有率而采取的一种促销措施，可以起到培育市场、活跃市场、促进竞争的正面作用。所以，我国《反不正当竞争法》对有奖销售并没有绝对禁止，只是针对经营者利用有奖销售的方式对消费者进行欺骗性的营销活动作出了禁止性的规定。实践中，较常见的此类行为包括：

1. 采用谎称有奖而根本不设奖的方式进行欺诈性有奖销售。

2. 对所设奖的种类，中奖概率，最高奖金额，总金额，奖品种类、数量、质量、提供方法等作虚假不实的表示。

3. 采取不正当的手段故意让内定人员中奖。

4. 故意将设有中奖标志的商品、奖券不投放市场或者不与商品、奖券同时投放市场；故意将带有不同奖金金额或者奖品标志的商品、奖券按不同时间投放市场。

5. 其他欺骗性有奖销售行为。此类行为由省级以上工商行政管理机关认定，并报国家工商行政管理局备案。

不当有奖销售不仅损害了消费者的利益和其他经营者的合法权益，而且也严重扰乱了社会经济秩序，助长了不劳而获的不良风气，故而为《反不正当竞争法》所明令禁止。

（八）诋毁商誉的行为

《反不正当竞争法》第14条规定："经营者不得捏造、散布虚伪事实，损害竞争对手的商业信誉、商品声誉。"

诋毁他人商誉的不正当竞争行为，又称为商业诽谤行为，是指从事生产经营的经济组织和个人，以占领市场为目的，故意捏造或散布歪曲事实的谣言，致使其无法正常参与市场交易活动，导致竞争对手市场竞争能力被削弱的行为。其特点表现为：(1) 行为人为经营者或经营者所利用或唆使的其他经营者等。(2) 行为人在主观上存在贬低竞争对手，以削弱其竞争力的故意，并以占据市场优势为目的。(3) 行为人从事了捏造、散布有关虚假事实的行为。这是认定该不正当竞争行为的关键。实际生活中主要表现为侵害人通过文字、言论、新闻发布会、对比性广告等多种形式对经营者商品的质量、成份，经营者的经营管理、发展前景等作出不实的不利陈述，以贬低竞争对手的信誉和声誉。(4) 行为人的行为侵害了特定的竞争对手。如果行为人所指经营者属于不特定经营者，即社会公众或同行业其他经营者无法确定具体所指者，则不构成此种不正当竞争行为。(5) 行为人行为侵犯的客体为同业竞争对手的商业信誉和商品声誉。

经营者的商业信誉和商品声誉包括了经营者的信用、商品或服务质量的信誉、生产与经营活动的信誉。这实际上就是其名誉权与荣誉权的体现，是社会包括同业竞争者对其生产、经营等诸方面品质的一般评价。这种评价非一朝一夕所能形成，而是经营者通过长期的努力、艰辛的劳动、巨资的投入逐渐形成的。一旦这种商业信誉与商品声誉受到诋毁，经营者的市场竞争能力便会受到很大削弱，经营者便会蒙受巨大的经济损失。不仅如此，其他经营者与消费者也因此被欺骗，其知情权、自主选择交易对象权等合法权益遭到损害，进而阻碍了正常的市场竞争。因此,诋毁、贬低竞争对手的行为是一种严重危害公平竞争秩序的违法行为。

(九)串通招标投标的行为

《反不正当竞争法》第15条规定:“投标者不得串通投标,抬高标价或者压低标价。投标者和招标者不得相互勾结,以排挤竞争对手的公平竞争。”

招标投标的意义在于通过投标邀请文件或招标公告,聚集相关的经营者展开公平竞争,通过竞争者的竞争性出价,达到以最接近商品价值或劳务价值的交易价格进行交易,从而达到投入产出的最佳效益。此外,招标投标的公平、公开竞争特性使得其得以在防止官商勾结、治理腐败、促进政府廉政方面发挥重大作用。所以,许多国家法律规定,凡涉及国家与私人企业之间的大宗交易如基础设施建设、政府采购等,都必须进行招标投标。现在,招标投标已成为国际上通行的竞争方式,在我国也已广泛使用,并将发挥极其重要的作用。

但与此同时,各种不正当竞争行为也常伴随着招标投标的交易而不断产生。我国《反不正当竞争法》作出规范与调整的是以下两种行为:

1. 投标者之间串通投标。这是指参加投标的经营者之间通过口头或书面协议,就投标报价及其他投标条件互相协调,以避免相互之间的激烈竞争,或协议轮流在类似项目中中标,共同损害招标者利益的行为。其具体表现形式有:(1)投标者之间相互串通,一致抬高标价。这往往发生在招标方支付货币的招标投标活动中。(2)投标者之间相互串通,一致压低标价。这往往发生在投标方支付货币的招标投标活动中。(3)投标人之间相互约定轮流以高价位或低价位中标。这往往发生在分段招标或多次投标中。(4)投标人之间相互串通,约定中标人给予未中标的其他投票人以“失标补偿费”。由于投标人之间恶意串通投标,不仅使招标人利益承受损失,而且由于投标人相互协调平衡,以避免相互竞争,使得其他投标人实际上放弃了竞争机会,从而使中标人以更有利的价格中标。作为补偿或利益平衡,恶意串通投标者往往约定中标人给予其他投标人以一定数额的“补偿费”。通过这种安排,投标人相互之间的应有竞争荡然无存。(5)投标人就其他投标事项相互串通。

2. 投标者与招标者相互勾结,以排挤竞争对手。这是指招标者与特定的投标者共同实施的,通过泄露有关竞标的秘密、施加不当影响等不正当手段排挤该特定投标人的竞争对手的行为。其具体表现形式有:(1)招标人故意泄露标底价与特定投标人。(2)招标人泄露其他已先行投标的投标文件内容。即在招标人公开开标之前,私下开启已投投标文件,并将其内容泄露给尚未投送投标书的特定投标人,使其可依据他人投标条件提出自己的投标条件,并不公平地中标。(3)招标人故意引导促使特定投标人中标。即招标人在要求投标人就其投标作出澄清事实时,故意作出引导性提问,以促成该投标人中标。(4)招标人实施差别对待。即招标人在审查、评选标书时,对同样的标书实行差别对待,或者对不同的投标者实施差别对待。(5)投标人给招标人标价外补偿。即特定投标人与招标人约定,在公开投标时压低标价,中标后再给予招标人以额外补偿。(6)招标人给投标人补偿。即特定投标人与招标人约定,在公开投标时抬高标价,中标后再给予该投标人一定补偿。(7)招标人故意让不合格投标者参与投标,并通过各种手段使其中标。(8)投标人与招标人相互串通的其他行为。

串通招标投标的行为或者是使招标方蒙受不合理的巨额损失,使得投标者之间的竞争流于形式,招标失去了其原有的意义;或者是使得其他投标人处于不公平竞争的不利状态,破坏了公平竞争的原则。所以,该行为为《反不正当竞争法》所明文禁止。

(十)公用企业等滥用经济优势的限制竞争行为

《反不正当竞争法》第6条规定:“公用企业或者其他依法具有独占地位的经营者,不得限定他人购买其指定的经营者的商品,以排挤其他经营者的公平竞争。”

所谓“公用企业”,是指涉及公用事业的经营者,包括供水、供电、供热、供气、邮政、电讯、交通运输等行业的经营者。它们的生产经营活动对国计民生都是不可缺少的,属于基础产业部门,在国民经济各部门中占有重要地位。所谓“独占经营者”,是指在特定市场上,一个经营者处于无竞争的状态,或者已经取得了压倒性的地位和排除竞争的能力,垄断了市场。由于这些行业的自然特点及我国旧的经济体制的影响,这类企业所提供的商品或服务具有某种程度的垄断,消费者对交易对象往往没有选择的余地。因此,公用企业或其他依法具有独占地位的经营者才有机会限定他人购买其自身或其指定经营者的商品,接受某种特定的服务,从中牟利。该不正当竞争行为的特点是:(1)行为人只能是公用企业或依法具有独占地位的经营者;(2)行为侵犯的客体是其他处于公平竞争地位的经营者本应获得的公平竞争机会和消费者对商品、服务的选择权;(3)行为人存在主观上的故意;(4)行为人从事了限制竞争或强制交易的行为。

公用企业等滥用经济优势限制竞争的行为导致其他竞争者无法与之展开竞争,违反了自由竞争的原则,公用企业及被其指定的经营者等也因此而失去了改进技术、提高产品和服务质量的积极性,同时,消费者选择产品的权利亦被剥夺,合法权益遭受损害。所以,将其视为不正当竞争行为加以法律上的禁止是十分必要的。

(十一)政府及所属部门的限制竞争行为

《反不正当竞争法》第7条规定:“政府及其所属部门不得滥用行政权力,限定他人购买其指定的经营者的商品,限制其他经营者正当的经营活动。政府及其所属部门不得滥用行政权力,限制外地商品进入本地市场,或者本地商品流向外地市场。”

政府及所属部门限制竞争的行为在构成上具有如下特点:(1)行为人只限于政府及所属部门,即除国务院以外的各级行政机构,包括国务院各部、委及其下属机构,地方各级政府及其下属机构;(2)行为侵犯的客体是正常的市场交易关系,使一些经营者失去了公平的竞争机会;(3)行为人在主观上存在故意,目的在于保护本部门或保护本地区的不当利益。

在现实生活中,政府及所属部门的限制竞争行为主要表现为以下两类:

1. 行政性强制经营行为。这是指直接或间接以行政权力为根据发生的经营行为,即直接或间接的行政权力作用下的强买、强卖,从而破坏正常的市场交易关系的建立和发展。主要有:(1)明确规定在行政辖区范围内将某些非指令性计划产品只能销售给指令的企业;(2)履行某些重要社会管理职能的行政机关,以明示或暗示方式,要求企业、其他社会组织和个人必须到自己的挂靠企业购买有关商品或接受有关服务,若不服从,则进行报复或予以刁难;(3)限定客户和消费者购买行政部门关系户的商品;(4)限定客户和消费者接受指定单位的有偿服务。

2. 地区封锁行为。这是指地方政府及所属部门通过行政权力,限制商品正常流通,营造市场壁垒以谋取地方利益的行为。主要有:(1)规定在本辖区内未经批准不得购买和销售某些外地商品;(2)对外地商品在本辖区的销售范围或数量作硬性规定,不得突破;

(3) 对外地商品进入本辖区规定需办理各种繁琐的手续,故意刁难;(4) 在本辖区边界或交通要道设置检查站,阻止外地商品进入本地或阻止本地紧俏商品、某些原材料或重要农产品输往外地;(5) 利用物价管理手段有意抬高或压低外地商品的进销差价和批零差价,阻止外地商品正常进入本地市场;(6) 为保护本地工商业,封锁市场信息;(7) 限制、阻碍甚至禁止某种技术输往外地;(8) 借口防止伪劣商品进入,提高外地商品的质量检查标准,变相阻止外地商品进入本地市场;(9) 对进入本辖区的外地商品收取各种不合理的附加费款,加重经销外地商品的企业的负担。

政府及其所属部门的限制竞争行为不仅破坏了正常的市场流通秩序,还人为地分割市场、划分势力范围,使市场自身的运行规律屈从于行政干预,阻碍了全国统一市场的形成;不仅限制了消费者的自由选择权,损害了消费者的利益,还严重扭曲了平等、自愿、等价有偿的市场交易基本原则,破坏了公平竞争的机制,影响了经济健康发展。此外,它还为搞行业不正之风,以权谋私等提供了活动空间,是产生腐败的一个温床,引起了广大社会公众的强烈不满。所以,通过《反不正当竞争法》对其予以严厉禁止是十分必要的。

一般来说,《反不正当竞争法》调整、规范的都是企业的行为,而非政府的行为。这是国际上通行的做法。我国的《反不正当竞争法》从实际情况出发,对在我国过去与现在都十分突出的政府及其所属部门限制竞争的行为作出规范,是十分必要的,构成了我国《反不正当竞争法》的一个特色。

四、不正当竞争行为的监督检查

(一) 监督检查的主体

1. 各级人民政府

《反不正当竞争法》第3条规定:"各级人民政府应当采取措施,制止不正当竞争行为,为公平竞争创造良好的环境和条件。"据此,各级人民政府有权力也有责任采取有效措施,制止一切不正当竞争行为。尤其是对于政府及其所属部门滥用权力,限定他人购买其指定的经营者的产品、限制其他经营者正当的经营活动、限制外地商品进入本地市场、限制本地商品流向外地市场等行为,上级人民政府或上级行政部门有责任责令其改正,并对直接责任人员予以行政处分。

2. 工商行政管理部门

《反不正当竞争法》第3条第2款规定:"县级以上人民政府工商行政管理部门对不正当竞争行为进行监督检查。"在我国,工商部门承担着确认市场主体资格,监督市场主体的行为,维护市场秩序,对经济违法行为进行行政处罚等项职责。所以,赋予工商行政管理部门对不正当竞争行为的监督检查职能是可行和必要的。

3. 其他机构

《反不正当竞争法》第3条第2款规定:"法律、行政法规规定由其他部门监督检查的,依照其规定。"据此,技术监督局、物价局、卫生局、文化局、城建局等都有权对不正当竞争行为进行监督、检查。

(二) 监督检查机关的职责

《反不正当竞争法》第17条规定,监督检查部门在监督检查不正当竞争行为时,有权行使下列职权:按照规定程序询问被检查的经营者、利害关系人、证明人,并要求提供证明材料或者与不正当竞争行为有关的其他资料；查询、复制与不正当竞争行为有关的协议、账册、单据、文件、记录、业务函电和其他资料；检查与本法第 5 条规定的不正当竞争行为有关的财物，必要时可以责令被检查的经营者说明该商品的来源和数量，暂停销售，听候检查，不得转移、隐匿、销毁该财物。

（三）监督检查的程序

1. 管辖。对不正当竞争行为的查处，应由行为实施地或行为人所在地的工商行政管理机关管辖。但对于公用企业或者其他依法具有独占地位的经营者，限定他人购买其指定的经营者的商品，以排挤其他经营者的公平竞争的行为，依据案件的影响程度，由省级或者设区的市的监督检查部门查处。

2. 立案。任何组织或个人均有权对不正当竞争行为进行检举和控告，监督检查机关在接到检举或控告后，应当立案并进行调查。

3. 调查。监督检查机关在立案后可行使调查权，但应当符合法定程序。

4. 强制措施。监督检查机关在检查与不正当竞争行为有关的财物时，有权作出责令被检查的经营者说明该商品的来源和数量，暂停销售，听候检查，不得转移、隐匿、销毁该财物的书面决定。

5. 行政处罚。监督检查部门在事实清楚、证据确凿的基础上，应当依照法律规定，对实施不正当竞争行为者作出行政处罚决定。此决定以书面形式作出，并告知被处罚者如果对处罚决定不服，可以在收到处罚决定之日起 15 日内向上一级主管机关申请复议，也可以直接向人民法院提起诉讼。

五、不正当竞争行为的法律责任

不正当竞争行为是一种侵害国家利益、社会利益、竞争对手利益和消费者利益，扰乱社会秩序的行为，具有严重的社会危害性。因此，各国立法都规定了严厉的制裁措施。

从我国《反不正当竞争法》和其他有关法律、法规来看，从事不正当竞争行为的经营者要分别承担民事责任、行政责任和刑事责任。

经营者假冒他人的注册商标，擅自使用他人的企业名称或者姓名，伪造或者冒用认证标志、名优标志等质量标志，伪造产地，对商品质量作引人误解的虚假表示的，依照《中华人民共和国商标法》、《中华人民共和国产品质量法》的规定处罚。

经营者擅自使用知名商品特有的名称、包装、装潢，或者使用与知名商品近似的名称、包装、装潢，造成和他人的知名商品相混淆，使购买者误认为是该知名商品的，监督检查部门应当责令停止违法行为，没收违法所得，可以根据情节处以违法所得 1 倍以上 3 倍以下的罚款；情节严重的，可以吊销营业执照；销售伪劣商品，构成犯罪的，依法追究刑事责任。

经营者采用财物或者其他手段进行贿赂以销售或者购买商品，构成犯罪的，依法追究刑事责任；不构成犯罪的，监督检查部门可以根据情节处以 1 万元以上 20 万元以下的罚款，有违法所得的，予以没收。

经营者利用广告或者其他方法，对商品作引人误解的虚假宣传的，监督检查部门应当责令停止违法行为，消除影响，可以根据情节处以 1 万元以上 20 万元以下的罚款。

广告的经营者，在明知或者应知的情况下，代理、设计、制作、发布虚假广告的，监督检查部门应当责令停止违法行为，没收违法所得，并依法处以罚款。

违反《反不正当竞争法》侵犯他人商业秘密的，监督检查部门应当责令停止违法行为，可以根据情节处以1万元以上20万元以下的罚款。

经营者违反《不正当竞争法》进行不当有奖销售的，监督检查部门应当责令停止违法行为，可以根据情节处以1万元以上20万元以下的罚款。

投标者串通投标，抬高标价或者压低标价；投标者和招标者相互勾结，以排挤竞争对手的公平竞争的，其中标无效。监督检查部门可以根据情节处以1万元以上20万元以下的罚款。

公用企业或者其他依法具有独占地位的经营者，限定他人购买其指定的经营者的商品，以排挤其他经营者的公平竞争的，省级或者设区的市的监督检查部门应当责令停止违法行为，可以根据情节处以5万元以上20万元以下的罚款。被指定的经营者借此销售质次价高商品或者滥收费用的，监督检查部门应当没收违法所得，可以根据情节处以违法所得1倍以上3倍以下的罚款。

政府及其所属部门违反《反不正当竞争法》，限定他人购买其指定的经营者的商品，限制其他经营者正当的经营活动，或者限制商品在地区之间正常流通的，由上级机关责令其改正；情节严重的，由同级或者上级机关对直接责任人员给予行政处分。被指定的经营者借此销售质次价高商品或者滥收费用的，监督检查部门应当没收违法所得，可以根据情节处以违法所得1倍以上3倍以下的罚款。

经营者有违反被责令暂停销售，不得转移、隐匿、销毁与不正当竞争行为有关的财物的行为的，监督检查部门可以根据情节处以被销售、转移、隐匿、销毁财物的价款的1倍以上3倍以下的罚款。

监督检查不正当竞争行为的国家机关工作人员滥用职权、玩忽职守，构成犯罪的，依法追究刑事责任；不构成犯罪的，给予行政处分。

监督检查不正当竞争行为的国家机关工作人员徇私舞弊，对明知有违反《反不正当竞争法》规定构成犯罪的经营者故意包庇不使他受追诉的，依法追究刑事责任。

第二节　反垄断法

一、反垄断法的概念

“垄断”的原意是独占，即一个市场上只有一个经营者。垄断的法律含义是指市场竞争主体以单独或者联合的方式实施的独占、分割市场等实质上排斥、限制和妨碍竞争，损害社会公共利益和其他竞争者利益，破坏市场经济秩序的行为。

在市场经济条件下，竞争对优化配置资源、推动经济和技术发展以及保护消费者权益有着无可比拟、不可替代的作用，竞争是生产力发展的强大推进器，是一个国家经济活力的源泉。然而，在另一方面，市场经济本身并没有维护公平和自由竞争的机制。恰恰相反，为了减少竞争压力和逃避竞争风险，企业总是想方设法地限制竞争。因此，建立、健全一个保障竞争的反垄断法就显得尤为必要。

反垄断法，又称为反托拉斯法，是指反对垄断和保护竞争的法律制度，其宗旨是反对垄断，反对限制竞争，保护企业参与市场竞争的权利。

《中华人民共和国反垄断法》(以下简称《反垄断法》)于 2007 年 8 月 30 日经第十届全国人大常委会第二十九次会议通过,自 2008 年 8 月 1 日起施行。这部法律的颁布不仅是中国法制建设的一件大事,对建立和完善社会主义市场法律体系有着极其重要的意义,而且也是中国经济建设中的一件大事,是中国经济体制改革的里程碑。

反垄断法在市场经济国家的法律体系中占有极其重要的地位。在美国,它被称为"自由企业的大宪章";在德国,它被称为"经济宪法";在日本,它被称为"经济法的核心"。反垄断法在我国法律体系中的地位取决于我国的经济体制。在计划经济条件下,制定和实施反垄断法是不可想象的。在社会主义市场经济体制下,市场机制和竞争机制在我国资源配置中起着基础性作用,是发展国民经济的根本手段,因此,反垄断法在我国法律体系中有着极其重要的地位,是我国的经济宪法,是经济法的核心。

二、各国反垄断立法概况

美国早在一百多年前就已经颁布了反垄断法。1865 年美国南北战争结束后,随着全国铁路网的建立和扩大,原来地方性和区域性的市场迅速融为全国统一的大市场。大市场的建立一方面推动了美国经济的迅速发展,另一方面也推动了垄断组织即托拉斯的产生和发展。19 世纪 80 年代末,在石油、采煤、榨油、烟草、制糖等部门都出现了托拉斯组织。托拉斯的形成,一方面给垄断资本家带来超额利润,另一方面却破坏了自由资本主义的经济结构,导致中小企业主、农场主的破产和广大劳动群众生活的恶化,从而激起群众性的反托拉斯运动的高涨。为了缓和社会矛盾,美国政府采取法律手段,进行国家干预。1890 年 7 月 2 日,美国联邦国会通过《谢尔曼反托拉斯法》,因由参议员约翰·谢尔曼提出而得名,正式名称是《保护贸易及商业免受非法限制及垄断法》,全文共 8 条。该法主要为禁止限制性贸易作法及垄断贸易的行为,是美国反托拉斯法中最基本的一部法律,也是美国历史上第一个授权联邦政府控制、干预经济的法案,还是世界上最早的反垄断法,被称为世界各国反垄断法之母。

从《谢尔曼反托拉斯法》问世到第二次世界大战结束,除美国在 1914 年颁布的《克莱顿法》和《联邦贸易委员会法》作为对《谢尔曼反托拉斯法》的补充外,其他国家的反垄断立法几乎是空白。然而,第二次世界大战结束后,形势发生了很大的变化。首先,日本在 1947 年颁布了《禁止私人垄断和确保公正交易法》,德国于 1957 年颁布了《反对限制竞争法》,1958 年生效的《欧洲经济共同体条约》第 85 ~ 90 条是欧共体重要的竞争规则。此外,欧共体理事会 1989 年还颁布了《欧共体企业合并控制条例》,把控制企业合并作为欧共体竞争法的重要内容。意大利在 1990 年颁布了反垄断法,是发达市场经济国家中颁布反垄断法最晚的国家。现在,经济合作与发展组织的所有成员国都制定了反垄断法。

发展中国家反垄断立法的步伐比较缓慢。直到 20 世纪 80 年代后期,尽管有联合国大会的号召,联合国贸发会还就管制限制性商业实践提供了技术援助,但是颁布反垄断法的发展中国家仍然不足 12 个。其主要原因是,这些国家的许多产业部门或者主要产业部门是由国有企业经营的,为了维护国营企业的利益,国家自然就会在这些部门排除竞争。此外,当时的社会主义国家实行计划经济体制,不允许企业间开展竞争,自然也没有制定崇尚竞争、反对垄断的法律制度的必要。

20 世纪 80 年代后期以来,世界各国经济政策总的导向是民营化、减少政府行政干预和反垄断,各国反垄断立法的步伐得以大大加快。据统计,目前世界上颁布了反垄断法的国家大约有100多个。各国普遍认识到,垄断不仅会损害企业的效率,损害消费者的利益,而且还会遏制一个国家或者民族的竞争精神,损害一个国家国家经济和技术发展的真正动力。

三、我国反垄断法的任务

反垄断法的经济学原理是,一个企业如果取得垄断地位或者市场支配地位,它势必抬高产品价格,减少对市场的供给。因此,反垄断法的任务就是防止市场上出现垄断,并对合法的垄断企业进行监督,防止它们滥用市场优势地位。具体地说,我国《反垄断法》主要有4项任务。

(一)禁止垄断协议

垄断协议是指两个或者两个以上的经营者(包括行业协会等经营者团体),通过协议或者其他协同一致的行为,实施固定价格、划分市场、限制产量、排挤其他竞争对手等排除、限制竞争的行为。垄断协议是较为常见、较为典型的垄断行为,一般具有3方面特征:(1)实施主体是两个或者两个以上的经营者;(2)共同或者联合实施;(3)以排除、限制竞争为目的。

亚当·斯密指出,生产同类产品的企业很少聚集在一起,如果他们聚集在一起,其目的便是商讨如何对付消费者。反垄断法把竞争者之间的限制竞争协议称为横向协议,或者"卡特尔"。我国《反垄断法》第13条主要禁止下列横向协议:(1)固定价格;(2)限制数量;(3)分割市场;(4)限制购买新技术或者限制开发新产品;(5)联合抵制。(1)~(3)类协议因为损害竞争的程度非常严重,各国反垄断法一般将它们称为"核心卡特尔"或者"恶性卡特尔",任何情况下都不给予豁免。鉴于竞争者之间有些限制竞争的协议有利于提高经济效率,如为改进技术和节约成本进行的合作研发,统一产品的规格或型号,推动中小企业之间的合作,或者有利于社会公共利益如节约能源、保护环境,因此,《反垄断法》第15条对这些限制竞争协议规定可给予豁免。

根据《反垄断法》第13条第2款的规定,限制竞争协议除了竞争者之间的书面或者口头协议,还包括企业集团或者行业协会制定的具有排除、限制竞争影响的决定和竞争者之间的协同行为。鉴于行业协会在市场竞争中可能发挥的负面作用,如协调本行业企业的产品价格,《反垄断法》第16条明确规定,行业协会不得组织本行业的经营者从事法律所禁止的垄断行为。

除了横向协议,《反垄断法》还对纵向即卖方和买方之间的限制竞争协议作出两项禁止性规定:一是固定转售价格,二是限定最低转售价格。因为这些限制不仅严重损害销售商的定价权,而且严重损害消费者的利益。其他类型纵向协议如独家销售、独家购买、限制地域等,因为它们在很多情况下有合理性,应当适用合理原则加以处理。例如对销售地域的限制虽然限制了同一品牌销售商之间的竞争,但同时也推动了品牌之间的竞争,因而是被允许的。

(二)禁止滥用市场支配地位

实践中,企业可通过合法方式如国家授权或者知识产权取得垄断地位或者市场支配地位,如微软公司就是通过知识产权在全世界软件市场上取得了市场支配地位。我国《反垄断法》虽然不反对合法垄断,但因其可能滥用市场优势地位,损害市场竞争和消费者的利益,因此,我国《反垄断法》规定,禁止滥用市场支配地位。

根据《反垄断法》第 17 条的规定,滥用市场支配地位的行为主要包括:(1) 以不公平的高价销售商品或者以不公平的低价购买商品;(2) 没有正当理由,以低于成本的价格销售商品;(3) 没有正当理由,拒绝与交易相对人进行交易;(4) 没有正当理由,限定交易相对人只能与其或者与其指定的经营者进行交易;(5) 没有正当理由,搭售商品或者在交易中附加其他不合理的条件;(6) 没有正当理由,对条件相同的交易相对人在价格等交易条件上实行差别待遇。此外,《反垄断法》第 55 条还规定:"经营者滥用知识产权,排除、限制竞争的行为,适用本法。"这说明知识产权与一般财产权一样,不能得到《反垄断法》的豁免。

根据《反垄断法》第 17 条第 2 款的规定,市场支配地位是指经营者在相关市场上能够控制商品的价格、数量或者其他交易条件,或者能够阻碍、影响其他经营者进入市场的一种能力。这就是说,市场支配地位是一种经济现象,反映了企业与市场竞争的关系,即拥有这种地位的企业不受竞争制约,不必考虑其竞争者或交易对手就可以自由定价或者自由作出其他经营决策。为了使这一关于市场支配地位的规定具有可操作性,《反垄断法》第 18 条规定和明确了认定市场支配地位的一系列因素,包括经营者的市场份额、相关市场竞争状况、经营者控制市场的能力、经营者的财力和技术条件、其他经营者对该经营者在交易上的依赖程度、其他经营者进入相关市场的难易程度等。为了提高法律稳定性和当事人的可预见性,我国《反垄断法》还借鉴德国的规定与做法,提出经营者有下列情形之一的,可以推断其具有市场支配地位:(1) 一个经营者在相关市场的份额达到 1/2;(2) 两个经营者在相关市场的份额合计达到 2/3 以上;(3) 三个经营者在相关市场的份额合计达到 3/4 以上。但是,这些推断不具有法定推断的效力,即当事人可以提出证据,证明自己不具有市场支配的地位。

(三) 控制经营者集中

经营者集中是指经营者通过合并、资产购买、股份购买、合同约定(联营、合营)、人事安排、技术控制等方式取得对其他经营者的控制权或者能够对其他经营者施加决定性影响的行为。其中,合并是最重要和最常见的一种经营者集中形式。

经营者集中的后果是双重的。一方面,其有利于发挥规模经济的作用,促进企业间的人力、物力、财力以及技术方面的合作,从而有利于提高企业效率和竞争力;另一方面,因为市场经济下的企业有着扩大规模和扩大市场份额的自然倾向,如果对合并不加控制,允许企业无限制地购买或者兼并其他企业,就会不可避免地消灭市场上的竞争者,导致垄断性的市场结构的形成。因此,出于维护市场竞争的需要,各国反垄断法一般都对经营者集中,尤其是对大企业之间的集中加以必要的控制,其主要手段是对一定规模的经营者集中实行事前申报或者事后审查制度,由反垄断执法机构进行审查,决定是否批准经营者实施集中。

我国《反垄断法》在第 4 章对经营者集中作出了规定。根据《反垄断法》第 20 条的规定,经营者集中的方式包括经营者合并、取得股份或者资产、以合同或者其他方式取得对另一企业的控制权。控制经营者集中的制度主要是集中申报和审批制度。根据《反垄断法》第 21 条的规定,经营者集中达到国务院规定的申报标准的,应事先进行申报,未申报的不得实施集中。根据《反垄断法》第 25 条和第 26 条的规定,反垄断执法机关收到全面的申报材料之日起 30 日内,对申报的经营者集中进行初步审查。当事人在 30 日内未得到通告的,应视为得到了批准。如反垄断执法机构认为经营者集中有严重限制竞争的可能性,则必须通告当事人该申报进入第二审查阶段。第二审查阶段的时间是 90 天,特殊情况下可再延长 60 天。

根据《反垄断法》第 28 条的规定,经营者集中具有或者可能具有排除、限制竞争效果的,反垄断执法机构应作出禁止经营者集中的决定。然而,因为经济是复杂的和活跃的,有些合并即便具有排除、限制竞争的负面影响,但同时也可能有利于提高市场竞争强度或者企业的经济效率。因此,该条还规定,经营者能够证明集中对竞争产生的有利因素明显大于不利因素,或者符合社会公共利益的,国务院反垄断执法机构可作出对集中不予禁止的决定。根据《反垄断法》第 27 条的规定,反垄断执法机构在审查经营者集中时,主要考虑经营者在相关市场上的份额及其市场支配力、相关市场集中度、经营者集中对市场进入和技术进步的影响、经营者集中对消费者和其他经营者的影响,对国民经济发展的影响。根据《反垄断法》第 29 条的规定,反垄断执法机构的批准决定中可附加限制性条件,以减少集中对竞争的不利影响。

(四)禁止行政垄断

《反垄断法》第 8 条明确规定:"行政机关和法律、法规授权的具有管理公共事务职能的组织不得滥用行政权力,排除、限制竞争。"《反垄断法》第 5 章还列举了滥用行政权力排除、限制竞争的具体行为,包括:(1)强制交易;(2)妨碍商品在地区间自由流通;(3)排斥或限制外地企业参与本地招投标活动;(4)排斥或限制外地资金流入本地市场;(5)强制经营者从事垄断行为;(6)制定排除、限制竞争的行政法规。

滥用行政权力限制竞争在本质上是一种歧视行为,即对市场条件下本来应该有着平等地位的市场主体实施了不平等的待遇,其后果是扭曲竞争,妨碍建立统一、开放和竞争的大市场,使社会资源不能得到合理和有效的配置。因此,反对行政垄断是我国《反垄断法》的一项重要任务。

《反垄断法》第 50 条规定:"行政机关和公共组织滥用行政权力,实施排除、限制竞争行为的,由上级机关责令改正;对直接负责的主管人员和其他直接责任人员,依法给予处分。"该规定表明我国《反垄断法》未把行政垄断的管辖权交给反垄断行政执法机关,使得《反垄断法》在调控行政垄断上的作用受到一些影响。但该规定的意义仍然是明显的,因为这不仅表明我国立法者对行政垄断持坚决反对的态度,从而有利于提高各级政府机构的反垄断意识,而且也表明反对行政垄断是我国的主流观点,从而有利于倡导和培育竞争文化。

四、我国反垄断法的实施与完善

虽然我国《反垄断法》对国家经济生活、企业的市场活动和几乎所有的经济部门都会产生重要影响,是一部规范国家经济秩序和市场竞争秩序的基本法律制度,但是,由于中国经济转型的任务尚未彻底完成,再加上《反垄断法》存在一些不完善之处,因此,《反垄断法》的执行和作用会遇到不少的挑战,需要在实践中不断健全、完善。

我国反垄断执法的最大问题是缺乏一个关于执法机关的明确规定。根据《反垄断法》第 10 条的规定,我国将会维持现有几家机构分头执法的局面,从而会影响《反垄断法》的效力和权威。因此,人们普遍希望国家能够建立一个统一和比较独立的反垄断执法机关。在统一的反垄断执法机构建立之前,我国反垄断执法工作需要多家机构的有效合作和相互配合。

我国反垄断执法面临的第二个挑战是行政垄断。《反垄断法》关于行政垄断的规定虽然表明我国立法者对行政垄断持坚决反对的态度,且通过第 50 条的规定将反对行政垄断的任务交给了各级政府机构,但是,行政垄断的普遍存在对反垄断执法仍然构成一个严峻的挑战。因为在企业普遍寻求政府保护或者通过政府"寻租"的社会环境下,反垄断执法机构不仅不容易倡导竞争文化,而且,《反垄断法》也不可能得到有效的执行。

第三个问题是反垄断执法机构与监管机构的关系。《反垄断法》的任务是制止垄断行为,其理应关注电信、电力、邮政、铁路等行业的大垄断企业。广大消费者也迫切希望反垄断执法机关能够在垄断企业面前保护他们的利益。然而,由于国有大垄断企业都有一个监管机构,反垄断执法机构与行业监管之间的关系就成了一个敏感话题。《反垄断法》草案曾规定:"对本法规定的垄断行为,有关法律、行政法规规定应当由有关部门或者监管机构调查处理的,依照其规定。"现在通过的《反垄断法》虽然取消了这个规定,但这不表明这个问题已经得到解决。如果反垄断执法机构在被监管行业不能执行《反垄断法》,我国的《反垄断法》就会与其"经济宪法"的权威和地位不相称。

案例思考

案例一:安徽蚌埠卷烟厂从事虚假广告、诋毁他人商誉纠纷案

安徽蚌埠卷烟厂生产的"黄山牌"卷烟因知名度不高,一直销路不畅。该厂负责人认为,"在中国,我只有把'红塔山'打下去,才能使'黄山'名扬天下,因为只有站在巨人肩上才显得更高。""这好比拳击赛,我能在泰森或阿里脸上打一拳,我的知名度就高了。"

1993 年 6 月 8 日,该厂在合肥市安徽饭店举办"特制黄山牌卷烟新闻发布会",省内各有关负责人、新闻记者及各界人士共 300 余人到会。会上,该厂邀请安徽省商业、新闻、烟草系统 3 个专家组对"黄山牌"、"中华牌"、"红塔山牌"3 种香烟进行"闭卷式品吸评级",并邀请省公证处在现场监督审查。

1993 年 7 月 22 日,该厂在香港《大公报》、安徽《蚌埠日报》用"特大号外"及整版篇幅刊出大字广告"石破天惊",称"安徽省公证处公证宣布:'黄山'第一,'中华'第二,'红塔山'第三",同时用 1/4 版面刊登赫然印有公章的公证书。此后,海南日报、湖南电视台、安徽日报、安徽电视台等十几家新闻单位先后报道了上述消息。

据查,3 个专家组并无合法授权的全国性产品评比资格;现场评吸的"黄山牌"香烟属特制精选的"小灶"产品,而另两种香烟却从市场上选购;评委中没有来自上海、云南方面的人员,且大多是该厂的经销商及关系单位人士;虽名为"闭卷式"评吸,但由于老烟民对"中华"、"红塔山"口味很熟悉,一抽便知,余下即是"黄山牌"香烟了,故与开卷评吸无甚区别。

事后,安徽省公证处声明,公证书只对 3 种烟的评分作了公证,并不能由此推断 3 者的排列名次,因为香烟评比还涉及理化指标及外观等诸多因素。蚌埠卷烟厂未经公证处同意就以公证处名义宣布"黄山"第一,"中华"第二,"红塔山"第三,是一种违背公证处意愿的行为,公证处保留追究其责任的权利。

鉴于这场风波引起了社会各界的广泛关注,给"中华"、"红塔山"品牌造成了不良的影响,蚌埠卷烟厂认识到事态的严重性,主动向上海卷烟厂和玉溪卷烟厂致函表示歉意,求得谅解,后者未在法律上进一步采取措施。所以,"'黄山'第一"的风波逐渐平息。

请对本案作出法理分析。

案例二:北京中锐文化传播有限责任公司诉北京零点市场调查与分析公司侵犯商业秘密不正当竞争纠纷案

双方于2008年5月5日订立协议约定,原告委托被告进行城市家庭租用影像制品行为模式研究的市场调查,并对调查的一切结果有专属所有权。被告对调查结果及原告在调查过程中提供的一切商业文件承担保密义务。调查的具体事项,由被告特别设计并经双方确认的“城市家庭租用影像制品行为模式研究项目计划书”约定,该计划书作为合同附件,与合同有同等效力。

协议订立后,被告于同年6月底向原告提交了《城镇影像制品租赁市场状况综合调查报告》。

经查,2008年1月至2008年3月,被告自行完成了北京市城市居民影像制品租赁行为模式市场调查报告。2008年3月,被告还受中央电视台经济部3·15剧组要求,进行了中国城市消费者权益意识水平综合测试,并出示了报告,其中有对VCD盗版问题的调查。2008年6月16日,被告在《第一手》周刊上发表了“北京VCD何处觅?”一文,对相关内容、数据作了一些公布及评论。

原告认为,被告虽然于2008年6月底提交了《城镇影像制品租赁市场状况综合调查报告》,但被告在2008年1月至2008年3月自行完成并公开的市场调查报告及在《第一手》发表的文章与被告承担保密义务的内容相同,故被告的行为构成了有关原告的商业秘密的公开,属于不正当竞争行为。

被告则认为自己公布的全部数据来源于本公司的研究项目和为中央电视台3·15剧组进行的,一项可公开的研究报告,没有一项内容来自原告委托制作的研究报告。原告更不是像两方投资者那样以高昂成本专门买断被告在某一投资领域的调查服务权,因此,无权限定被告单独或为其他客户进行同类研究并自由处分研究结果,无权妨碍被告发布自己的研究结果。所以,法院应驳回原告的诉请。

北京市第二中级人民法院认为,被告作为一个专业调查公司,经常受客户之托进行市场调查,一般易于掌握客户的商业信息,应严格遵循公认的商业道德和双方的约定提供服务。本案中,被告的行为构成了不正当竞争,应承担相应的民事责任,故判令被告返还原告委托费和赔偿原告有关经济损失共10万元,同时,被告应在一家全国发行的报刊上,向原告赔礼道歉。一审宣判后,双方均未上诉。

请对本案作出法理分析。

第十四章　产品质量法

本章导读

质量是指产品和服务满足规定或潜在需要的特性和特征的总和。尽管各国对产品的界定范围存在差异,但都强调通过法律手段规则产品质量问题。在我国,产品质量法的调整对象有两类:一是因产品质量管理而产生的社会关系;二是因产品质量责任而产生的社会关系。1993 年 2 月 22 日通过的《中华人民共和国产品质量法》(2000 年 7 月 8 日作了修订)是我国在产品质量方面的基本立法。除此之外,有关特殊产品质量监督、产品责任、产品质量标准、产品质量管理等诸多方面的法律、法规都属于产品质量法的范畴。因此,我国的产品质量法是一个内容丰富、较为完备的法律体系。其目的在于加强对产品质量的监督管理,提高产品质量水平,明确产品质量责任,保护消费者的合法权益,维护社会经济秩序。了解和掌握产品质量法对产品质量管理、产品质量监督检查、生产者与销售者应当履行的产品质量义务、违反产品质量法的法律责任等是学习本章的基本要求。

第一节　产品质量法概述

一、产品质量法的概念

产品质量法是调整因产品质量管理和产品质量责任所产生的社会关系的法律规范的总称。

所谓产品,从广义上讲,泛指天然的或经过加工、制作、使之具有使用价值的物品,它既可以是商品,又可以是非商品;既可以是工业产品、农业产品、矿产品和各种建设工程等物质生产产品,又可以是文学、艺术、哲学、体育和科学技术等方面的精神产品。从世界各国的立法来看,一般把物质产品作为产品立法的规范对象,而把精神产品视为著作权法的规范内容。

由于各国法律对产品范围限定不同,虽同以物质产品作为规范对象,其调整范围却宽窄不一,各不相同。如美国《统一产品责任示范法》规定:"产品是具有真正价值的,为进入市场而生产的,能够作为组装整件或者作为部件、零售交付的物品,但人体组织、器官、血液组成成分除外。"又如原欧共体《产品责任指令》规定:"产品是指除初级农产品和狩猎物以外的所有动产,即使已被组合在另一动产或不动产之内。初级农产品是指种植业、畜牧业、渔业等产品,不包括经过加工的这类产品。产品也包括电。"可见,美国产品责任法中的产品,不仅包括工业产品,而且包括农业产品(不论加工与否)。其从保护消费者权益的角度出发,以产品是否投入流通领域来确定产品责任法中产品的范围,欧共体产品质量法的产品仅指动产,将不动产与农业原产品和猎物除外。

相比而言,我国产品质量法调整的范围较狭窄。《中华人民共和国产品质量法》第2条第2款规定:"本法所称产品是指经过加工、制作、用于销售的产品。建筑工程不适用本法规定。"

所谓质量,是指产品和服务满足规定或潜在需要的特性和特征的总和。这是国际标准化组织颁布的ISO8402《质量术语》对质量所下的定义。其中,产品特性是指可以区别不同类别产品的使用属性;产品特征则是据以区别同类产品中的不同品种的使用属性。因此,产品质量一般是指产品满足需要的适用性、安全性、可用性、可靠性、维修性、经济性和环境等具有的特征和特性的总和。

二、我国的产品质量立法

《中华人民共和国产品质量法》(下称《产品质量法》)是第七届全国人大常委会第三十次会议于1993年2月22日通过的,并于2000年7月8日进行了修订。

我国的产品质量立法起步较晚,时间不长,但经过多年的发展,已经初步形成了较为完善的产品质量法律体系。在表现形式上可分为6类:第一类是产品质量基本法,即《产品质量法》;第二类是特殊产品质量监督方面的法律,如《食品安全法》、《药品管理法》、《计量法》等;第三类是产品责任方面的法律,如《消费者权益保护法》、《工业产品质量责任条例》等;第四类是产品质量标准方面的法律,如《标准化法》等;第五类是产品质量管理方面的法律,如《产品质量监督试行办法》、《军工产品质量管理条例》;第六类是产品质量检验方面的法律,如《进出口商品检验法》等。

我国《产品质量法》的立法目的是:(1) 加强对产品质量的监督管理,提高产品质量水平;(2) 明确产品质量责任;(3) 保护消费者的合法权益;(4) 维护社会主义市场经济的秩序。

第二节　产品质量的管理与监督

一、产品质量管理

(一) 产品质量管理体制

产品质量管理是指通过我国《产品质量法》确定的国家管理机关依法管理,使产品的质量符合一定的标准或规格,安全有效地进入消费领域。我国《产品质量法》第7条特别强调各级人民政府应当把提高产品质量纳入国民经济和社会发展规划,加强对产品质量工作的统筹规划和组织领导。据此,我国实行按照行政区划建立产品质量管理体制。

1. 国务院产品质量监督部门主管全国产品质量监督工作。其主要职责是:依照我国《产品质量法》,统一制定有关产品质量管理的方针、政策,草拟或发布有关产品质量的法规或规章;推广现代化的质量管理办法;负责生产许可证的管理工作。

2. 县级以上地方产品质量监督部门主管本行政区域内的产品质量监督工作。这里所指的县级以上地方产品质量监督部门,是指省、自治区、直辖市、市(州、盟)、县的人民政府设置的产品质量监督行政部门,如技术监督部门等。其主要职责是行使法律赋予的产品质量监督权及相应的管理职能。

3. 国务院有关部门和县级以上地方人民政府有关部门对产品的监督。其职责主要是按照同级人民政府赋予的职权,负责本行业、本行政区域内关于产品质量监督的行业监督。

(二) 产品质量的管理制度

1. 产品质量标准制度

《产品质量法》第6条规定,国家鼓励推行科学的质量管理方法,采用先进的科学技术,鼓励企业产品质量达到并且超过行业标准、国家标准和国际标准。

根据《标准化法》的规定,我国实行国家标准、行业标准、地方标准和企业标准的四级标准体制。产品质量标准作为标准中的一种,同样分为上述四个级别。同时,为了适应国际贸易发展的需要,我国积极鼓励企业采用国际标准和国外先进标准。

2. 企业质量体系认证制度

企业质量体系认证是指对企业的质量体系和质量保证能力包括企业的资信程度、产品质量、市场信誉、管理水平等进行的论证。《产品质量法》规定,国家根据国际通用的质量管理标准,推行企业质量体系的认证制度。企业根据自愿原则,向国务院产品质量监督部门认可的,或经其授权的部门认可的认证机构申请企业质量体系认证。

国际标准化组织(ISO)于1987年3月正式颁布的ISO9000系列标准,已为大多数国家所接受,我国为了与国际惯例接轨,提高我国企业的国际竞争力,于1992年5月决定将ISO9000等同采用我国国家标准GB/T1000—ISO9000。

3. 产品质量认证制度

产品质量认证是指参照国际先进的产品标准和技术要求,由企业自愿向国务院产品质量监督管理部门或经其授权的部门认可的认证机构,对某一产品提出认证申请,经认证机构确认产品符合相应标准和技术要求并颁布认证证书和质量认证标志的制度,分为安全论证和合格论证。

《产品质量法》第13条规定:"可能危及人体健康和人身、财产安全的工业产品,必须符合保障人体健康和人身、财产安全的国家标准、行业标准;未制定国家标准、行业标准的,必须符合保障人体健康和人身、财产安全的要求。"我国《产品质量认证管理条例》明确规定,实行安全认证的产品,必须符合《标准化法》中有关强制性标准的要求;实行合格认证的产品,必须符合《标准化法》规定的国家标准或者行业标准的要求。

二、产品质量监督检查

产品质量监督检查是指有关政府部门对生产、流通领域的产品质量进行的一种具有监督性质的检查活动。

国家对产品质量实行以抽查为主的监督检查制度,抽查的对象主要是:(1) 可能危及人体健康和人身、财产安全的产品;(2) 影响国计民生的重要工业产品;(3) 消费者、有关组织反映有质量问题的产品。

修改后的《产品质量法》第18条规定,县级以上产品质量监督部门根据已经取得的违法嫌疑证据或者举报,对违反《产品质量法》的行为进行查处时,可以行使下列职权:(1) 对当事人涉嫌从事违反《产品质量法》的生产、经营场所实施现场检查;(2) 向当事人调查、了解与涉嫌从事违反《产品质量法》行为相关的生产、销售情况;(3) 查阅、复制当事人有关的合同、发票、帐簿及其他有关资料;(4) 对有根据认为不符合保障人体健康和人身、财产安全的国家标准、行为标准的产品或者其他严重质量问题的产品,以及直接用于生产、销售该项产品的原辅材料、包装物、生产工具,予以查封或扣押。

第三节　产品质量义务

一、生产者、销售者应当履行的产品质量义务

(一) 生产者应当履行的义务

《产品质量法》第26条规定:"生产者应当对其生产的产品质量负责。"

关于产品或者其包装及其标识,《产品质量法》明确了具体的规范和要求,并规定,对易碎、易燃、易爆、有害、有腐蚀性、有放射性等危险品以及储运中不能倒置的其他有特殊要求的产品,其包装质量必须符合相应要求,依照国家有关规定作出警示标志或中文警示说明,标明储运事项。

(二) 销售者应当履行的义务

《产品质量法》第33条规定:"销售者应当建立并执行进货查验制度,验明产品合格证明和其他标识。"第34条规定:"销售者应当采取措施,保持销售产品的质量"。

所谓进货查验制度是指依照法律、法规规定的和供需双方合同约定的产品质量要求,检查、验明供货产品的质量,以分清双方责任。所谓采取措施保持产品质量是指保持产品在通常保养条件下,产品应当具有或达到的质量要求。

二、生产者、销售者不得违反法律的禁止性规范的义务

(一) 禁止生产、销售伪劣产品

1. 禁止生产国家明令淘汰的产品。国家明令淘汰的产品大多是性能落后、耗能高、效用小、环境污染大或对人体健康和人身、财产安全危害较大的产品。

2. 禁止销售失效、变质的产品。所谓失效产品是指失去了本来应有效力和作用的产品;所谓变质产品是指产品的内在质量发生了物理、化学或生物变化,失去了原有的特征或特性,失去了应当具备的使用价值的产品。

3. 禁止在生产、销售的产品中掺杂、掺假,以假充真,以次充好。掺杂、掺假是指行为人以牟取非法利润为目的,故意在产品中掺入杂质或作假,进行欺骗性的商业活动,使产品中有关物质的含量不符合国家有关法律、法规、标准或合同中规定的一种违法行为。以假充真是指行为人用甲产品充当与其特征和特性不同的乙产品,以欺骗的手段,牟取非法利润,损害用户、消费者合法权益的违法行为。以次充好是指行为人以低档次、低等级的产品冒充高档次、高等级的产品,或用废旧产品、质量低劣产品冒充新的产品、质量较高产品的违法行为。

4. 禁止以不合格产品冒充合格产品。所谓不合格产品,是指产品质量不符合国家有关法律、法规规定的质量要求的产品,包括处理品与劣质品两类。

(二) 禁止生产、销售假冒产品

1. 禁止伪造产品的产地。

2. 禁止伪造或冒用他人的厂名、厂址。

3. 禁止伪造或冒用产品质量标志。所谓产品质量标志,是指经国家或国际有关组织按照一定的条件和程序对产品质量进行评价、审定,证明产品质量符合相应要求,颁发或允许企业在其产品或包装上使用,以表明该产品质量水平的标记的统称。常见的质量标志有产品质量认证标志、免检标志、原产地域产品标志等。目前,典型的产品质量认证标志有3种:(1) 长城认证标志,用于获准认证的电工产品;(2) PRC认证标志,用于获准论证的电子元器件产品;(3) 方圆认证标志,用于获准认证的其他产品。方圆认证标志又分为方圆合格认证标志和方圆安全认识标志,分别表明企业取得合格认证与安全认证资格。

第四节 违反产品质量法的法律责任

一、民事责任

(一) 产品瑕疵担保责任

所谓产品瑕疵,是指产品不具备良好的特征、特性,不符合明示的产品标准,但该产品不存在危及人身、财产安全的不合理的危险。所谓产品瑕疵担保责任,是指产品的销售者违反关于产品质量的保证和承诺,应当承担的法律责任。

《产品质量法》第40条规定了产品瑕疵的3种表现方式:(1) 不具备产品应当具备的使用性能而事先未作说明的;(2) 不符合在产品或在其包装上注明采用的产品标准的;(3) 不符合以产品说明、实物样品等方式表明的质量状况的。

承担瑕疵担保责任的具体形式为:修理、更换、退货;给消费者造成损失的,销售者应当赔偿损失。如销售者与用户订有合同的,则按合同的约定,承担违约责任。

(二) 产品缺陷损害赔偿责任

所谓产品缺陷损害赔偿责任是指产品存在缺陷给受害人造成人身伤害或产品以外的损失所产生的法律后果,是一种特殊的民事侵权责任,而不是合同违约责任。

"产品存在缺陷",是指产品存在危及人身、他人财产安全的不合理危险;产品有保障人体健康和人身、财产安全的国家标准、行业标准的,产品未达标准要求。缺陷一般表现为设计上的缺陷、制造上的缺陷和指示上的缺陷。设计上的缺陷是指产品在设计上存在着不安全、不合理的因素。制造上的缺陷是指产品在制造过程中未达到设计精度,或者不符合设计规范,加工工艺存在问题等致使产品存在不安全因素。指示上的缺陷是指产品的警示说明、警示标志等产品标识未能清楚地告知使用人应当注意的使用方法,以及应当引起警惕的注意事项,或者使用了不真实的、不适当的甚至是虚假的说明,致使使用人或他人遭受损害。

产品缺陷所造成的损害可以分为人身损害与财产损害两种。

产品缺陷损害赔偿责任是一种特殊的侵权责任,适用"无过错归类"原则和"举证责任倒置"原则。

产品的生产者是产品缺陷损害赔偿的责任主体,但在以下3种情况下可以免责:(1) 未将产品投入流通的;(2) 产品投入流通时,引起损害的缺陷尚不存在的;(3) 将产品投入流通时的科学技术水平尚不能发现缺陷存在的。生产者的其他免责事由须根据具体情况而定。

二、行政责任

行政责任是指行为人实施了国家行政法律、法规所禁止的行为而引起的适用行政法须承担的法律后果,包括行政处分和行政处罚。对此,《产品质量法》作出了明确的规定。

三、刑事责任

刑事责任是指行为人实施了刑法所禁止的行为而必须承担的法律后果。我国《刑法》对生产、销售伪劣商品罪有着具体的规定。

案例思考

案例一:公民郎某诉盐业公司案

2001年6月15日,丰都盐业公司向重庆索特公司购进了320吨索特加工盐。同月28日,郎广荣从丰都盐业公司购进了该批索特加工盐5吨。数十日后,郎广荣发现自己加工的榨菜变为褐黑色。郎广荣遂于2001年10月18日诉至重庆市丰都县人民法院,请求判令丰都盐业公司及重庆索特公司赔偿加工的榨菜损失。2001年12月3日,丰都县法院依法委托国家轻工业井矿盐质量监督检测中心对样盐进行了检验,该中心同月4日出具检测报告,结论为:根据GB5461—2000标准检验,委托样品所检项目氟含量达标准规定要求;亚铁氰根含量5次平行测定分析结果差异较大,各次测定结果均超出标准规定要求,表明样品中添加的亚铁氰化钾极不均匀,离散度大。同时从来样的外观检查,可见数粒黄色结晶物,经检验为固体亚铁氰化钾。检测专家在对该报告的说明中称样盐中的晶体亚铁氰化钾为固体添加。另查明,重庆索特公司在生产工艺中添加亚铁氰化钾采用湿法加入而非固体添加。2002年5月22日,丰都县法院委托丰都县质量技术检测中心对郎广荣加工的榨菜进行了检测,结论为:该批榨菜的重量为143.15吨,经抽样检验,菜块色泽已变为褐色,不符合GB/T1011—1998标准的要求,为不合格榨菜。

重庆市丰都县人民法院认为,产品质量法规定的缺陷,是指产品存在危及人身、财产安全的不合理的危险。郎广荣购买的索特加工盐,经检验其亚铁氰化钾含量超标,该产品存在缺陷。榨菜变褐色与加工盐中亚铁氰化钾含量超标是否存在因果关系,目前很难用仪器作出直接的检测结论。本案中,二被告的举证能力因其具有的盐业专门知识明显强于原告,且原告出示了丰都片区不同方位的数名榨菜加工户因向丰都盐业公司购买其于2001年6月15日购进的320吨索特加工盐加工的榨菜后变褐色的证言。结合在丰都三合实业有限公司提取正常色泽的榨菜加入抽样的索特加工盐后变褐色的事实,应推定原告加工榨菜变褐色与索特加工盐中亚铁氰化钾含量超标有因果关系。二被告虽出示了重庆索特公司2001年6月8日检验报告,国家轻工业井矿盐质量监督检测中心监督检验、抽样检验的报告,但未能就产品质量法第41条规定的免责事由举证,因此,二被告应当承担产品质量导致的民事责任。丰都县人民法院依照《中华人民共和国产品质量法》第41条、第43条之规定,作出如下判决:被告重庆索特公司于判决生效后5日内赔偿原告郎广荣经济损失92 859元,被告丰都盐业公司承担连带赔偿责任。

请对本案作出法理分析。

案例二:阀门爆炸损失赔偿案

2003 年 12 月 22 日,淮安市淮洋酒业有限公司(下称淮洋酒业公司)从该市市区由赵开全经营的靖工机电阀门供应部购买了一只 DN125 柱塞阀,并按其用途安装在该公司生产车间的蒸汽锅炉上。2004 年 4 月 12 日上午,该公司锅炉工周德江当班正常操作时,上述阀门突然爆炸,断裂的阀体及过热蒸汽致周德江受伤,周德江经医院抢救无效于事故当日死亡。淮洋酒业公司于 2004 年 4 月 14 日与周德江的亲属达成工伤赔偿协议:淮洋酒业公司一次性赔偿周德江丧葬费、供养亲属抚恤金、工亡补助金共计 135 000 元。后周德江之妻郑梅香从淮洋酒业公司实际领款 125 986.67 元。

劣质阀门惹祸端,应由谁人担责任?为此,消费者、死者亲属、销售者、生产者相继走上了法庭,开始了为时两年多的 3 桩诉讼。

(一)消费者的产品责任之诉

2004 年 4 月 15 日,淮洋酒业公司以销售者赵开全、张逸娟(赵开全之妻)和生产者上海耐特阀门厂、温州伟尔奇阀门厂为被告,向涟水县人民法院提起了产品责任纠纷诉讼。原告淮洋酒业公司诉称:2003 年 12 月 22 日,原告从被告赵开全、张逸娟经营的靖工机电阀门供应部购买了 1 只 DN125 柱塞阀,并按其用途安装在原告生产车间的蒸汽锅炉上。2004 年 4 月 12 日上午,在锅炉使用过程中,该柱塞阀突然爆裂,炸死锅炉工周德江,导致原告全面停产,给原告造成了重大损失,故要求经营者和生产者承担连带赔偿责任。

经涟水县安全生产监督管理局委托国营第五三〇八厂对上述炸裂的 DN125 柱塞阀阀体原件进行检测,其检测报告分析结论为:"由于送检的柱塞三通阀体铸件在铸造时的溶炼、孕育处理以及浇注等工艺质量太差,因此铸造件不但出现了石墨长度为 2 级的粗大块片状 C 型石墨,而且根本没有孕育出对灰口铸铁的机械性能至关重要的共晶团,致使铸件材质低劣,机械性能特别差,脆性增大,强度下降,易于破裂。送检的阀体上法兰颈部爆炸时断口裂纹正是沿着粗大的块片状石墨扩展的。"

涟水法院于 2004 年 10 月 11 日公开开庭进行了审理了本案。该院经审理认为:因产品存在缺陷造成他人人身、财产损害的,侵害人应当折价赔偿。受害人因此遭受其他重大损失的,侵害人应当赔偿损失。被告温州伟尔奇阀门厂(经查明,该厂曾于 2001 年 3 月 9 日在上海市工商行政管理局奉贤分局申请注册了"上海耐特阀门厂")生产的 DN125 柱塞阀,因质量存在严重缺陷而给原告造成了损失,对此生产者应当予以赔偿。被告赵开全、张逸娟作为该产品的销售者,为产品作引人误解的虚假宣传,其行为违反了有关法律规定,已经承担了相应的行政责任(赵开全、张逸娟因对温州伟尔奇阀门厂生产的阀门作引人误解的虚假宣传,于 2004 年 7 月 13 日被江苏省淮安市工商行政管理局清河分局依法处以罚款 30 000 元),且对原告所受的损害无直接因果关系,故被告赵开全、张逸娟对原告不负民事责任。发生爆炸事故后,原告淮洋酒业公司被迫全面停产,受到一定的经济损失是客观存在的,原告根据恢复生产后产量情况推算出停产期间每天经济损失 8 186 元,被告方对此不表示异议,法院予以采纳。在事故发生后,原告未及时采取有效措施恢复生产,对损失的扩大有一定过错,也应承担相应的责任。对处理爆炸现场和更换柱塞阀到恢复正常生产的停产时间以 6 天计算较为合理。被告温州伟尔奇阀门厂辩解原告停产损失属于间接损失,不予赔偿等,无事实和法律依据,法院不予采纳。经调解未果,故涟水法院依法作出了如下判决:

1. 被告温州伟尔奇阀门厂赔偿原告淮洋酒业公司人身损害赔偿费146 308.70元,爆裂的DN125柱塞阀检测费15 000元,酿造啤酒的原料损失费12 000元,停产损失49 008元,合计222 316.70元,由被告于判决生效后30日内履行完毕。

2. 驳回原告淮洋酒业公司要求被告赵开全、张逸娟承担连带赔偿责任的请求。

该判决书送达后,被告温州伟尔奇阀门厂在法定期限内向淮安市中级人民法院提起了上诉。经淮安市中级人民法院主持调解,双方当事人达成如下协议:由温州伟尔奇阀门厂一次性给付淮洋酒业公司159 600.00元,并当庭兑现完毕。

(二)死者亲属的损害赔偿之诉

周德江之妻郑梅香等亲属在与销售阀门的赵开全协商未果的情况下,于2005年4月7日以赵开全为被告向涟水法院提起诉讼,要求被告赔偿死亡赔偿金、丧葬费、被扶养人生活费、精神损害抚慰金共计238 492.45元,扣除原告从淮洋酒业公司获得的工伤赔偿款,请求人民法院判令被告给付赔偿金133 492.45元。

涟水法院于2005年4月20日公开开庭审理了本案。该院经审理认为:原告郑梅香丈夫周德江因被告赵开全销售给淮洋酒业公司的有严重质量问题的阀门发生爆炸而死亡,依据《中华人民共和国产品质量法》的规定,原告郑梅香可以选择要求产品销售者给予赔偿,产品销售者赔偿后,可依法向产品生产者追偿。原告郑梅香丈夫周德江伤亡后,淮洋酒业公司已按工伤赔偿的有关规定,超额赔偿原告郑梅香等人125 986.67元。现原告郑梅香要求被告赵开全就工伤赔偿与民事赔偿的差额部分予以赔偿,符合《最高人民法院关于审理人身损害赔偿案件适用法律若干问题的解释》第12条第2款之规定,法院应当予以支持。经调解未果,故依法作出了如下判决:

原告郑梅香因其丈夫周德江死亡应获得的死亡赔偿金185 240元,丧葬费7 856元,精神损害抚慰金10 000元,合计203 096元,扣除原告郑梅香已从淮洋酒业有限公司实际领取的125 986.67元,余款77 109.33元,由被告赵开全在判决生效后15日内赔偿给原告郑梅香。

该判决书送达后,双方当事人均未上诉。

(三)销售者与生产者的赔偿责任之诉

2005年11月15日,销售者赵开全以温州伟尔奇阀门厂为被告向涟水法院提起诉讼,要求被告给付其已赔偿给周德江亲属的各项损失80 681.33元(包括赔偿款77 109.33元,负担的诉讼费3 572元),以及其因经营被告生产的劣质阀门而被工商行政管理机关罚款的3万元。

涟水法院经审理后认为,因产品存在缺陷造成受害人人身损害和财产损失的,侵害人应当赔偿损失。受害人可以向产品的生产者要求赔偿,也可以向产品的销售者要求赔偿。如属于产品生产者的责任,产品销售者先行承担了赔偿责任的,产品销售者有权向产品生产者追偿。被告温州伟尔奇阀门厂生产的DN125柱塞阀存在严重质量问题而爆炸,造成周德江死亡和淮洋酒业公司的财产损失,对此,被告应当赔偿。赵开全作为产品的销售者赔偿周德江家属的费用应该由作为生产者的被告温州伟尔奇阀门厂负责清偿。故对原告要求被告赔偿其支付给死者亲属郑梅香等人的人身损害赔偿金的主张,法院应当予以支持。原告受到行政处罚被罚款3万元,是其违法行为所致,原告要求被告承担此民事赔偿责任没有法律依据,法院不应支持。

涟水法院于2006年1月20日对本案依法作出了如下判决：

1. 被告温州伟尔奇阀门厂赔偿原告赵开全支付给受害人郑梅香的80 681.33元，限判决生效后30日内付清。

2. 驳回原告赵开全的其他诉讼请求。

该判决书送达后，被告温州伟尔奇阀门厂不服判决，认为其不应再承担赔偿责任，遂向江苏省淮安市中级人民法院提起了上诉。二审法院依法组成合议庭审理了此案，并于2006年6月5日作出终审判决：驳回上诉，维持原判。至此，这只阀门惹出的祸端才有了全部公断。

请对本案作出法理分析。

第十五章 工业产权法

本章导读

工业产权是指人们依法对应用于商品生产和流通中的创造发明和显著标记等智力成果,在一定地区和期限内享有的专有权。按照《保护工业产权巴黎公约》的规定,工业产权包括发明、实用新型、外观设计、商标、服务标记、厂商名称、货源标记、原产地名称以及制止不正当竞争的权利。在我国,工业产权主要是指专利权和商标专用权。由于工业产权制度一般总是通过工业产权法予以确立和推行的,所以其实质上主要是指工业产权法律制度。作为WTO成员国,我国的工业产权法律制度既立足于我国知识产权的现实又考虑我国的长远发展,为我国自主创新和知识产权战略营造了良好的法律环境。了解和掌握我国专利法律制度与商标法律制度的基本规定是学习本章的目的所在。

第一节 专利法

一、专利法的概念与特点

专利法是国家制定的用以专门调整因确认发明创造的所有权和因发明创造的利用(使用)而产生的各种社会关系的法律规范的总称。

(一)专利法的特点

1. 专利法是国内法。各国专利法都只能在本国地域范围内有效,没有域外效力。

2. 专利法是特别法。专利法有规定的,优先适用专利法,超出专利法规定的,适用宪法、民法、行政法等其他一般法律。

3. 专利法既是实体法又是程序法。专利法不仅规定了专利权的产生、变更、消灭等必要条件以及申请人、专利权人等应尽的义务,同时还规定了有关专利权的申请、审查、批准等的手续以及有关实施专利权和公开发明内容的方式、方法等。

(二)我国专利法的特色

1. 重视发明创造的推广应用。专利法在立法目的和在强制许可问题上的规定表明,我国更加重视专利权的实施,鼓励专利权人将专利的使用权或所有权移转给他人,使专利技术得以推广,促进技术与经济的发展。

2. 专利法保护对象的种类和范围十分广泛。各国专利法有的仅保护发明专利,有的仅保护发明和实用新型专利,而我国专利法对发明专利、实用新型专利和外观设计(工业设计)专利都纳入一部单行法律给予一体保护。在保护范围上,我国专利法则涵盖了更多的技术领域,如食品、饮料和调味品,以及药品、用化学方法获得的物质。再如我国专利法不仅保护专利方法，还保护依据专利方法直接获得的产品。

3. 专利保护水平与国际接轨。我国专利法除了扩大保护范围之外，对保护期限、专利产品进口权、专利权撤销的程序等方面的规定，都符合国际规则要求。

二、专利制度立法

我国专利立法始于1978年，原国家科学技术委员会在进行一系列调查研究的基础上，提出了在我国建立专利制度的问题。1979年3月，专利法起草小组正式成立。1980年1月，国务院批准了国家科委《关于我国建立专利制度的请示报告》，成立了中国专利局。1984年3月12日第六届全国人大常委会第四次会议通过了《中华人民共和国专利法》(以下简称《专利法》)，并从1985年4月1日开始实施。1985年1月，国务院通过了《中华人民共和国专利法实施细则》(以下简称《专利实施细则》)。经过7年的实践，根据国际形势和国内经济发展的需要，1992年9月4日第七届全国人大常委会通过了《关于修改〈中华人民共和国专利法〉的决定》，完成《专利法》的第一次修订，并从1993年1月1日起施行。鉴于专利在中国经济贸易中的地位越来越重要以及适应加入世界贸易组织的需要，2000年8月25日全国人大常委会对《专利法》作了第二次修订。通过两次修订，我国《专利法》不仅符合国际通行做法以及世界贸易组织的《与贸易有关的知识产权协议》(简称TRIPS)的要求，而且在工业品外观设计保护、实用新型保护方面超过了TRIPS的保护水平。这种超水平保护既立足我国知识产权的现实又考虑我国的长远发展，为我国自主创新和知识产权战略营造了良好的法律环境。为了适应国内改革开放和国际科技、经济的发展趋势，全国人民代表大会常务委员会于2008年12月27日通过了《专利法》的第三次修订，自2009年10月1日起施行。2010年1月9日，国务院公布了《国务院关于修改〈中华人民共和国专利法实施细则〉的规定》，修改后的《专利法实施细则》自2010年2月1日起旅行。

三、专利权的概念与性质

专利权是指专利权人对其发明创造依法享有的独占性实施权利。

专利权就其本质来讲，是一种由法律所规定的独占权、专有权，或者说专利权人对其权利具有独占性，这种独占性并不是限定其专利技术只能由自己使用，而是其作为一种财产权利也可以转让，允许他人使用，只是不允许第三人自由地使用。简言之，专利权应当包含专利权人自己利用(使用)专利的积极权利和制止他人侵害的消极防御权利。

四、专利权客体(对象)

(一)发明

1. 发明的定义、种类与特征

《专利法》第2条第2款规定："专利法所称发明，是指对产品、方法或者其改进所提出的新的技术方案。"因此，发明主要包括产品发明和方法发明。产品发明是指人工制造的各种有形物品的发明，如新的机器、设备、用具等的发明。对于用一定方法所取得的两种或两种以上元素的新化合物的物质发明如新材料、新药品等，也属于产品发明。方法发明是指关于把一个物品或物质改变成另一个物品或物质所采用的手段的发明，如新的制造方法、化学方法、生物方法等。根据发明的定义，改进发明也可以视为发明的一种。所谓改进发明，是指人们对已有的产品发明和方法发明提出的实质性革新的技术方案。

发明的基本特征包括:(1) 发明是与自然规律有关的创新,不包括人的纯粹智力活动或人为规定产生的规则、方法;(2) 发明是对自然规律的利用,不是对自然规律的揭示,因此不同于发现;(3) 发明是一种具体的技术方案,不是一种简单的构想,甚至幻想,而是解决某一课题的合理的手段。

2. 不授予专利的发明

《专利法》第25条明确规定了不授予专利权的发明,包括:(1) 动物和植物品种;(2) 用原子核变换方法获得物质;(3) 智力活动的规则和方法;(4) 疾病的诊断和治疗方法。

(二) 实用新型

《专利法实施细则》规定:“实用新型是指对产品的形状、构造或者其结合所提出的适于实用的新的技术方案。”这种新的技术方案能够在产业上制造出具有使用价值和实际用途的产品。由于其创新水平低于发明,所以人们常称之为“小发明”。

实用新型的基本特征包括:(1) 实用新型的客体必须是一种适于实用的产品,如仪器、设备、用具或日用品等。非经加工的自然存在的物品,以及制造产品的工艺方法,不属于实用新型。(2) 实用新型必须是具有一定立体形状、结构或者是两者相结合的物品。形状是指从外部能够观察到的外形,具有固定的立体外形(物理三维空间)和相应的功能作用,如轮胎的花纹,既有立体形状,又有防滑功能。结构是指组件或零件的有机结合,一般也是立体的,也具有一定的功能,如机器或其有关部件等。两者的结合是指产品各构成部分不失其个性,但又通过某种新型组合形成具有实用性的新形体。那些没有固定形态的物质,如气体、液体或呈粉末状的面粉、淀粉、砂糖等都不能成为实用新型专利保护的对象。单纯以美感为目的的产品的形状、图案、色彩或其结合的新设计也不属于实用新型的技术方案。(3) 实用新型必须具有实用性,即应当是具有一定的实用价值并且在产业上能够制造。(4) 实用新型必须是“新型”,即具有一定的创新性,属于一种“新的技术方案”。

(三) 外观设计

《专利法实施细则》规定:“外观设计是指对产品的形状、图案或者其结合以及色彩与形状、图案的结合所作出的富有美感并适于工业上应用的新设计。”外观设计在国际上通常称为工业品外观设计。

外观设计的基本特征包括:(1) 外观设计的载体必须是产品,外观设计是对产品的外表所作的设计。产品是指任何用工业方法生产出来的物品。不能重复生产的手工艺品、农产品、畜产品、自然物等,不能作为外观设计的载体。不与产品相联系的单纯的美术作品、艺术作品也不构成专利法所保护的外观设计。(2) 构成外观设计专利的是产品的形状、图案或者其结合,或者是它们与色彩的结合。产品的形状设计包括对产品外形的三维空间所作的设计,也包括对产品的外形所作的二维平面设计。产品的色彩不能独立构成外观设计。可以构成外观设计的组合有:产品的形状,产品的图案,产品的形状和色彩,产品的图案和色彩,产品的形状、图案和色彩。(3) 外观设计能够应用于产业上并形成批量生产。(4) 外观设计是一种富有美感的新的设计方案,能使人们产生美感。外观设计通过色彩、形状、图案等装饰于工业品外表,使人得到美的感受。

五、专利权主体

专利申请人(主要是指发明人和设计人)和专利权人是两种不同的权利主体,专利申请人是专利申请权的主体,而专利权人是专利权的主体。专利申请人是指依法请求专利管理部门授予专利权的自然人、法人或非法人组织。专利权主体一般是指原始主体,即专利授予时的专利权人。不过,专利权的继受人,如专利权的受让人,也可以称为专利权主体。

(一)职务发明创造及其专利权人

《专利法》第6条第1款规定:"职务发明创造,是指执行本单位的任务或者主要是利用本单位的物质技术条件完成的发明创造。"

所谓执行本单位的任务所完成的发明创造,是指单位的工作人员(发明人或设计人)执行本单位分配的工作任务和本职工作所完成的发明创造,包括:(1)工作人员在本职工作中作出的发明创造;(2)履行本单位交付的本职工作之外的任务所作出的发明创造;(3)工作人员在退职、退休或者调动工作后1年内作出的与其在原单位承担的本职工作或者分配的任务有关的发明创造。

所谓主要利用本单位的物质技术条件所完成的发明创造,是指工作人员利用本单位的资金、设备、零部件、原材料等物质条件或者单位未公开的技术资料等技术条件所完成的发明创造。

职务发明创造申请专利的权利属于该单位,申请被批准后,该单位为专利权人。"单位"既包括国家机关、团体、部队,也包括各类企业、事业单位以及民办非企业单位;既包括固定工作单位,也包括临时工作单位。

(二)非职务发明创造及其专利权人

非职务发明创造,是指公民(自然人)在没有得到所在单位或其他单位的资助,与单位的业务范围无关的情况下所作出的发明创造,包括:单位工作人员所完成的职务发明创造以外的发明创造;非单位工作人员所完成的发明创造。

非职务发明创造,申请专利的权利属于发明人或者设计人,申请被批准后,该发明人或者设计人为专利权人。

发明人、设计人是指对发明创造的实质性特点作出了创造性贡献的自然人,即通过自己的智力劳动,完成产品、方法的发明或者实用新型、外观设计的技术方案的人。因此,发明人是指发明和实用新型技术方案的提出人,设计人是指外观设计的作出人。法人或其他组织可以成为专利申请权和专利权的主体,但不能作为发明人或设计人。

(三)利用本单位的物质技术条件所完成的发明创造及其专利权人

利用本单位的物质技术条件所完成的发明创造既不同于职务发明创造,也不同于非职务发明创造。单位与发明人或者设计人可通过合同,对申请专利的权利和专利权的归属作出约定。

(四)合作发明创造与委托发明创造及其专利权人

1. 合作发明创造及其专利权人。两个以上单位或者个人合作完成的发明创造,除另有协议的以外,申请专利的权利属于完成或者共同完成的单位或者个人。据此,除非另有约定,专利申请权归共同完成的单位或者个人而不是笼统的合作人共有。申请被批准后,申请的单位或者个人为专利权人。

2. 委托发明创造及其专利权人。一个单位或者个人接受其他单位或者个人委托所完成的发明创造,除另有协议的以外,申请专利的权利属于完成发明创造的单位或者个人。据此，除非另有约定，申请权属于受托人，申请批准后，申请的单位或者个人为专利权人。

（五）发明创造专利申请的外国人

《专利法》第18条规定："在中国没有经常居所或者营业所的外国人、外国企业或者外国其他组织在中国申请专利的，依照其所属国同中国签订的协议或者共同参加的国际条约，或者依照互惠原则，根据本法办理。"

（六）发明创造的专利申请权和专利权的受让人

专利申请权和专利权可以转让。专利申请权转让后，受让人就受让的发明创造申请专利并被授予专利后，即为专利权人。专利权转让后，原专利权人丧失专利权人资格，受让人成为新的专利权人。由于受让人不是发明创造的发明人、设计人，因而受让人在申请时，必须提出证据，证明自己有权就发明创造申请权利，同时在申请说明书上注明发明人、设计人的姓名。

（七）同一种发明创造的专利权

在比较先发明原则和先申请原则两种制度利弊的基础上，我国《专利法》采用了先申请原则，即两个以上的申请人分别就同样的发明创造申请专利的，专利权授予最先申请的人。

六、专利权的获得

（一）获得专利权的条件

一项发明创造要取得专利权，须具备几个基本条件：(1) 授予专利权的发明创造必须是《专利法》所界定范围内的发明创造，即必须是发明、实用新型或外观设计。这是前提条件。(2) 授予专利权的发明创造不得违反国家法律、社会公德或者不妨害公共利益。这是法定条件。(3) 授予专利权的发明创造须符合授予专利权的实质性条件，即发明和实用新型应当具备新颖性、创造性和实用性，外观设计应当具有新颖性、实用性和美感。

1. 发明和实用新型获得专利权的实质性条件

《专利法》第22条规定："授予专利权的发明或者实用新型，应当具备新颖性、创造性和实用性。"

(1) 发明或者实用新型的新颖性。新颖性是指申请专利的发明或实用新型是新的、前所未有或具有较大改进的，未被公用和公知的。《专利法》第22条第2款规定："新颖性，是指在申请日以前没有同样的发明或者实用新型在国内外出版物上公开发表过、在国内公开使用过或者以其他方式为公众所知，也没有同样的发明或者实用新型由他人向国务院专利行政部门提出过申请并且记载在申请日以后公布的专利申请文件中。"

(2) 发明或者实用新型的创造性。创造性是指申请专利的发明或者实用新型要比现有技术有明显的进步。《专利法》第22条第3款规定："创造性，是指同申请日以前已有的技术相比，该发明有突出的实质性特点和显著的进步，该实用新型有实质性特点和进步。"

(3) 发明或者实用新型的实用性。《专利法》第22条第4款规定："实用性，是指该发明或者实用新型能够制造或者使用，并且能产生积极效果。"

2. 外观设计获得专利权的实质条件

《专利法》第23条规定："授予专利权的外观设计，应当不属于现有设计；也没有任何单位或者个人就同样的外观设计在申请日以前向国务院专利行政部门提出过申请，并记载在申请日以后的专利文件中。”“授予专利权的外观设计不得与他人在申请日以前已经取得的合法权利相冲突。”

（1）外观设计的新颖性。其要求与对发明和实用新型的规定完全相同。

（2）外观设计的创造性。创造性是指与申请专利的外观设计与现有的外观设计不相同或不相近似。“不相同”是指产品不相同和设计不相同。产品不相同是指产品的用途和功能不完全相同；设计不相同是指形状、图案、色彩3个要素不相同。应当指出，相同的设计，用在不同的产品时，不应认为是相同的外观设计。

（3）不得与他人在先权利相冲突。“在先权利”是指外观设计人在申请专利以前，他人已经取得的合法权利，主要包括商标权、著作权（主要是指美术作品、表演作品）、肖像权等。

（4）富有美感。第一，美感应当通过产品的形状、图案、色彩或者其组合表现出来，如果不与产品相联系，则可能成为一件艺术作品，但不构成外观设计。第二，外观设计是通过人们的视觉来感受的，而不能通过触觉、味觉、听觉来感受。

（5）适于工业应用。

（二）专利的申请

1. 专利申请的单一性原则

专利申请的单一性原则，是指一项专利申请只限于一项发明创造。除非合并申请等特殊情况下才可以例外。

2. 专利申请应当提交的文件

《专利法》第26条规定：“申请发明或者实用新型专利的，应当提交请求书、说明书及其摘要和权利要求书等文件。”《专利法》第27条规定：“申请外观设计专利的，应当提交请求书以及该外观设计的图片或者照片等文件，并且应当写明使用该外观设计的产品及其所属的类别。”

3. 专利申请的申请日

申请日是指专利申请人向国家专利行政部门提出专利申请的日期，也称关键日。

《专利法》第28条规定：“国务院专利行政部门收到专利申请文件之日为申请日。如果申请文件是邮寄的，以寄出的邮戳日为申请日。”

专利申请人享有优先权的，以优先权日为申请日。

4. 专利申请的优先权与优先权日

《专利法》第29条规定了两种优先权，即外国优先权和本国优先权。所谓外国优先权，是指申请人在甲国提出正式的专利申请后，根据甲国同乙国签订的协议或者共同参加的国际条约，或者依照相互承认优先权的原则，在特定的期限内又就同一发明向乙国提出专利申请时，有权将在甲国第一次提出申请的日期作为后来在乙国提出申请的申请日。所谓本国优先权，是指申请人在一国提出正式的专利申请后，在特定的期限内又就同一主题在该国提出专利申请的，申请人有权将第一次提出申请的日期作为后一次提出申请的申请日。

《专利法》第30条规定：“申请人要求优先权的，应当在申请的时候提出书面声明，并且在三个月内提交第一次提出的专利申请文件的副本；未提出书面声明或者逾期未提交专利申请文件副本的，视为未要求优先权。”

5. 专利申请的撤回

《专利法》第32条规定：“申请人可以在被授予专利权之前随时撤回其专利申请。”

6. 专利申请的修改

《专利法》第 33 条规定:“申请人可以对其专利申请文件进行修改,但是,对发明和实用新型专利申请文件的修改不得超出原说明书和权利要求书记载的范围,对外观设计专利申请文件的修改不得超出原图片或者照片表示的范围。”

(三)专利申请的审查和批准

1. 回避制度

回避制度是程序法上的一项重要制度,对于保证程序公正具有重要作用。

《专利法实施细则》37 条规定:“在初步审查、实质审查、复审和无效宣告程序中,实施审查和审理的人员有下列情形之一的,应当自行回避,当事人或者其他利害关系人可以要求其回避:是当事人或者其代理人的近亲属的;与专利申请或者专利权有利害关系的;与当事人或者其代理人有其他关系,可能影响公正审查和审理的;专利复审委员会成员曾参与原申请的审查的。”

2. 专利申请的受理与不予受理

专利申请的材料不符合要求时,国务院专利行政部门将不予受理,并通知申请人。《专利法实施细则》第 39 条对此作了明确且具体的规定。

3. 专利申请的初步审查与公布

我国实行“早期公开、延迟审查”制度,即专利行政部门在收到发明专利申请后,首先进行初步审查,对符合要求的,自申请之日起一段时间内予以公开,并在一定期限以后,应申请人的请求或自行对申请进行实质审查并对符合法定条件的授予专利权。

4. 专利申请的实质审查

专利申请的实质审查制度仅适用于发明专利,即对申请专利的发明是否具备新颖性、实用性和创造性等实质要件进行审查,是对初步审查的深化。

《专利法》第 35 条规定:“发明专利申请自申请日起三年内,国务院专利行政部门可以根据申请人随时提出的请求,对其申请进行实质审查;申请人无正当理由逾期不请求实质审查的,该申请即被视为撤回”。“国务院专利行政部门认为必要的时候,可以自行对发明专利申请进行实质审查。”一般情况下,实质审查程序是由申请人的申请而启动的。

申请人在请求实质审查时,应当提交在申请日前与其发明有关的参考资料,主要包括发明人在完成发明的过程中,为了解决技术上的问题所参考过的现有技术资料,如专利文献、科技书籍和期刊等。

国务院专利行政部门对发明专利申请进行实质审查后,认为不符合《专利法》规定的,应当通知申请人,要求其在指定的期限内陈述意见,或者对其申请进行修改;无正当理由逾期不答复的,视为撤回申请。

5. 专利申请的驳回

专利申请经申请人陈述意见或者进行修改后,国务院专利行政部门仍然认为不符合《专利法》规定的,应当予以驳回。专利行政部门在驳回发明专利申请时,应当列举理由,并引证材料。发明专利申请人对驳回申请的决定不服的,可以自收到通知之日起 3 个月内,向专利复审委员会请求复审。

6. 专利申请的批准

(1)发明专利申请的批准。《专利法》第 39 条规定:“发明专利申请经实质审查没有发现驳回理由的，由国务院专利行政部门作出授予发明专利权的决定，发给发明专利证书，同时予以登记和公告。发明专利权自公告之日起生效。”

（2）实用新型和外观设计专利申请的批准。实用新型和外观设计专利的申请不需要经过早期公开和实质审查程序。《专利法》第40条规定：“实用新型和外观设计专利申请经初步审查没有发现驳回理由的，由国务院专利行政部门作出授予实用新型和外观设计专利权的决定，发给发明专利证书，同时予以登记和公告。实用新型和外观设计专利权自公告之日起生效。”

（四）专利申请的复审

《专利法》第41条规定：“国务院专利行政部门设立专利复审委员会。专利申请人对国务院专利行政部门驳回申请的决定不服的，可以自收到通知之日起三个月内，向专利复审委员会请求复审。专利复审委员会复审后作出决定，并通知专利申请人。”“专利申请人对专利复审委员会的复审决定不服的，可以自收到通知之日起三个月内向人民法院起诉。”

专利复审委员会由国务院专利行政部门指定的技术专家和法律专家组成，主任委员由国务院专利行政部门负责人兼任。

专利申请人提出复审申请时应提交复审请求书，说明理由，必要时还应当附具有关证据。复审请求人在专利复审委员会作出决定前，可以撤回其复审请求。

七、专利权的无效

专利权的无效是指由专利复审委员会宣告授予专利的行为无效，是专利行政部门内部的一种纠错机制。

专利权无效包括全部无效和部分无效。部分无效的不影响其他有效的部分。

自国务院专利行政部门公告授予专利权之日起，任何单位或者个人认为该专利权的授予不符合《专利法》规定的，都可以请求专利复审委员会宣告该专利权无效。请求时，应提交专利权无效宣告请求书和必要的证据一式两份，说明理由与证据。无效宣告请求可以主动撤回。

专利复审委员会可以采取口头受理的方式受理无效宣告请求并进行口头审理。对专利复审委员会宣告专利权无效或者维持专利权的决定不服的，可以自收到通知之日起3个月内向人民法院起诉。人民法院应当通知无效宣告请求程序的对方当事人作为第三人参加诉讼。

《专利法》第47条规定：“宣告无效的专利权应视为自始即不存在。”

八、专利权的期限和终止

专利权的期限是指专利权效力的存续期间。《专利法》第42条规定：“发明专利权的期限为二十年，实用新型专利权和外观设计专利权的期限为十年，均自申请日起计算。”

专利权的终止是指专利权的法律效力因保护期届满或在期限届满前基于法律规定的事由而消灭。专利权终止的原因主要有：（1）专利权期限届满；（2）专利权期限届满前，专利权人没有按照规定缴纳年费；（3）专利权期限届满前，专利权人书面声明放弃其专利权。

九、专利权的内容

（一）独占实施权

独占实施权是指专利权人对其专利产品或者专利方法依法享有的进行制造、使用、许诺销售、销售、进口的专有权利，是专利权人的最基本权利，包括对专利产品的独占制造权、独占使用权、独占许诺销售权、独占销售权、独占进口权，对专利方法的独占使用权以及对依照该专利方法直接获得的产品的独占使用权、独占许诺销售权、独占销售权、独占进口权。

（二）专利处分权

专利权人有处分自己专利的权利，包括专利转让权和专利实施许可权。

专利权的转让是专利权人和相对人在意思表示一致的基础上将专利权转让给受让方的法律行为。每一项专利涉及一项发明创造，其客体是一个单一体，因此，专利权人不能将其专利权分割转让，而只能作为一个整体转让。中国单位或者个人向外国人转让专利申请权或者专利权的，必须首先经过对外经济贸易主管部门会同科学技术主管部门批准。转让专利权一般通过专利权转让合同来实现，也可以通过赠与、投资等方式加以转让。

专利权人不仅有权自己实施其专利，而且有权许可他人实施其专利。根据当事人对使用权约定的范围的不同，专利实施许可可以分为普通实施许可、独占实施许可、排他实施许可等几种形式。

（三）其他权利

1. 标记权。标记权是指专利权人享有在其专利产品或者该产品的包装、容器、说明书上以及产品广告中标注专利标记和专利号的权利。

2. 署名权。署名权是指发明人或者设计人有在专利文件中写明自己是发明人或者设计人的权利。

3. 获得奖励和报酬的权利。对职务发明创造，《专利法》第 16 条规定："被授予专利权的单位应当对职务发明创造的发明人或者设计人给予奖励；发明创造专利实施后，根据其推广应用的范围和取得的经济效益，对发明人或者设计人给予合理的报酬。"

十、专利权的利用和限制

（一）专利权的利用

1. 专利实施

专利实施是指把已经获得专利权的发明创造应用于工业生产中，包括专利权人自己应用和许可他人应用。

实施的通常含义是指制造专利产品或者使用专利方法。

2. 专利权转让

专利权转让可以是因为专利权人的自愿转让而发生，例如买卖、交换或者赠与；也可以是由于法定的原因而发生的，例如，专利权人死亡或者失去存在（如宣告失踪、宣告死亡）。

专利权转让包括有偿转让和无偿转让两种。

3. 专利实施许可

专利实施许可是指专利权人（许可方）与被许可人（被许可方）通过专利实施许可合同，

许可被许可人使用其专利,被许可人为此而支付专利使用费的法律行为。

专利实施许可分为普通实施许可、排他实施许可、独占实施许可、分售实施许可和交叉实施许可。

(二) 专利权的限制

1. 专利权用尽原则

专利权用尽,也称为专利权穷竭,是指由专利权人制造、进口或者经专利权人许可而制造、进口的专利产品或者依照专利方法直接获得的产品售出后,他人再使用、许诺销售或者销售该产品的,不视为侵犯专利权,不需再经专利权人许可。

2. 先用权人的实施权

先用权人的实施权是指其他人在专利申请日前已经制造相同产品,使用相同方法或者已经做好制造、使用的必要准备,并且仅在原有范围内继续制造、使用的,不视为侵犯专利权。

3. 临时过境权

临时过境权是指暂时进入或通过一国领土的交通工具上,未经许可而使用了该国的专利,不构成对该国专利权的侵犯。其为《保护工业产权巴黎公约》所明确,我国《专利法》也作了相应规定。

4. 合理使用

合理使用是指非商业性的、不以营利为目的,在科学研究和实验中使用有关专利,不视为侵犯专利权。

5. 善意使用

为生产经营目的使用或者销售不知道是未经专利权人许可而制造并售出的专利产品或者依照专利方法直接获得的产品,能证明其产品合法来源的,不承担赔偿责任。

6. 强制许可

强制许可是指国家专利行政管理机关依照职权许可具备实施条件的申请人的申请或者依据特殊情况、公共利益的需要而许可实施发明专利或实用新型专利的行政行为。取得强制实施许可的单位使用专利后,应当付给专利权人合理的使用费。专利实施的强制许可分为3类:一是依申请给予的强制许可;二是依特殊情况或公共利益需要由专利行政部门主动给予的强制许可;三是根据不同专利之间相互关系依申请给予的强制许可,即从属专利许可。

7. 指定许可

指定许可,又称为计划许可,是指国家根据国家利益和社会公众利益的需要,不经专利权人同意,许可指定单位实施发明专利的法律行为,是我国的一项特有制度。《专利法》第14条规定:"国有企业事业单位的发明专利,对国家利益或者公共利益具有重大意义的,国务院有关主管部门和省、自治区、直辖市人民政府报国务院批准,可以决定在批准的范围内推广应用,允许指定的单位实施,由实施单位按照国家规定向专利权人支付使用费。""中国集体所有制单位和个人的发明专利对国家利益或者公共利益具有重大意义,需要推广应用的,参照前款规定办理。"

十一、专利权的保护

专利权的保护是指国家通过行政程序和司法程序保障专利权人在法律许可的范围内对

其取得专利权的发明创造的独占实施权的制度。当专利权受到不法侵害时,专利权人有权请求国家行政机关或司法机关以国家强制力对侵权人予以制裁,责令侵权人承担相应的法律责任,从而使自己的权利得到保护。

(一) 专利权的保护范围

专利权保护范围是指专利权效力所及的发明创造的技术范围,也就是某一发明创造受保护的技术特征和幅度。

《专利法》第59条规定:"发明或者实用新型专利权的保护范围以其权利要求书的内容为准,说明书及附图可以用于解释权利要求。外观设计专利权的保护范围以表示在图片或者照片中的该外观设计专利产品为准。"

(二) 侵犯专利权的行为

构成侵犯专利权的行为必须具备下列要件:(1) 受到不法侵害的是合法有效的专利权;(2) 未经专利权人的许可实施了专利权人的专利;(3) 行为人以牟利为目的。

根据《专利法》的规定,属于侵犯专利权的行为包括:(1) 假冒他人专利的行为;(2) 以非专利产品冒充专利产品、以非专利方法冒充专利方法的行为;(3) 违反规定向外国申请专利,泄漏国家秘密的行为;(4) 侵夺发明人或者设计人的非职务发明创造专利申请权和《专利法》规定的其他权益的行为;(5) 从事专利管理工作的国家机关工作人员以及其他有关国家工作人员玩忽职守、滥用职权、徇私舞弊的行为。

(三) 专利权的保护途径与法律责任

我国自1984年实行专利制度以来,就对专利权的保护采取了司法和行政两个途径协调运作的保护模式。这一做法不仅符合世界贸易组织《与贸易有关的知识产权协议》(TRIPS)的规定,而且经实践证明是符合我国国情并行之有效的。

《专利法》第60条规定:未经专利权人许可,实施其专利,即侵犯其专利权,引起纠纷的,由当事人协商解决;不愿协商或者协商不成的,专利权人或者利害关系人可以向人民法院起诉,也可以请求管理专利工作的部门处理。管理专利工作的部门处理时,认定侵权行为成立的,可以责令侵权人立即停止侵权行为,当事人不服的,可以自收到处理通知之日起15日内依照《中华人民共和国行政诉讼法》向人民法院起诉;侵权人期满不起诉又不停止侵权行为的,管理专利工作的部门可以申请人民法院强制执行。进行处理的管理专利工作的部门应当事人的请求,可以就侵犯专利权的赔偿数额进行调解;调解不成的,当事人可以依照《中华人民共和国民事诉讼法》向人民法院起诉。

由于授予实用新型专利权不进行实质审查,为了维护公众的合法权益,防止专利权人滥用权利,妨碍他人的正常生产和经营活动,《专利法》规定,就实用新型提起专利侵权诉讼的,人民法院或者管理专利行政部门可以要求专利权人出具由国务院专利行政部门作出的检索报告。

侵犯专利权的法律责任有3种:(1) 行政责任,主要为行政处分;(2) 民事责任,主要是停止侵权、赔偿损失、消除影响;(3) 刑事责任。

(四)"即发侵权"和"诉前临时措施"

TRIPS第41条要求执法程序应允许采取反对侵权行为的有效措施,包括迅速的救济,并规定在下列两种情况下必须有临时措施:一是需要制止任何侵权行为的发生和制止侵权商品进入商业渠道,包括制止刚由海关放行的进口侵权商品进入国内商业渠道;二是为保存被指控的侵权的相关证据。

如果按照传统的民法理论和民法规范规定的侵权构成要件,对“即发侵权”(即将发生的侵权行为)就无法采取制止“即发侵权”的“诉前临时措施”,致使侵权行为不能得到及时地制止。为了有效保护专利权,与TRIPS的规定保持一致,现行《专利法》第66条对“诉前临时措施”制度作出了规定:“专利权人或者利害关系人有证据证明他人正在实施或者即将实施侵犯其专利权的行为,如不及时制止将会使其合法权益受到难以弥补的损害的,可以在起诉前向人民法院申请采取责令停止有关行为和财产保全的措施。”

(五)诉讼时效制度

《专利法》规定了两种诉讼时效制度:一是侵犯专利权的诉讼时效;二是专利临时保护的诉讼时效。

《专利法》第68条规定:“侵犯专利权的诉讼时效为二年,自专利权人或者利害关系人得知或者应当得知侵权行为之日起计算。”“发明专利申请公布后至专利权授予前使用该发明未支付适当使用费的,专利权人要求支付使用费的诉讼时效为二年,自专利权人得知或者应当得知他人使用其发明之日起计算,但是,专利权人于专利权授予之日前即已得知或者应当得知的,自专利权授予之日起计算。”

第二节　商标法

一、商标的概念

商标是指由文字、图形或者其组合等构成,使用于商品或者服务,用以区别不同生产者、经营者的产品或者服务的标记性标志。

商标是商品或者服务的标记,是区别性标记,也是一种识别性标记。商标的图形文字构成是一种艺术创造,商标也是一种企业文化的象征。商标还是商品信息的载体,更是一种无形财富。

根据《中华人民共和国商标法》第3条的规定,可以注册的商标包括商品商标、服务商标和集体商标、证明商标。集体商标是指以团体、协会或者其他组织的名义注册,供该组织成员在商事活动中使用,以表明使用者在该组织中的成员资格的标志。证明商标是指由对某种商品或者服务具有监督能力的组织所控制,而由该组织以外的单位或者个人使用于其商品或者服务,用以证明该商品或者服务的原产地、原料、制造方法、质量或者其他特定品质的标志。

二、商标法的概念

广义的商标法是指调整因商标的注册、使用、管理和保护商标专用权而发生的各种社会关系的法律规范的总称。狭义的商标法仅指由国家最高立法机关制定的作为法典的《中华人共和国商标法》(以下简称《商标法》)。

商标法调整的对象包括:(1)商标管理机关与企事业单位和个人之间在商标注册、商标使用和商标管理过程中发生的关系;(2)企事业单位和个人及其相互之间,因注册商标的转让、使用许可,以及商标权争议和商标侵权而发生的关系;(3) 各级商标管理机关之间在商标管理过程中发生的关系;(4) 涉外商标关系。

我国商标法的主要渊源包括:《宪法》、《民法通则》、《商标法》和《商标法实施条例》;次要渊源包括《合同法》和《刑法》中的有关规定,国务院和国家商标主管机关发布的有关商标行政法规、规章,地方性法规、规章。此外,我国缔结和参加的国际公约也是调整我国商标法律关系的依据。

三、商标权

(一) 商标权的概念和特征

商标权是指商标注册人依法支配其注册商标并排除他人侵害的权利,包括对注册商标的使用权、处分权、续展权和排除他人侵害的权利。

商标权是商标法的核心,商标法是紧紧围绕着商标权的取得、行使、消灭和保护而作出相应规范的法律部门。

商标权是知识产权的一种。但是,与其他知识产权相比,商标权具有其自身的特征:(1) 商标权保护的对象是注册商标。(2) 法律对商标权行使的限制较少。商标法中没有强制许可、国家征用、法定许可等限制商标权行使的制度。(3) 商标权的期限性是相对的,期限届满时,可以续展,续展次数不限。(4) 商标权是单一的财产权。世界各国商标法都未规定商标权人拥有人身权。商标图案不构成作品,其设计人不享有著作权。

(二) 商标权的主体

商标权的主体是商标所有人,或称商标权人。

商标权的主体不同于商标注册申请主体。商标注册申请主体确认的是商标申请人资格,其申请被核准后,申请人成为商标权人。但是,商标权的主体还包括通过继受方式取得商标权的人。

根据我国《商标法》的规定,商标权的主体有以下几种:(1) 获准商标注册的企业、事业单位和个体工商业者;(2) 在中国获准商标注册的外国人和外国企业;(3) 注册商标转让后的受让人;(4) 作为注册商标所有人的个体工商业者的继承人。

(三) 商标权的客体

商标权的客体是经国家商标主管机关核准注册的商标,即注册商标。只有注册商标才受法律保护。

申请注册的商标必须符合商标法规定的条件才能获准注册。首先,商标必须具有显著特征,便于识别。其次,商标不得使用法律禁用的标记。根据《商标法》第 10 条第 1 款的规定,下列标志不得作为商标使用:(1) 同中华人民共和国的国家名称、国旗、军旗、勋章相同或者近似的,以及同中央国家机关所在地特定地点的名称或者标志性建筑物的名称、图形相同的;(2) 同外国的国家名称、国旗、国徽、军旗相同或者近似的,但该国政府同意的除外;(3) 同政府间国际组织的名称、旗帜、徽记相同或者近似的,但经该组织同意或者不易误导公众的除外;(4) 与表明实施控制、予以保证的官方标志、检验印记相同或者近似的,但经授权的除外;(5) 同"红十字"、"红新月"的标志、名称相同或者近似的;(6) 带有民族歧视的;(7) 夸大宣传并带有欺骗性的;(8) 有害于社会主义道德风尚或者有其他不良影响的。《商标法》第10条第2款规定，县级以上行政区划的地名或者公众知晓的外国地名，不得作为商标。但是地名具有其他意义或者作为集体商标、证明商标组成部分的除外，已经注册使用的地名商标继续有效。

（四）商标权的内容

商标权的权利内容包括注册商标专有使用权、禁用权、续展权、转让权、许可使用权等，其中专有使用权是最基本的核心权利，其他权利都是由专有使用权派生出来的。

1. 专有使用权

专有使用权是商标权人对其注册商标享有充分支配和完全使用的权利。

商标权的精髓在于它是无形财产权，商标权人对其注册商标享有所有权，即享有排他性的支配权，可以被继承，可以转让，可以独占使用，也可以许可他人使用，并通过商标权的利用获取利益。商标权人依法行使商标权，他人无权干涉。即使注册商标的设计是由商标权人以外的人完成的，设计人享有著作权，但是，经其同意而将有关图形、文字等注册为商标后，该著作权人的权利如果在商品贸易领域与商标权人的权利冲突时，不应妨碍商标权人行使商标权。

2. 禁用权

禁用权是指商标权人有权禁止他人未经其许可，使用与其注册商标相混同的商标，有权禁止他人擅自制造或者销售其注册商标标识，有权禁止他人在同一商品或者类似商品上，将与其注册商标相同或者近似的文字、图形作为商品名称或者商品装潢使用。

四、商标注册

商标注册是指经营者为了取得商标专用权，依法向商标注册主管机关提出申请，主管机关对申请进行审查，核准注册的法律程序。

（一）商标注册的原则

《商标法》采取自愿注册为主，强制注册为辅的原则。

自愿注册原则是指经营者是否进行商标注册由其自己决定。经营者可以根据需要，选择注册商标，也可以选择不注册商标，甚至可以不使用商标。除国家规定必须使用注册商标的商品外，经营者对是否注册商标有自主决定权。目前国家规定必须使用注册商标的商品有两类：一是人用药品，但中药材和中药饮片除外。考虑到进口药品的审批程序和检验制度十分严格，而商标注册程序复杂等因素，不要求进口药品必须使用在我国注册的商标，但进口药品在分装出售时，必须在其说明书或包装上注明外国商标或分装企业的商标。二是烟草制品，包括卷烟、雪茄烟和有包装的烟丝。

（二）商标注册的条件

《商标法》规定，申请注册的商标，应当有显著特征，便于识别，并不得与他人在先取得的合法权利相冲突。

1. 具有显著特征

商标的显著特征是指商标应当具有可识别性，能够起到帮助消费者将该标志与商品或服务的特定提供者或特定的质量、特点相联系的作用。

商标的显著特征可分为固有的显著特征和通过使用获得的显著特征。商标的构成要素立意新颖、独具特色的,是具有固有的显著特征的标志。臆造商标、任意商标和暗示商标都被认为是具有固有显著特征的商标,但其显著程度依次递减。缺乏固有显著特征的商标并不意味着永远不能取得注册。如果此种商标通过长期使用,消费者已将该标志视为特定商品、服务的商标,即将该商标与特定的经营者或者商品、服务的特定质量、特征相联系,即应当认为该标志已经获得了显著性,因而应当准予注册。

2. 不侵犯他人在先取得的合法民事权利

(1) 不得与已注册或申请在先的商标相抵触。

(2) 不得与已经使用并有一定影响的未注册商标相抵触。

(3) 不得与其他在先民事权利相抵触,主要是指他人依法享有的外观设计专利权、作品权、姓名权、肖像权、商号权、域名权、商品化权、植物新品种权、特殊标志权以及依照《反正当竞争法》享有的对于知名商品特有名称、包装、装潢等的权利。

3. 不得作为商标注册的情形

《商标法》第 11 条对不得作为商标注册的情形作出了规定,包括:(1) 仅有本商品的通用名称、图形、型号的;(2) 仅仅直接表示商品的质量、主要材料、功能、用途、重量、数量及其他特点的。但如果经过使用取得了显著特征,并便于识别的,则可以作为商标注册。

(三) 商标注册的程序

1. 商标注册的申请

(1) 申请人。申请注册商标的人必须是从事一定生产经营活动的自然人、法人或其他组织,既包括中国的自然人和组织,也包括外国的自然人和组织。两个以上的自然人、法人或者其他组织可以共同向商标局申请注册同一商标,共同享有和行使商标专用权。

(2) 申请文件。商标注册申请应当提交《商品注册申请书》和其他文件。申请文件的填写应当符合法律的规定,主要包括:① 按照商品分类表填写商品和服务名称;② 遵守一份申请一件商标一类商品或服务的要求;③ 按照规定提交商品图样和其他证明文件;④ 主张优先权的应提交相应的文件。

2. 注册申请的审查和核准

(1) 核准注册的原则。第一,先申请原则。两个或两个以上的申请人在同一种商品或类似商品上以相同或近似的商标申请注册的,核准在先申请的商标注册,同一天申请的,核准在先使用的商标注册。第二,诚实信用原则。申请商标注册不得损害他人现有的在先权利,也不得以不正当手段抢先注册他人已经使用并有一定影响的商标。

(2) 审查。第一,形式审查。主要包括:① 申请人是否具备主体资格;② 申请文件是否齐备,填写的内容是否符合要求,有关手续是否完备;③ 提交的商标图样在数量和规格上是否符合规定的标准;④ 是否按照规定交纳了费用。第二,实质审查。主要包括:① 商标构成要素是否符合商标法的规定;② 是否属于商标法规定的不能作为商标使用的标志;③ 是否具备显著特征;④ 是否与他人在先申请相同或相似;⑤ 是否侵犯他人在先权利。

(3) 初步审定或驳回申请。经审查认为符合商标法规定的,主管机关作出初步审定的决定,并予以公告,目的在于给公众提出异议的机会。申请注册的商标不符合商标法的规定或者同他人在同一种商品(服务)或类似商品(服务)上已经注册的或初步审定的商标相同或近似的,由商标局驳回申请,不予公告。对驳回申请、不予公告的商标,商标局应当书面通知申请人,申请人可以自收到通知之日起 15 日内向商标评审委员会申请复审。对商标评审委员会的决定不服的,可以自收到通知之日起 30 日内向人民法院起诉。

(4) 异议、裁定和复审。对初步审定的商标,自公告之日起 3 个月内,任何人都可以提出异议。在规定期间提出异议的,商标局应当听取异议人和被异议人陈述事实和理由,在调查核实后做出裁定。当事人对商标局的裁定不服的,可以自收到通知之日起 15 日内向商标评审委员会申请复审。对复审裁定不服的,当事人可以自收到通知之日起 30 日内向人民法院起诉。

(5) 核准注册。在下列情况下,商标局依法予以核准注册:一是对初步审定无人提出异议的;二是对初步审定的商标提出异议,但被裁定异议不成立的。

(6) 对驰名商标的认定。依照《商标法》第 14 条规定,认定驰名商标应当考虑以下因素:相关公众对该商标的知晓程度;该商标使用的持续时间;该商标的任何宣传工作的持续时间、程度和地理范围;该商标作为驰名商标受保护的纪录;其他有关因素。

五、注册商标的转让与许可

(一) 注册商标的转让

注册商标的转让是指注册商标所有人按照一定的条件,依法将其注册商标转让给他人所有的行为。经过转让,转让人失去商标权,受让人获得商标权,成为新的商标所有权人。根据《商标法》第 39 条规定,转让注册商标的,转让人和受让人应当签订转让协议,并共同向商标局提出申请。受让人应当保证使用该注册商标的商品质量。

1. 商标权转让的原则

商标权转让的原则分为两种,一是连同转让原则,二是自由转让原则。连同转让原则是指商标权必须连同企业信誉一起转让。自由转让原则是指商标权可以和企业及其营业一起转让,也可以分别转让,受让方必须保证使用该商标的商品质量。绝大多数国家采用自由转让原则,我国也采取这一原则。

2. 商标权转让的形式

商标权转让可以是无偿转让,也可以是有偿转让。注册商标的转让方式一般有合同转让和继受转让两种形式。合同转让是指转让人和受让人在合同中约定双方的权利义务、违约责任等,通常是有偿的。继受转让是指受让人通过法律上的继承或承继关系而享有注册商标专有权的行为,通常是无偿的。

3. 商标权转让的程序

转让人和受让人应当签订转让协议,并共同向商标局提出申请。转让注册商标经核准后,予以公告。受让人自公告之日起享有商标专用权。

(二) 注册商标的许可

注册商标使用许可是指商标权人通过签订书面合同的方式,许可他人在一定时间和地域范围内使用其注册商标的一种制度。商标权人称为许可人或许可方,获得商标使用权的人称为被许可人或被许可方。

1. 商标许可使用的形式

(1) 独占使用许可。即商标注册人将在一定时间和地域内的注册商标专用权全部授权给被许可人使用,被许可人享有独占使用权。按照独占使用许可合同,被许可人对注册商标的使用权是垄断性的,即使是商标权人本人也不得在合同约定的时间和地域范围内使用该注册商标。当发生侵权行为时,被许可人有权以自己的名义起诉侵权人并获得赔偿。

(2) 排他使用许可。商标权人授权被许可人在一定的时间和地域范围内使用注册商标,商标权人自己可以使用该注册商标,但不得再授权第三人使用该注册商标。

(3) 普通使用许可。商标权人授权被许可人在一定的地域范围和时间内使用注册商标,商标权人不但可以使用该商标,还可以再授权第三人使用该商标。经许可人同意或明确授权,被许可人还可以进行分许可。

2. 双方当事人的义务

(1) 作为使用许可标的的商标必须是注册商标,在许可合同的有效期内,许可人应当保证商标权的效力,不得擅自注销注册商标。许可人应当监督被许可人使用注册商标的商品质量。

(2) 被许可人应当按照合同的约定支付使用费,保证使用注册商标的商品的质量,未经商标权人许可,不得擅自许可他人使用,更不得转让商标专用权。为了保护消费者的利益,被许可人必须在使用该注册商标的商品上标明被许可人的名称和商品产地。

六、商标权的消灭

(一) 注册商标的注销

在下列情况下,商标局可以注销商标:(1) 注册商标法定期限届满,未续展或续展未获准的;(2) 注册商标所有人自己申请注销的;(3) 作为商标权人的企业关闭或破产,无人承继商标权的;(4) 作为商标权人的自然人死亡,无人继承其商标权的。

注销注册商标,由商标局予以公告,自公告之日起,商标权消灭。

(二) 注册商标的撤销

1. 不当注册的撤销。此类撤销包括:(1) 违反商标法禁用规定而注册的商标;(2) 缺乏显著特征的商标;(3) 以不能作商标的商品形状作为商标注册的;(4) 以欺骗手段或其他不正当手段取得注册的。不当注册由商标局依照职权主动撤销,其他单位或者个人发现不当注册,可以向商标评审委员会申请撤销。

2. 侵犯他人在先权利的注册商标的撤销。此类撤销包括:(1) 侵犯驰名商标所有人权利的注册商标;(2) 将他人的商标以自己的名义注册;(3) 冒用产地标志的商标注册;(4) 侵犯他人在先权利的注册商标;(5) 将他人已经使用并有一定影响的商标抢先注册的。商标所有人或者利害关系人自商标注册之日起 5 年内,可以请求商标评审委员会裁定撤销其注册。对于恶意注册的,驰名商标所有人请求撤销的权利不受 5 年的时间限制。

3. 其他原因引起的撤销。主要是指对于已经注册的商标有争议的情形,即在先注册人认为在后注册的商标与自己在同一种或者类似的商品(服务)上在先注册的商标相同或近似,容易引起混淆、误认,从而提出争议,要求撤销在后注册的商标。

商标评审委员会作出维持或者撤销注册商标的裁定后,应当书面通知有关当事人。当事人对商标评审委员会的裁定不服的,可以自收到通知之日起 30 日内向人民法院起诉。人民法院应当通知商标裁定程序的对方当事人作为第三人参加诉讼。

撤销具有溯及效力,即注册商标被撤销后,其商标权视为自始即不存在。注册人应立即停止使用该商标,已经签订尚未履行的注册商标转让合同和使用许可合同无效。但是,为了维护经济关系的稳定,撤销对于下列事项无溯及效力:(1) 法院作出并已经执行的商标侵权案件的判决、裁定;(2) 工商行政管理机关作出并已经执行的商标侵权案件的处理决定;(3) 已经履行的商标转让或使用许可合同。为了维护公平原则,对于因商标注册人的恶意给他人造成损失的,应当予以赔偿。

七、注册商标专用权的保护

(一) 侵犯注册商标专用权的行为

按照《商标法》第52条的规定,有下列行为之一的,均属侵犯注册商标专用权:(1) 未经商标注册人的许可,在同一种商品或者类似商品上使用与其注册商标相同或者近似的商品的行为;(2) 销售侵犯注册商标专用权的商品的行为;(3) 伪造、擅自制造他人注册商标标识或者销售伪造、擅自制造的注册商标标识的行为;(4) 未经商标注册人同意,更换其注册商标并将该更换商标的商品又投入市场的行为;(5) 给他人的注册商标专用权造成其他损害的行为。

(二) 商标侵权的法律责任

商标侵权的法律责任分为民事责任、行政责任和刑事责任。

民事责任是指人民法院依照商标法及有关民事法律、法规决定由侵权人对其商标侵权行为所必须承担的法律责任,主要有:停止侵害、赔偿损失、消除影响、恢复名誉、赔礼道歉等。

行政责任是指由工商行政管理机关依商标法作出的强制性处罚,主要包括:(1) 责令立即停止销售;(2) 收缴并销毁侵权商标标识;(3) 消除现存商品上的侵权商标;(4) 收缴专门用于商标侵权的模具、印版或者其他作案工具;(5) 采取前4项措施不足以制止侵权行为的,或者侵权商标与商品难以分离的,责令并监督销毁侵权物品;(6) 罚款;(7) 责令赔偿损失。

刑事责任是指人民法院依据《商标法》规定的假冒注册商标罪、销售假冒注册商标的商品罪、非法制造或销售非法制造的注册商标标识罪等罪名而对行为人追究的刑事制裁。

案例思考

案例一:马景荣诉中国专利局专利复审委员会发明专利申请权纠纷案

2007年8月16日,马景荣向中国专利局提交了一份名称为"船舶的水动力装置"的发明专利申请。经中国专利局初步审查,该发明申请于2009年2月27日公布。该申请在发明说明书中所描述的发明目的和技术效果是:将现行的水轮发电机组装在船舶上,解决船的主动力,为国家和人类开发新的能源,节省船舶的燃料消耗,减少环境污染。在权利要求书中所记载的技术特征是:

1. 将水轮发电机组装在船舶上做动力源,由直流电机代替柴油机拖动推进器(螺旋桨、水泵等)。

2. 利用推进器的副作用,降低主辅水轮发电机组尾水管出水端的压力,获得能源。

3. 利用船尾沟底与水面位差获得能源。

马景荣在发明说明书中对技术方案作了如下具体描述:在船舶的尾部前后安装两套水

轮发电机组,水由船的两侧进入涡壳,前为主水轮发电机组(下称主机),后为辅水轮发电机组(下称辅机)。将船的推进器装在主要尾水管出水端,辅机尾水管套在主机尾水管的出水端。船启动,由镉镍蓄电池组供电。直流电动机拖动推进器运转,主机便有水头产生。推进器转数达到额定值时,水头便是出水口中心线到水面的高度。主机的水头是由推进器的副作用产生的。镉镍电池有初起电流大的特点,正好符合需要。启动很快完成,主机便可向直流电机供电。随着船速的提高,尾水沟在加深,达到额定船速时,辅机水头发挥作用,辅机开始工作。船越大吃水线越深,该装置优点越突出。

中国专利局经过审查认为,该申请限定了一种直流电机代替柴油机拖动推进器的装置,而直流电机所得的能量来自于推进器转动过程中产生的水头,这一发明违背了能量守恒的自然法则,是一个永动机。2009 年 12 月 25 日,中国专利局依据专利法第 22 条第 4 款之规定,驳回了马景荣的发明专利申请。

马景荣不服中国专利局的驳回决定,于 2010 年 3 月 23 日向专利复审委员会请求复审。复审委员会经过复审认为,该专利申请的构成是将水轮发电机组安装在船舶上,利用船舶前进时在尾部所造成的水头来推动水轮发电机组,再通过电动机带动推进器推进船体运动。根据能量守恒定律,船舶不可能继续不断地前进,不能达到发明目的,没有积极效果。据此,专利复审委员会于 2011 年 2 月 5 日作出复审审查决定,驳回了马景荣的复审请求。

2011 年 6 月 30 日,马景荣以专利复审委员会为被告向北京市中级人民法院提起行政诉讼,理由是:(1)“船舶的水动力装置”能够制造和使用,而且专利局承认本装置能从水头回收一部分能量,这表明本装置还是有积极效果的。因此,本申请在制造、使用及产品积极效果等诸方面均有实用性。(2)用能量守恒定律对本申请的方案和效果进行判断是不科学的。科学发展史表明,人们的认识能力不断提高,对自然规律的理解、认识逐步准确,新的发现说明我们的知识正在深化,旧定律和旧理论的局限性已经揭开,新定律和新理论即将创立。

一审人民法院认为,“船舶的水动力装置”发明专利申请的技术特征不符合自然法则,申请人又不能用事实证明该申请能够达到目的,具有积极效果。依法判决维持中国专利中复审委员会 2011 年 2 月 5 日作出的 273 号复审决定。

马景荣不服,依法提出上诉,经二审人民法院审理认为:马景荣申请的技术方案违背了能量守恒定律,在设计上是错误的,无法达到预期目的和效果,不具有实用性。于 2011 年 12 月 15 日作出终审判决:驳回上诉,维持原判。

请对本案作出法理分析。

案例二:格特公司诉北京市专利管理局专利权归属纠纷案

原告格特公司起诉北京市第一中级人民法院,请求:撤销北京市专利管理局 98 京专法字第 237—11 号处理决定书,确认格特公司在 1995 年 6 月 28 日申请的(胞二磷胆碱用于治疗视神经萎缩药物及其复方制剂)发明专利权(简称 95 专利)归格特公司所有。理由如下:

1. 第三人王海雁并非 95 专利的发明人。其在 1994 年申请《爱露明 9311》发明专利(简称 94 专利)也系格特公司所有。

2. 95 专利与 94 专利申请在制作方式及形态上完全不同。

3. 北京市专利管理局在调处过程中存在程序错误:

其一,95 专利是在调处过程授权,而北京市专利管理局未将原专利申请权纠纷案由变更为专利权纠纷;

其二,在未变更案由的情况下,将 94 专利申请文件中的权利要求书与 95 专利的权利要求书进行对比,造成认定事实错误;

其三,处理决定书中没有调处人员的署名,违反了《专利管理机关处理专利纠纷办法》第 23 条之规定。

被告北京市专利管理局答辩要求:驳回原告的诉讼请求,维持 98 京专法字第 237—11 号处理决定书有效。理由是:

1. 在调处过程中,专利申请被批准授权,纠纷案由理应自然转为专利权纠纷。

2. 95 专利申请文件的公开文本与授权文本虽然存在名称、内容的差异,但权利要求书中复方制剂的主要成分和配比并未改变,因此不存在错误引用、对比的问题。

3. 94 专利申请与 95 专利实质等同。

4. 格特公司违法申请撤销了 94 专利,同时又提出与 94 专利申请等同的 95 专利申请,这足以证明了 95 专利来自 94 专利申请。

5. 格特公司未能证明 95 专利是职务发明。

第三人王海雁答辩称:(内容与被告上诉要求相同)。理由如下:

1. 在格特公司成立之前,我已完成了 94 专利申请技术的研制。

2. 格特公司的证据只能证明其对 94 专利申请技术进行了检测而不能证明 94 专利申请是其职务发明。

北京市第一中级人民法院经审理认为,北京市专利管理局在专利申请权纠纷调处过程中,在外界因素发生变动后,应要求请求人相应的变更请求,并应向被请求人明示按变更后的请求答辩。其在调处中未区分专利申请权和专利权是错误的,影响了当事人诉权的行使;其在处理决定书上未签署调处人员的姓名,违反了《专利管理机关处理专利纠纷办法》第 23 条之规定;其在处理决定书上将并不存在的专利名称(胞二磷胆碱用于治疗视神经萎缩药物及其复方制剂)以专利权的形式确认归王海雁所有,实际上是以申请权处分了专利权。处理决定书将 95 专利权确认归王海雁所有缺乏相应证据。因北京市专利管理局对格特公司新提交的证据未予质证,使该证据的真实性无法确认。由于北京市专利管理局在调处中适用程序有欠缺且对进行 94 专利申请和 95 专利对比的必要证据未质证,故关于对比问题本案不予涉及。北京市专利管理局的处理决定书在程序和认定事实上均有错误,应予撤销。依照《中华人民共和国行政诉讼法》第 54 条第 2 款第 1 项 、第 3 项之规定,判决撤销北京市专利管理局 98 京专法字第 237—11 号处理决定书。

北京市专利管理局不服一审判决,向北京市高级人民法院提起上诉,要求撤销一审判决,维持 98 京专法字第 237—11 号处理决定。

王海雁也不服一审判决,向北京市高级人民法院提起上诉,要求撤销一审判决,维持北京市专利管理局的处理决定。格特公司服从一审判决。

北京市高级人民法院经审理认为,确认行政行为是否具有合法性,主要应审查行政机关实施行政行为是否符合法定程序以及行政行为的内容是否符合相关法律。但应指出,不规范的行政行为并不一定就是行政违法行为。北京市专利管理局的行政调处行为虽然存在将公告文本的 95 专利名称误写成公开文本的 95 专利名称、调处人员未在处理决定书上签字等不规范之处，但其性质仅属笔误或疏漏。这些不规范之处并不能成为影响处理决定公正性的必要因素，因此也就不存在违反法定程序的问题。至于格特公司所述在调处期间（正式调处之后，处理决定书送达之前）95专利申请被批准授权后，北京市专利管理局未将专利申请权纠纷明示变更为专利权纠纷影响了当事人行使诉权一节，因与事实不符，不予采信。一审判决确认北京市专利管理局在调处过程中适用程序存在错误，缺少事实和法律依据，应予纠正。

北京市专利管理局作出的处理决定所依据的证据真实、充分，予以采信。王海雁作为94专利申请人，其享有的94专利申请权理应受到法律保护。至于王海雁是否是94专利申请发明人的问题，因不属于本案审理的主题，故不予审理。格特公司如果对94专利申请权主体持有异议，应当通过合法途径解决。纵观95专利产生的过程：申请95专利是与申请撤销94专利申请同时提出；格特公司在提出的变更94专利申请著录项目申报书中，曾明确欲将94专利申请的名称《爱露明9311》变更为《胞二磷胆碱用于治疗视神经萎缩药物及其复方制剂》；格特公司在95专利申请文件中抄录了延吉市延边眼耳鼻喉科医院吴吉龙、辛京夏等医生撰写的《爱露明9311治疗几种视神经萎缩症疗效观察》论文中记载的典型病例（而《爱露明9311》注射液处方早在格特公司成立之前即已完成）；95专利与94专利申请在技术方案的内容上存在实质等同。所有这些事实足以证明95专利与94专利申请具有不可分割的同一关系，而无法证明95专利是格特公司的职务技术成果。

北京市专利管理局的处理决定认定事实清楚，适用法律正确。一审判决认定事实和适用法律均有错误，应予纠正。依照《中华人民共和国行政诉讼法》第61条第2项、第3项之规定，判决如下：

1. 撤销北京市第一中级人民法院（1998）一中知初字第99号行政判决书；

2. 维持北京专利管理局98京专法第237—11号处理决定书；

3. 二审诉讼费用各400元，均由北京格特生物工程科技开发公司负担。

二审法院在终审判决后认为，此案的产生纯系中国专利局在专利著录项目登记管理方面存在严重的不规范问题引发所至，而地方专利管理局在调处中存在的操作不规范问题也已成为其承担诉讼风险的因素。据此，北京市高级人民法院特向中国知识产权局专利局提出司法建议：

1. 鉴于专利申请权及专利权均属于重要的民事权利，贵局应加强这些权利的著录项目登记管理，即严格审查与登记相关的法律手段：(1) 登记时应验明请求人身份，将其身份证明的相关材料复印备案；(2) 办理著录项目变更登记时，应要求原权利人和变更请求人同时到场，若原权利人因故不能到场，变更请求人应出具其与原权利人就变更、撤销原著录项目内容而达成的协议和该协议的公证书。

2. 在《专利管理机关处理专利纠纷办法》中应增加关于补正处理决定书中的笔误的条款。

请对本案作出法理分析。

案例三：上海创新技术研究所诉沈福根专利实施许可合同纠纷案

2006年8月6日，原告与被告经中国科学院上海专利事务所中介，签订了专利实施许可合同一份，合同约定，由被告将其名为“多彩集束笔”的专利技术许可原告使用，原告支付技术入门费1万元后，被告向原告提供专利申请文件和有关技术资料；同时，被告进行技术指导和技术培训，并解决有关技术问题，直至产品试制完成，如连续3次试生产的产品不合格，且被告无法提出新的实施方案，原告有权解除合同，被告应退回入门费等全部实际所得；原告应保证具有实施本专利的一切设备、资金、技术力量，如不具备实际条件造成不能按时试制、批量生产，在半年内不实施其专利，被告有权解除合同，原告付被告的一切费用均不予退回，并承担经济赔偿责任。同月17日，双方签订补充合同一份，约定被告同意另一企业作为原告的联营企业，原告同意增加技术入门费1万元。此后，原告依约支付被告技术入门费2万元，被告将专利申请文件及有关资料交付给原告。原告委托某模具厂开模具2套，一套为多彩集束用，计11 300元，另一套为多色水笔用，计8 700元。在合同履行期间，被告未向原告提供技术服务。另外，在再审期间，被告的“多彩集束笔”专利于2006年11月16日被中国专利局专利复审委员会宣告无效。

原告向法院起诉，要求被告退回技术入门费及赔偿模具损失。被告提起反诉要求原告按合同规定给付提成费，偿付违约金1万元；在专利被宣告无效被告要求把原合同作为技术转让合同处理。

经人民法院一审判决：

1. 解除原、被告签订的专利实施许可合同。

2. 被告返还原告技术入门费16 296元，赔偿原告模具损失2万元。

3. 被告反诉请求不予支持。

经人民法院二审判决：驳回上诉，维持原判。

再审判决：

1. 撤销二审判决。

2. 维持一审判决关于被告返还技术入门费16 296元对被告反诉请求不予支持的判决。

3. 撤销一审判决关于解除原、被告签订的专利实施许可合同和被告赔偿原告模具损失2万元的判决。

4. 判决原、被告签订的专利实施许可合同为无效合同。

5. 判决被告赔偿原告模具损失11 300元。

请对本案作出法理分析。

案例四：福建省霞浦电子仪器厂诉北京延庆磁疗器械厂注册商标侵权纠纷案

福建省霞浦电子仪器厂在20世纪70年代中期开始生产电推拿机，1978年开始在该商品上使用“康乐”牌商标。1981年霞浦电子仪器厂向国家商标局申请注册康乐牌文字商标，并于1983年5月30日获得核准，核定使用的商品为电推拿机。1984年霞浦电子仪器厂又推出了新产品电子针灸按摩器，并在同年11月经福建省电子工业总公司批准开始批量生产LY—5型电子针灸按摩器。因电子针灸按摩器是未经核定使用的商品，霞浦电子仪器厂便将康乐文字作为非注册商标使用在电子针灸按摩器上。1984年12月康乐牌LY—5型电子针灸按摩器荣获福建省优质新产品称号，1985年6月被轻工业部评为全国轻工业优秀新产品，1986年12月被电子工业部评为部级优质产品。

北京延庆磁疗器械厂成立于1986年8月，系独立的集体所有制企业法人，该厂以康乐作为其商品磁块的名称，生产并销售火光牌SC—A，B，C型康乐磁块，并在产品包装上突出使用康乐磁字样。自1989年5月10日起,因延庆磁疗器械厂向国家商标局申请注册的耿字牌商标获得核准,便将非注册商标火光牌改为注册商标耿字牌。另外延庆磁疗器械厂厂长耿奎在20世纪80年代初期曾任吉林省辽源市磁疗器械厂厂长,SC—A型磁块系耿奎在辽源期间独自研制。辽源市磁疗器械厂成立于1981年,该厂在80年代初期曾生产和销售过SC—A型磁块,并以康乐作为产品名称。1986年8月耿奎离开辽源市磁疗器械厂,到北京延庆县任延庆磁疗器械厂厂长。

1987年起,霞浦电子仪器厂的康乐牌子电子针灸按摩器和延庆磁疗器械厂的火光牌康乐磁块同时在北京西单商场、北京东风市场销售,在市场销售中因康乐文字的使用造成了消费者的混淆和误购,因而双方发生纠纷。

霞浦电子仪器厂遂向国家商标局申请在电子针灸按摩器上注册康乐文字商标,1988年10月30日获得核准。1988年11月霞浦电子仪器厂就本案争议上告霞浦县工商局,后被移交北京市工商局处理。1989年8月3日,北京市工商局复函霞浦电子仪器厂:"延庆磁疗器械厂用康乐作为磁疗商品的名称,虽有不妥之处,但尚未构成对你厂注册的康乐商标专用权的侵权。"1992年2月10日霞浦电子仪器厂就本案争议向北京市中级人民法院提起诉讼。

霞浦电子仪器厂诉称:我厂生产的电子针灸按摩器的商标为康乐,于1988年10月30日经国家商标局登记注册,已取得该产品的商标专用权。1989年年初,我厂在北京西单、东安两大百货商场发现延庆磁疗器械厂生产销售的磁块取名为康乐磁,并且导致了消费者误认和误购。延庆磁疗器械厂的行为已侵犯了我厂的康乐商标专用权,要求法院制止侵权行为,并判令被告人赔偿经济损失60万元。

延庆磁疗器械厂辩称:我厂将"康乐磁"文字作为商品名称使用并不违反商标法的有关规定。我厂生产的康乐磁自1983年即投放市场,行销全国,出口东南亚地区,年创利达百万以上,康乐磁作为商品的特有名称享有较高的知名度。另外,我厂生产的康乐磁与福建霞浦电子仪器厂生产的电子针灸按摩器在产品名称、外形结构、性能用途、产地、包装等方面均有不同。因此,消费者不会对康乐磁和康乐牌电子针灸按摩器产生二者系同一产源的错误认识,不同意原告的诉讼请求。

一审人民法院经审理判决如下:

1. 自判决生效之日起,延庆磁疗器机械厂停止在制造的磁块产品名称上使用"康乐"字样;10日后,停止在其销售的磁块产品名称上使用"康乐"字样。

2. 延庆磁疗器械厂赔偿霞浦电子仪器厂30万元。

延庆磁疗器械厂不服一审判决,以原审判决事实不清,适用法律错误为由,于1993年12月24日向北京市高级人民法院提起了上诉,要求撤销原审判决,驳回霞浦电子仪器厂的诉讼请求。延庆磁疗器械厂上诉称:康乐磁块和电子针灸按摩器是两种不同的产品,两种产品使用的商标也不相同,根本不会造成误认。此外,"康乐"二字自1983年就已被延庆磁疗器械厂作为商品名称使用,霞浦电子仪器厂先以康乐注册商标,继而又提起诉讼,实质是一种出于恶意的不正当竞争行为。

霞浦电子仪器厂则服从原审判决。

二审人民法院认为,延庆磁疗器械厂将霞浦电子仪器厂已在电子针灸按摩器上获准注册的康乐文字商标作为其产品磁块的名称,并突出使用"康乐磁"字样,足以造成消费者误认,已构成对霞浦电子仪器厂康乐商标专用权的侵犯。而且延庆磁疗器械厂不能依据辽源市磁疗器械厂早在1983年即已生产和销售康乐磁块这一事实来主张免除或减轻自己的侵权责任。但本案争议确属权利冲突性的商标侵权纠纷,双方对于康乐商标与康乐磁产品这一特有名称发生冲突均无过错。但是,延庆磁疗器械厂在得知霞浦电子仪器厂取得"康乐"注册商标使用权后,仍坚持使用"康乐磁"这一产品名称并长达数年,损害了霞浦电子仪器厂的合法权益,理应在停止侵权的同时,承担一定的损害赔偿责任。

综上,二审人民法院认为,延庆磁疗器械厂的上诉理由不能成立,原审判决认定事实清楚,适用法律正确,并依照《中华人民共和国民事诉讼法》第153条第1项之规定,于1994年7月5日作出终审判决:驳回上诉,维持原判。

请对本案作出法理分析。

第十六章 消费者权益保护法

本章导读

现代消费者权益保护立法最早开始于资本主义社会进入垄断阶段以后。其兴起是与世界性的消费者保护运动紧密联系在一起的。消费者权益保护立法的状况如何,已经成为衡量一个国家社会文明发展程度和法制建设完善程度的一个重要标志。我国的《消费者权益保护法》作为一部基本立法,自1993年10月颁布实施以来,在完善社会维权机制、解决消费权益纠纷、打击侵害消费者权益违法行为、提高消费者依法维权意识以及促进消费维权运动蓬勃发展等方面发挥了很大的作用。了解和掌握我国消费者权益保护法的价值取向、消费者权益保护法的基本原则、消费者的权利、经营者的义务、消费者权利的保护方式、消费者争议的解决途径等,是学习本章的基本要求。

第一节 消费者权益保护法概述

一、消费者权益保护法的概念

消费者权益保护法的概念有广义和狭义之分。狭义的消费者权益保护法是指《中华人民共和国消费者权益保护法》(以下简称《消费者权益保护法》);广义的消费者权益保护法是指调整生产者、销售者(经营者)与消费者之间的关系而形成的具有保护消费者权益功能的各种法律规范的总称。

消费者权益保护法具有以下特征:(1) 以消费者权益为保护对象。消费者权益既包括人身利益,又包括财产利益。(2) 具有预防和救治的功能。前者如制定质量标准、安全卫生标准,后者如规定消费者索赔的权利及实现途径等。(3) 法律渊源广泛分布于宪法、法律、行政法规、地方性法规规章等诸多法律规范之中。

二、消费者权益保护法的价值取向

(一) 安全价值

安全价值是消费者权益保护法最基本的价值追求。其基本内容包括:(1) 不受不合理危险的侵害。即消费者在购买、使用消费品时不能因具有不合理的危险而使其人身受到伤害或财产受到损失。(2) 不受不卫生因素的侵害。即消费者在购买、使用消费品时,不能因为该消费品不卫生而使其健康受到伤害。(3) 人身安全不受损害。即消费者在接受服务或使用商品时不能因经营者的侵害或服务设施或服务行为有不合理危险而受到损害。

(二) 交易公平价值

交易公平价值是指消费者在与经营者的交易中能获得公平、公正的对待,消费者获得的商品和服务与其支付的货币价值相等。

（三）福利价值

福利价值是指消费者获得商品或服务的消费需求应得到合理满足。

三、消费者权益保护法的基本原则

（一）对消费者权益特别保护的原则

虽然经营者和消费者是平等的市场主体，双方平等地进行市场交易，但由于它们之间的信息分布不对称、消费者在经济上的弱者地位，所以，消费者权益保护法强调对消费者权益的特别保护。

（二）消费者权益保护与经济发展水平相协调的原则

消费者的利益与经营者的利益统一于整个社会利益。不考虑社会经济发展的实际状况而一味强调对消费者权益的保护，则将损害经营者的利益，最终也会损害消费者的利益。因此，消费者权益的保护水平是一个渐次提高的过程，取决于当时、当地的经济发展水平。

（三）国家与社会干预的原则

消费者权益保护法的存在本身即是国家对消费者与经营者之间交易关系的一种干涉，目的是保护弱者，防止恃强凌弱。《消费者权益保护法》第6条明确规定，国家鼓励、支持一切组织和个人对损害消费者合法权益的行为进行社会监督。

第二节　消费者的权利

一、消费者的含义

消费者是指为满足生活需要而购买或使用经营者提供的商品或服务的人。

消费者在法律上的特征包括：(1) 消费者是购买、使用商品或服务的人；(2) 消费者购买或使用的商品或服务是由经营者提供的；(3) 消费者通常是进行生活性消费的人。

二、消费者的权利

我国《消费者权益保护法》共规定了9项消费者的权利。

1. 安全权。即消费者在购买、使用商品或接受服务时人身和财产安全不受侵害的权利，是消费者最重要的权利。

2. 知情权。即消费者了解与其购买、使用的商品和接受的服务有关的真实情况的权利。

3. 选择权。即消费者根据自己的意愿自主地选择其购买的商品及接受的服务的权利。

4. 公平交易权。即消费者在与经营者之间进行的交易中获得公平的交易条件的权利。

5. 索赔权。即消费者对其在购买、使用商品或接受服务中受到的人身或财产损害依法获得赔偿的权利。

6. 结社权。即消费者为了维护自身的合法权益而依法组织社会团体的权利。

7. 受教育权。即消费者获得有关消费和消费者权益保护方面的知识与信息的权利。

8. 受尊重权。即消费者在购买、使用商品或接受服务时其人格尊严、民族风俗习惯应受到尊重的权利。

9. 监督权。即消费者对于商品和服务以及消费者保护工作进行监察和督促的权利。

第三节　经营者的义务

一、经营者的概念

经营者是与消费者相对应的另一方主体,是指在具体的交易中为消费者提供消费资料和消费服务的人。

二、经营者的一般义务

1. 履行法律义务。包括履行法定义务和履行约定义务两方面。

2. 接受消费者监督。

3. 商品、服务的安全保证。包括确保商品服务符合安全要求、对危险商品和服务进行警告和说明、发现商品或服务存在严重缺陷时采取必要措施等。

4. 信息的提供。包括提供有关商品与服务的信息、对消费者询问作真实明确的答复、对商品服务明码标价等。

5. 身份的标明。包括生产者在其商品或包装上标明自己的名称或标记、销售者在其经营场所标明其名称或标记、租赁他人柜台或场地时标明其真实名称和标记等。

6. 出具凭证、单据。

7. 品质的担保。《消费者权益保护法》第22条规定:"经营者应当保证在正常使用商品或接受服务的情况下其提供的商品或服务应当具有的质量、性能、用途和有效期限,但消费者在购买该商品或接受该服务前已经知道其存在瑕疵的除外;经营者以广告、产品说明、实物样品或者其他方式表明商品或者服务的质量状况的,应当保证其提供的商品或者服务的实际质量与表明的质量状况相符。"

8. 售后服务。包括包修、包换、包退或其他责任。

9. 不得不当免责。即不得以格式合同、通知、声明、店堂告示等方式作出对消费者不公平、不合理的决定,或者减轻、免除其损害消费者合法权益应当承担的责任。

10. 尊重消费者的人格。包括不得对消费者进行侮辱、诽谤,不得搜查消费者的身体及其携带的物品,不得侵犯消费者的人身自由等。

经营者依据相关法律负有其他特定义务的,还需遵守相关法律的规定。如从事药品生产经营的经营者除了履行《消费者权益保护法》的规定外,还需遵从《中华人民共和国药品管理法》等的规定。

第四节　消费者权利的保护

一、消费者权利的国家保护

1. 立法保护。即立法机关通过《消费者权益保护法》的制订、修改、废止等立法活动保护消费者利益。

立法保护在消费者权利保护中起着举足轻重的作用。立法的质量、科学性、广度、深度、可操作性等直接影响到消费者权利保护的效果。

2. 行政保护。即行政机关通过抽象行政行为和具体行政行为履行保护消费者权利的职责。前者如制定行政法规、规章或发布抽象性的行政文件，后者如对侵害消费者权利的经营者进行行政处罚。

在我国，工商行政部门、物价管理部门、技术监督部门、卫生行政管理部门、进出口商品检验部门等在保护消费者权利上都发挥着重要的作用，相关法律、法规对它们各自的具体职责都作出了明确的规定。

3. 司法保护。即司法机关在消费者权利受到损害时为其提供司法救助。

二、消费者权益的社团保护

（一）消费者组织的概念

消费者组织是指消费者自己组织起来的，以保护消费者自身利益为宗旨的社会团体。其对消费者权利的保护是与政府对消费者权利保护并存的另一种十分重要的保护方式。

消费者组织的特征有：（1）消费者组织是一种社会团体；（2）消费者组织以保护消费者权利为宗旨，具有消费者权利保护的功能；（3）消费者组织是由消费者自己发起组建的组织。

消费者组织的种类包括：（1）会员制消费者组织与非会员制消费者组织；（2）综合性消费者组织与单一性消费者组织；（3）国内消费者组织与国际消费者组织。

消费者组织对消费者权利的保护本质上不同于政府对消费者权利的保护。前者是一种社会团体的保护，并不具有强制力；而后者是作为公权力的代表所进行的保护，具有强制力。

（二）我国消费者协会对消费者权利的保护

我国消费者组织有两类，一是消费者协会，二是其他消费者组织。但在实践中，消费者协会的组织体系十分发达，以致在某种程度上成了我国消费者组织的代名词。

我国的消费者协会具有十分强烈的行政色彩。它是在政府部门的主导与推动下组建与发展起来的，基本上按照行政区划而设置。

消费者协会属社会团体。设立各级消费者协会，应当根据法律规定，由同级人民政府批准，经同级民政部门核准登记，具备法人条件的，经登记后取得社会团体法人资格。

我国消费者协会主要通过以下方式对消费者提供保护：（1）向消费者提供信息和咨询服务；（2）参与有关行政部门对商品和服务的监督、检查；（3）就消费者合法权利受到侵害向行政、立法部门反映，查问或提出建议；（4）受理消费者投诉，并对投诉事项进行调查、调解；（5）就投诉事项中所设的商品或服务质量问题提请鉴定部门鉴定；（6）支持受害者就维护自身合法权利提起诉讼；（7）对损害消费者合法权益的行为，通过大众传播媒介予以批评、揭露。

第五节　消费者争议的解决

一、消费者争议的概念

消费者争议是指消费者与经营者之间发生的与消费者权益有关的民事争议。

消费者争议的消费者是指与争议事项有直接利害关系的消费者。消费者争议的经营者一般包括生产者、销售者、服务者、承受原经营者权利义务的经营者、营业执照持有人、展销会举办者、柜台出租者、虚假广告主、广告经营和发布者等。

二、消费者争议的解决方式

（一）协商和解

协商和解是指争议双方就相关争议进行协商达成和解协议使纠纷得以解决的活动，是最常见的纠纷解决办法。协商和解须双方自愿，且不得损害第三方利益。

（二）消费者协会调解

消费者协会调解是在消费者协会的调解下，争议双方达成调解协议使纠纷得以解决的活动，是实践中成本低而有效的解决办法。调解同样需遵循双方自愿的原则，且同样不得损害第三方利益。

（三）行政处理

消费者争议出现后，当事人可申请行政机关对争议进行调解或作出行政裁决。

（四）仲裁

仲裁是指第三方根据当事人之间的仲裁协议，以中间人的身份按照一定的程序，对纠纷进行审理并作出裁决的活动。《消费者权益保护法》规定，对消费者权益争议，如当事人之间存在仲裁协议，可将纠纷提交仲裁机构仲裁。

（五）诉讼

诉讼是解决纠纷的最后手段。与仲裁、行政处理、调解等方式相比，诉讼是成本最高的一种纠纷解决方式。消费者争议可能引起当事人提起的诉讼包括民事诉讼、刑事附带民事诉讼以及自诉刑事诉讼。

案例思考

案例一：黄某诉肯德基餐厅摔伤索赔纠纷案

2006年2月16日下午，福建省厦门市二年级的小学生黄某与3位同学一起到厦门肯德基所属的华侨餐厅用餐后，进入设在该餐厅的“儿童开心乐园”玩耍。由于当时园内小朋友多，比较拥挤，加上餐厅内无人疏导，黄某在滑梯上被其他小朋友挤倒，摔倒在地上受伤。经医院诊断为右腿骨折。事后，黄某的父亲数次与该肯德基餐厅交涉，所得答复是：肯德基“儿童开心乐园”内的游乐设施都是经过国际安全认证的，除非有权威机构能够证明这些设施在安全上存在问题，肯德基才能对摔伤事件负责。黄某的父亲于是起诉至法院。

一审法院审理后认为：原告黄某在“儿童开心乐园”玩耍时，因被他人从滑梯上挤下摔伤，原告有依法向有关负责人追偿的权利。各责任方应负相应的赔偿责任。从滑梯上将原告挤下的责任人是直接加害人，应对本案负主要责任。原告在无法举证这一加害人的前提下，可保留对其追偿的权利。被告开展促销活动中，将儿童游乐活动引入该餐厅内，设置“儿童开心乐园”是一种善意行为，但忽略了现场安全管理和疏导工作，没有尽到组织者应有的责任,因此,对本案原告损伤结果应负次要责任。原告系无民事行为能力人,其法定监护人放任原告擅自到"儿童开心乐园"玩耍,产生损害的后果,原告监护人未尽监护之责,亦应负次要责任。一审法院据此判决:原告的医疗费、护理营养费总计2 268.6元,被告赔偿680.58元,其余款项由原告自负。

请对本案作出法理分析。

案例二:胡某诉上海某制药厂侵害消费者知情权纠纷案

某厂女职工胡某因头痛到某市一家医院就诊。医生为其检查后,认为其患有三叉神经痛,为此开出药方:服用上海某制药厂生产的卡马西平片。胡某购买此药后,按照医生嘱咐和药品说明书按时服药。不料7天后,胡某身上出现皮疹。胡某立即查看药品说明书,未发现自己有说明书上标明的不宜服用的症状。因此,她认为这是正常的药物反应,仍按原剂量继续服用该药。又过了3天,胡某的病情明显加重,皮疹已从原先的背部扩展至全身,而且奇痒难忍,并伴有发热。看到胡某痛苦的样子,胡某的家人立即将她送入了另一家医院看急诊。经医院全力抢救后,胡某仍住院治疗了23天后才出院。医院的诊断结果认为:因卡马西平片引起的重病多型红斑性药疹。

胡某认为自己三叉神经痛未愈,又添了新的疾病。自己的健康受到损害,精神受到损伤。事后,胡某通过其他途径,意外地得知:服用卡马西平实际上有可能引发30多种不良反应,但上海某制药厂的说明书上仅列出了其中的五六种。气愤之余,胡某一张诉状将某制药厂告上法庭,要求该制药厂承担其医药费、误工费及其他损失。法院受理后查明,某制药厂为扩大自己生产的药品的适应症,增加销售量,擅自删除了药品说明书中有关皮疹、麻疹等20多项不良反应之内容。又经法医鉴定,胡某因服用卡马西平片导致过敏,使全身泛发性黄豆大小水肿红斑。服用卡马西平片前,胡某在某公司担任财务,每月工资有1 500元,因这场病导致其无法上班,被公司解雇了。一审法院认为上海某制药厂的行为违反了《中华人民共和国药品管理法》和《中华人民共和国消费者权益保护法》,制药厂的行为直接导致了胡某的伤害,判令某制药厂赔偿原告胡某医药费、误工费、营养费、护理费、交通费和鉴定费等计1.32万元,并补偿胡某因失去工作所造成的经济损失5 000元。胡某不服一审判决,认为赔偿不充分,二审法院支持了胡某的请求,判决某制药厂赔偿胡某医药费、误工费、营养费等计人民币1.48万元,并补偿胡某人民币5.5万元。

请对本案作出法理分析。

第十七章　金融法

本章导读

金融活动是连接生产、交换、分配和消费等各个经济环节的纽带，是国民经济的重要组成部分。金融法是调整各类金融关系的法律规范的总和。金融法是国家在宏观上调控和监管整个金融产业，在微观上规范经济主体金融活动，促进金融业朝着正确方向发展的重要法律手段之一。在经济法的体系中，金融法是该体系的重要组成部分。因为，作为金融法调整对象的金融及金融关系具有强烈的经济属性，是国家调控经济、监管市场过程中发生的核心经济关系；同时，金融主管机关调控金融业和监管金融市场的行为也充分体现出规范和约束政府权力的经济法的属性与作用。了解和掌握金融法的基本原则、中央银行的法律规则、商业银行的法律规则、政策性银行的特殊规定等是学习本章的基本要求。

第一节　金融法概述

一、金融的概念与金融体系的构成

（一）金融的概念

金融的概念有广义和狭义之分。广义的金融是指全社会货币资金的筹集、分配、使用和管理活动的总和；狭义的金融是指以银行为中心的各种信用活动以及在信用基础上组织起来的货币流通，主要包括：(1) 货币的发行与回笼；(2) 存款的吸收与发出；(3) 贷款的发放与回收；(4) 现金流通与转账结算；(5) 金银、外汇和有价证券的买卖；(6) 国内、国际货币支付结算；(7) 票据贴现；(8) 银行同业拆借；(9) 信托投资；(10) 各种财产和人身保险；(11) 融资租赁。狭义的金融是指金融法上的金融。

金融是现代经济的核心，在国民经济的运行过程中有着丰富而又重要的功能，包括：(1) 货币供应的功能；(2) 资本形成的功能；(3) 支付服务的功能；(4) 市场约束的功能；(5) 资源配置的功能；(6) 宏观调控的功能。与此同时，金融也有其对国家经济生活的负面影响，低效、混乱、动荡与危机的金融活动和金融体系，会严重妨碍经济的进步，甚至导致经济的崩溃。

（二）金融体系的构成

金融体系是指围绕资金融通、由相关要素有机构成的子系统。其构成要素包括3方面。

1. 金融工具

金融工具，又称为信用工具，通常指依一定格式作成、用以证明或创设金融交易各方权利义务的书面凭证。存折（存单）、借款合同、股票、债券、商业票据等，均为常见的金融工具。

为了适应社会对金融商品多元化的需求，提高市场竞争能力，有效规避风险，世界各国特别是发达国家的金融机构，有意识地运用金融工程技术，在传统金融工具的基础上，创造了众多的新型金融工具，即“金融衍生产品”，如期货合约、期权合约、货币互换合约、信用衍生工具等。

2. 金融机构

金融机构是指依法设立、专门经营各种金融业务的组织，是金融市场的主要参与者。根据不同的标准可以对金融机构进行多种分类：(1) 按是否属于银行系统，分为银行和非银行金融机构；(2) 按性质和目的，分为中央银行、政策性金融机构、商业性金融机构；(3) 按组织形式，分为有限责任金融机构(含国有独资金融机构)、股份有限责任金融机构、股份合作制金融机构、合作制金融机构；(4) 按投资来源，分为中资金融机构、中外合资金融机构、外商独资金融机构；(5) 按业务范围，分为综合性金融机构和专业性金融机构；(6) 按经营区域，分为跨国金融机构、全国性金融机构、地方性金融机构、社区性金融机构。

3. 金融市场

金融市场是指资金融通及相关服务的交易场所或空间，是与商品市场、劳务市场和技术市场并列的一种市场，主要包括货币市场和资本市场。货币市场是交易期限在一年以内的短期金融交易市场，包括短期存贷市场、同业拆借市场、票据贴现市场、短期债券市场以及大额存单等短期融资工具市场，主要满足交易者的资金流动性需求。资本市场是交易期限在一年以上的中长期金融交易市场，主要满足工商企业的中长期投资需求和政府弥补财政赤字的资金需要，包括长期存贷市场和证券市场。

二、金融法的概念与基本原则

(一) 金融法的概念

金融法是指调整金融活动中各种主体之间产生的金融关系的法律规范的总称。金融法有狭义和广义之分。狭义的金融法是指银行法；广义的金融法除银行法之外还包括货币法、证券法、保险法、票据法、信托法等。

金融法的调整对象是金融活动中各种主体之间产生的金融关系，包括：

1. 金融组织关系。即围绕金融机构的设立、变更和终止所产生的一系列的社会关系，包括金融机构内部组织关系、金融机构与投资者之间的关系、金融机构与债权人之间的关系、金融机构与政府之间的关系。

2. 金融交易关系。即金融市场主体在金融交易及因金融交易而进行中介服务的过程中发生的平等主体之间的经济关系，如借款合同关系、储蓄合同关系、保险合同关系、融资租赁合同关系、票据关系等。

3. 金融监管关系。即国家金融监管机构运用指导、许可、检查、稽核、处罚等方法在对金融机构、金融业务、金融市场进行监督和管理过程中形成的社会关系。

4. 金融调控关系。即国家金融调控机关以中央银行制定的货币政策为指导，通过调整货币供应量、利率水平等对金融市场进行调节、控制而产生的社会关系。

(二) 金融法的基本原则

1. 以货币币值稳定为前提、促进经济发展

我国货币政策的目的是保持货币币值的稳定，并以此促进经济增长。金融法通过各种

措施与保障手段稳定货币,控制总量平衡,调整结构,把货币发行量和贷款总规模保持在经济发展合理需要的范围内。

2. 维护金融业稳健运行

金融是国民经济的核心和命脉,金融秩序和金融安全关系到一个国家的政治、经济、社会的稳定甚至是国家的安定。因此,金融法必须积极规范各金融市场主体的行为,通过健全法制,完善监督管理机制,共享信息机制,防范系统性金融风险,同时,在金融机构出现经营困难时,给予必要、及时的救助,化解金融风险,最终维护金融业稳定、有序、协调地发展。

3. 分业经营、分业监管

金融涉及银行、证券、保险、信托等多个行业,每个行业的经营范围不同,经营理念、行为模式也就互有区别。20 世纪 90 年代,美国确立了分业经营制度,并得到英国、日本、加拿大等国的效仿。近年来,随着金融创新、放松管制以及金融业国际化、一体化的发展,发达国家对金融业分业经营、分业监管的原则有所放松,银行业可以经营证券、信托等业务。1999 年 11 月,美国国会通过了《金融服务现代化法案》,彻底结束了分业经营模式。而我国目前仍处在市场经济体制的建设阶段,金融市场尚不发达,金融监管制度还不完善,因此,仍需坚持"分业经营、分业监管"的原则。

4. 与国际通行规则接轨

金融全球化和国际金融市场的发展已经积累了大量的国际通行规则和惯例。我国作为 WTO 成员国,国内金融机构要参与国际金融活动,必须遵循国际通行规则和惯例。所以,我国金融立法需要吸取国际金融立法的成功经验,以国际金融通行规则和国际惯例为参照范本,进一步加以完善,为我国金融业的稳健发展保驾护航。

第二节 中央银行法

一、中央银行的概念与职能

(一) 中央银行的概念

中央银行是指依法制定和执行国家货币政策,实施金融调控与监管的特殊金融机构。

在现代市场经济条件下,中央银行在一国金融体系中居于主导地位,是一国金融体制下的核心机构。

《中华人民共和国中国人民银行法》(以下简称《中国人民银行法》)第 2 条规定:"中国人民银行是中华人民共和国的中央银行。"

(二) 中央银行的职能

传统上将中央银行的职能归纳为发行的银行、银行的银行和政府的银行。随着国家对宏观经济干预的不断加强,现代中央银行的全部职能应该界定为发行的银行、银行的银行、政府的银行、金融调控的银行、金融监管的银行。

1. 发行的银行

中央银行垄断货币的发行权,是国家唯一的货币发行机构。中央银行垄断货币发行权,有利于货币币值的稳定,建立良好的货币发行和流通秩序,保证货币的投入量与商品流转的需求相适应。因此,各国立法都规定发行货币是中央银行的特权,同时,有些国家规定硬币和辅币由财政部负责发行，如美国、德国和日本。

2. 银行的银行

中央银行只与商业银行等金融机构发生业务往来，而不直接为单位或个人办理金融业务。这一职能通过3方面体现：(1) 依法集中保管存款类金融机构缴存的存款准备金。商业银行按照规定的比例向中央银行交存部分存款，形成存款准备金，从而保证银行的兑付能力。同时，通过调整存款准备金，实现信用的调节与控制。(2) 最终贷款人。中央银行对暂时流动性困难的金融机构特别是商业银行，以再贷款和再贴现等方式，充当最后贷款人，以避免挤兑风潮而导致整个银行业的崩溃。(3) 组织全国金融机构之间的清算。各金融机构可以通过设在中央银行的活期存款账户，办理清算结算，以结清彼此之间每日的清算差额。

3. 政府的银行

中央银行服务于政府，代表政府处理有关的金融事务。在现代社会，中央银行制度是国家宏观经济调控体系的重要组成部分，货币政策已成为政府调节经济活动、干预经济生活的重要工具。

4. 调控的银行

中央银行运用货币政策工具，对国民经济实行总量控制和结构调整。中央银行制定和执行货币政策，通过金融手段，对国家的货币、信用活动进行有针对性的调控，以促进国民经济健康发展。

5. 监管的银行

中央银行作为国家金融管理机关，负责监管金融机构和金融市场。中央银行通过对金融机构、金融市场的设立、业务活动、运行机制的监管，规范金融机构、金融市场、金融活动，维护金融秩序，保障金融体系的稳定运行。

二、中央银行的法律地位

中央银行的法律地位是指通过法律形式规定的中央银行在国家机构体系中的地位，是中央银行能够正常履行职能的法律基础。

（一）中央银行是国家机关法人

首先，各国中央银行都依法履行公职能，都是国家金融调控和金融监管的工具。其次，各国中央银行虽然都经营业务，但与商业银行不同，中央银行经营的业务是出于履行公职的需要，不具有营利性。最后，各国中央银行依法享有管理金融的行政性能力，这是其作为国家机关的重要标志。

（二）中央银行是特殊的金融机构

与其他金融机构相比，中央银行不以营利为目的，业务对象仅限于政府和普通金融机构，业务范围是以特别法而非普通银行法为依据。所以，中央银行是与一般商业银行相区别的特殊金融机构。

（三）中央银行相对独立于政府

让中央银行独立于政府主要是为了让中央银行免受政府的不当干预，以超然的地位履行货币职能，确保货币稳定。但是，中央银行对政府的独立性只能是相对的，其所实施的行为必须与政府总体经济政策保持一致。

中国人民银行作为我国的中央银行，其全部资本由国家出资，属国家所有。在隶属关系上，中国人民银行直属国务院领导，在国务院的领导下制定和执行货币政策，防范和化解金融风险，维护金融稳定；同时，中国人民银行应当向全国人民代表大会常务委员会提出有关货币政策情况和金融业运行情况的工作报告。《中国人民银行法》第 5 条、第 7 条、第 29 条从我国实际出发，就中国人民银行的相对独立性分别作出如下规定："中国人民银行就年度货币供应量、利率、汇率和国务院规定的其他重要事项作出的决定，报国务院批准后执行。中国人民银行就前述规定以外的其他有关货币政策事项作出决定后，即予执行，并报国务院备案。""中国人民银行在国务院领导下依法独立执行货币政策，履行职责，开展业务，不受地方政府、各级政府部门、社会团体和个人的干涉。""中国人民银行不得对政府财政透支，不得直接认购、包销国债和其他政府债券。"

三、中央银行的组织机构

中央银行的组织机构是指构成中央银行的各组成部分，以及各组成部分之间的关系。由于世界各国的历史传统、社会经济制度和经济发展水平的不同，中央银行的组织机构也不尽相同，通常包括权力机构、执行机构、咨询机构、监督机构、分支机构等。

《中国人民银行法》对中国人民银行的领导机构、咨询机构、分支机构作出了规定。

第 10 条、第 11 条规定，中国人民银行实行行长负责制，设行长一人，副行长若干人，协助行长工作。行长由国务院提名，报全国人大或其常委会决定，由国家主席任免；副行长由国务院总理任免。

第 12 条规定："中国人民银行设立货币政策委员会。货币政策委员会的职责、组成和工作程序，由国务院规定，报全国人民代表大会常务委员会备案。中国人民银行货币政策委员会应当在国家宏观调控、货币政策制定和调整中，发挥重要作用。"货币政策委员会是中国人民银行制定货币政策的咨询议事机构，它通过会议履行职责，其委员派出单位的调整由国务院决定；中国人民银行将决定方案报国务院批准或备案时，应附送货币政策委员会的建议书或会议纪要。

第 13 条规定："中国人民银行根据履行职责的需要设立分支机构，作为中国人民银行的派出机构。中国人民银行对分支机构实行统一领导和管理。中国人民银行的分支机构根据中国人民银行的授权，维护本辖区的金融稳定，承办有关业务。"1998 年底，国务院作出决定，对中国人民银行管理体制实行改革，撤销省级分行，跨省设置 9 家分行，实现了分支机构按行政区划设置到按经济区划设置的转变。目前，中国人民银行设有天津、沈阳、上海、南京、济南、武汉、广州、成都、西安等 9 大分行。

四、中央银行的货币政策

货币政策是中央银行调节货币供求关系以实现宏观经济调控目标的方针和政策的总称，是国家宏观经济政策的重要组成部分。正确制定和实施货币政策，是各国中央银行的主要职责。正确的货币政策的制定和实施，可以维持适度的货币供应量和运用量，从而为经济和社会的正常运转提供稳定而良好的货币金融环境。

（一）货币政策目标

货币政策目标是中央银行实施货币政策所要达到的目的，是由最终目标、中介目标和操作目标3个层次有机组成的目标体系。最终目标是中央银行通过货币政策操作而最终要达到的宏观经济目标,一般包括稳定币值、经济增长、充分就业、国际收支平衡和金融稳定。中介目标是连接货币政策最终目标与操作目标的中间环节,主要有长期利率、货币供应量和贷款量。操作目标是指中央银行通过货币政策工具能够准确实现的直接政策标量,比如准备金、基础货币等,其对中央银行货币政策工具的变动反应较为灵敏。

货币政策目标的确立应与一国国内外经济环境相适应。《中国人民银行法》第3条规定,中国人民银行的货币政策目标"是保持货币币值的稳定,并以此促进经济增长。"

(二)货币政策工具

货币政策工具是中央银行实现其政策目标的政策手段,主要包括:

1. 存款准备金制度

存款准备金是指商业银行等金融机构为保证客户提取存款和资金清算需要而准备的资金;商业银行依法向中央银行缴纳的存款准备金占其存款总额的比例就是存款准备金率,其细微变动足以使货币供应量发生巨额变化。我国自1984年5月实行存款准备金制度。1998年3月21日,中国人民银行对存款准备金制度进行了改革,将原准备金账户和备付金账户合并,并将存款准备金率下调为8%,1999年11月又进一步下调为6%。随着经济形势的变化和宏观调控经济的需要,中国人民银行在2011年6月20日起大型金融机构存款准备金率上调至21.5%,中小金融机构上调至18%。

2. 再贴现政策

再贴现是指金融机构以合格票据向中央银行贴现,中央银行对金融机构提供信用,实质上是中央银行与商业银行之间票据买卖和资金让渡的过程。中央银行的再贴现率决定着商业银行向中央银行贴现票据的成本,提高再贴现率,可以抑制商业银行的借款需求,减少基础货币的投放,降低再贴现率,则可以刺激商业银行的借款需求,增加基础货币的投放。我国开办再贴现业务始于1986年4月16日的《票据再贴现试行办法》,1994年7月7日发布的《再贴现办法》、1997年3月5日发布的《商业汇票承兑、贴现与再贴现管理办法》对票据再贴现的种类、对象和期限等作了进一步规定。

3. 公开市场业务

公开市场业务是指中央银行在金融市场买卖有价证券或者其他金融资产,从而控制和调节货币供应量。中央银行在金融市场购进有价证券或其他金融资产,必然向市场投放货币,这些货币一旦进入商业银行系统,便成为商业银行创造存款货币的基础,从而进一步增加货币的供应;如果中央银行在金融市场抛售有价证券或其他金融资产,必然减少货币的供应。我国自1996年4月1日开始正式开展该业务,1997年3月29日中国人民银行发布的《公开市场暨一级交易商管理暂行规定》,规定了公开市场业务交易的品种、对象、方式等具体事项。

此外,根据我国实际情况和金融改革的发展方向,《中国人民银行法》还规定了基准利率、再贷款和其他货币政策工具。

五、中央银行的金融监管

在许多国家,中央银行曾经对全部或部分金融机构履行日常的监管职责。但是自20世纪90年代以来,越来越多的国家将中央银行对金融机构进行监管的职责从它的职责范围中剥离出来,使其专注于货币政策的制定和执行,维护金融的稳定。

在我国,中国人民银行一度是全国统一的金融监管机构。自1992年证监会成立、1998年保监会成立和2002年银监会成立,原属于中国人民银行的证券监管职责、保险监管职责、银行监管职责先后被剥离出来。目前,中国人民银行的金融监管,更多侧重于市场监管和功能性监管,更加注重金融风险特别是系统性金融风险的防范和化解,更加注重维护金融的宏观稳定。

第三节 商业银行法

一、商业银行的概念和特征

商业银行是指按照《商业银行法》以及《公司法》设立的经营吸收公众存款、发放贷款、办理结算等业务的企业法人。商业银行具备下列特征:

1. 它是具有企业法人资格的经济组织。这一特征决定了商业银行的业务活动以营利为目的,并以其全部财产对外承担法律责任。这也是商业银行与中国人民银行的根本区别。

2. 它是经营特定金融业务的经济组织。商业银行的业务主要是吸收公众存款、发放贷款、办理结算,其业务活动以安全性、流动性、效益性为基本原则。

3. 商业银行的设立和活动既要遵从《商业银行法》的规定,也要遵从《公司法》的规定。

二、商业银行法的概念

商业银行法是指调整商业银行在设立、变更、终止及其相关金融业务活动中发生的经济关系的法律规范的统称。

我国现行商业银行法是1995年5月10日第八届全国人大常委会第十三次会议通过、发布,同年7月1日起施行,并于2003年12月27日第十届全国人大常委会第六次会议修改通过,于2004年2月1日起施行的《中华人民共和国商业银行法》(以下简称《商业银行法》)。除此之外,2003年12月制定的《中华人民共和国银行业监督管理法》(以下简称《银行业监督管理法》),对商业银行及其业务活动进行规范。

三、商业银行的市场准入

(一)商业银行的设立条件

1. 有符合《商业银行法》和《公司法》规定的章程。章程一经银监会批准即发生法律效力。

2. 有符合《商业银行法》规定的注册资本最低限额。《商业银行法》第13条规定:“设立全国性商业银行的注册资本最低限额为10亿元人民币。设立城市商业银行的注册资本最低限额为1亿元人民币,设立农村商业银行的注册资本最低限额为5 000万元人民币。注册资本应当是实缴资本。”中国银监会根据审慎监管的要求,可以调整注册资本最低限额,但不得少于前述限额。

3. 有具备任职专业知识和业务工作经验的董事、高级管理人员。

4. 有健全的组织机构和管理制度。商业银行的组织机构适用《公司法》的规定。《公司法》未规定国有独资公司须设立监事会,而《商业银行法》第18条则对国有独资商业银行设立监事会作出了特别规定。

5. 有符合要求的营业场所、安全防范措施和与业务有关的其他设施。

（二）商业银行的设立程序

世界各国对设立商业银行都采取审批主义，我国也不例外。《商业银行法》第11条规定："设立商业银行，应当经国务院银行业监督管理机构审查批准。未经国务院银行业监督管理机构批准，任何单位和个人不得从事吸收公众存款等商业银行业务，任何单位不得在名称中使用'银行'字样。"

1. 申请和审批

(1) 筹建申请。设立商业银行，申请人应当向国务院银行业监督管理机构提交下列文件、资料：① 申请书，申请书应当载明拟设立的商业银行的名称、所在地、注册资本、业务范围等；② 可行性研究报告；③ 国务院银行业监督管理机构规定提交的其他文件、资料。设立商业银行的申请经审查符合《商业银行法》有关规定，申请人应当填写正式申请表，并提交下列文件、资料：① 章程草案；② 拟任职的董事、高级管理人员的资格证明；③ 法定验资机构出具的验资证明；④ 股东名册及其出资额、股份；⑤ 持有注册资本5%以上的股东的资信证明和有关资料；⑥ 经营方针和计划；⑦ 营业场所、安全防范措施和与业务有关的其他设施的资料；⑧ 国务院银行业监督管理机构规定的其他文件、资料。商业银行的筹建期为自批准之日起6个月。未能按期筹建的，筹建组应在筹建期限届满前1个月向国务院银行业监督管理机构提交筹建延期申请。国务院银行业监督管理机构自接到书面申请之日起20日内作出是否批准延期的决定。筹建延期的最长期限为3个月。银监会自受理筹建申请之日起4个月内作出批准或不批准的书面决定。

(2) 开业申请。筹建期限届满前，商业银行筹建组应向国务院银行业监督管理机构提交开业申请，逾期未提交的，筹建批准文件失效，由决定机关办理筹建许可注销手续。开业申请，应向银监会提交，由银监会受理、审查并决定。银监会自受理之日起2个月内作出核准或不予核准的书面决定。

2. 登记机关登记

《商业银行法》第16条规定："经批准设立的商业银行，由国务院银行业监督管理机构颁发经营许可证，并凭该许可证向工商行政管理部门办理登记，领取营业执照。"股份制商业银行法人机构应当自领取营业执照之日起6个月内开业。未能按期开业的，该机构应在开业期限届满前1个月向银监会提出开业延期申请。银监会自接到书面申请之日起20日内作出是否批准延期的决定。开业延期的最长期限为3个月。股份制商业银行法人机构未在规定期限内开业的，开业核准文件失效，由决定机关办理开业许可注销手续，收回其金融许可证，并予以公告。

（三）商业银行分支机构的设立

设立商业银行分支机构，申请人应当向国务院银行业监督管理机构提交下列文件、资料：(1) 申请书，申请书应当载明拟设立的分支机构的名称、营运资金额、业务范围、总行及分支机构所在地等；(2) 申请人最近两年的财务会计报告；(3) 拟任职的高级管理人员的资格证明；(4) 经营方针和计划；(5) 营业场所、安全防范措施和与业务有关的其他设施的资料；(6) 国务院银行业监督管理机构规定的其他文件、资料。

经批准设立的商业银行分支机构，由国务院银行业监督管理机构颁发经营许可证，并凭该许可证向工商行政管理部门办理登记，领取营业执照。经批准设立的商业银行及其分支机构，由国务院银行业监督管理机构予以公告。

中国银监会对设立商业银行的申请，应自收到申请文件之日起6个月内作出批准或不批准的书面决定；决定不批准的，应当说明理由。

四、商业银行的业务范围及经营原则

（一）商业银行的业务范围

《商业银行法》第3条规定，商业银行可以经营下列部分或者全部业务：(1) 吸收公众存款；(2) 发放短期、中期和长期贷款；(3) 办理国内外结算；(4) 办理票据承兑与贴现；(5) 发行金融债券；(6) 代理发行、代理兑付、承销政府债券；(7) 买卖政府债券、金融债券；(8) 从事同业拆借；(9) 买卖、代理买卖外汇；(10) 从事银行卡业务；(11) 提供信用证服务及担保；(12) 代理收付款项及代理保险业务；(13) 提供保管箱服务；(14) 经国务院银行业监督管理机构批准的其他业务。经营范围由商业银行章程规定，报国务院银行业监督管理机构批准。商业银行经中国人民银行批准，可以经营结汇、售汇业务。

（二）商业银行的经营原则

1. 安全性、流动性、效益性。安全性原则是指商业银行在经营中应防范金融风险，保障经营资产的安全，即发放贷款要保证本息的按时收回。流动性原则是指商业银行的资金不能呆滞，要保证资金的流动和融通。效益性是指要以营利为目的。

2. 自主经营、自担风险、自负盈亏、自我约束。

3. 平等、自愿、公平和诚实信用。

4. 保障存款人利益。(1) 存款自愿、取款自由、存款有息、为存款人保密；(2) 除法律另有规定外，商业银行有权拒绝任何单位或者个人查询、冻结、扣划；(3) 知晓存款利率；(4) 存款本金和利息的取得权。

5. 公平竞争。

五、商业银行的退出机制

（一）商业银行的接管

1. 商业银行接管的条件、目的和后果

《商业银行法》第64条第1款规定："商业银行已经或者可能发生信用危机，严重影响存款人的利益时，国务院银行业监督管理机构可以对该银行实行接管。"这是在非常情况下，政府对金融市场进行干预的体现。

接管的目的是对被接管的商业银行采取必要措施，以保护存款人的利益，恢复商业银行的正常经营能力。

接管的后果是自接管开始之日起，由接管组织行使商业银行的经营管理权力。但是，被接管的商业银行的债权债务关系不因接管而变化。

2. 商业银行接管的程序

接管由国务院银行业监督管理机构决定，并组织实施。国务院银行业监督管理机构的接管决定应当载明下列内容：(1) 被接管的商业银行名称；(2) 接管理由；(3) 接管组织；

(4) 接管期限。接管决定由国务院银行业监督管理机构予以公告。

3. 商业银行接管的延长和终止

商业银行的接管自国务院银行业监督管理机构作出接管决定实施之日起开始,接管期限届满,国务院银行业监督管理机构可以决定延期,但接管期限最长不得超过两年。

有下列情形之一的,接管终止:(1) 接管决定规定的期限届满或者国务院银行业监督管理机构决定的接管延期届满。(2) 接管期限届满前,该商业银行已恢复正常经营能力。(3) 接管期限届满前,该商业银行被合并或者被依法宣告破产。

(二) 商业银行的终止

1. 商业银行的解散

商业银行因分立、合并或者出现公司章程规定的解散事由需要解散的,应当向国务院银行业监督管理机构提出申请,并附解散的理由和支付存款的本金和利息等债务清偿计划。经国务院银行业监督管理机构批准后解散。商业银行解散的,应当依法成立清算组,进行清算,按照清偿计划及时偿还存款本金和利息等债务。国务院银行业监督管理机构监督清算过程。

2. 商业银行的撤销

商业银行因吊销经营许可证被撤销的,国务院银行业监督管理机构应当依法及时组织成立清算组,进行清算,按照清偿计划及时偿还存款本金和利息等债务。

3. 商业银行的破产

商业银行不能支付到期债务,经国务院银行业监督管理机构同意,由人民法院依法宣告其破产。商业银行被宣告破产的,由人民法院组织国务院银行业监督管理机构等有关部门和有关人员成立清算组,进行清算。商业银行破产清算时,在支付清算费用、所欠职工工资和劳动保险费用后,应当优先支付个人储蓄存款的本金和利息。

六、商业银行的监督管理

(一) 商业银行自身的监督管理

《商业银行法》第59条、第60条规定,商业银行应当按照有关规定,制定本行的业务规则,建立、健全本行的风险管理和内部控制制度。商业银行应当建立、健全本行对存款、贷款、结算、呆账等各项情况的稽核、检查制度。商业银行对分支机构应当进行经常性的稽核和检查监督。

(二) 政府相关部门对商业银行的监督管理

1. 中国人民银行依照《中国人民银行法》的规定对商业银行进行监督和检查。

2. 商业银行应当依法接受审计机关的审计监督。

3. 银行业监督管理委员会依照《银行业监督管理法》的规定履行以下职责:(1) 国务院银行业监督管理机构依照法律、行政法规制定并发布对银行业金融机构及其业务活动监督管理的规章、规则。(2) 依照法律、行政法规规定的条件和程序,审查批准银行业金融机构的设立、变更、终止以及业务范围。未经国务院银行业监督管理机构批准,任何单位或者个人不得设立银行业金融机构或者从事银行业金融机构的业务活动。(3) 对申请设立银行业金融机构,或者银行业金融机构变更持有资本总额或者股份总额达到规定比例以上的股东的，审查其股东的资金来源、财务状况、资本补充能力和诚信状况。(4) 审查批准银行业金融机构业务范围内的业务品种或者备案，并予以公布。(5) 对银行业金融机构的董事和高级管理人员实行任职资格管理。(6) 依法制定银行业金融机构的审慎经营规则，包括风险管理、内部控制、资本充足率、资产质量、损失准备金、风险集中、关联交易、资产流动性等内容。(7) 对银行业金融机构的业务活动及其风险状况进行现场检查。(8) 国务院银行业监督管理机构对银行业自律组织的活动进行指导和监督。

第四节 政策性银行法

一、政策性银行的概念与特征

政策性银行是由政府创立，以贯彻政府经济政策为目标，在特定领域开展金融业务的专业性金融机构。在市场经济体制下，政策性银行是政府干预经济的重要手段。政策性银行是适应贯彻国家产业政策、调控宏观经济的需要而产生的。在社会经济发展中，对国民经济、社会稳定有重要意义的农业、基础产业部门、高新技术产业部门等领域，往往投资规模大、周期长、风险大，商业银行出于营利宗旨的考虑，往往不愿投放贷款，为了对其加以扶持、发展，各国便设立专门经营这类融资业务的专业性银行。

政策性银行一般具有下列特征：(1) 由政府全额或部分出资设立；(2) 不以营利性为目的，而以贯彻政府产业政策和区域经济发展战略为目标；(3) 资金的筹集和运用以信用为基础；(4) 投资、融资对象主要是国民经济支柱产业，以及对国民经济的持续和协调发展起关键作用的行业、部门和地区。

二、政策性银行的法律地位

政策性银行是独立法人，自主经营、自负盈亏、自担风险、自我约束。与中央银行不同，政策性银行不是国家机关，不具有监督管理其他金融机构的权力；与商业银行不同，政策性银行不以营利为目的。作为实现政府特定政策目标而设立的金融机构，其经营深受政府部门宏观决策的影响，其自主经营权无法完全实现，只能是为政府特定经济政策、产业政策服务的特殊金融机构。

三、我国的政策性银行

1994 年我国先后成立了 3 家政策性银行，即国家开发银行、中国农业发展银行和中国进出口银行。其直属于国务院领导，独立核算，自主、保本经营，企业化管理。2007 年，我国决定对三大政策性银行进行改革，改革的目标是按照现代金融企业制度的要求，全面推行政策性银行的商业化运作，自主经营、自担风险、自负盈亏，主要从事长期信贷业务。

国家开发银行于 1994 年 3 月成立，注册资本 500 亿元人民币，由财政部核拨。2008 年 12 月 16 日国家开发银行改制为股份有限公司，改制后的国家开发银行由财政部和中央汇金投资有限责任公司代表国家控股，注册资本为 3 000 万元人民币。国家开发银行的资金来源除资本金外，主要是向国内外发行金融债券筹集，其资金运用及业务范围主要是：(1) 向国家基础设施、基础产业和支柱产业的大中型基本建设和技术改造等政策性项目及其配套工程发放政策性贷款业务；(2) 建设项目贷款的评审、咨询和担保业务；(3) 外汇贷款业务；

(4) 承销有信贷业务关系的企业债券及经人民银行批准的其他业务等。改制后的开发银行仍主要开展电力、公路、铁路、石油化工、煤炭、邮电通讯、农林水利、公共基础设施等领域的中长期贷款与投资等金融业务,服务于国民经济重大中长期发展战略。

中国农业发展银行成立于1994年4月19日,注册资本为200亿人民币,由国家财政全额拨付。其主要任务是:按照国家有关法律、法规和方针、政策,以国家信用为基础,筹集农业政策性支农资金的拨付,为农业和农村经济发展服务。中国农业发展银行主要经营下列业务:(1) 办理由国务院确定、中国人民银行安排资金并由财政部予以贴息的粮食、棉花、油料、猪肉、食糖等主要农副产品的国家专项储备贷款;(2) 办理粮、油、肉等农副产品的收购贷款及粮油调销、批发贷款;(3) 办理承担国家粮、油等产品政策性加工任务企业的贷款和棉麻系统棉花初加工企业的贷款;(4) 办理国务院确定的扶贫贴息以及其他财政贴息的农业方面的贷款;(5) 办理国家确定的小型农、林、牧、水利基本建设和技术改造贷款;(6) 办理中央和省级政府的财政支农资金的代理拨付;(7) 发行金融证券;(8) 办理业务范围内开户企事业单位的存款;(9) 办理开户企事业单位的结算;(10) 境外筹资;(11) 办理经国务院和中国银监会批准的其他业务。

中国进出口银行成立于1994年,注册资本为33.8亿元人民币,由国家财政全额拨付。其任务主要是执行国家产业政策和外贸政策,为机电产品和成套设备等资本性货物的进出口提供政策性金融支持。中国进出口银行办理下列业务:(1) 为机电产品和成套设备等资本性货物进出口提供卖方信贷、买方信贷;(2) 与机电产品进出口信贷有关的外国政府贷款、混合贷款、出口信贷的转贷以及中国政府对外政府贷款、混合贷款的转贷;(3) 国际银行间的贷款,组织或参加国际、国内银团贷款;(4) 出口信用保险、出口信贷担保、进出口保险和保付代理业务;(5) 在境内发行金融债券和在境外发行有价证券(不含股票);(6) 经营批准的外汇业务;(7) 参加国际进出口银行组织及政策性金融保险组织;(8) 进出口业务咨询和项目评审,为对外经济技术合作和贸易提供服务;(9) 经国家批准和委托办理的其他业务。

案例思考

案例一:何某诉中国人民建设银行厦门市分行存折挂失后存款被他人支取赔偿纠纷案

2002年8月15日,原告何豆粒之子白聪明在中国人民建设银行厦门市分行中山储蓄所存入人民币3万元整(为记名整存整取1年期储蓄存款,未留印鉴或密码)。2003年1月31日,白聪明因车祸死亡,该笔存款的存折下落不明。次日,原告委托亲戚陈朝坤前往建行中山储蓄所办理该笔存款的挂失止付手续。陈朝坤在挂失申请书上写明挂失原因系车祸丢失存单,并提供其本人身份证,在身份证号码后注明"代"字,其余项目由储蓄所业务人员经查询电脑后代填。该储蓄所向陈朝坤收取了挂失手续费,在挂失申请书上加盖业务章,并出具挂失申请书第三联单给陈朝坤。2003年2月2日,被告储蓄业务的内部监督部门集资处核算科经审查认为,该笔挂失"缺乏储户本人身份证,违反银行挂失原则,挂失无效,请立即予以撤销",并发出内部通知给中山储蓄所。2003年2月4日,中山储蓄所撤销该挂失申请,但未能及时告知原告何豆粒或陈朝坤。2003年8月16日(即该笔存款期限届满后第二天),

中山储蓄所凭取款人所持的存折支付了该笔存款的本息(合计人民币 32 443.12 元)。2003 年 10 月,原告何豆粒委托陈朝坤持挂失申请书向中山储蓄所要求支取该笔存款的本息,该储蓄所工作人员告知原告应提供财产继承公证书、户口簿等有关证件。2003 年 11 月,当原告何豆粒持继承白聪明存款的继承公证书等证件再次向中山储蓄所要求取款时,该储蓄所才将存款已被他人领走的事实告知原告。此后,经双方多次协商,被告均拒绝支付该笔存款本息。为此,原告向厦门市思明区人民法院起诉,要求被告支付该款本息,并承担由此给其造成的经济损失。

被告辩称:原告的挂失申请缺乏储户本人身份证明,违反银行挂失原则,为无效挂失,本行撤销挂失是合理合法的。此后本行凭存折正常支付了该笔存款本息也是合法有效的。要求法院驳回原告的诉讼请求。

厦门市思明区人民法院经审理认为:储户白聪明因存款与被告建立的债权债务关系,在其死亡后依法应由其唯一合法继承人即何豆粒继承,被告负有按存款合同约定妥善保管存款和凭存折予以支付的义务。但在存折遗失后,存款未被领取前,原告即向被告提出书面挂失申请,被告在原告方未能提供完整储户身份证明的情况下,仍办理相关挂失手续,应视为被告认可了原告的挂失申请。事后被告以内部规定为由单方撤销挂失并不告知原告,这种行为无效。而在原告的挂失申请仍然有效的前提下,存折原持有人已不是该笔存款的合法所有人,原存折也不能作为被告履行支付义务的合法凭据。被告在凭存折支付存款本息给第三人时有明显过错,故被告所为属无效清偿,效力不能及于原告;应承担财产损害赔偿责任。根据《民法通则》第 57 条、第 160 条第 2 款、第 134 条第 1 款第 7 项及第 108 条之规定,于 1994 年 10 月 12 日判决被告应一次性支付给原告该笔存款本息 32 443.12 元。

一审判决后,被告不服,向厦门市中级人民法院提出上诉。但在审理期间,上诉人(即原审被告)又主动提出调解。法院主持双方于 2005 年 1 月 23 日达成如下协议:上诉人赔偿给被上诉人人民币 3 万元;被上诉人自愿放弃对该款利息部分的赔偿请求权。调解书生效后,双方当事人即履行了调解内容。

请对本案作出法理分析。

案例二:徐贵兴诉中国银行沈阳分行存款差错赔偿纠纷案

1989 年 9 月 26 日,原告徐贵兴委托弟妹李雁前往被告中国银行沈阳分行办理存款。李雁填好存款凭条后,连同人民币 4 755 元和存折递给记账员李宁。李宁经初点认定李雁交付的存款现金为 4 755 元,当即填写了存折、存款凭条,并在存款凭条上加盖了名章。李宁在向复核员马英娣移交时,将其中部分现金交给了坐在李宁与马英娣之间的实习生金鸿阳。金鸿阳以这部分现金练习点钞技法。其余现款,李宁移交给了马英娣。大约 10 分钟后,复核员马英娣提出,全部款额为 4 355 元,比存款凭条上的数额少 400 元,遂将款退还给李宁。李宁又将 4 355 元现金退给了李雁,引起纠纷。

为此,原告徐贵兴于 1989 年 10 月 13 日向沈阳市和平区人民法院提起诉讼,要求被告赔偿所缺少的 400 元现金。

被告中国银行沈阳分行辩称:根据"两人临柜,以复核为准"的规定,本行对短缺的 400 元不负有责任,拒绝赔偿。

和平区人民法院认为,原告与被告系储户与银行储蓄的关系。原告所持储蓄款额经记账员李某当着储户的面初点,确认储户交付的现金与存款凭条填写的数额相符,并记账、填写存折后移交复核员。此间出现差错,无论是记账员或复核员执行职务中疏忽大意或其他原因造成,都应由被告承担赔偿责任。对于被告主张原告所持钱款与记账不符,查无实据,不予支持。依据《民法通则》第 106 条第 2 款、第 134 条第 1 款第 7 项之规定,判决如下:

1. 被告于本判决发生法律效力后 15 日内,一次性返还原告人民币 400 元整。

2. 驳回原、被告其他请求。

一审判决后,被告不服,以"我行在办理原告存款业务中不存在过错,不应进行赔偿"为理由,向沈阳市中级人民法院提起上诉。

沈阳市中级人民法院二审认为:本案上诉人在办理该项储蓄业务时,在记账员与复核员之间又安排实习生练习点钞的做法欠妥。而在记账员收款记账后,与储户即形成权利义务关系。故原审判决正确,上诉人的上诉理由不能成立。故于 1992 年 2 月 28 日判决:驳回上诉,维持原判。

请对本案作出法理分析。

第十八章 对外贸易法

本章导读

对外贸易法是指国家对货物进出口、技术进出口和国际服务贸易进行管理和控制的一系列法律、法规和其他具有法律效力的规范性文件的总称。一国的外贸法律制度是其为保护和促进国内产业,增加出口,限制进口而采取的鼓励与限制措施,或为政治、外交或其他目的,对进出口采取鼓励或限制的措施。一般来说,对外贸易法律制度的范围包括关税制度、许可证制度、配额制度、外汇管理制度、商检制度以及有关保护竞争、限制垄断及不公平贸易等方面。在当今世界,外贸对各国国民经济发展的作用越来越大,因此,外贸法地位也日趋重要。我国的对外贸易法经过进一步修订后,在扩大对外贸易经营者的范围、增加与对外贸易有关的知识产权保护、取消对货物和技术进出口经营权的审批限制、增加国家对部分货物的进出口实行国营贸易管理的规定等方面体现了外贸法法律适应对外经济关系法律调整需要的特点。了解和掌握我国对外贸易法的基本制度和基本规范是学习本章的要求所在。

第一节 对外贸易法概述

一、对外贸易法的概念和特征

对外贸易法是指一国对其外贸活动进行行政管理和服务的所有法律规范的总称。

《中华人民共和国对外贸易法》于1994年5月12日第八届全国人民代表大会常务委员会第七次会议通过,2004年4月6日再由中华人民共和国第十届全国人民代表大会常务委员会第八次会议对《中华人民共和国对外贸易法》(以下简述《对外贸易法》)修订通过,2004年7月1日起施行。

对外贸易法的特征包括:(1) 主要调整国家管理对外贸易形成的纵向关系,与涉外民商法相区别;(2) 调整的对象既包括货物贸易,也包括服务贸易,还包括技术贸易;(3) 受世界贸易组织及国际惯例的影响较大,有着深刻的国际法烙印。

二、对外贸易法的立法目的和原则

根据《对外贸易法》第1条的规定,对外贸易法的立法目的主要体现为5个方面,即:(1) 扩大对外开放;(2) 发展对外贸易;(3) 维护对外贸易秩序;(4) 保护对外贸易经营者的合法权益;(5) 促进社会主义市场经济的健康发展。

我国《对外贸易法》的基本原则主要有:(1) 国家实行统一的对外贸易制度,鼓励发展对外贸易,维护公平、自由的对外贸易秩序;(2) 根据平等互利原则,促进和发展同其他国家和地区的贸易关系,缔结或者参加关税同盟协定、自由贸易区协定等区域经济贸易协定,参加区域经济组织;(3) 根据所缔结或者参加的国际条约、协定,给予其他缔约方、参加方最惠国待遇、国民待遇等待遇,或者根据互惠、对等原则给予对方最惠国待遇、国民待遇等待遇;(4) 任何国家或者地区在贸易方面对我国采取歧视性的禁止、限制或者其他类似措施的,我国可以根据实际情况对该国家或者地区采取相应的措施。

三、对外贸易法的适用范围

在主体上,《对外贸易法》适用于对外贸易关系中的各方当事人,包括:(1) 国家有关负责对外贸易管理业务工作的机关,即货物进出口的管理机关、技术进出口的管理机关、国际服务贸易的管理机关;(2) 在我国从事贸易活动的中国法人、其他组织和个人;(3) 按照我国法律、法规规定,在我国境内从事对外贸易活动的外国法人、其他组织和个人。

在客体上,《对外贸易法》适用于货物进出口贸易、技术进出口贸易、国际服务贸易以及与对外贸易有关的知识产权保护。

在地域上,《对外贸易法》适用于除中国设立的单独关税区以外的领土范围。

第二节　对外贸易经营者

一、对外贸易经营者的概念

对外贸易经营者是指依法办理工商登记或者其他执业手续,依照《对外贸易法》和其他有关法律、行政法规的规定从事对外贸易经营活动的法人、其他组织或者个人。

目前,在我国从事对外贸易的主体可以分为以下几类:(1) 个人;(2) 专业外贸公司;(3) 工贸公司;(4) 国际经济技术合作公司;(5) 具有外贸经营权的工业企业;(6) 具有进出口经营资格的科研院所;(7) 具有外贸经营权的商业、物资企业;(8) 在中国设立的外商投资企业;(9) 从事出口加工、装配业务和补偿贸易的企业。另外,专门从事易货、边境贸易的企业以及国际租赁公司等也属于对外贸易的经营者的范畴。

二、对外贸易经营资格的取得

(一) 货物和技术进出口的经营资格

《对外贸易法》第 9 条规定:“从事货物进出口或者技术进出口的对外贸易经营者,应当向国务院对外贸易主管部门或者其委托的机构办理备案登记;但是,法律、行政法规和国务院对外贸易主管部门规定不需要备案登记的除外。”

(二) 国际服务贸易的经营资格

国际服务贸易涉及金融、邮电、旅游、运输、会计、法律等多个行业,当事人经营资格的取得需根据不同行业的有关法律、法规分别办理。

《对外贸易法》第 10 条规定:“从事国际服务贸易,应当遵守本法和其他法律、行政法规的规定。”“从事对外工程承包或者对外劳务合作的单位,应当具备相应的资质或资格。具体办法由国务院规定。”

(三) 国营贸易及其授权

外贸法上的“国营贸易企业”,与国营企业、国有贸易企业不是一个概念,其具有特定的含义，是指国际贸易中根据国内法律或在事实上享有专营权或特许权的政府企业和非政府企业，其购买和销售活动影响了国家进出口水平和方向。其判断标准不是所有制形式，而是是否在国际贸易中享有专营权或特许权。

国营贸易制度通常存在于关系国计民生和国家安全的关键贸易领域，有利于确保国家经济安全、保障人民群众生活，因而成为国际上的一种通行做法。目前，世界范围内的国营贸易制度主要集中在农产品方面，兼有若干重要的矿产品。

我国《对外贸易法》第 11 条规定："国家可以对部分货物的进出口实行国营贸易管理。实行国营贸易管理货物的进出口业务只能由经授权的企业经营；但是，国家允许部分数量的国营贸易管理货物的进出口业务由非授权企业经营的除外。实行国营贸易管理的货物和经授权经营企业的目录，由国务院对外贸易主管部门会同国务院其他有关部门确定、调整并公布。违反国营贸易管理制度，擅自进出口实行国营贸易管理的货物的，海关不予放行。"

三、对外贸易代理制度

我国的外贸代理制是指外贸企业提供各种服务，代生产、订货部门办理出口和进口业务，外贸企业收取代理手续费，盈亏由委托单位负责的一种制度。

《对外贸易法》第 12 条规定："对外贸易经营者可以接受他人的委托，在经营范围内代为办理对外贸易业务。"

为了保障外贸代理过程中有关各方的合法权益，减少、避免争议与纠纷，当事人需通过订立规范、有效的合同明确各自的权利义务。

第三节　商品进出口和服务贸易制度

一、我国对货物进出口管理的基本原则

货物的自由进出口是世界贸易组织（WTO）的基本原则之一，其要求各缔约国对进出口货物取消数量限制，要求除征收关税以外，不得采取配额、进出口许可证或其他措施以限制货物的进出口。与此同时，WTO 允许缔约国在符合规定的条件下，可以对某些货物实施限制或禁止进出口的措施。

我国在货物进出口管理问题上也实行同样的原则。《对外贸易法》第 4 条、第 14 条规定："国家实行统一的对外贸易制度，鼓励发展对外贸易，维护公平、自由的对外贸易秩序。""国家准许货物与技术的自由进出口。但是，法律、行政法规另有规定的除外。"这表明，我国以自由进出口为原则，以在某些条件下对某些货物与技术的进出口施加某种限制作为例外。

二、货物进出口许可证管理制度

进出口许可证制度是指对外贸易经营者进口或出口国家限制进出口的货物或技术时必须取得进出口许可证方可进出口的制度。

国家对有数量限制的和其他限制的进口货物实行进口许可证管理。商务部统一签发进口货物许可证，并负责发布进口许可证管理商品目录和分级发证目录。

国家对有数量限制的和其他限制的出口货物实行出口许可证管理。商务部和海关总署发布年度出口许可证管理目录，包括实行出口配额许可证、出口配额招标、出口配额有偿使

用、出口配额无偿招标和出口许可证管理。

三、货物进出口配额管理制度

进出口商品的配额管理是指国家对部分货物的进出口规定一定的数量,在限额之内允许进出口,超过限额则不准进口或出口。

商务部负责全国进出口商品配额管理工作,各省、自治区、直辖市及计划单列市外经贸主管部门根据商务部的授权,负责本地区的进出口商品配额管理工作。

四、服务贸易制度

作为服务贸易的服务通常是指商业服务,即一方为取得报酬而向他人提供的服务,世界贸易组织《服务贸易总协定》对服务贸易的类型有着具体的规定。

加入 WTO 后,我国的服务贸易得到了很大的发展,有关的法律框架已经初步形成,充实和丰富了我国的对外贸易立法。

第四节　进出口商品检验制度

一、进出口商品检验检疫立法

我国进出口商品检验检疫立法由一般商品检验法、动植物检疫法和卫生检疫法 3 部分构成。

在我国加入 WTO 之后,WTO 关于商品检验检疫及相关协定已经成为我国法律渊源。

二、进出口商品检验检疫的监督管理

(一) 进出口商品的认证管理

进出口商品的认证是指检验检疫机构和国家质量监督检验检疫总局认可的检验、认证机构根据国家质量监督检验检疫总局同外国有关机构签订的协议,或者接受外国有关机构的委托,对进出口商品的安全、卫生和质量依照规定的标准抽样检验,并用合格证书或合格标志等形式予以证明,外国检验机构予以认可并不再进行重复检验的制度。

进出口商品认证制度是各国检验机构为避免重复检验而采取的一种通用措施。检验检疫机构对经认证合格的进出口商品及其生产企业颁发认证证书,准许使用进出口商品的认证标志。

(二) 进出口商品的质量许可管理

进出口商品的质量许可管理是根据国家需要,对涉及安全、卫生、环境保护、劳动保护等重要的进出口商品及其生产企业实施进口安全质量许可以及出口质量许可的一种重要的监督管理措施。实施进口安全质量许可的进口商品,必须取得国家质量监督检验检疫主管部门的进口安全质量许可,方准进口。实施出口质量许可制度的出口商品,也必须取得相应的出口质量许可,方准出口。

(三) 检验检疫标志和封识管理

《出入境检验检疫标志管理办法》规定,检验检疫标志是指出入境检验检疫机构根据国

家法律法规及有关国际条约、双边协定,加施在经检验检疫合格的检验检疫物上的证明性标记。入境货物应当加施标志而未加施标志的,不准销售和使用;出境货物应当加施标志而未加施标志的,不准出境。

国家质量监督检验检疫总局负责标志的制定、发放和监督管理工作。各地质量监督检验检疫机构负责标志的加施和标志使用的监督管理。

(四) 卫生注册登记制度

国家商检部门对出口食品及其生产企业(包括加工工厂、屠宰场、冷库、仓库)实施卫生注册登记制度。

(五) 国际标准管理

国际标准管理是指我国将有关的国际标准等同或者修改转化为我国标准,包括国家标准、行业标准、地方标准和企业标准,并按照我国的标准审批发布程序审批发布。

(六) 外国检验机构的设立

外国在中国境内设立进出口商品检验或者鉴定机构,必须经国家商检主管部门的审核同意,并接受商检主管部门的监督管理。

第五节 反倾销法律制度

一、倾销的含义

倾销的法律定义通常以《关税及贸易总协定》第6条的规定为依据,是指出口商以低于正常价值的价格向进口国销售产品,并因此给进口国产业造成损害的行为。

倾销有以下3个构成要件:(1) 产品以低于正常价值或公平价值的价格销售;(2) 给进口国产业造成了损害;(3) 损害与低价之间存在因果关系。

倾销无论对出口国、进口国还是对第三国都会造成多方面的危害。倾销对出口国的危害主要表现在:(1) 挤占出口国其他企业的海外市场份额;(2) 损害出口国消费者的利益;(3) 扰乱出口国市场秩序。倾销对进口国的危害主要表现在:(1) 阻碍进口国相应产业的发展;(2) 扭曲进口国市场秩序;(3) 威胁和抑制进口国产业结构调整和新兴产业的建立。倾销对第三国的危害主要表现是进口国对第三国的市场需求下降,使第三国在进口国的市场份额和利润减少。所以,倾销对国际贸易正常秩序的危害性不容低估。

二、反倾销与反倾销立法

反倾销,也称为反倾销措施,是指进口国反倾销调查当局依法对给进口国产业造成了损害的倾销行为采取征收反倾销税等措施以抵消损害后果的法律行为。

反倾销法则是调整进口国反倾销调查当局在对倾销进行调查、裁定和采取反倾销措施过程中所发生的各种权利与义务关系的法律规范的总称。反倾销法既包括实体法,也包含程序法。作为反倾销法的实体法部分,其主要涉及正常价值、倾销价格和损害的确定标准以及反倾销制裁措施。作为反倾销法的程序部分,其主要规定反倾销调查的申请、立案、调查取证与裁定等程序步骤问题。只有按照反倾销法所规定的程序进行立案调查,并根据反倾销法所确立的原则与标准而最终被确定存在低价倾销和损害的倾销行为,才能够依据反倾销法采取反倾销措施。

我国《对外贸易法》第30条规定:"产品以低于正常价值的方式进口,并由此对国内已经建立的相关产业造成实质损害或产生实质损害的威胁,或者对国内建立相关产业造成实质阻碍时,国家可以采取必要措施,消除或者减轻这种损害或者损害的威胁或者阻碍。"为了该项措施的顺利实施,1997年3月25日国务院颁布实施了《中华人民共和国反倾销和反补贴条例》,为规范我国的反倾销奠定了基础,标志着我国反倾销法律机制的正式建立。自2002年1月1日,我国施行新的《中华人民共和国反倾销条例》(以下简称《反倾销条例》)(2004年3月31日作了修订),同时废止了过去的《中华人民共和国反倾销和反补贴条例》,进一步完善了我国的反倾销法律制度。

三、《反倾销条例》的主要内容

(一)反倾销条件

符合下列条件时,我国可以采取反倾销措施:(1)进口产品以倾销方式进入中国市场;(2)倾销对我国已经建立的国内产业造成实质损害或者产生实质损害的威胁,或者对建立国内产业造成实质阻碍。

《反倾销条例》规定,任何国家(地区)对中国的出口产品采取歧视性反倾销措施的,中国可以根据实际情况对该国家(地区)采取相应的措施。此外,商务部也可以采取适当措施,防止规避反倾销措施的行为。

(二)反倾销调查

1. 反倾销调查机构。对倾销与损害的调查和确定由商务部负责。其中,涉及农产品反倾销的国内产业损害调查由商务部会同农业部进行。商务部还负责与反倾销有关的对外磋商、通知和争端解决事宜。

2. 反倾销调查的发起。反倾销调查有两种发起方式,即申请发起和主动发起。前者指企业,后者指商务部。

3. 反倾销调查立案。反倾销立案调查的决定由商务部予以公告,并通知申请人、已知的出口经营者和进口经营者、出口国(地区)政府以及其他利害关系人。商务部还应将申请书文本提供给已知的出口经营者和出口国(地区)政府。

4. 调查方式。调查机关可以采用问卷、抽样、听证会、现场核查等方式向利害关系人了解情况,进行调查。调查机关应当为利害关系人提供陈述意见和论据的机会。

5. 保密。利害关系人认为其提供的资料泄露后将产生严重不利影响时,可以向调查机关申请对该资料按照保密资料处理。

6. 裁定。分为初步裁定和终局裁定。

7. 反倾销调查期限。调查应当自立案调查决定公告之日起12个月内结束。特殊情况下可以延长,但延长期不得超过6个月。

8. 反倾销调查的终止。在法定终止情形出现时,调查应当终止,并由商务部公告。

(三)反倾销措施

反倾销主管部门根据调查的情况可以采取3种反倾销措施:临时反倾销措施、价格承诺、征收反倾销税。每种措施的采用必须符合法定的条件。

1. 临时反倾销措施。初步裁定确定倾销成立并由此对国内产业造成损害的,可以采取临时反倾销措施,但是,自反倾销立案调查决定公告之日起60天内,不得采取临时反倾销措施。临时反倾销措施有两种,即向进口商征收临时反倾销税和提供保证金、保函或者其他形式的担保。

2. 出口商作出价格承诺。价格承诺是指出口商向商务部提供中止反倾销调查的价格承诺协议,以提高出口价格的方式消除对我国产业损害的行为。此项内容涉及5个因素,即价格承诺的作出、不作出或不接受价格承诺、接受价格承诺、价格承诺签署后的效力以及价格承诺的监督。

3. 向进口商征收反倾销税。终局裁定确定倾销成立并由此对国内产业造成损害的,可以征收反倾销税。征收反倾销税由商务部提出建议,国务院关税税则委员会作出决定,商务部公告决定,海关执行。征收反倾销税涉及6个因素,即反倾销税的适用对象、反倾销税的数额、反倾销税的追溯征收、不征收或者不追溯征收反倾销税的处理、退税、对新出口经营者的单独审查。

(四) 反倾销税和价格承诺的期限与复审

1. 反倾销税和价格承诺的期限。反倾销税和价格承诺的履行期限不超过5年。但是,经复审确定终止征收反倾销税有可能导致倾销和损害的继续或者再度发生的,反倾销税的征收期限可以适当延长。

2. 对征收反倾销税和价格承诺的复审。反倾销税生效后,商务部可以在有正当理由的情况下,决定对继续征收反倾销税的必要性进行复审;也可以在经过一段合理的实践,应利害关系人的请求并对利害关系人提供的相应证据进行审查后,决定对继续征收反倾销税的必要性进行复审。价格承诺生效后,商务部可以在有正当理由的情况下,决定对继续履行价格承诺的必要性进行复审;也可以在经过一段合理时间,应利害关系人的请求并对利害关系人提供的相应证据进行审查后,决定对继续履行价格承诺的必要性进行复审。

3. 复审后的决定。根据复审结果,由商务部提出保留、修改或者取消反倾销税的建议,国务院关税税则委员会作出决定,由商务部公告。

4. 复审程序与期限。复审程序参照关于反倾销调查的有关规定执行。复审期限自决定复审开始之日起不超过12个月。在复审期间,反倾销措施继续实施。

5. 司法审查。对终裁决定、是否征收反倾销税的决定、追溯征收、退税、对新出口经营者征税的决定、对作出的复审决定不服的,可以申请行政复议,也可以向法院提起诉讼。

案例思考

案例一:黑龙江省农粮经济贸易有限责任公司诉德利高帕特有限公司"成功9号"轮货损纠纷案

原告(没有进出口经营权)与中谷粮油集团公司(下称中谷公司)签订代理进口协议,委托中谷公司代理进口950吨棕榈油,中谷公司负责对外签订合同,开具信用证,对外结算,办理进口许可证并出具报关、报验手续,通知装船日期和到港日期,协助原告处理对外事宜。中谷公司与丰泰集团公司签订货物买卖合同,以CRF价每吨387美元购买了950吨棕榈油。

2000 年 1 月 21 日,丰泰集团公司将货物托运被告所属“成功 9 号”轮,从马来西亚的帕西古当港运至中国黄埔港。被告签发了一套 3 份正本提单。提单载明,托运人丰泰集团公司,收货人凭指示,通知方为中谷公司,991.278 吨散装精炼棕榈油载于该轮的 1 号舱和 4 号舱。同年 1 月 29 日至 31 日,“成功 9 号”轮在明多罗海峡和吕宋海峡附近,遇到 8 ~9 级的大风和大浪,船舶受损。2 月 4 日,“成功 9 号”轮抵达黄埔港。检验检疫局的检验人员上船检验,初步发现 4 号舱右舱混有海水,检验人员对该舱进行了封舱。广州外代与“成功 9 号”轮船长共同签署的《卸货期间事实证明》称,2 月 4 日 11:25 进口联检后,检验检疫局检验师发现 196 吨货物受到海水的污染。因原告与被告就货损发生争议,2 月 13 日 17:10 才开始驳卸货物,2 月 15 日 12:25 卸货完毕。整个转运过程是在检验人员的监督下进行的。检验检疫局为此出具的卸货检验报告、货物重量检验证明、卫生证书称,卸货前,检验检疫局检查发现“成功 9 号”轮 4S 舱货物被海水污染。1P,1S,4P 舱的货物是通过“省饮油驳 1 号”船转卸到粤丰讯油品运输有限公司的储油仓里;4S 舱货物被转移到 7 辆油罐车里。根据油品的温度、密度等,在货物装入和卸下“省饮油驳 1 号”时进行检验,测量出货物的 1P,1S,4P 的重量为 792.621 吨;4S 舱 7 个油罐车的受损货物(包括清理驳船的油)经地磅称得 182.153 吨;从“成功 9 号”轮卸下的货物共 974.774 吨,检验日期为 2000 年 2 月 4 日至 17 日,检验地点为粤丰讯油品运输有限公司。并称,4S 舱内 182.153 吨渗入海水 8.707 吨,不符合中华人民共和国食品卫生及品质要求,需重精炼后才可供人食用。同年 1 月 31 日中谷公司以提单的复印件和中国农业银行的提货保函,向广州外代换领了提货单,办理了提货手续,后又提取了货物。

另查明:原告于 2000 年 1 月 23 日、2 月 26 日与广东省粮油贸易公司签订的购销合同及其补充协议。合同约定原告将进口的 950 吨马来西亚产的食用精炼棕榈油卖给广东省粮油贸易公司,价格为油罐边汽车板交货 6 100 元/吨,交货日期为 2000 年 1 月 28 日,每逾期 1 天交付,原告应向广东省粮油贸易公司赔付按合同价格计算的货物总值 1% 的款项。补充协议记载,原告交付 182.153 吨受海水污染的棕榈油 3 000 元/吨为 546 459 元,792.621 吨棕榈油 6 100 元/吨为 4 834 988.10 元,因迟延交付货物,原告应付广东省粮油贸易公司违约金 1 101 050 元。原告据此主张因货物短少的经济损失数额 16.504 吨乘以 6 100 元/吨计 100 674.4元;货物损坏的损失 182.153 吨乘以(6 100 元/吨 -3 000 元/吨)计 564 674.30 元;因货物迟延交付的违约金损失 950 吨乘以 6 100 元/吨乘以 1% 乘以 11 计 637 450 元。因货损原告支出的污油分装、分卸产生的额外费用为 38 172.10 元,差旅费等必要费用为 43 669 元。

原告以中谷公司用于提货的提单复印件向广州海事法院起诉承运人。庭审中,原告依据提单主张适用美国法律,被告主张适用我国法律解决本案纠纷。

原告的诉讼请求:原告认为,中谷公司是原告的代理人,原告是提单持有人,有权要求被告赔偿。请求法院判令被告赔偿原告货差经济损失、因迟延交货而付给下家的违约金损失、处理货物的必要费用及利息损失等共计 144 441.39 元。

被告的答辩意见:被告答辩认为,中谷公司是本案提单的持有人和收货人,没有证据表明原告是提单持有人,原告无权依据提单起诉被告。提单没有约定交付的时间,本案货物没有迟延交付。原告所称的经济损失没有事实和法律依据,原告以检验检疫局的报告主张货物损失,但检验是货物被驳卸至仓库进行的,超出了承运人的责任期间,且受损货物的价值只能依据 CIF 价计算。请求驳回原告的诉讼请求。

因株式会社认为收到的货物短少7.9M/T,且质量存在严重问题,遂委托大韩海事检验公社作出检验,发现货物数量提单上标明4 400纸箱,但实际只有3 610纸箱,重量为6 100公斤,短货790纸箱,得出结果为:(1) 上述数量不足,是在集装箱门的DKBl540,1550封闭之前发生的。(2) 商品质量低是在包装时交货人不周到所造成的错误。株式会社依此向原审法院提起诉讼,要求粮油公司返还99 800美元及利息,赔偿损失人民币84 460元。

另查:本案株式会社的这笔业务一直都与金英福联系,金英福向株式会社出示的有关身份证明是"中国对外贸易开发总公司(烟台公司)水产部",株式会社未能提供证据证明金英福是粮油公司的代理人。而粮油公司进行的该业务是与厦门公司联系,与株式会社和金英福都没有直接联系。

再查:在一审诉讼期间,株式会社、粮油公司均选择中华人民共和国法律来解决双方之间的纠纷。

一审法院认为,株式会社、粮油公司之间的国际销售行为无效,双方均有过错。其责任应由双方承担。株式会社已实际收取粮油公司的出口货物,粮油公司亦收取株式会社的款项,株式会社就货物质量和短重请求粮油公司赔偿无据,不予支持。此外,株式会社请求损失赔偿无相应事实和法律依据,不予采纳。依照《中华人民共和国民法通则》第58条第1款第5项、第2款,第61条,第142条第2款;《中华人民共和国涉外经济合同法》第6条、第7条;《中华人民共和国对外贸易法》第13条;《中华人民共和国进出口商品检验法》第13条;最高人民法院法(经)发(1987)27号《关于适用涉外经济合同法若干问题的解答》第2条第4款、第3条第5项;《中华人民共和国民事诉讼法》第64条第1款等规定,判决如下:

1. 株式会社、粮油公司的国际货物销售行为无效。

2. 驳回株式会社的诉讼请求,本案受理费人民币15 799元由株式会社承担。

株式会社不服原审判决,向广东省高级人民法院提出上诉。理由如下:

1.《销货确认书》是有效的。(1) 厦门公司承认,粮油公司和厦门公司签订了委托代理协议,并且该委托协议项下货物就是厦门公司委托粮油公司出口给株式会社的冷冻鱼。因此,货物的规格、数量、价格、包装与《销货确认书》中的规定完全一致。(2) 厦门海关证明的粮油公司代出口的货物的报关材料中无合同的证据不能作为株式会社与粮油公司没有签订《销货确认书》的认定依据。(3) 交通银行的孙飞证实粮油公司收取了号码为M20H0803NS00032的信用证项下单证无合同的证据也不能作为株式会社与粮油公司签订《销货确认书》无事实依据的认定依据。(4) 所谓中贸发的金英福给株式会社的传真中明确要求株式会社修改信用证的地址,即粮油公司的地址。(5) 对于签订《销货确认书》是由谁签订,法院应依照《中华人民共和国民事诉讼法》第64条第2款的规定,当事人不能收集到的证据,由人民法院收集。本案应该搞清楚金英福的角色。

2. 原审判决认定株式会社与粮油公司之间的国际销售关系无效的结论荒唐。(1)《销货确认书》内容虽然不完整,但是不能否认其书面文本和《销货确认书》项下的义务。(2) 株式会社与粮油公司均按《销货确认书》的规定履行了合同。

3. 关于质量问题。株式会社与粮油公司签订的国际货物销售中明确了质量。(1)《销货确认书》成立。(2) 1998年3月金英福在致株式会社的传真中明确为"灯刀鱼",并作了"在刀鱼类中较罕见的极品"的注释。(3) 本案争议的冷冻刀鱼已经我国法定商检机构的检验放行不能作为质量没问题的依据。(4) 原审判决认为株式会社单方面作出的质量报告书未经粮油公司确认,那么,二审法院可另行检测。

4. 关于货物短重。原审判决适用 1990 年的《国际贸易术语解释原则》是错误的。

(1) 株式会社与粮油公司从没有约定使用《国际贸易术语解释原则》。(2) 1990年《国际贸易术语解释原则》第 22 条之规定,如同意使用该原则的,应在合同中明确。(3) 即使适用该原则,也没有理由适用 CFR 条款,应当适用目的港码头交货 DEQ 条款。(4) 金英福在致粮油公司巫经理时说,此货若退回,则由我们同陈锋瑜偿还 8 万元人民币。这足以证明金英福与粮油公司了解短货的事实。

5. 关于株式会社索赔。株式会社曾向粮油公司索赔,有交通银行的孙飞科长证实。

6. 关于粮油公司与厦门公司的委托代理关系,根据外贸部《关于外贸易代理制的暂行规定》,委托人与被委托人签订代理协议后,其权利义务由被委托人承担。

综上所述,一审判决事实不清,证据不足,适用法律错误。请求二审法院重新作出公正判决。

粮油公司提出答辩称:(1)《销货确认书》是无效的。粮油公司作为厦门公司的代理人,代理厦门公司出口,出口的货物与报关单相符,而与《销货确认书》并不相符。海关的失职并不影响合同存在与否。金英福从未代表粮油公司,而是以中贸发的名义进行的。(2) 国际货物销售关系无效。(3) 不存在货物质量。株式会社与粮油公司既未订合同,也未明确质量,金英福的传真不约束粮油公司。(4) 货物短重问题。双方依据报关单和信用证的规定,信用证规定是 CFR 条款。(5) 关于索赔。交通银行与本案利害关系,其工作人员的证言不应采纳。请求二审法院维持。

广东省高院认为:本案是国际货物销售合同纠纷。《中华人民共和国涉外经济合同法》第 5 条第 5 款规定"合同当事人可以选择处理合同争议所适用的法律",因株式会社、粮油公司在本案一审诉讼期间均选择适用中华人民共和国法律解决双方之间的争议,因此,本案应适用中华人民共和国法律。在本案一审诉讼期间,株式会社认为代表粮油公司在《销货确认书》上签名的是粮油公司的法定代表人或巫晓东经理,二审诉讼期间,则确认为巫晓东经理,但粮油公司对此予以否认,而且株式会社未能进一步提供证据证明是粮油公司的巫晓东签名的,因此,本院无法确认《销货确认书》是由株式会社与粮油公司签订的,亦即株式会社所提供的证据不足以证明株式会社与粮油公司之间存在着书面的购销合同关系,株式会社上诉认为双方之间的购销关系应受《销货确认书》的约束,该主张缺乏充分的事实和法律依据,本院不予支持。

粮油公司与厦门公司均确认,双方于 1998 年 3 月 9 日签订了代理协议,约定由粮油公司代理厦门公司出口水产品,厦门公司还确认,株式会社诉请的货物是由厦门公司委托粮油公司出口的,但是,该代理协议的合同当事人只是粮油公司与厦门公司,株式会社不是该合同的当事人,因此,该代理协议对株式会社不具有法律约束力。而且该代理协议没有具体规定粮油公司代理出口的货物的名称、规格、质量、数量、包装等问题,因此,株式会社据此上诉认为本案所涉货物的规格、数量、价格、包装与《销货确认书》中的规定完全一致,该主张缺乏事实和法律依据,本院不予支持。

因株式会社无法证明《销货确认书》,株式会社又未提供相关证据证明双方对货物的质量、数量有过明确约定,且之前双方对鱼样也无封存。本案事实表明本案所涉货物通过我国法定商检机构的检验装船时,承运人签发了清洁提单。同时根据(报关单)、(海运提单)标记数量都是4 400纸箱，因此，株式会社根据单方委托的鉴定结果向粮油公司进行质量、数量上的索赔，没有事实和法律依据。株式会社要求二审法院重新对货物质量进行鉴定的上诉请求，同样缺乏事实和法律依据，本院不予支持。

综上所述，原审判决认定事实清楚，适用法律正确。应予以维持。株式会社上诉无理，依法应予以驳回，依照《中华人民共和国民事诉讼法》第150条第1款第1项之规定，判决如下：驳回上诉，维持原判。本案二审案件受理费人民币15 799元由株式会社负担；本判决为终审判决。

请对本案作出法理分析。

第十九章　环境与资源保护法

本章导读

环境保护就是运用现代环境科学理论和方法、技术，采取行政、法律、经济、科学技术等多方面措施，合理开发利用自然资源，防止和治理环境污染和破坏，综合整治环境，保护人体健康，促进社会经济与环境协调持续发展。现代环境保护法作为一个新兴的处于迅速发展和变化中的法律部门，是环境保护的重要手段和法制保障。《环境保护法》除了具有法律的一般特征外，还具有综合性、科学技术性、公益性、世界共同性、地区特殊性等特殊属性。我国的环境立法经过了一个不断发展、不断完善的过程。了解和掌握我国环境保护法在污染防治、自然环境要素的保护、文化环境的保护、环境管理监督与监测保障等方面的基本制度与基本原则，是学习本章的主要目的。

第一节　环境保护法

一、环境与资源保护法概述

（一）环境的概念

环境是指影响人类生存和发展的各种天然的和经过人工改造的自然因素的总体，包括大气、水、海洋、土地、矿藏、森林、草原、野生生物、自然遗迹、人文遗迹、自然保护区、风景名胜区、城市和乡村等。在这里，环境是指以人为中心的外部世界，通常称为“人类环境”。

“人类环境”的概念是1972年联合国人类环境会议提出的，是指以人类为中心、为主体的外部世界，即人类赖以生存和发展的天然的和人工改造过的各种自然因素的综合体，分为：(1) 自然环境。即对人类的生存和发展产生直接或间接影响的各种天然形成的物质和能量的总体，如大气、水、土壤、日光辐射、生物等。(2) 人工环境。也称人为环境，即在自然环境的基础上，经过人类劳动的改造或加工而创造出来的环境，如城市、居民点、水库、名胜古迹、风景浏览区等。

（二）环境与资源保护法的概念

关于环境与资源保护法的名称，欧洲国家多称“污染控制法”，日本称“公害法”，俄罗斯和东欧国家称“自然保护法”，美国一般称“环境法”。

在我国，环境与资源保护法是指由国家制定或认可，并由国家强制保障实施的关于保护和改善环境合理开发、利用及保护自然资源、防治污染和其他公害的法律规范的总称。

(三) 环境与资源保护法的沿革

1. 产生阶段(18世纪60年代至20世纪初)

工业经济的发展产生了第一代环境污染。英国伦敦在1873年、1880年、1891年3次发生因燃煤造成的毒雾事件,死亡上千人。1873年,日本二氧化硫造成农业损害。1913年,日本颁布了《煤烟防治法》,是防止大气污染的早期主要立法。1896年日本颁布的《河川法》最早提出了"公害"一词。

2. 发展阶段(20世纪初至20世纪60年代)

这一时期是西方工业化国家公害发展和泛滥的时期。世界上有名的公害事件大都发生在这一时期。50年代日本因重金属污染发生了熊本水俣病、新泻水俣病和富山骨痛病等3次公害事件。20世纪60年代,日本又发生了大气污染造成的四日市哮喘事件和氯联苯污染造成的"米糠油"事件。发展阶段的环境立法有两个重要特点:(1) 因环境问题的严重化和国家加强环境管理的迫切需要,许多国家加快了环境立法的步伐,制定了大量环境保护的专门法规,数量远超其他部门法;(2) 除水污染防治法和大气污染防治法外,又制定了一些新的环境法规,环境法调整的对象和范围更加广泛。

3. 完善阶段(20世纪70年代至今)

完善阶段的环境立法体现出如下特点:(1) 环境保护得到宪法的调整,有的国家把环境保护规定为国家的一项基本国策;(2) 不少国家制定了综合性的环境保护基本法,环境立法出现从局部到整体、从个别到一般、从单项保护与治理到全面管理与综合防治发展的趋势;(3) 立法的指导思想在总结历史经验的基础上发生了根本转变,采取了预防为主、综合防治的政策和措施;(4) 1992年联合国环境与发展大会后各国把可持续发展作为基本的环境政策和立法指导思想,立法上规定旨在贯彻可持续发展原则和预防为主方针的各种法律制度,将环境保护从污染防治扩大到对整个自然资源和环境的保护;(5) 法律"生态化"的观点受到重视并向其他部门法渗透;(6) 环境立法的完备化和对环境保护这一社会关系的全面调整,使环境法从传统法律部门中分离出来,形成了一个独立的法律部门。

我国的环境立法也经过了一个不断发展、不断完善的过程:(1) 从新中国成立到1973年8月全国第一次环境保护会议的召开是我国环境立法孕育和产生的时期。1951年颁布的《矿业暂行条例》我国第一部矿产资源保护法规。这一时期的立法更多的是关于自然资源的保护,其次是防止环境破坏,同时也关注到环境污染。1954年《宪法》第一次把重要自然资源和环境要素规定为全民所有即国家所有,确立了全民所有的宪法原则。1956年制定的《工厂安全卫生规程》是我国第一个防治工业污染的法规。(2) 自1973年8月第一次全国环境保护会议至1978年12月十一届三中全会是我国环境立法艰难发展的时期。第一次全国环境保护会议拟定了《关于保护和改善环境的若干规定(试行草案)》,这是我国环境保护基本法的雏形。1974年国务院颁布的《防治沿海水域污染暂行规定》是我国第一个防治沿海水域污染的法规。1978年修订的《宪法》第一次对环境保护作出规定,为我国的环境立法提供了宪法基础。(3) 从1978年12月十一届三中全会至今是我国环境立法蓬勃发展的时期。在这一时期,我国初步建立了较为完整的环境立法体系。1979年《环境保护法(试行)》是我国环境保护的基本法,标志着我国的环境保护工作进入了法治阶段,也标志着我国环境立法体系开始建立。自1982年以后,我国先后颁布了《海洋环境保护法》、《水污染防治法》、《大气污染防治法》、《环境噪声污染防治法》等。1989年12月26日第七届全国人民代表大会常务委员会第十一次会议通过了《中华人民共和国环境保护法》(以下简称《环境保护法》),标志着我国的环境立法进入到了一个新的发展阶段。

二、环境保护规划制度

(一)环境保护规划制度的概念

环境保护规划制度是人类为环境与经济和社会的协调发展而对自身活动和环境所作出的空间和时间上的合理安排的法律制度。其目的是指导人们从事各项环境保护活动,按既定的目标和措施合理分配排污削减量,约束排污者的行为,改善生态环境,防止资源破坏,保障环境保护活动纳入到国民经济和社会发展规划,以最小的投资获取最佳的环境效益,促进环境、经济和社会的可持续发展。其内容一般包括城市环境质量监控、污染排放控制、污染自理、自然生态保护等相关制度,涉及环境保护的目标、指标、项目、措施、资金需求及筹集渠道,环境保护对经济和社会发展活动的规模、速度、结构、布局、科学技术的反馈要求等。

我国《环境保护法》规定:"县级以上人民政府环境保护行政主管部门,应当会同有关部门对管辖范围内的环境状况进行调查和评价,拟订环境保护规划,经计划部门综合平衡后,报同级人民政府批准实施。"

环境保护规划的种类:(1) 按时间期限分为短期规划、中期规划和长期规划。通常,短期规划以5年为限,中期规划以15年为限,长期规划以20,30,50年为限。(2) 按效力分为强制性规划和指导性规划。(3) 按性质分为污染控制规划、国民经济整体规划和国土利用规划。

(二)环境保护规划的编制和实施

环境保护规划种类较多,内容与侧重点各不相同,其编制和实施没有一个固定模式,但其涉及的主要内容一般包括环境调查与评价、环境预测、环境功能区划、环境规划目标、环境规划方案的设计、环境规划方案的选择和实施环境规划的支持与保证等。

在我国,环境保护规划的编制和实施的基本程序是:(1) 编制工作计划。即由环境保护规划部门的有关人员提出规划编写提纲,并对整个规划工作加以规划组织和安排,编制各项工作计划。(2) 环境调查和评价。即对区域的环境状况、环境污染与自然生态破坏情况进行调查,按一定的评价标准和评价方法进行评价,找出存在的主要问题,探讨协调经济社会发展与环境保护之间的关系,以便在规划中采取相应的对策。(3) 环境预测分析。即根据所掌握的信息资料推断未来,预估环境质量变化和发展的趋势。(4) 确定规划目标。即确定规划所要达到的具体效果。实际操作时,要考虑规划区环境特征、性质和功能,经济、社会和环境效益的统一,有利于环境质量的政策,人们生存发展的基本要求和经济、社会发展目标的同步协调等多方面因素。(5) 设计规划方案。即根据国家或地区有关政策和规定、环境问题和环境目标、污染状况和污染物削减量、投资能力和效益等,提出环境区划和功能分区以及污染综合防治方案。(6) 规划方案的申报与审批。即按照一定的程序上报各级决策机关审核批准。(7) 规划方案的实施。即对获批的规划,在环境保护部门的监督管理下,组织各方面的力量,将其付诸实施。

三、环境影响评价制度

（一）环境影响评价制度的概念

环境影响评价制度是指对规划和建设项目实施后可能造成的环境影响进行分析、预测和评估，提出预防或者减轻不良环境影响的对策和措施，进行跟踪监测的方法与制度。它是一项决定项目能否进行的具有强制性的法律制度。

《中华人民共和国环境影响评价法》将环境影响评价分为建设项目评价和战略性评价两类。在我国领域和我国管辖的其他海域内开展对环境有影响的建设项目、流域开发、开发区建设、城市新区建设和旧区改建等区域性开发，编制建设规划时，都应当进行环境影响评价。

（二）环境影响报告书

专项规划的环境影响报告书应当包括下列内容：(1) 实施该规划对环境可能造成影响的分析、预测和评估；(2) 预防或者减轻不良环境影响的对策和措施；(3) 环境影响评价的结论。

建设项目的环境影响报告书应当包括下列内容：(1) 建设项目概况；(2) 建设项目周围环境现状；(3) 建设项目对环境可能造成影响的分析、预测和评估；(4) 建设项目环境保护措施及其技术、经济论证；(5) 建设项目对环境影响的经济损益分析；(6) 对建设项目实施环境监测的建议；(7) 环境影响评价的结论。涉及水土保持的建设项目，还必须有经水行政主管部门审查同意的水土保持方案。

环境影响报告表和环境影响登记表的内容和格式，由国务院环境保护行政主管部门制定。

（三）环境影响评价和审批的程序

1. 专项规划的环境影响评价和审批的程序。(1) 编制专项规划的国务院有关部门、设区的市级以上地方人民政府及其有关部门，应当在该专项规划上报审批前，组织进行环境影响评价草案的编制；(2) 专项规划的编制机关应举行论证会、听证会，或者采取其他形式，征求有关单位、专家和公众对环境影响报告书草案的意见；(3) 编制机关在报批规划草案时，将环境影响评价报告书一并附送审批机关审查。

2. 建设项目的环境影响评价和审批的程序。建设项目的环境影响评价报告书、报告表、登记表应在建设项目可行性研究阶段报批；铁路、交通等建设项目，经环保部门同意，可以在初步设计完成前报批。其审批程序为：(1) 建设单位或主管部门签订合同委托有评价资质的评价单位进行调查和评价工作；(2) 评价单位通过调查和评价制作环境影响报告书（表）；(3) 建设项目的主管部门负责对建设项目的环境影响报告书（表）进行预审；(4) 报告书由有审批权的环保部门审查批准后，提交设计和施工。

（四）环境影响评价的公众参与

公众参与是环境保护的一项重要原则，是环境影响评价制度中不可或缺的内容。环境影响评价中的公众参与是给予相关利害关系人表达意见的机会，让公众通过环评程序直接表达自己对特定项目或规划的环境影响以及经济、社会效益之间权衡、取舍的意见。国家鼓励公众参与环境影响评价活动。公众参与实行公开、平等、广泛和便利的原则。

公众参与的形式包括：(1) 调查公众意见和咨询专家意见；(2) 召开座谈会和论证会；

（3）举行听证会。

公众参与的有关建设项目环境影响评价包括:（1）对环境可能造成重大影响、应当编制环境影响报告书的建设项目;（2）环境影响报告书经批准后,项目的性质、规模、地点、采用的生产工艺或者防治污染、防止生态破坏的措施发生重大变动,建设单位应当重新报批环境影响报告书的建设项目;（3）环境影响报告书自批准之日起超过5年方决定开工建设,其环境影响报告书应当报原审批机关重新审核的建设项目。

四、"三同时"制度

（一）"三同时"制度的概念

"三同时"制度是指建设项目需要配置的环境保护设施必须与主体工程同时设计、同时施工、同时投产使用的环境法律制度。《环境保护法》规定:"建设项目中防治污染的措施,必须与主体工程同时设计、同时施工、同时投产使用。防治污染的设施必须经原审批环境影响报告书的环保部门验收合格后,该建设项目方可投入生产或者使用。"它与环境影响评价制度相辅相成,是防止新污染和破坏的两大"法宝",是中国预防为主方针的具体化、制度化。

我国法律规定,在我国领域和我国管辖的其他海域对环境有影响的建设项目,包括新建、改建、扩建项目(含小型建设项目)和技术改造项目,以及其他一切可能对环境造成污染和破坏的工程建设项目和自然开发项目,需要配置环境保护设施的,必须适用"三同时"制度。

（二）"三同时"制度的实施

1. 建设项目的初步设计,应当按照环境保护设计规范的要求,编制环境保护篇章,并依据经批准的建设项目环境影响报告书或者环境影响报告表,在环境保护篇章中落实防治环境污染和生态破坏的措施以及环境保护设施投资概算。

2. 建设项目的主体工程完工后,需要进行试生产,其配套建设的环境保护设施必须与主体工程同时投入试运行,建设项目试生产期间,建设单位应当对环境保护设施运行情况和建设项目对环境的影响进行监测。

3. 建设项目竣工后,建设单位应当向审批环境影响报告书(表)或者环境影响登记表的环境保护行政主管部门,申请该建设项目需要配套建设的环境保护设施竣工验收。

4. 建设项目需要配套建设的环境保护设施经验收合格,该建设项目方可投入生产或者使用。

五、清洁生产制度

（一）清洁生产制度的概念

清洁生产制度是指不断采取改进设计、使用清洁的能源和原料、采用先进的工艺技术与设备、改善管理、综合利用等措施,从源头削减污染,提高资源利用效率,减少或者避免生产、服务和产品使用过程中污染物的产生和排放,以减轻或者消除对人类健康和环境危害的环境法制度。其内容包括:（1）清洁生产的规划;（2）清洁生产信息的发布利用;（3）清洁生产的技术创新与交流;（4）严重污染环境的落后生产技术、工艺、设备和产品的限期淘汰等。

（二）清洁生产的实施

清洁生产的实施主要通过对生产原材料或物料转化的全过程控制进行。其要求包括:

(1) 纳入建设项目环境保护程序。(2) 纳入企业技术改造过程。(3) 纳入产品和包装物的设计过程。(4) 对有下列情形之一的企业,强制实施清洁生产审核:污染物排放超过国家或者地方规定的排放标准,或者虽未超过国家或者地方规定的排放标准,但超过重点污染物排放总量控制指标的;超过单位产品能源消耗限额标准构成高耗能的;使用有毒、有害原料进行生产或者在生产中排放有毒、有害物质的。

六、排污收费制度

(一) 排污收费制度的概念

排污收费制度是指向环境排放污染物或超过规定的标准排放污染物的排污者,需依照国家法律和有关规定按标准交纳费用的环境法律制度。这是"污染者付费"原则的体现。其通过污染防治责任与排污者经济利益的直接挂钩,促使排污者加强经营管理,节约和综合利用资源,治理污染,改善环境,促进经济效益、社会效益和环境效益的统一。

(二) 排污收费制度的实施

排污收费制度的实施包括明确征收对象、制定征收标准、排污费的管理与使用等方面的内容。对此,我国相关法律、法律作出了明确、具体的规定。

七、环境保护许可证制度

(一) 环境保护许可证制度的概念

环境保护许可证制度是指对环境有不良影响的各种规划、开发、建设项目、排污设施或经营活动,其建设者或经营者,需要提出申请,经主管部门审查批准,颁发许可证后才能从事该项活动的环境法制度。

实践中使用最广泛的是排污许可证制度。

(二) 环境保护许可证制度的实施

环境保护许可证制度的实施包括:(1) 实施主体,即行使环境行政许可权并承担责任的环境行政机关、法律法规授权的其他组织或受委托的其他机关;(2) 实施程序,即许可证的申请、审核、颁发、中止或吊销。

八、限期治理制度

(一) 限期治理制度的概念

限期治理制度是指对污染严重的项目、行业和区域,由法定国家机关依法限定在一定期限内治理并完成治理任务,达到治理目标的一整套法律制度措施。广义的限期治理还包括由开发活动所造成的环境破坏方面的限期完成更新造林任务、责令期改正等。

(二) 限期治理制度的实施

限期治理制度的实施包括:明确限期治理的对象、限期治理的要求、未完成限期治理任务的责任等。

九、环境标准制度

(一) 环境标准制度的概念

环境标准是指为了保护人群健康,防治环境污染,促使生态良性循环,合理利用资源,促进经济发展,依据环境保护法和有关政策,对有关环境的各项工作必须达到的水准所作的规定。环境标准制度是指在环境保护过程中,通过环境标准的建立与实施进行管理和保护的环境法制度。

（二）环境标准制度的实施

国家环境标准由国务院环境保护行政主管部门负责制定,包括国家环境质量标准、国家污染物排放标准(或控制标准)、国家环境监测方法标准、国家环境样品标准和国家环境基础标准。

地方环境标准由省级人民政府负责制定,包括地方环境质量标准和地方污染物排放标准(或控制标准)。

国家环境保护总局标准(行业标准)由国务院环境保护行政主管部门负责制定。

第二节　自然资源法

一、自然资源法概述

（一）自然资源法的概念

自然资源法是指调整对自然资源的开发、利用、保护和管理等所发生的社会关系的法律规范的总称。自然资源是指客观存在于自然界中,能够在一定的经济技术条件下可以被用来改善人类社会生产和生活的物质和能量。

（二）自然资源法的内容

1. 自然资源权属法律制度。即关于自然资源的所有权和自然资源的使用权的法律制度。

2. 自然资源规划法律制度。即对自然资源的开发、利用、保护、恢复和管理所做的总体安排的法律制度。经批准的自然资源规划具有法律效力。

3. 自然资源许可法律制度。即开发、利用自然资源须向有关管理机关提出申请,经审查批准,发给许可证后,方可进行该活动的法律制度,包括资源开发许可证法律制度、资源利用许可证法律制度和资源进出口许可证法律制度。

4. 自然资源有偿使用法律制度。即国家采取收税、收费等强制手段使开发利用自然资源的单位或个人支付一定费用的法律制度。

二、土地资源保护法律制度

（一）土地资源保护法律制度的概念

土地资源保护法律制度是指为了加强土地管理,保护、开发土地资源,合理利用土地,切实保护耕地,促进社会经济的可持续发展而制定的法律制度。

我国在1986年制定了《中华人民共和国土地管理法》,同时,《中华人民共和国农业法》、《中华人民共和国矿产资源法》、《中华人民共和国环境保护法》中有关保护土地资源的规定也是我国土地资源保护法律制度的组成部分。

（二）土地资源保护法律制度的实施

土地资源保护法律制度的实施包括:(1) 土地资源权属制度;(2) 土地资源调查与档案

制度;(3) 土地利用规划制度;(4) 土地资源利用许可制度;(5) 保护耕地法律制度;(6) 乡(镇)村建设用地使用控制制度。

三、水资源保护法律制度

(一) 水资源保护法律制度的概念

水资源保护法律制度是指对为了加强水资源的管理,保护、开发水资源,合理利用水资源,促进社会经济的可持续发展而制定的法律制度。

(二) 水资源保护法律制度的实施

水资源保护法律制度包括:(1) 水资源权属制度;(2) 水资源开发利用规划制度;(3) 水资源许可和有偿使用制度;(4) 水资源配置和节约用水制度。

四、矿产资源保护法律制度

(一) 矿产资源保护法律制度的概念

矿产资源保护法律制度是指对为了加强矿产资源的管理,保护、开发矿产资源,合理利用矿产资源,促进社会经济的可持续发展而制定的法律制度。

(二) 矿产资源保护法律制度的实施

矿产资源保护法律制度的实施包括:(1) 矿产资源权属制度;(2) 矿产资源勘查和开采规划制度;(3) 矿产资源利用许可制度;(4) 矿产资源有偿使用制度。

五、森林资源保护法律制度

(一) 森林资源保护法律制度的概念

森林资源保护法律制度是指对为了加强森林资源的管理,保护、开发森林资源,合理利用森林资源,促进社会经济的可持续发展而制定的法律制度。

(二) 森林资源保护法律制度的实施

森林资源保护法律制度的实施包括:(1) 森林资源权属制度;(2) 森林保护制度,包括林业基金制度、封山育林制度、群众护林制度、森林防火制度、森林病虫害防治制度、森林生态效益补偿基金等;(3) 植树造林制度。

六、草原资源保护法律制度

(一) 草原资源保护法律制度的概念

草原资源保护法律制度是指对为了加强草原资源的管理,保护、开发草原资源,合理利用草原资源,促进社会经济的可持续发展而制定的法律制度。

(二) 草原资源保护法律制度的实施

草原资源保护法律制度的实施包括:(1) 草原资源权属制度;(2) 草原资源普查与统计制度;(3) 基本草地保护制度。

七、渔业资源保护法律制度

（一）渔业资源保护法律制度的概念

渔业资源保护法律制度是指对为了加强渔业资源的管理，保护、开发渔业资源，合理利用渔业资源，促进社会经济的可持续发展而制定的法律制度。渔业资源是指水域中可以作为渔业生产的对象以及具有科学研究价值的衍生生物的总称。我国对渔业生产实行以养殖为主，养殖、捕捞、加工并举，因地制宜，各有侧重的方针。

（二）渔业资源保护法律制度的实施

渔业资源保护法律制度的实施包括：(1) 实行统一领导、分级管理的管理体制；(2) 渔业养殖使用证制度；(3) 捕捞业管理制度；(4) 渔业资源的增殖和保护制度。

案例思考

案例一：原告徐立江诉被告河南省渑池县教培中心向水库排放生活污水案

1997 年 4 月 15 日，徐立江承包了河南省渑池县城关镇东关村徐家寨水库进行渔业养殖，承包期限 20 年。1998 年渑池县教培中心搬迁至渑池县城北新校址，经渑池县城建部门规划施工，将生活污水排入原告徐立江承包的水库中，给水质造成了一定的污染。

经原告徐立江反映，渑池县水利局渔政站出面调解，徐立江与渑池县教培中心于 1998 年 11 月 9 日达成协议：渑池县教培中心排放生活污水造成徐立江承包鱼塘水质稍有污染，渑池县教培中心一次性补偿徐立江养鱼损失 20 000 元，徐立江允许渑池县教培中心在其承包水库期间（至 2016 年）向水库中排放生活污水，并保证无纠纷发生。1999 年 2 月 8 日，渑池县教培中心将 20 000 元补偿款交予原告徐立江。

随着时间的推移，渑池县教培中心师生及家属的数量不断增加，生活污水的排放量也较以前增加了许多。由于水质污染加重，导致原告徐立江 1999 年至 2000 年投放的 50 000 尾鱼苗全部死亡。徐立江多次找有关部门及渑池县教培中心要求赔偿并解决问题，但一直没有结果。2002 年 3 月，原告徐立江向人民法院提起诉讼，要求判令被告渑池县教培中心改变污水水路，消除污染源，赔偿经济损失 10 万元。渑池县人民法院技术鉴定科对原告徐立江承包的水库的收益情况进行鉴定，认定其每年收入为 36 781 元。

被告渑池县教培中心认为，学校的排污管道是由政府城建部门规划设后计铺设的，向水库中排放生活污水不是被告的行为，自身无过错不应承担赔偿责任；并且对原告的损失渑池县教培中心已经进行了补偿，在污水排放上也与原告签订了污水排放协议，原告同意被告向其承包的水库中排放生活污水。现原告要求学校改变水路，赔偿损失，消除污染源，无法认可。

法院经审理认为，被告渑池县教培中心向原告承包的水库中排放生活污水，给原告造成了损失，但原、被告已于 1998 年 11 月达成补偿协议，该协议符合法律规定，应予认可。原告将 20 000 元补偿款领取，同意被告在其承包期限内向水库中排放生活污水，是其真实意思的体现。

原告违反协议，以造成污染严重为由，要求增加赔偿、改变水路、消除污染，不符合法律规定,对其诉求不予支持。经调解无效,判决驳回原告的诉讼请求。一审判决生效后,原告不服,提出申诉。渑池县人民检察院审查后,以认定事实不清,适用法律错误,实体判决不公为由,提请三门峡市人民检察院予以抗诉。2003 年 5 月 23 日,三门峡市中级人民法院裁定再审,庭审中,检察机关的抗诉理由为:(1) 原、被告 1998 年签订的补偿协议未经水库所有权人东关村委的同意,且协议侵害了国家、集体及社会公共利益,违反国家环境保护法法规,属无效协议;(2) 原告要求赔偿的损失,是由于被告排放生活污水增加,造成污染加重而引起,被告没有证据证明污染后果与其排放污水无关。原审忽略污染加重造成损失的后果,单以协议约定判决驳回原告请求显属不当。

法院再审过程中,经法庭调解,原告徐立江与被告渑池高协商一致,达成和解协议。2004 年 1 月 12 日,原告向渑池县人民法院申请撤诉,渑池县人民法院经审查后认为,撤诉是原告享有的诉讼权利,其不要求法院对其与被告之间的民事争议作出裁判,符合自愿处分原则,应当准许。遂依照《中华人民共和国民事诉讼法》第 131 条第 1 款之规定,裁定准许原告徐立江撤回起诉。

请对本案作出法理分析。

案例二:污染环境侵权案件的举证责任分配案

本案原告为张德新、吴小健,被告系福建移动通信有限责任公司(下称省移动公司)、福建移动通信有限责任公司漳州分公司(下称漳州分公司)、福建移动通信有限责任公司南靖分公司(下称南靖分公司)。

被告南靖分公司及原告张德新、吴小健于 2001 年间分别购买了南靖县山城镇荆江路 29 号荆江小区 A-701 室、702 室、703 室,并分别取得房产权证。被告南靖分公司购置 701 室后,被告漳州分公司在该室建设移动通信基站。2003 年 8 月 26 日,经福建省人民政府无线电管理委员会办公室漳州市管理处批准,该基站取得"无线电台执照"。诉争的基站启用后,两原告不断得到有关部门反映,该基站有"电磁辐射污染"和"噪声扰民"的问题,并向南靖法院提起诉讼,要求拆迁该基站。被告认为本案诉争的移动通信基站的噪声及电磁波辐射,均没有超过国家规定的标准,也就不存在污染环境的侵权行为,并在举证期限内向南靖县人民法院提出申请,要求对该基站的噪声及电磁波辐射强度进行鉴定,南靖县人民法院委托浙江省辐射环境监测站(国家环境保护总局辐射环境监测技术中心)进行鉴定,结论为电磁辐射环境影响满足国家相关标准的要求。南靖县人民法院委托南靖县环境监测站对噪声进行监测,结论为昼间的噪声符合国家标准,夜间略超标准。

2005 年 11 月 3 日,南靖县人民法院经审理认为:污染环境造成他人损害的是一种特殊的侵权行为,应适用无过错责任原则,即不论行为人主观上是否有过错,只要客观上给他人造成了污染环境的损害结果,且不存在法定的免责事由,就应承担相应的民事责任。同时,根据《民法通则》的规定,行为人承担民事责任应以"违反国家环境保护法律规定污染环境"为前提。而本案诉争的移动通信基站的噪声及电磁波辐射经检测,均没有超过国家规定的标准,也就不存在污染环境的侵权行为。至于原告主张被告设立的移动通信基站发出的噪声及电磁波辐射有违反国家环境保护法律规定污染环境的行为,则应由原告再进行进一步的举证,否则就应承担不利的法律后果。据此,根据最高人民法院《关于民事诉讼证据的若干规定》第 2 条之规定,依法驳回了原告张德新、吴小健的诉讼请求。

原告吴小健不服并仅就被告设立移动通信基站存在污染环境的电磁波辐射提起上诉，原告张德新没有提起上诉。漳州市中级人民法院经审理后于2006年5月10日作出维持一审的判决。

请对本案作出法理分析。

第二十章 税法

本章导读

税收是一种经济活动,属于经济基础的范畴;税法则是一种法律制度,属于上层建筑的范畴。税收收入及其对应的税收活动的客观存在,要求国家必须有相应的税收法律对此加以调整,这是实现税收职能的基本保障。在现代法治国家,税法与税收是一一对应、形式与内容的关系,税收的强制性、固定性和无偿性等形式特征,同时也是税法属性的体现。现代各国税收立法中,普遍采取一种税收制定一种税法的做法,即"一税一法"的模式。在我国,通过税收的手段调整国家与社会集团、社会成员之间的分配关系,增加国家财政收入,取得了明显的成效。而且,税收对我国经济结构的调整和发展方式的转型将发挥独特的、不可替代的作用。税法作为其形式和保障,其地位与意义是不言而喻的。全面、准确地掌握税法的基本知识和我国现行有效的具体税收法律制度是学习本章的基本要求。

第一节 税法概述

一、税收的概念和特征

(一) 税收的概念

税收是国家为了实现其职能,凭借政治权力,依照法律规定的程序对满足法定课税要件的自然人和法人征收货币或实物的行为。税收体现的是国家与社会集团、社会成员之间的一种特定收入的分配关系,是国家财政收入的主要形式和调节经济的重要杠杆。

(二) 税收的特征

1. 强制性。税收是国家以社会管理者身份,凭借国家权力,通过颁布法律或政令进行强制征收。负有纳税义务的社会集团和社会成员,都必须遵守国家强制性的税收法令,依法纳税,否则就要受到法律制裁。

2. 无偿性。税收是国家依靠政治权力,将社会集团和社会成员的一部分收入收归国家所有。国家不向原纳税人支付任何报酬或代价,也不再直接偿还给原来的纳税人。通常所说的"取之于民,用之于民"是指对于国家的国民整体,而不是某一个纳税个体。

3. 固定性。税收按照国家法令预定的标准征收,即征税对象、税目、税率、纳税义务人、计算纳税方法和期限等都是税收法令预设的,非经法定程序不得更改。

二、税收的分类

税收分类是指按一定标准对各种税收进行的分类。一个国家的税收体系通常是由许多不同的税种构成的。每个税种都具有其自身的特点和功能,但用某一个特定的标准去衡量,有些税种具有共同的性质、特点和相近的功能,从而区别于其他各种税收而成为一“类”。由于研究的目的不同,对税收分类可以采用各种不同的标准,从而形成不同的分类方法。在我国,通常有4种主要的分类方法。

(一)按课税对象分类

这是最常见的一种税收分类方法。按课税对象分类,可将全部税种划分为流转税类、所得税类、财产税类、资源税类和行为税类5种类型。

流转税类,是指以商品生产、商品流通和劳动服务的流转额为课税对象的税种。我国现行的增值税、消费税、营业税、关税都属于流转税。

所得税类,也称收益税类,是指以纳税人的各种收益额为课税对象的税种。我国现行的企业所得税和个人所得税均属于所得税类。

财产税类,是指以纳税人拥有的财产数量或财产价值为课税对象的税种。我国现行的房产税、城市房地产税,车船使用税、车船使用牌照税、船舶吨税、城镇土地使用税等属于财产税类。

资源税类,是指以自然资源和某些社会资源为课税对象的税种。我国现行资源税属于这类税种,其征税范围仅限于矿产品和盐,包括原油、天然气、煤炭、其他非金属矿原矿、黑色金属原矿、有色金属矿原矿和盐等7个税目,实行定额税率,从量定额征收。

行为税类,也称特定行为目的税类,是指国家为了实现某种特定目的,以纳税人的某些特定行为为课税对象的税种。我国现行的屠宰税、筵席税、固定资产投资方向调节税、印花税、城市维护建设税、契税、土地增值税、耕地占用税等都属于行为税类。

(二)按征收管理体系分类

按我国征收管理的分工体系,可以把税种划分为国内税类和关税类。

国内税类是指在我国境内以从事工业、商业和服务业的单位和个人为纳税人的各种税的总称,是我国现行税制的主体部分。该类税收由税务机关负责征收管理。属于国内税类的税种包括:增值税、消费税、营业税、资源税、企业所得税、个人所得税、城市维护建设税、房产税、城市房地产税、车船使用税、车船使用牌照税、土地增值税、城镇土地使用税、耕地占用税、印花税、契税、固定资产投资方向调节税、屠宰税、筵席税等19个税种。

关税类是指对进出境的货物、物品征收的税收的总称,主要是指进出口关税,也包括由海关代征的进口环节增值税、消费税和船舶吨税。该类税收由海关负责征收管理。

(三)按税收的征收权限和收入支配权限分类

按税收的征收权限和收入支配权限可以将全部税种分为中央税、地方税和中央地方共享税。这种划分明确了在财政收支管理权上中央与地方的关系,有利于调动中央和地方的积极性。

中央税是指由中央立法、收入划归中央并由中央政府征收管理的税收。属于中央税的税种包括:(1)关税;(2)海关代征的进口环节消费税和增值税;(3)消费税;(4)中央企业所得税;(5)地方银行和外资银行及非银行金融机构所得税;(6)铁道部门、各银行总行、各保险总公司等集中缴纳的营业税、所得税和城市维护建设税等。

地方税是指由中央统一立法或授权立法、收入划归地方并由地方负责管理的税收。属于地方税的税收包括:营业税、地方企业所得税、个人所得税、城镇土地使用税、固定资产投资方向调节税、城市维护建设税、房产税、车船使用税、车船使用牌照税、城市房地产税、印花税、屠宰税、筵席税、耕地占用税、契税、土地增值税等。

中央地方共享税是指税收收入支配由中央和地方按比例或法定方式分享的税收。属于中央地方共享税的税种包括:增值税(中央分享75%,地方分享25%);资源税(海洋石油资源税收入划归中央,其他资源税收入划归地方);对证券(股票)交易征收的印花税(中央分享88%,地方分享12%)等。

(四)按计税标准分类

根据计税标准的不同,可以把税种划分为从价税和从量税。从价税是指作为征税对象的商品、财产或所得是以价值量(或者价格)为依据,按一定比率计算征收的税种,如增值税、营业税等;从量税是指征税对象的商品和财产等是以实物的量如重量、体积、面积等为依据来计算征税的税种,如资源税等。

此外,还有根据税收与价格的依存关系、税收收入的形态等所作的不同分类。

三、税法的概念

税法是调整税收关系的法律规范的总称。它是国家及纳税人依法征税、依法纳税的行为准则,目的是保障国家利益和纳税人的合法权益,维护正常的税收秩序,保证国家的财政收入。

税收关系是税法的调整对象,是相关主体在税收活动中所发生的各种社会关系的总称。

税法与税收密不可分,税法是税收的表现形式,税收是税法所确定的具体内容。

四、税法的构成要素

税法的构成要素是指构成税法所必需的基本要件,主要包括税法主体、征税对象、税基、税目、税率、税收减免、纳税地点、纳税时间和税法责任等。其中,纳税义务人、征税对象、税率是税法的3个最基本的要素。

(一)征税人

征税人是指代表国家行使税收征管职权的各级税务机关和其他征收机关。因税种的不同可能有不同的征税人。如增值税的征税人是税务机关,关税的征税人是海关。

(二)纳税义务人

纳税义务人,也称为纳税人,是指税法规定的直接负有纳税义务的单位和个人。纳税义务人可以是自然人,也可以是法人或其他社会组织。纳税义务人是税收制度中区别不同税种的重要标志之一,因此,每个税种都应明确规定各自的纳税义务人。

(三)征税对象

征税对象又叫课税对象,是税法规定的征税客体,一般包括商品、所得、财产等。它是区别不同类型税种的主要标志。不同的征税对象构成不同的税种。根据征税对象的不同,税收可分为对流转额征税、对所得额征税、对财产征税、对资源征税、对特定行为征税等。

(四)税目

税目是税法规定的征税的具体品目,规定了征税对象的具体范围,是对征税对象的分类和细化。

制定税目的方法一般有两种：一是列举法，即按照每种商品或经营项目分别设置税目，必要时还可以在一个税目下设若干子目；二是概括法，即把性质相近的产品或项目归类设置税目，如按产品大类或行业设置税目等。

（五）税率

税率是税法规定计算应纳税额的比率，包括定额税率、比例税率和累进税率3种基本形式。比例税率是指对同一征税对象，不论其数量多少，数额大小，均按同一个比例征收的税率。定额税率是指对单位征税对象规定固定的税额，而不采用百分比的形式，适用于从量计征的税种。累进税率是指按征税对象的多少划分若干等级，分别规定不同的税率，随征税对象数额而递增，征税对象数额越大，税率越高。这种税率制度可以有效地调节纳税人的收益水平，一般适用于按所得额课税的税种。累进税率又可分为全额累进税率、超额累进税率、超率累进税率和超倍累进税率。

（六）计税依据

计税依据，也称为计税标准，是指计算应纳税额的依据或标准，即根据什么来计算纳税人应缴纳的税额。计税依据与征税对象虽然同样反映征税客体，但两者解决的问题不同。征税对象规定对什么征税，计税依据则在确定征税对象之后解决如何计量的问题。如消费税的征税对象是税法列举的产品，而消费税的计税依据则是产品的销售收入。计税依据可以分为从价计征和从量计征两种类型。

（七）纳税环节

纳税环节是指税法规定的商品从生产到消费的流转过程中缴纳税款的环节。商品从生产到消费需要经过许多流转环节，税收则只选择其中一定环节规定为缴纳税款的环节。

按照纳税环节的多少，税收可分为3种课征制度：一是只在一个流转环节课征的税收；二是在两个流转环节课征的税收：三是在每个流转环节都课征的征收。纳税环节制约着税制结构和税负平衡，对取得财政收入和调节经济具有重要影响。

（八）纳税期限

纳税期限是指纳税人发生纳税义务后，应依法缴纳税款的期限。

（九）纳税地点

纳税地点是指根据各个税种纳税对象的纳税环节和有利于对税款的源泉控制而规定的纳税人（包括代征、代扣、代缴义务人）的具体纳税地点。

（十）减免税

税收减免是税法规定的对特定主体或客体予以减税或免税的特别优惠措施。其目的一方面是为了鼓励和支持某些行业或项目的发展，另一方面是为了照顾某些纳税人的特殊困难。减免税可以看作是对税率的补充和延伸，主要包括3个方面的内容。

1. 减税和免税。减税是对应纳税额少征一部分税款，免税是对应纳税额的全部免除。减税和免除税款具体又分为两种情况，一种是税法直接规定的长期减免税项目，另一种是依法给予的一定期限内的减免税措施，期满后仍按规定纳税。

2. 起征点。起征点是指对征税对象达到一定数额才开始征税的界限。征税对象的数额没有达到规定数额的不征税，征税对象的数额达到规定数额的，就其全部数额征税。如

《中华人民共和国营业税暂行条例实施细则》规定,按期纳税的起征点为月营业额200~800元,按次纳税的起征点为每次(日)营业额50元。

3. 免征额。免征额是指对征税对象总额中免予征税的数额。即将纳税对象中的一部分给予减免,只就减除后的剩余部分计征税款。

(十一)法律责任

税法责任是税收法律关系主体因违反税收法律规范而应承担的法律后果。我国的税收法律责任主要体现在税收征管法律中。

五、税法的基本原则

税法的基本原则是指在有关税收的立法、执法、司法等各个环节都必须遵循的基本准则。

通常认为我国税法原则主要包括税收法定原则、税收公平原则、税收效率原则。税收法定原则是指税必须有法律依据而且应当依法征税和依法纳税。税收公平原则是指纳税人的地位必须平等,税收负担在纳税人之间公平分配,包括横向公平与纵向公平两个方面。税收效率原则是指应当以最少的征税成本和对经济发展最低妨碍作为征税的基本原则,包括税收行政效率和税收经济效率两大方面。

六、税法的分类

按各税法的立法目的、征税对象、权限划分、适用范围、职能作用的不同,税法可作不同的分类。通常采用按照税法的功能作用的不同,将税法分为税收实体法和税收程序法两类。税收实体法主要是指确定税种立法,具体规定各税种的征收对象、征收范围、税目、税率、纳税地点等;税收程序法是指税务管理方面的法律,主要包括税收征收管理法、纳税程序法、发票管理法、税务机关组织法、税务争议处理法等。

七、我国现行主要税种

根据税法规定,我国现行税种共有23个。除本章随后将介绍的增值税、消费税、营业税、企业所得税等重要税种外,还包括以下税种:

1. 关税,是对进出国境的货物、物品征收的一种税。我国目前对进出境货物征收的关税分为进口税和出口税两类,其中进口税是对进境的货物、物品征收的关税,出口税是对出境货物、物品征收的关税,目前只对47个税号的商品征收出口税。

2. 个人所得税,是对个人(自然人)取得的各项应税所得征收的一种税。

3. 城市维护建设税,是以增值税、消费税和营业税实缴税额为计税依据,专门用于城市维护建设而征收的一种税。该税实行的是地区差别税率。

4. 房产税,是以房产为征税对象,按照房屋的计税余值或出租房屋的租金收入,向产权所有人征收的一种税。该税以房产的计税价值或房产的租金收入为计税依据,采用比例税率。

5. 城市房地产税,是指国家在城市、县城、建制镇和工矿区范围内,对属于外商投资企业、外国企业的房屋、土地按照房价、地价或租价向房地产所有人或使用人征收的一种税。目前该税只对外国侨民以及外商投资企业、外国企业征收。

6. 车船使用税,是对行驶于我国公共道路,航行于国内河流、湖泊或领海口岸的车船,按其种类、吨位,实行定额征收的一种税。

7. 车船使用牌照税,是对行驶于我国公共道路的车辆,航行于国内河流、湖泊或领海口岸的船舶,按其种类、大小,实行定额征收的一种税。该税只对外国侨民以及外商投资企业、外国企业的车船征收。

8. 船舶吨税,是对在中国港口行驶的外国籍船舶和税法所规定的中国籍船舶征收的一种税。交纳船舶吨税的船舶不再缴纳车船使用税或车船使用牌照税。

9. 土地增值税,是对有偿转让中华人民共和国国有土地使用权、土地建筑物及其他附着物,并取得增值收益的单位和个人征收的一种税。该税实行四级超率累进税率。

10. 城镇土地使用税,是国家在城市、县城、建制镇和工矿区范围内,对使用土地的单位和个人,以其实际占用的土地面积为计税依据,依规定的税额计算征收的一种税。该税采用分类分级的幅度定额税率。

11. 资源税,是对在我国境内从事资源开发,因资源条件差异形成级差收入征收的一种税。我国目前资源税的征税范围仅限于矿产品和盐,实行定额税率,从量定额征收。

12. 印花税,是对经济活动和经济交往中成立、使用、领受具有法律效力的凭证的单位和个人征收的一种税。

13. 固定资产投资方向调节税,是国家对单位和个人用于固定资产投资的各种资金征收的一种税。

14. 屠宰税,是对税法规定的几种牲畜,在发生屠宰行为时,向屠宰单位和个人征收的一种税。

15. 筵席税,是对在我国境内的饭店、酒店、宾馆、招待所以及其他饮食服务场所举办筵席的单位和个人,就其筵席支付金额征收的一种税。

16. 耕地占用税,是国家对占用耕地建房或者从事非农业建设的单位和个人征收的一种税。

17. 契税,是国家在土地、房屋权属转移时,按照当事人双方签订的合同(契约),以及所确定价格的一定比例,向权属承受人一次性征收的一种行为税。

第二节 税收实体法

一、增值税法

增值税是以商品和劳务在流通各环节的增加值为征税对象的一种税。其特点是税源广、税收中性和避免重复征税,是我国最重要的税种。增值税法是调整增值税征纳关系的法律规范的总称。增值税是指以商品生产流通和劳务服务各个环节的增值因素为征税对象的一种流转税。

(一) 增值税的纳税人

1. 增值税纳税人的一般规定

增值税的纳税人是在中华人民共和国境内销售货物或者提供加工、修理修配劳务以及进口货物的单位和个人。企业租赁或者承包给他人经营的,承租人或承包人为纳税人。

2．增值税纳税人的特殊规定

我国采用国际通行办法把增值税纳税人分为一般纳税人和小规模纳税人两种。对小规模纳税人采用简易征收办法征税。

有下列情形之一的纳税人为小规模纳税人：(1) 从事货物生产或者提供应税劳务的纳税人，以及以从事货物生产或提供应税劳务为主，并兼营货物批发或零售的纳税人，年应征增值税销售额在100万元以下的；(2) 从事货物批发或零售的纳税人，年应征增值税销售额在180万元以下的；(3) 年应征增值税销售额超过上述标准的个人、非企业性单位、不经常发生应税行为的企业，视同小规模纳税人纳税；(4) 年应征增值税销售额超过以上标准，但是会计核算不健全的纳税人。

年应征增值税销售额超过小规模纳税人认定标准的纳税人，是增值税的一般纳税人。会计核算健全，能够提供准确会计资料的小规模纳税人，经县级以下主管税务机关批准，可以认定为一般纳税人。

（二）增值税的征税范围

增值税的征税范围是在中华人民共和国境内销售的货物，提供的加工、修理修配劳务以及进口的货物。

从事货物的生产、批发或零售的企业、企业性单位以及个体经营者，包括以从事货物的生产或零售为主，并兼营非应税劳务的企业、企业性单位以及个体经营者在内发生的销售行为，如果既涉及销售货物又涉及销售非增值税应税劳务的，其销售非增值税应税劳务的行为视同销售货物，应当缴纳增值税。

（三）增值税的税率

增值税一般纳税人税率分为基本税率(17%)、低税率(13%)和零税率(0%)。纳税人销售或者进口货物，除适用低税率的以外，税率为17%。纳税人销售或者进口下列货物，税率为13%：(1) 粮食、食用植物油；(2) 自来水、暖气、冷气、热水、煤气、石油液化气、天然气、沼气、居民用煤炭制品；(3) 图书、报纸、杂志；(4) 饲料、化肥、农药、农机、农膜；(5) 国务院规定的其他货物。纳税人出口货物，税率为0%；但是，国务院另有规定的除外。纳税人提供加工、修理修配劳务，税率为17%。增值税小规模纳税人销售货物或提供应税劳务，适用3%的征收率。

（四）增值税应纳税额的计算

1．一般纳税人应纳税额的计算

一般纳税人销售货物或者提供应税劳务，应纳增值税额为当期销项税额抵扣当期进项税额后的余额。应纳税额的计算公式为：

应纳税额 = 当期销项税额 − 当期进项税额

销项税额为纳税人销售货物或者提供应税劳务时、按照销售额和规定税率计算并向购买方收取的增值税额。其计算公式为：

销项税额 = 销售额 × 税率

销售额为纳税人销售货物或者提供应税劳务向购买方收取的全部价款和价外费用，但不包括收取的销项税额。这里的价外费用，包括在价外向购买方收取的手续费、补贴、基金、集资费、返还利润、奖励费、违约金(延期付款利息)、包装费、包装物租金、运输装卸费、代收款项、代垫款项以及其他各种性质的价外费用,但不包括向购买方收取的销项税额等规定费用。一般纳税人销售货物或者提供应税劳务采用销售额和销项税额合并定价方法的,其销售额按照下列公式计算:

销售额 = 含增值税销售额 ÷(1 + 税率)

进项税额为纳税人购进货物或接受应税劳务所支付或者负担的增值税额。按照规定,计算增值税应纳税额时允许抵扣的进项税额仅限于购买方(即纳税人)从销售方取得的增值税专用发票上注明的增值税税额和从海关取得的关税完税凭证上注明的增值税额以及购进的免税农业产品所含税额。一般纳税人购进免税农业产品准予抵扣的进项税额为买价乘以10%的扣除率。法律规定不能抵扣的固定资产和非增值税应税项目耗用的外购货物以抵扣手续不健全的外购货物所含增值税额不得计入进项税额。

2. 小规模纳税人应纳税额的计算

小规模纳税人销售货物或者提供应税劳务,其应纳增值税额为销售额乘以征收率,征收率为6%(属于商品流通企业的征收率是4%),不得抵扣进项税额。销售额的确定比照一般纳税人的规定确定,不包括其应纳增值税额。小规模纳税人销售货物或者应税劳务采用销售额和应纳税额合并定价方法的,其销售额按下列公式进行计算:

销售额 = 含增值税销售额 ÷(1 + 征收率)

在确定小规模纳税人的销售额时,因销货退回或折让退还给购买方的销售额,应当从发生销货退回或折让当期的销售额中予以扣减。

3. 纳税人进口货物应纳增值税额的计算

纳税人进口货物,其应纳增值税额为组成计税价格乘以适用税率,不得抵扣任何税额。组成税价格为关税完税价格、关税税额和消费税额之和。

(五) 增值税的免税范围

下列项目免征增值税:(1) 农业生产者销售的自产农业产品;(2) 避孕药品和用具;(3) 古旧图书;(4) 直接用于科学研究、科学试验和教学的进口仪器、设备;(5) 外国政府、国际组织无偿援助的进口物资和设备;(6) 由残疾人的组织直接进口供残疾人专用的物品;(7) 销售自己使用过的物品。

纳税人销售额未达到财政部规定的增值税起征点的,免征增值税。增值税起征点的适用范围只限于个人。

(六) 增值税的征收与缴纳

1. 增值税的征收由税务机关负责,进口货物以及个人携带或者邮寄进境自用物品的增值税由海关代征。

2. 增值税的纳税地点根据不同情况分为以下几种情形:(1) 固定业务户应当向其机构所在地主管税务机关申报纳税。总机构和分支机构不在同一县(市)的,应当分别向各自所在地主管税务机关申报纳税;经国家税务总局或其授权的税务机关批准,可以由总机构汇总向总机构所在地主管税务机关申报纳税。(2) 非固定业务户销售货物或者应税劳务,应当向销售地主管税务机关申报纳税。(3) 进口货物应当由进口人或者其代理人向报关地海关申报纳税。

3. 增值税的纳税期限分别为1日、3日、5日、10日、15日或者1个月。纳税人的具体纳税期限,由主管的税务机关根据纳税人应纳税额的大小分别核定;不能按照固定期限纳税的,可以按次纳税。纳税人进口货物,应当自海关填发税款缴纳凭证的次日起7日内缴纳税款。

4. 增值税纳税义务发生时间为:纳税人销售货物或者提供应税劳务的,为收讫销售额或取得索取销售额的凭据的当天;纳税人发生视同销售货物行为的,为货物移送的当天;纳税人进口货物的,为报送进口的当天。

(七)增值税的出口退税

纳税人出口适用税率为零的货物,向海关办理出口手续后,凭出口报产单等有关凭证,可以按规定向税务机关申报办理该项出口货物的退税。出口货物办理退税后发生退货或者退关的,纳税人应当依法补交已退的税款。

二、消费税法

消费税是以特定消费品的流转额为征税对象的一种税。消费税法是调整消费税征、纳关系的法律规范的总称。

(一)消费税的纳税义务人

消费税是指对在我国境内从事生产、委托加工和进口应税消费品的单位和个人,就其销售额或者销售数量,在特定环节征收的一种税。因此,消费税的纳税人为在中国境内生产、委托加工和进口法律规定的消费品的单位和个人,以及国务院确定的销售《中华人民共和国消费税暂行条例》(以下简称《消费税暂行条例》)规定的消费品的其他单位和个人。

(二)消费税的征税范围和税目

凡是在我国境内生产、委托加工和进口《消费税暂行条例》列举的应征消费税的消费品均属消费税的征税范围。

消费税的征税对象为应税消费品,具体包括:烟、酒及酒精、化妆品、护肤护发品、贵重首饰、鞭炮、焰火、汽油、柴油、汽车轮胎、摩托车、小汽车。从2006年4月1日起,高尔夫球及球具、高档手表、游艇、木制一次性筷子、实木地板等应征收消费税,同时取消了护肤护发品税目。自2009年3月1日起实施成品油税费改革,取消原在成品油价外征收的公路养路费、航道养护费、公路运输管理费、公路客货运附加费、水路运输管理费、水运客货运附加费6项收费,逐步有序取消政府还贷二级公路收费;同时,将价内征收的汽油消费税单位税额每升提高0.8元,即由每升0.2元提高到1元;柴油消费税单位税额每升提高0.7元,即由每升0.1元提高到0.8元;其他成品油消费税单位税额相应提高。

(三)消费税的税率

消费税的税率采用比例税率和定额税率两种。定额税率共有4种,即黄酒每吨240元,啤酒每吨250元或220元,粮食白酒、薯类白酒每斤0.5元,汽油每升0.2元,柴油每升0.1元,石脑油每升0.2元,溶剂油每升0.2元,润滑油每升0.2元,燃料油每升0.1元,航空煤油每升0.1元。其余消费品适用比例税率。比例税率共计11档,即3%,5%,8%,9%,10%,12%,15%,20%,30%,40%,45%。

(四)消费税应纳税额的计算

采用从价定率方法征收的应税消费品的应纳税额可按下列公式进行计算:

$$应纳税额 = 销售额 \times 税率$$

公式中的销售额,包括纳税人销售消费品向购买方收取的全部价款和价外费用,但不包括应该向购买方收取的增值税税款。如果纳税人应税消费品的销售额中未扣除增值税税款,在计算消费税时应当换算为不含增值税税款的销售额,换算公式为:

应税消费品的销售额 = 含增值税的销售额 ÷(1 + 增值税税率或者征收率)

采用从量定额办法征收的应税消费品的应纳税额 = 销售数量 × 单位税额。公式中的销售数量是指应税消费品的数量,具体为:(1)销售应税消费品的,为应税消费品的销售数量;(2)自产自用应税消费品的,为应税消费品的移送使用数量;(3)委托加工应税消费品的,为纳税人收回的应税消费品的数量;(4)进口应税消费品的,为海关核定的应税消费品进口征税数量。

实行从量定额办法计算应纳税额的应税消费品,计量单位的换算标准是:啤酒,1 吨 = 988 升;黄酒,1 吨 = 962 升;汽油,1 吨 = 1 388 升;柴油,1 吨 = 1 176 升。

(五)消费税的征收与缴纳

1. 征收机关。消费税的征收机关是税务机关。进口的应税消费品的消费税由海关代征。个人携带或者邮寄进境的应税消费品的消费税,连同关税一并计征。

2. 消费税的纳税环节和纳税义务发生时间,根据不同情况分为以下几种:(1)境内生产的应税消费品,由生产者于销售时纳税。(2)纳税人自产自用的应税消费品,用于连续生产的应税消费品的,不纳税;用于其他方面的,于移送使用的当天纳税。(3)委托加工的应税消费品,由受托方在向委托方交货时代收代缴税款。委托加工的应税消费品,委托方用于连续生产应税消费品的,纳税款准予按规定抵扣;直接出售的,不再征收消费税。(4)进口的应税消费品,由进口报关者于报关进口的当天纳税。

3. 消费税的纳税期限分别规定为 1 日、3 日、5 日、10 日、15 日或者 1 个月。纳税人的具体纳税期限,由主管税务机关根据纳税人应纳税额的大小分别核定,纳税人如果不能按固定期限纳税的,可以按次纳税。纳税人进口应税消费品,应当自海关填发税款缴纳凭证的次日起 7 日内缴纳税款。

4. 消费税的纳税地点。消费税的纳税地点分别为:(1)纳税人销售的应税消费品,以及自产自用的应税消费品,除国家另有规定外,应当向纳税人核算地主管税务机关申报纳税。(2)委托加工的应税消费品,由受托方向所在地主管税务机关解缴消费税款。(3)进口的应税消费品,由进口人或者其代理人向报送地海关申报纳税。

5. 消费税的税收优惠。纳税人出口应税消费品,除国务院另有规定外,免征消费税。纳税人直接出口的应税消费品办理免税后,发生退关或者国外退货进口时已经予以免税的,由所在地主管税务机关批准,可暂不办理补税,待其转为国内销售时,再向其主管税务机关申报补缴消费税。纳税人销售的应税消费品,如因质量等原因由购买者退回时,经所在地主管税务机关审核批准后,可退还已征收的消费税税款。

三、营业税法

营业税是以从事工商营利事业和服务业所取得的收入为征税对象的一种税。营业税法是调整营业税征纳关系的法律规范的总称。

(一)营业税的纳税人

营业税的纳税人为在中国境内提供应税劳务、转让无形资产或者销售不动产的单位和个人。但是单位或者个体经营者聘用的员工为本单位或者雇主提供的营业税应税劳务不包括在内。

中央铁路运营业务的纳税人为铁道部，合资铁路运营业务的纳税人为合资铁路公司，地方铁路运营业务的纳税人为地方铁路管理机构，基建临管线运营业务的纳税人为基建临建线管理机构；从事水路运输、航空运输、管道运输或者其他陆路运输业务并负有营业税纳税义务的单位，纳税人为从事运输业务并计算盈亏的单位；企业租赁或者承包给他人经营的，以承租人或承包人为纳税人。2013 年 3 月，我国对铁路交通的管理体制进行了改革，如铁道部的企业经营部分的职能改由中国铁路总公司承担，因此，上述有关纳税人在执行时应按照改制后的规定处理。

（二）营业税的征税对象和税率

营业税的征税对象为应税劳务、转让无形资产或者销售不动产，具体包括：(1) 交通运输业；(2) 建筑业；(3) 金融保险业；(4) 邮电通信业；(5) 文化体育业；(6) 娱乐业；(7) 服务业；(8) 转让无形资产；(9) 销售不动产。

营业税除娱乐业实行幅度比例税率外，其他税目均实行固定比例税率。其具体税率为：(1) 交通运输业，3%；(2) 建筑业，3%；(3) 金融保险业，8%；(4) 邮电通信业，3%；(5) 文化体育业，3%；(6) 娱乐业，5% ~20 %；(7) 服务业，5%；(8) 转让无形资产，5%；(9) 销售不动产，5%。

自 2001 年 1 月 1 日起，3 年内金融保险业的营业税税率逐年降低 1%，从 2003 年 1 月 l 日起稳定在 5%。自 2001 年 5 月 1 日起，夜总会、歌厅、舞厅、射击、狩猎、跑马、游戏、高尔夫球、保龄球、台球等营业税税率统一定为 20%。

纳税人兼有不同税目应税行为的，应当分别核算不同税目的营业额、转让额、销售额（简称为营业额）；未分别核算营业额的，从高适用税率。

2011 年，经国务院批准，财政部、国家税务总局联合下发营业税改征增值税试点方案。从 2012 年 1 月 1 日起，在上海交通运输业和部分现代服务业开展营业税改征增值税试点。至此，货物劳务税收制度的改革拉开序幕。自 2012 年 8 月 1 日起至年底，国务院将扩大营改增试点至 10 省市。

（三）营业税应纳税额的计算

营业税的计税依据为纳税人从事经营活动所取得的营业额，包括纳税人提供应税劳务、转让无形资产或者销售不动产向对方收取的全部价款和价外费用。但是，下列情形除外：(1) 运输企业自我国境内运输旅客或者货物出境，在境外改由其他运输企业承运旅客或者货物的，以全程运费减去付给该承运企业的运费后的余额为营业额；(2) 旅游组织组织旅游团到我国境外旅游，在境外改由其他旅游企业接团的，以全程旅游费减去付给该接团企业的旅游费后的余额为营业额；(3) 建筑业的总承包人将工程分包或者转包给他人的，以工程的全部承包额减去付给分包人或者转包人的价款后的余额为营业额；(4) 转贷业务以贷款利息减去借款利息后的余额为营业额；(5) 外汇、有价证券、期货买卖业务，以卖出价减去买入价后的余额为营业额；(6) 财政部规定的其他情形。转让无形资产或者销售不动产价格明显偏低而无正当理由的，主管税务机关有权按照有关规定核定其营业额。

（四）营业税的税收优惠

下列项目免征营业税：(1) 托儿所、幼儿园、养老院、残疾人福利机构提供的育养服务、婚姻介绍、殡葬服务;(2) 残疾人员个人提供的劳务;(3) 医院、诊所和其他医疗机构提供的医疗服务;(4) 学校和其他教育机构提供的教育劳务,学生勤工俭学提供的劳务;(5) 农业机耕、排灌、病虫害防治、植物保护、农牧保险以及相关技术培训业务,家禽、牲畜、水生动物的配种和疾病防治;(6) 纪念馆、博物馆、文化馆、美术馆、展览馆、书画院、图书馆、文物保护单位举办文化活动的门票收入,宗教场所举办文化、宗教活动的门票收入。

纳税人营业额未达到财政部门规定的营业税起征点的,免征营业税。营业税起征点的幅度为:按期纳税的为月营业额200~800元;按次纳税的为每次(日)营业额50元。纳税人营业额达到起征点的,应按营业额全额计算应纳税额。起征点的适用范围目前仅限于个人。

纳税人兼营免税、减税项目的,应当单独核算免税、减税项目的营业额,否则不得免税减税。

(五) 营业税的征收与缴纳

1. 营业税由税务机关征收。

2. 下列单位和个人为营业税的扣缴义务人,依法负有扣缴义务:(1) 委托金融机构发放贷款,以受托发放的贷款的金融机构为扣缴义务人。(2) 建筑安装业务实行分包或者转包,以总承包人为扣缴义务人。(3) 境外单位或者个人在境内发生应税行为而在境内未设有经营机构的,其应纳税款以代理者为扣缴义务人,没有代理者的,以受让者或购买者为扣缴义务人;单位或者个人进行演出由他人售票的,其应纳税款以售票者为扣缴义务人。(4) 演出经济人为个人的,其办理演出业务的应纳税款以售票者为扣缴义务人。(5) 分保险业务,以初保人为扣缴义务人。(6) 个人转让专利权、非专利技术、商标权、著作权、商誉等无形资产的,其应纳税款以受让人为扣缴义务人。

3. 营业税纳税义务发生时间为纳税人收讫营业收入款项或者取得索取营业收入款项凭据的当天。其中,纳税人转让土地使用权或者销售不动产,采用预收款方式的,其纳税义务发生时间为收到预收款的当天;纳税人自建建筑物后销售的,其自建行为纳税义务发生时间为销售自建建筑物并收讫营业额或者取得索取营业额凭据的当天;纳税人将不动产无偿赠送他人,其纳税义务发生时间为不动产所有权转移的当天。

4. 营业税的纳税期限分别为5日、10日、15日或者1个月。纳税人的具体纳税期限,按主管税务机关核定的固定期限纳税或者按次纳税。金融业(不包括典当业)的纳税期限为1个季度;保险业的纳税期限为1个月。

5. 纳税人提供应税劳务,应当向应税劳务发生地主管税务机关申报纳税,但是,纳税人从事运输业务或者承包的工程跨省、自治区、直辖市的,应当向其机构所在地主管税务机关申报纳税。纳税人转让土地使用权,应当向土地所在地主管税务机关申报纳税;纳税人转让其他无形资产,应当向其机构所在地主管税务机关申报纳税;纳税人销售不动产,应当向不动产所在地主管税务机关申报纳税。

四、企业所得税法

企业所得税是指对中华人民共和国境内的一切企业(包括外商投资企业和外国企业,但是不包括个人独资企业和合伙企业),就其来源于中国境内、境外的生产经营所得和其他所得征收的一种税。企业所得税法是指调整企业所得税征纳关系的法律规范的总称。《中华人民共和国企业所得税法》(以下简称《企业所得税法》)自2008年1月1日起施行。自此,我国对内外资企业实行统一的所得税法、统一的税率、统一的税前扣除范围和标准、统一的税收优惠政策。

（一）企业所得税的纳税人

在中华人民共和国境内，企业和其他取得收入的组织（以下统称企业）为企业所得税的纳税人，个人独资企业、合伙企业除外。

企业分为居民企业和非居民企业。居民企业是指依法在中国境内成立，或者依照外国（地区）法律成立、但实际管理机构在中国境内的企业。非居民企业是指依照外国（地区）法律成立且实际管理机构不在中国境内，但在中国境内设立机构、场所的，或者在中国境内未设立机构、场所，但有来源于中国境内所得的企业。

居民企业应当就其来源于中国境内境外的所得缴纳企业所得税。非居民企业在中国境内设立机构、场所的，应当就其所设机构、场所取得的来源于中国境内的所得，以及发生在中国境外但与其所设机构、场所有实际联系的所得，缴纳企业所得税。非居民企业在中国境内未设立机构、场所的，或者虽设立机构、场所但取得的所得与其所设机构、场所没有实际联系的，应当就其来源于中国境内的所得缴纳企业所得税。

（二）企业所得税的征税对象

企业所得税的征税对象为企业的各项所得，征税范围包括企业来源于中国境内和境外的所得。具体包括：(1) 居民企业应当就其来源于中国境内、境外的所得缴纳企业所得税；(2) 非居民企业在中国境内设立机构、场所的，应当就其所设机构、场所取得的来源于中国境内的所得，以及发生在中国境外但与其所设机构、场所有实际联系的所得，缴纳企业所得税；(3) 非居民企业在中国境内未设立机构、场所的，或者虽设立机构、场所但取得的所得与其所设机构、场所没有实际联系的，应当就其来源于中国境内的所得缴纳企业所得税。

（三）企业所得税的税率

企业所得税的税率为25%的比例税率。非居民企业在中国境内未设立机构、场所的，或者虽设立机构、场所但取得的所得与其所设机构、场所没有实际联系的，应当就其来源于中国境内的所得缴纳企业所得税，适用税率为20%。

（四）企业所得税的计税依据

企业每一纳税年度的收入总额，减除不征税收入、免税收入、各项扣除以及允许弥补的以前年度亏损后的余额，为应纳税所得额。企业以货币形式和非货币形式从各种来源取得的收入，为收入总额，包括：销售货物收入，提供劳务收入，转让财产收入，股息、红利等权益性投资收益，利息收入，租金收入，特许权使用费收入，接受捐赠收入以及其他收入。

收入总额中的下列收入为不征税收入：(1) 财政拨款；(2) 依法收取并纳入财政管理的行政事业性收费；(3) 政府性基金；(4) 国务院规定的其他不征税收入。

（五）企业所得税的税额扣除

企业实际发生的与取得收入有关的、合理的支出，包括成本、费用、税金、损失和其他支出，准予在计算应纳税所得额时扣除。企业发生的公益性捐赠支出，在年度利润总额12%以内的部分，准予在计算应纳税所得额时扣除。

在计算应纳税所得额时，下列支出不得扣除：(1) 向投资者支付的股息、红利等权益性投资收益款项；(2) 企业所得税税款、税收滞纳金；(3) 罚金、罚款和被没收财物的损失；(4)《企业所得税法》第9条规定以外的捐赠支出；(5) 赞助支出；(6) 未经核定的准备金支出；(7) 与取得收入无关的其他支出。

在计算应纳税所得额时，企业按照规定计算的固定资产折旧，准予扣除。但下列固定资产不得计算折旧扣除：(1) 房屋、建筑物以外未投入使用的固定资产；(2) 以经营租赁方式租入的固定资产；(3) 以融资租赁方式租出的固定资产；(4) 已足额提取折旧仍继续使用的固定资产；(5) 与经营活动无关的固定资产；(6) 单独估价作为固定资产入账的土地；(7) 其他不得计算折旧扣除的固定资产。

在计算应纳税所得额时，企业按照规定计算的无形资产摊销费用，准予扣除。但下列无形资产不得计算摊销费用扣除：(1) 自行开发的支出已在计算应纳税所得额时扣除的无形资产；(2) 自创商誉；(3) 与经营活动无关的无形资产；(4) 其他不得计算摊销费用扣除的无形资产。

在计算应纳税所得额时，企业发生的下列支出作为长期待摊费用，按照规定摊销的，准予扣除：(1) 已足额提取折旧的固定资产的改建支出；(2) 租入固定资产的改建支出；(3) 固定资产的大修理支出；(4) 其他应当作为长期待摊费用的支出。企业对外投资期间，投资资产的成本在计算应纳税所得额时不得扣除。企业使用或者销售存货，按照规定计算的存货成本，准予在计算应纳税所得额时扣除。企业转让资产，该项资产的净值，准予在计算应纳税所得额时扣除。企业在汇总计算缴纳企业所得税时，其境外营业机构的亏损不得抵减境内营业机构的盈利。

非居民企业取得《企业所得税法》第3条第3款规定的所得，按照下列方法计算其应纳税所得额：(1) 股息、红利等权益性投资收益和利息、租金、特许权使用费所得，以收入全额为应纳税所得额；(2) 转让财产所得，以收入全额减除财产净值后的余额为应纳税所得额；(3) 其他所得，参照前两项规定的方法计算应纳税所得额。

(六) 企业所得税应纳税额的计算

企业所得税应纳税额可按下列公式进行计算：

企业所得税应纳税额 = 应纳税所得额 × 适用税率 − 税额减免、税额扣除或抵免额

(七) 企业所得税的免税范围

国家对重点扶持和鼓励发展的产业和项目，给予企业所得税优惠。企业的下列收入为免税收入：(1) 国债利息收入；(2) 符合条件的居民企业之间的股息、红利等权益性投资收益；(3) 在中国境内设立机构、场所的非居民企业从居民企业取得与该机构、场所有实际联系的股息、红利等权益性投资收益；(4) 符合条件的非营利组织的收入。

企业的下列所得，可以免征、减征企业所得税：(1) 从事农、林、牧、渔业项目的所得；(2) 从事国家重点扶持的公共基础设施项目投资经营的所得；(3) 从事符合条件的环境保护、节能节水项目的所得；(4) 符合条件的技术转让所得；(5)《企业所得税法》第3条第3款规定的所得。

(八) 企业所得税的征收与缴纳

企业所得税由纳税义务人向其所在地主管税务机关缴纳。铁路运营、民航运输、邮电通信企业等，由其负责经营管理与控制的机构缴纳所得税。对非居民企业取得《企业所得税

法》第3条第3款规定的所得应缴纳的所得税，实行源泉扣缴，以支付人为扣缴义务人。税款由扣缴义务人在每次支付或者到期应支付时，从支付或者到期应支付的款项中扣缴。对非居民企业在中国境内取得工程作业和劳务所得应缴纳的所得税，税务机关可以指定工程价款或者劳务费的支付人为扣缴义务人。扣缴义务人未依法扣缴或者无法履行扣缴义务的，由纳税人在所得发生地缴纳。纳税人未依法缴纳的，税务机关可以从该纳税人在中国境内其他收入项目的支付人应付的款项中，追缴该纳税人的应纳税款。扣缴义务人每次代扣的税款，应当自代扣之日起7日内缴入国库，并向所在地的税务机关报送扣缴企业所得税报告表。

企业所得税的纳税年度，自公历1月1日起至12月31日止。纳税人在一个纳税年度中间开业，或者合并、关闭等，使其实际经营期不足12个月的，以其实际经营期为一个纳税年度。纳税人清算，以清算期间作为一个纳税年度。缴纳企业所得税，按年计算，分月或者分季预缴。每一纳税年度终了后5个月内应进行所得税汇算清缴，多退少补。

企业纳税年度发生的亏损，准予向以后年度结转，用以后年度的所得弥补，但结转年限最长不得超过5年。

五、个人所得税法

个人所得税是对个人在我国境内或者境外取得的各项应税所得而征收的一种税。个人所得税法是指调整税务机关与个人在个人所得税征纳关系中发生的社会关系的法律规范的总称。

（一）个人所得税的纳税人

个人所得税的纳税人为在中国境内有住所，或者无住所而在中国境内居住满1年的个人（居民纳税人），以及在中国境内无住所又不居住或者在境内居住不满1年但有来源于中国境内所得的个人（非居民纳税人）。

在中国境内无住所，但是居住1年以上5年以下的个人，其来源于中国境外的所得，经主管税务机关批准，可以只就由中国境内公司、企业以及其他经济组织或者个人支付的部分缴纳个人所得税；居住超过5年的个人，从第6年起，应当就其来源于中国境外的全部所得缴纳个人所得税。

在中国境内无住所，但是在一个纳税年度中在中国境内连续或者累计居住不超过90日的个人，其来源于中国境内的所得，由境外雇主支付并且不由该雇主在中国境内的机构、场所负担的部分，免予缴纳个人所得税。

（二）个人所得税的征税对象

个人所得税的征税对象包括：(1) 工资、薪金所得，包括个人因任职或者受雇而取得的工资、薪金、奖金、年终加薪、劳动分红、津贴、补贴以及与任职或者受雇有关的其他所得。(2) 个体工商户的生产经营所得。(3) 对企事业单位的承包经营、承租经营所得。(4) 劳务报酬所得。(5) 稿酬所得。(6) 特许权使用费所得，指个人提供专利权、商标权、著作权、非专利技术以及其他特许权的使用权而取得的所得。提供著作权的使用权取得的所得，不包括稿酬所得。(7) 利息、股息、红利所得。(8) 财产租赁所得，指个人出租建筑物、土地使用权、机器设备、车辆船舶以及其他财产取得的所得。(9) 财产转让所得，指个人转让有价证券、股权、建筑物、土地使用权、机器设备、车船以及其他财产取得的所得。(10) 偶然所得,指个人得奖、中奖、中彩以及其他偶然性质的所得。(11) 经国务院财政部门确定征税的其他所得。

(三) 个人所得税的税率

1. 工资、薪金所得,适用七级超额累进税率,最高为45%,最低为3%(根据2011年6月30日第十一届全国人民代表大会常务委员会第二十一次会议《关于修改 < 中华人民共和国个人所得税法 > 的决定》第6次修正)。

2. 五级超额累进税率,适用于个体工商户的生产经营所得和对企事业单位的承包经营、承租经营所得,最低为5%,最高为35%。

3. 20%的比例税率,适用于稿酬所得,劳务报酬所得,特许权使用费所得以及利息、股息、红利所得,财产转让所得,财产租赁所得,偶然所得和其他所得。对稿酬所得适用20%的比例税率并按应纳税额减征30%。对劳务报酬一次收入畸高的,除按20%征税外,另按规定加成征收,劳务报酬应纳税所得额超过20 000元至50 000元的部分,加征五成,超过50 000元的部分,加征十成。

(四) 个人所得税应纳税额的计算

1. 工资、薪金所得应纳税额可按下列公式进行计算:

月应纳所得税额 =(每月工资薪金所得额 - 3 500元)× 适用税率 - 速算扣除数

在中国境内无住所而在中国境内取得工资、薪金所得和在中国境内有住所而在境外取得工资、薪金所得的纳税人,可以根据其平均收入水平、生活水平以及汇率变化情况确定附加减除费用,附加减除费用适用的范围和标准由国务院规定。

2. 个体工商户生产、经营所得应纳税额可按下列公式进行计算:

年应纳税额 =(年生产、经营收入总额 - 成本 - 费用 - 损失)× 适用税率 - 速算扣除数

3. 对企事业单位的承包经营、承租经营所得

年应纳税额 =(年承包经营、承租经营收入总额 - 800元 × 12)× 适用税率 - 速算扣除数

4. 劳务报酬所得、稿酬所得、特许权使用费所得、财产租赁所得,每次收入不超过4 000元的,其应纳税额可按下列公式进行计算:

每次应纳税额 =(每次收入额 - 800元)× 20%

每次收入在4 000元以上的,其应纳税额可按下列公式进行计算:

每次应纳税额 = 每次收入额 ×(1 - 20%)× 20%

纳税人劳务报酬所得一次性收入畸高的,按规定实行加成征收。

5. 财产转让所得应纳税额可按下列公式进行计算:

每次应纳税额 =(每次收入额 - 财产原值 - 合理费用)× 20%

6. 利息、股息、红利所得以及偶然所得和其他所得应纳税额可按下列公式进行计算:

每次应纳税额 = 每次收入额 × 20%

纳税义务人从中国境外取得的所得,准予其在应纳税额中扣除已在境外缴纳的个人所得税税额。但扣除额不得超过该纳税义务人境外所得依照我国个人所得税法规定计算的应纳税额。

(五) 个人所得税的减免

下列各项个人所得,免纳个人所得税:(1) 省级人民政府、国务院部委和中国人民解放

军军以上单位,以及国外组织、国际组织颁发的科学、教育、技术、文化、卫生、环境、保护等方面的奖金;(2) 国债和国家发行的金融债券利息;(3) 按照国家统一规定发给的补贴、津贴;(4) 福利费、抚恤金、救济金;(5) 保险赔款;(6) 军人的转业费、复员费;(7) 按照国家统一规定发给干部职工的安家费、退职费、退休工资、离休工资、离休生活补助费;(8) 依照我国有关法律规定应予免税的各国驻华使馆、领事馆外交代表、领事官员和其他人员的所得;(9) 中国政府参加的国际公约、签订的协议中规定免税的所得;(10) 经国务院财政部门批准免税的所得。

有下列情形之一的,经批准可以减征个人所得税:(1) 残疾、孤老人员和烈属的所得;(2) 因严重自然灾害造成重大损失的;(3) 其他经国务院财政部门批准减税的。

(六) 个人所得税的申报

个人所得税,以所得人为纳税义务人,以支付所得的单位或者个人为扣缴义务人。

纳税义务人有下列情形之一的,应当按照规定到主管税务机关办理纳税申报:(1) 年所得12万元以上的;(2) 从中国境内两处或者两处以上取得工资、薪金所得的;(3) 从中国境外取得所得的;(4) 取得应纳税所得,没有扣缴义务人的;(5) 国务院规定的其他情形。

年所得12万元以上的纳税义务人,在年度终了后3个月内到主管税务机关办理纳税申报。纳税义务人办理纳税申报的地点以及其他有关事项的管理办法,由国家税务总局制定。扣缴义务人应当按照国家规定办理全员全额扣缴申报,扣缴义务人在代扣税款的次月内,向主管税务机关报送其支付所得个人的基本信息、支付所得数额、扣缴税款的具体数额和总额以及其他相关涉税信息。

六、车船税法

车船税是指对在我国境内应依法到公安、交通、农业、渔业、军事等管理部门办理登记的车辆、船舶,根据其种类,按照规定的计税依据和年税额标准计算征收的一种财产税。从2007年7月1日开始,有车族需要在投保交强险时缴纳车船税。

在中国境内,《中华人民共和国车船税法》所附《车船税税目税额表》规定的车辆、船舶的所有人或者管理人为车船税的纳税人。

根据《车船税税目税额表》,车船税的征收对象包括乘用车、商用车(客车、货车)、挂车、其他车辆(专用作业车、轮式专用机械车)、摩托车和船舶(机动船舶、游艇)。

下列车船免征车船税:(1) 捕捞、养殖渔船;(2) 军队、武警专用的车船;(3) 警用车船;(4) 依照法律规定应当免税的外国驻华使领馆、国际组织驻华机构及其有关人员的车船。

对节约能源、使用新能源的车船可以减征或者免征车船税;对受严重自然灾害影响纳税困难以及有其他特殊原因确需减税、免税的,可以减征或者免征车船税。

省、自治区、直辖市人民政府根据当地实际情况,可以对公共交通车船,农村居民拥有并主要在农村地区使用的摩托车、三轮汽车和低速载货汽车定期减征或者免征车船税。

车船税由地方税务机关负责征收。纳税地点由省、自治区、直辖市人民政府根据当地实际情况确定。跨省、自治区、直辖市使用的车船,纳税地点为车船的登记地。

第三节 税收征收管理法

一、税收征收管理法概述

税收征收管理法是指调整征税机关在税款的征收和税务管理过程中所发生的社会关系的法律规范的总称。税收征收管理法律制度是国家税法体系的重要组成部分。税收征收管理是税务机关代表国家行使征税权,指导纳税人正确履行纳税义务,对日常税收活动依法进行组织、管理、监督、检查的活动。税收征管是实现税收职能的必要手段。我国现行的税收征管法包括1992年9月4日通过、1995年2月28日和2001年4月28日两次修改的《中华人民共和国税收征收管理法》(以下简称《税收征收管理法》),以及2002年9月7日公布、同年10月15日开始实施的《税收征收管理法实施细则》,另外还包括财政部、国家税务总局等部门所颁布的大量的部门规章和规范性法律文件。

我国的《税收征收管理法》规定了税务管理制度、税款征收制度、税务检查制度,以及违反该法应当承担的法律责任,另外,针对税收征管的制度设计还规定了总则和附则相关内容。

在适用范围方面,我国的《税收征收管理法》规定,凡依法由税务机关征收的各种税收的征收管理,均适用该法。由财政机关负责的农业税等税种的征管,参照该法有关规定执行。由海关负责的关税、船舶吨税及海关代征税收的征管,依照法律、行政法规的有关规定执行。

为使税收工作更加透明、公开、规范,效率更高,《税收征收管理法》还规定了有计划地用现代信息技术装备各级税务机关,以及行政部门信息共享,税务机关应加强税法的宣传普及工作。参照行政法的规定,还增加了税收征管行政相对人的知情权、申辩权等各项权利。对于税务机关的监督和制约,税务工作人员的回避和自律等内容,新的税收征管法也有所加强。

二. 税务管理

税务管理是税收征管程序中的基础性环节,主要包括3项制度:税务登记、账簿凭证管理和纳税申报。

(一) 税务登记

税务登记,又称为纳税登记,是指纳税人在开业、歇业前或其他生产经营期间发生的重大变动,在法定期间内向主管税务机关办理书面登记的一项制度。

从事生产、经营的纳税人(以下简称纳税人)必须在法定期限内依法办理税务登记,因为它是整个税收征管的首要环节,是纳税人与税务机关建立税务联系的开始。税务登记与工商登记类似,也包括3类,即设立税务登记、变更税务登记、注销税务登记。纳税人应当自领取营业执照之日起30日内,持有关证件,向税务机关申报办理税务登记;税务机关应当自收到申报之日起30日内审核并发给税务登记证件。纳税人办理变更登记,应当自办理工商变更登记之日起30日内办理;办理注销税务登记,应在办理工商注销登记之前办理。为加强监管,新修订的法律还规定工商部门应将办理注册、核发营业执照的情况,定期向税务机关通报;规定纳税人应将其在银行或其他金融机构开立的账户的全部账号向税务机关报告;规定银行和其他金融机构应当在纳税人账户中登录税务登记证件号码，并在税务登记证件中登录纳税人的账户账号。

（二）账簿、凭证管理

账簿、凭证管理制度包括账簿、凭证的设置制度，财务会计制度，发票管理制度，账簿、凭证的保管制度和税控装置制度等。

从事生产、经营的纳税人、扣缴义务人应当按照国务院财政、税务主管部门的规定设置账簿，根据合法、有效凭证记账，进行核算。纳税人的财务、会计制度或者财务、会计处理办法和会计核算软件应当报送税务机关备案；与国务院或国务院财政、税务主管部门有关税收的规定抵触的，依照相应部门的规定计算纳税。

税务机关是发票的主管机关，负责发票印制、领购、开具、取得、保管、缴销的管理和监督。单位、个人在购销商品、提供或者接受经营服务以及从事其他经营活动中，应当按照规定开具、使用、取得发票。增值税专用发票由国务院税务主管部门指定的企业印制；其他发票，按照国务院税务主管部门的规定，分别由省、自治区、直辖市国家税务局、地方税务局指定企业印制。国家根据税收征管的需要，积极推广使用税控装置，纳税人应当按照规定安装、使用税控装置，不得损毁或者擅自改动税控装置。纳税人、扣缴义务人必须按规定的保管期限保管账簿、记账凭证、完税凭证以及其他有关资料，不得伪造、变造或者擅自损毁。

账簿、记账凭证、报表、完税凭证、发票、出口凭证以及其他有关涉税资料应当合法、真实、完整。账簿、记账凭证、报表、完税凭证、发票、出口凭证以及其他有关涉税资料应当保存10年，但是，法律、行政法规另有规定的除外。

（三）纳税申报

纳税申报是纳税人按照法律规定的期限和内容，向征税机关提交有关纳税事项的书面报告的一项制度，包括纳税申报的方式、期限、内容等。

纳税人必须在规定的申报期限内办理纳税申报，按规定的申报内容报送纳税申请表、财务会计报表以及税务机关要求纳税人报送的其他纳税资料。扣缴义务人必须依照规定的期限和内容如实报送代扣代缴、代收代缴税款报告以及税务机关要求报送的其他有关资料。纳税人和扣缴义务人可以直接到税务机关办理纳税申报或者报送代扣代缴、代收代缴税款报告表，也可以按照规定采取邮寄、数据电文或者其他方式办理上述申报、报送事项。纳税人、扣缴义务人按照规定的期限办理纳税申报或者报送代扣代缴、代收代缴税款报告表确有困难，需要延期的，应当在规定的期限内向税务机关提出书面延期申请，经税务机关核准，在核准的期限内办理。纳税人、扣缴义务人因不可抗力，不能按期办理纳税申报或者报送代扣代缴、代收代缴税款报告表的，可以延期办理。但是，应当在不可抗力情形消除后立即向税务机关报告，税务机关应当查明事实，予以核准。

三、税款征收

税款征收是税收征管制度中的核心内容，具体包括税款征收基本制度、税收减免制度和税款征收保障制度。

税务机关依照法律、行政法规的规定征收税款，不得违反法律、行政法规的规定开征、停征、多征、少征、提前征收、延缓征收或者摊派税款。除税务机关、税务人员以及经税务机关依照法律、行政法规委托的单位和人员外，任何单位和个人不得进行税款征收活动。

扣缴义务人应当依照法律、行政法规的规定履行代扣、代收税款的义务。对于法律、行政法规没有规定负有代扣、代收税款义务的单位和个人，税务机关不得要求其代扣、代收。扣缴义务人依法履行代扣、代收义务时，纳税人不得拒绝；如纳税人拒绝，扣缴义务人应当及时报告税务机关处理。

纳税人因特殊困难不能按期缴纳税款的，经省、自治区、直辖市国家税务局、地方税务局批准，可以延期缴纳税款，但是最长不得超过3个月。纳税人、扣缴义务人未按规定期限解缴税款，税务机关除责令限期缴纳外，从滞纳税款之日起按日加收滞纳税款0.5‰的滞纳金。

税务机关可以依法采取查账征收、查定征收、查验征收、定期定额征收以及其他方式征收税款。税务机关征收税款时，必须给纳税人开具完税凭证。扣缴义务人代扣、代收税款时，纳税人要求扣缴义务人开具代扣、代缴税款凭证的，扣缴义务人应当开具。

纳税人有下列情形之一的，税务机关有权核定其应纳税额：(1) 依法可以不设置账簿；(2) 依法应当设置但未设置账簿的；(3) 擅自销毁账簿或者拒不提供纳税资料的；(4) 虽设置账簿，但账目混乱或者成本资料、收入凭证、费用凭证残缺不全、难以查账的；(5) 发生纳税义务，未按照规定的期限办理纳税申报，经税务机关责令限期申报，逾期仍不申报的；(6) 纳税人申报的计税依据明显偏低又无正当理由的。关联企业之间的业务往来不按照独立企业之间业务往来收取或者支付价款、费用，减少其应纳税的收入或者所得额的，税务机关有权进行合理调整。

对未按规定办理税务登记从事生产、经营的纳税人以及临时从事经营的纳税人，由税务机关核定其应纳税额，责令缴纳；不缴纳的，税务机关可以扣押其价值相当于应纳税款的商品、货物。扣押后缴纳应纳税款的，税务机关必须立即解除扣押，并归还所扣押的商品、货物；扣押后仍不缴纳应纳税款的，经县以上税务局(分局)局长批准，依法拍卖或变卖扣押物，以所得款项抵缴税款。

税务机关有根据认为从事生产、经营的纳税人有逃避纳税义务行为的，可以在规定的纳税期之前，责令限期缴纳应纳税款；在限期内发现纳税人有明显的转移、隐匿其应纳税的商品、货物以及其他财产或者应纳税的收入的迹象的，税务机关可以责成纳税人提供纳税担保。如果纳税人不能提供纳税担保，经县以上税务局(分局)局长批准，税务机关可以采取下列税收保全措施：(1) 书面通知纳税人开户银行或者其他金融机构冻结纳税人的金额相当于应纳税款的存款；(2) 扣押、查封纳税人的价值相当于应纳税款的商品、货物或者其他财产。纳税人如在规定的限期内缴纳税款的，税务机关必须立即解除税收保全措施；限期期满仍未缴纳税款的，经县以上税务局(分局)局长批准，税务机关可以书面通知纳税人开户银行或者其他金融机构从其冻结的存款中扣缴税款，或者依法拍卖或者变卖所扣押、查封的商品或者其他财产，以所得款项抵缴税款。

在税收保全措施中，个人及其所扶养家属维持生活必需的住房和用品不在保全之列。纳税人在限期内已缴纳税款，税务机关未立即解除税收保全措施，使纳税人的合法利益遭受损失的，税务机关应当承担赔偿责任。

税收保全和强制执行措施由法定的税务机关行使，其他任何单位和个人均不得行使。税务机关采取上述措施必须依照法定权限和法定程序，不得查封、扣押纳税人个人及其所扶养家属维持生活必需的住房和用品。税务机关滥用职权违法采取税收保全措施、强制执行措施，或者采取税收保全措施、强制执行措施不当，使相关当事人的合法权益遭受损失的，应当依法承担赔偿责任。

欠缴税款的纳税人或者其法定代表人需要出境的,应当在出境前向税务机关结清应纳税款、滞纳金或者提供担保,未结清税款、滞纳金,又不提供担保的,税务机关可以通知出境管理机关阻止其出境。

针对国家税收在某些企业中得不到有效保护的情况,修订后的新法律明文规定了国家税收的优先权。税务机关征收税款,税收优先于无担保债权,法律另有规定的除外;纳税人欠缴的税款发生在纳税人以其财产设定抵押、质押或者纳税人的财产被留置之前的,税收应当先于抵押权、质权、留置权执行。纳税人欠缴税款,同时又被行政机关决定处以罚款、没收违法所得的,税收优先于罚款、没收违法所得。

纳税人超过应纳税额缴纳的税款,税务机关发现后应当立即退还;纳税人自结算缴纳税款之日起3年内发现的,可以向税务机关要求退还多缴的税款并加算银行同期存款利息,税务机关及时查实后应当立即退还;涉及从国库中退库的,依照法律、行政法规有关国库管理的规定退还。因税务机关的责任,致使纳税人、扣缴义务人未缴或者少缴税款的,税务机关在3年内可以要求纳税人、扣缴义务人补缴税款,但是不得加收滞纳金。因纳税人、扣缴义务人计算错误等失误,未缴或少缴税款的,税务机关在3年内可以追征税款、滞纳金;有特殊情况的,追征期可以延长到5年。对偷税、抗税、骗税的,税务机关追征其未缴或者少缴的税款、滞纳金或所骗取的税款,不受前款规定期限的限制。

税务机关应当按照国家规定的税收征收管理范围和税款入库预算级次,将征收的税款缴入国库。对审计机关、财政机关依法查出的税收违法行为,税务机关应当根据有关机关的决定、意见书,依法将应收的税款、滞纳金按照税款入库预算级次缴入国库,并将结果及时回复有关机关。

四、税务检查

税务检查制度是税收征管制度中的保障性制度,主要包括税务检查的事项、纳税人在税务检查中的义务和税务机关在税务检查中的权利义务。

税务机关有权依法进行税务检查,纳税人、扣缴义务人必须接受税务机关依法进行的税务检查,如实反映情况,提供相关资料,不得拒绝、隐瞒。税务机关在税务检查时,发现纳税人有逃避纳税义务行为,并有明显的转移、隐匿其应纳税的商品、货物以及其他财产或应纳税的收入的迹象时,可依法采取税收保全措施或强制执行措施。具体而言,税务检查的内容主要包括以下几个方面:

1. 税务检查的事项税务机关有权进行下列税务检查:(1) 检查纳税人的账簿、记账凭证、报表和有关资料,检查扣缴义务人代扣代缴、代收代缴税款账簿、记账凭证和有关资料;(2) 到纳税人的生产、经营场所和货物存放地检查纳税人应纳税的商品、货物或者其他财产,检查扣缴义务人与代扣代缴、代收代缴税款有关的经营情况;(3) 责成纳税人、扣缴义务人提供与纳税或者代扣代缴、代收代缴税款有关的文件、证明材料和有关资料;(4) 询问纳税人、扣缴义务人与纳税或者代扣代缴、代收代缴税款有关的问题和情况;(5) 到车站、码头、机场、邮政企业及其分支机构检查纳税人托运、邮寄应纳税商品、货物或者其他财产的有关单据凭证和有关资料;(6) 经县以上税务局(分局)局长批准,凭全国统一格式的检查存款账户许可证明,查询从事生产、经营的纳税人、扣缴义务人在银行或者其他金融机构的存款账户。税务机关在调查税收违法案件时，经设区的市、自治州以上税务局(分局)局长批准，可以查询案件涉嫌人员的储蓄存款。

2. 纳税人在税务检查中的义务。纳税人扣缴义务人必须接受税务机关依法进行的税务检查，如实反映情况，提供有关资料，不得拒绝、隐瞒。

3. 税务机关在税务检查中的权利义务。税务机关依法进行税务检查时，有权向有关单位和个人调查纳税人、扣缴义务人和其他当事人与纳税或者代扣代缴、代收代缴税款有关的情况，有关单位和个人有义务向税务机关如实提供有关资料及证明材料。税务机关调查税务违法案件时，对与案件有关的情况和资料，可以记录、录音、录像、照相和复制。

税务机关派出的人员进行税务检查时，应当出示税务检查证和税务检查通知书，并有责任为被检查人保守秘密；未出示税务检查证和税务检查通知书的，被检查人有权拒绝检查。

五、法律责任

法律责任是法律关系的主体因违反税收法律规范所应承担的不利法律后果。税收法律责任制度包括法律责任的主体、违法行为类型和法律责任的形式等制度。税收法律责任的形式一般包括经济责任、行政责任和刑事责任。其中，经济责任主要包括加收滞纳金和赔偿损失，行政责任主要包括行政处罚和行政处分，刑事责任形式主要包括罚金、拘役、有期徒刑、无期徒刑和死刑。追究法律责任的主体主要包括征税机关和人民法院。行政处罚，罚款额在2 000元以下的，可以由税务所决定。违反税收法律、行政法规应当给予行政处罚的行为，在5年内未被发现的，不再给予行政处罚。

我国现行法律规范中主要税收违法行为的法律责任主要包括：

1. 纳税人未按照规定期限缴纳税款的，扣缴义务人未按照规定期限解缴税款的，税务机关除责令限期缴纳外，从滞纳税款之日起，按日加收滞纳税款0.5‰的滞纳金。

2. 纳税人有下列行为之一的，由税务机关责令限期改正，可以处2 000元以下的罚款；情节严重的，处2 000元以上1万元以下的罚款：(1) 未按照规定的期限申报办理税务登记、变更或者注销登记的；(2) 未按照规定设置、保管账簿或者保管记账凭证和有关资料的；(3) 未按照规定将财务、会计制度或者财务、会计处理办法和会计核算软件报送税务机关备查的；(4) 未按照规定将其全部银行账号向税务机关报告的；(5) 未按照规定安装、使用税控装置，或者损毁或者擅自改动税控装置的。

3. 2009年2月28日第十一届全国人大常委会第七次会议通过了《中华人民共和国刑法修正案(七)》，修订后的刑法第201条以“逃税罪”取代“偷税罪”，并以概括方式取代了列举式的犯罪客观要件，同时删除原偷税罪的具体数额标准，增加了初犯补税免罪的规定。第201条修改为：“纳税人采取欺骗、隐瞒手段进行虚假纳税申报或者不申报，逃避缴纳税款数额较大并且占应纳税额百分之十以上的，处三年以下有期徒刑或者拘役，并处罚金；数额较大并且占应纳税额百分之三十以上的，处三年以上七年以下有期徒刑，并处罚金。扣缴义务人采取前款所列手段，不缴或者少缴已扣、已收税款，数额较大的，依照前款的规定处罚。对多次实施前两款行为，未经处理的，按照累计数额计算。有第一款行为，经税务机关依法下达追缴通知后，补缴应纳税款，缴纳滞纳金，已受行政处罚的，不予追究刑事责任；但是，五年内因逃避缴纳税款受过刑事处罚或者被税务机关给予二次以上行政处罚的除外。”

4. 纳税人欠缴应纳税款，采取转移或者隐匿财产的手段，妨碍税务机关追缴欠缴的税款的，由税务机关追缴欠缴的税款、滞纳金，并处欠缴税款50%以上5倍以下的罚款；欠缴税款数额在1万元以上不满10万元的，处3年以下有期徒刑或者拘役，并处或者单处欠缴税款1倍以上5倍以下罚金；数额在10万元以上的，处3年以上7年以下有期徒刑，并处欠缴税款1倍以上5倍以下罚金。

5. 以暴力、威胁方法拒不缴纳税款的，除由税务机关追缴其拒缴的税款、滞纳金外，处3年以下有期徒刑或者拘役，并处拒缴税款1倍以上5倍以下罚金；情节严重的，处3年以上7年以下有期徒刑，并处拒缴税款1倍以上5倍以下罚金。情节轻微，未构成犯罪的，由税务机关追缴其拒缴的税款、滞纳金，并处拒缴税款1倍以上5倍以下的罚款。

6. 纳税人、扣缴义务人的开户银行或者其他金融机构拒绝接受税务机关依法检查纳税人、扣缴义务人存款账户，或者拒绝执行税务机关作出的冻结存款或者扣缴税款的决定，或者在接到税务机关的书面通知后帮助纳税人、扣缴义务人转移存款，造成税款流失的，由税务机关处10万元以上50万元以下的罚款，对直接负责的主管人员和其他直接责任人员处1 000元以上1万元以下的罚款。

7. 税务机关违反规定擅自改变税收征收管理范围和税款入库预算级次的，责令限期改正，对直接负责的主管人员和其他直接责任人员依法给予降级或者撤职的行政处分。

8. 未经税务机关依法委托征收税款的，责令退还收取的财物，依法给予行政处分或者行政处罚；致使他人合法权益受到损失的，依法承担赔偿责任；构成犯罪的，依法追究刑事责任。

9. 税务人员利用职务上的便利，收受或者索取纳税人、扣缴义务人财物或者谋取其他不正当利益，构成犯罪的，依法追究刑事责任；尚不构成犯罪的，依法给予行政处分。

10. 税务人员徇私舞弊或者玩忽职守，不征或者少征应征税款，致使国家税收遭受重大损失，构成犯罪的，依法追究刑事责任；尚不构成犯罪的，依法给予行政处分。

11. 违反法律、行政法规的规定，擅自作出税收的开征、停征或者减税、免税、退税、补税以及其他同税收法律、行政法规相抵触的决定的，除依照税收征管法规定撤销其擅自作出的决定外，补征应征未征税款，退还不应征收而征收的税款，并由上级机关追究直接负责的主管人员和其他直接责任人员的行政责任；构成犯罪的，依法追究刑事责任。

六、税务争议处理

纳税人、扣缴义务人、纳税担保人同税务机关在纳税人发生争议时，必须先依照税务机关的纳税决定缴纳或者解缴税款及滞纳金或者提供相应的担保，然后可以依法申请行政复议；对行政复议决定不服的，可以依法向人民法院起诉。

当事人对税务机关的处罚决定、强制执行措施或者税收保全措施不服的，可以依法申请行政复议，也可以依法向人民法院起放手。

当事人对税务机关的处罚决定逾期不申请行政复议也不向人民法院起诉、又不履行的，作出处罚决定的税务机关可以采取强制执行措施，或者申请人民法院强制执行。

案例思考

案例一:所得税计算题两则

1. 某公司2012年实现营业收入860万元,营业成本320万元,税金及附加35万元,投资收益6万元(其中国库券利息收入4万元,金融债券利息收入2万元),营业外收入20万元,营业外支出85万元(包括赞助某协会80万元,因支付某人咨询费2万元,代扣个人所得税后未缴纳而被税务机关罚款3万元),管理费用280万元,财务费用150万元。

请计算该公司2012年应纳所得税额。

2. 某大学教授2013年3月份的收入情况如下:(1) 每月工资收入4 500元;(2) 向某家公司转让专利技术一项,获得特许权使用费4 500元;(3) 为某家企业进行产品设计,取得报酬5 000元;(4) 因勇斗歹徒获得市政府颁发市政府颁发的见义勇为奖金2 000元;(5) 出版专著一本,获得稿酬20万。

请计算该教授2013年3月应纳个人所得税额。

案例二:某县劳动就业局不服行政处罚决定纠纷案

某县劳动就业局(下称就业局)是承担着部分政府行政职能的就业管理机构。从2005年1月至2007年10月,该局收取劳务管理费、劳务服务费、县内临时工管理服务费、临时工培训费和劳务市场收入等共计578 698.40元。2007年11月29日,该县地税局向就业局发出限期申报纳税通知书,12月2日和7日又两次发出限期交纳税款31 394.71元的通知,就业局均未按期履行。12月13日,地税局依据《中华人民共和国税收征收管理法》的有关规定,以地税字第1号税务处理决定,对就业局作出处以应缴未缴的营业税、城建税、教育费附加31 394.71元的3倍罚款计94 184.13元,限于12月18日前入库。就业局不服,提起行政诉讼。就业局认为,自己是承担政府行政职能的就业管理机构,收费属于行政经费预算外的资金,因此本局不是纳税义务人。地税局令本局纳税,在遭到拒绝后又以行政处理决定对本局罚款。该处理决定适用法律错误,程序违法,请求人民法院予以撤销。而税务局则称,原告虽然是承担着部分政府行政职能的就业管理机构,但是属于自收自支的事业单位,应当依法纳税。原告未及时纳税,应当受到处罚。人民法院应当维持本局的行政处理决定。

法院受经过审理认为,依照《中华人民共和国行政处罚法》第41条之规定,地税局违背该法规定的程序作出的行政处罚,不能成立。该行政处理决定从程序上违法,依法应予撤销,法院无需再就行政执法实体方面的争议继续实行审理。据此,法院撤销了地税局的税务处理决议,本案的诉讼费由地税局承担。一审宣判后,双方当事人均未上诉,判决发生法律效力。

请对本案作出法理分析。

案例三:牡丹江有机化工厂耕地占用税纠纷案

根据国家计委计燃字[1987]第221号文件和水电部水电电规字[1987]第19号文件对牡丹江第二发电厂三期扩建工程计划任务书和初步设计的正式批复,该扩建工程需占牡丹江有机化工厂原有全部厂址。牡丹江有机化工厂顾全大局,同意全部搬迁。为此,1986年8

月22日,牡丹江市人民政府在牡丹江有机化工厂召开了市长办公会,确定了牡丹江有机化工厂的新厂址。1987年4月7日,牡丹江第二发电厂与牡丹江有机化工厂签订了《牡丹江第二发电厂三期扩建工程全部动迁牡丹江有机化工厂赔偿协议》(下称赔偿协议),其中规定,动迁损失赔偿费由牡丹江第二发电厂付给牡丹江有机化工厂1 100万元包干使用。1988年4月5日,黑龙江省土地管理局、劳动局、公安厅、粮食局、财政厅联合下发黑土建[1988]第24号《关于牡丹江第二发电厂三期扩建工程征拨用土地的批复》,确定牡丹江第二发电厂三期扩建工程征拨用地1 827.69亩,其中1 570.03亩用于牡丹江第二发电厂三期扩建工程用地,257.66亩用于牡丹江有机化工厂整体搬迁建设用地。1988年4月8日,牡丹江市土地管理局下发牡土建字[1988]10号《关于牡丹江有机化工厂整体搬迁建设征用土地的批复》,同意牡丹江有机化工厂征用北安乡裕民村土地257.66亩,作为整体搬迁的建设用地。同日下发牡土建[1988]11号《关于牡丹江第二发电厂三期扩建工程征拨用土地的批复》,同意牡丹江第二发电厂征拨土地1 570.03亩。牡丹江市郊区财政局依据牡丹江市土地管理局牡土建字[1988]10号文件和财政部、中国人民银行、中国人民建设银行、中国工商银行、中国农业银行(下称"一部四行")(88)财农税字第8号《关于银行扣缴耕地占用税拖欠税款的联合通知》的规定,于1992年11月30日作出(112965)号耕地占用税扣缴通知书,从牡丹江有机化工厂的银行存款中扣缴人民币25万元税款。为此,牡丹江有机化工厂多次找牡丹江市人民政府和市财政局协调解决,但最终未获结果。且牡丹江市财政局未作复议裁决。牡丹江有机化工厂遂于1993年3月16日向牡丹江市中级人民法院提起诉讼。

牡丹江有机化工厂诉称:牡丹江市郊区财政局在没有通知原告的情况下,便从该厂的银行存款中扣缴25万元耕地占用税款是错误的。况且该厂不是此项税款的承担者,请求法院撤销牡丹江市郊区财政局的财税字第(112965)号耕地占用税扣缴通知书,退还扣缴的25万元税款,并承担利息损失。

牡丹江市郊区财政局答辩称:牡丹江有机化工厂占用耕地建厂房,按照《耕地占用税暂行条例》的规定,是耕地占用税的纳税义务人,应履行纳税义务。经多次催缴,仍不履行纳税义务,故通知其开户银行扣缴税款是正确的。请求法院判决驳回诉讼请求。

牡丹江市中级人民法院审理认为,根据"一部四行"(88)财农税字第8号《关于银行扣缴耕地占用税拖欠税款的联合通知》第2条规定,征收机关在纳税人拖欠税款,经屡催无效的情况下,可以开具扣缴税款通知书,通知其开户银行扣缴税款。被告不能提供确定原告负有承担该项税款的证据,也未能提供其多次催缴的证据,其所作的财税字(112965)号耕地占用税扣缴通知书,证据不足。根据《行政诉讼法》第54条第2项第1目、第53条,参照财政部、中国人民银行、中国人民建设银行、中国工商银行、中国农业银行(88)财农税字第8号《关于银行扣缴耕地占用税拖欠税款的联合通知》的规定,该院于1993年9月7日作出判决:撤销被告牡丹江市郊区财政局1992年11月30日作出的财税字第(112965)号扣缴原告牡丹江有机化工厂人民币25万元的耕地占用税的扣缴通知书。本判决自发生法律效力之日起3日内,被告将此款退还给原告,并承担利息损失。

一审宣判后,牡丹江市郊区财政局不服判决,向黑龙江省高级人民法院提出上诉。黑龙江省高级人民法院经审理认为,占用原北安乡裕民村257.66亩耕地建厂房的是牡丹江有机化工厂,该厂是事实上的占地单位,是耕地占用税的纳税义务人,根据《耕地占用税暂行条例》第3条规定,应依法缴纳耕地占用税。

在诉讼中,上诉人牡丹江市郊区财政局向人民法院举证,1988年6月、7月、12月份,1989年春季,1991年4月30日,该局曾派税务人员数次到被上诉人牡丹江有机化工厂催缴所拖欠的耕地占用税款,对此,被上诉人除否认1991年的一次催缴外,其余几次均予以承认。此外,被上诉人在二审答辩状中称:1988年末,当上诉人对被上诉人处征税时被上诉人就申明自己不是纳税人。据此,认定牡丹江市郊区财政局屡次催促牡丹江有机化工厂缴纳拖欠耕地占用税款,事实是清楚的,证据是充分的。牡丹江有机化工厂拒不缴纳耕地占用税,已构成拖欠税款的行为。牡丹江市郊区财政局依法作出的耕地占用税扣缴通知书,证据充分,应予以维持。其上诉理由成立,应予支持。原审判决认定事实证据不足,适用法律不当,应予改判。根据《耕地占用税暂行条例》第3条和《行政诉讼法》第54条第1项、第55条、第61条第3项规定,参照"一部四行"(88)财农税字第8号《关于银行扣缴耕地占用税拖欠税款的联合通知》第2条规定,该院于1993年12月22日作出判决:

1. 撤销牡丹江市中级人民法院[1993]行初字第1号行政判决。

2. 维持上诉人牡丹江市郊区财政局1992年11月30日作出的财税字第(112965)号扣缴被上诉人牡丹江有机化工厂人民币25万元的耕地占用税扣缴通知书。

请对本案作出法理分析。

第二十一章　劳动和社会保障法

本章导读

在社会法的体系中,劳动法和社会保障法是互相交叉、最为邻近的两大部门法。劳动法是资本主义发展到一定阶段而从民法中分离出来的独立的法律部门。劳动法规制工会、雇主及雇员的关系,并保障各方的权利及义务。在现代市场经济条件下,劳动法是维护人权、体现人本关怀的一项基本法律,在西方甚至被称为"第二宪法"。社会保障法则是劳动法发展到一定程度后产生的,与劳动法有着密不可分的关系。社会保障法的核心内容社会保险法就是建立在劳动关系的基础上。从现在的发展情况看,社会保障法的内容已经大大突破了劳动法所调整的社会关系的界限,成为市场经济中一项重要法律制度。在我国,劳动法是国家为了保护劳动者的合法权益、调整劳动关系、建立和维护适应社会主义市场经济的劳动制度、促进经济发展和社会进步,根据宪法制定颁布的法律。社会保障法则是国家为了保持经济发展和社会稳定,对公民在年老、疾病、伤残、失业、生育、遭受灾害面临生活困难时,由政府和社会依法给予物质帮助,以保障公民的基本生活需要的制度,包括社会保险、社会救济、社会福利、优抚安置等方面内容。对劳动者和公民而言,了解和掌握劳动法与社会保障法的相关知识与基本制度,是极为必要的。

第一节　劳动法

一、劳动法概述

(一) 劳动法的概念与调整对象

劳动法的概念有狭义与广义之分。狭义的劳动法是指劳动法典,即1995年1月1日实施的《中华人民共和国劳动法》(以下简称《劳动法》);广义的劳动法则是指调整劳动关系以及与劳动关系密切联系的其他社会关系的法律规范的总称。

劳动法的调整对象主要包括劳动关系和与劳动关系密切联系的其他社会关系。

1. 劳动关系

劳动关系是指劳动者与用人单位之间为实现劳动过程而发生的劳动力与生产资料相结合的社会关系,包括:(1) 在我国境内的企业、个体经济组织、民办非企业单位(以下统称用人单位)和其劳动者形成的劳动关系;(2) 国家机关、事业组织、社会团体与其工勤人员之间通过劳动合同而确立的劳动关系。但要注意的是,《劳动法》不适用于公务员和比照实行公务员制度的事业组织和社会团体的工作人员,以及非农场的农业劳动者、现役军人和家庭保姆等。

2. 与劳动关系密切联系的其他社会关系

这种社会关系又称为附随劳动关系，以职业劳动关系的存在为前提或者为职业劳动关系的产生、存续服务，与劳动关系形影相随，不可分离，包括：(1) 管理劳动力方面的关系；(2) 社会保险方面的关系；(3) 处理劳动争议所发生的某些关系；(4) 工会组织与用人单位之间的关系；(5) 有关国家机关对执行劳动法进行监督检查而发生的关系。

（二）劳动法的体系

1. 劳动法的形式体系

劳动法的形式体系亦称为劳动法的渊源体系，是指劳动法规范得以存在的法律文件的体系。包括：(1) 宪法。(2) 法律，包括劳动法典和单项劳动立法两部分。前者即1995年实施的《劳动法》，是我国规范劳动关系的基本法，在我国劳动法体系中居于核心地位；后者则包括《工会法》、《矿山安全法》、《职业病防治法》、《劳动合同法》、《就业促进法》等法律。(3) 行政法规，包括劳动行政法规以及相关行政法规两部分。前者是专门就劳动法的某部分内容作出规定的行政法规，如《女职工劳动保护规定》、《失业保险条例》；后者则是指其他相关行政法规涉及的劳动法律规范，如《标准化实施条例》中有关劳动安全卫生的标准。(4) 行政规章以及地方劳动立法。(5) 国际法律文件，主要是《国际劳工公约》等国际条约。

2. 劳动法的内容体系

劳动法的内容体系是指劳动法各具体制度的逻辑结构，反映着劳动法各制度的内容及其相互关系。包括：(1) 劳动关系协调法律制度，主要包括劳动合同法、集体合同法、用人单位内部规章制度、职工民主管理等；(2) 劳动基准法律制度，主要包括工作时间与休息休假制度、工资制度、劳动保护制度等；(3) 劳动保障法律制度，主要包括劳动就业、职业培训、社会保险、劳动福利等；(4) 劳动监督与法律救济法律制度，主要包括劳动监察、劳动监督以及劳动争议处理等。

二、劳动合同

（一）劳动合同的含义与特征

劳动合同，亦称为劳动契约，《劳动法》第16条规定："劳动合同指劳动者与用人单位确立劳动关系，明确双方权利和义务的协议。"

劳动合同具有如下特征：(1) 主体具有特定性。一方是劳动者，另一方是用人单位。(2) 客体具有单一性，即劳动行为。(3) 具有诺成、有偿、双务的特性。

（二）劳动合同的形式和内容

1. 劳动合同的形式

劳动合同的形式是劳动合同内容赖以确定和存在的方式，是当事人双方因意思表示一致而缔结劳动合同的具体表现形式。

《劳动合同法》第10条规定："建立劳动关系，应当订立书面劳动合同。"第69条规定："非全日制用工双方当事人可以订立口头协议。"因此，除了非全日制用工合同可以采用口头形式，其他劳动合同应当采用书面形式。

劳动合同还有主件与附件之分。劳动合同主件是指在确立劳动关系时所订立的书面劳动合同。劳动合同附件是指法定或约定作为劳动合同主件之补充而明确当事人双方相互权利义务的书面文件，主要有用人单位的劳动规章制度和专项劳动协议两类。用人单位的规章制度是指用人单位制定的组织劳动过程和进行劳动管理的规则和制度的总和，也称为内部劳动规则。专项劳动协议是指劳动者与其用人单位就某种事项所签订的专项协议。

2. 劳动合同的内容

(1) 法定必备条款。《劳动合同法》第17条第1款规定，劳动合同应当具备以下条款：① 用人单位的名称、住所和法定代表人或者主要负责人；② 劳动者的姓名、住址和居民身份证或者其他有效身份证件号码；③ 劳动合同期限；④ 工作内容和工作地点；⑤ 工作时间和休息休假；⑥ 劳动报酬；⑦ 社会保险；⑧劳动保护、劳动条件和职业危害防护。

(2) 任意约定条款。任意约定条款是指在法定条款之外，经劳动合同双方协商一致而达成的条款。《劳动合同法》第17条第2款规定，劳动合同除必备条款外，当事人可以协商约定试用期、培训、保守商业秘密、违约金等其他事项。

（三）劳动合同的订立原则

劳动合同订立的原则是指订立劳动合同时必须遵循的总的指导思想和根本法律准则。《劳动合同法》第3条规定："订立劳动合同，应当遵循合法、公平、平等自愿、协商一致、诚实信用的原则。"

（四）劳动合同的履行与变更

劳动合同的履行是指当事人依照合同约定，共同完成劳动过程和实现各自权益的过程。劳动合同应当遵循全面履行、实际履行和协作履行原则。

劳动合同的变更是指劳动合同内容的变化。《劳动合同法》规定："用人单位与劳动者协商一致，可以变更劳动合同约定的内容。变更劳动合同，应当采用书面形式。"

（五）劳动合同的解除

1. 劳动合同解除的类型

(1) 用人单位与劳动者协商一致解除。

(2) 劳动者预告辞职，是指劳动者提前一定的时间通知用人单位解除劳动合同。《劳动合同法》规定劳动者提前30日以书面形式通知用人单位，可以解除劳动合同。劳动者在试用期内提前3日通知用人单位，可以解除劳动合同。

(3) 劳动者即时辞职，是指劳动者无需向用人单位预告即可随时通知解除劳动合同。根据《劳动合同法》的规定，有下列情形之一的，劳动者可以即时辞职：① 用人单位未按照劳动合同约定提供劳动保护或者劳动条件的；② 未及时足额支付劳动报酬的；③ 未依法为劳动者缴纳社会保险费的；④ 用人单位的规章制度违反法律、法规的规定，损害劳动者权益的；⑤ 因以欺诈、胁迫的手段或者乘人之危，使对方在违背真实意思的情况下订立或者变更劳动合同致使劳动合同无效的；⑥ 法律、行政法规规定劳动者可以解除劳动合同的其他情形。另外，用人单位以暴力、威胁或者非法限制人身自由的手段强迫劳动者劳动的，或者用人单位违章指挥、强令冒险作业危及劳动者人身安全的，劳动者也可以立即解除劳动合同。

(4) 用人单位即时辞退，是指用人单位不需要预先通知即可随时辞退劳动者，主要适用于劳动者有过错的情形。《劳动合同法》规定，有下列情形之一的，用人单位可以即时辞退劳动者：① 劳动者在试用期间被证明不符合录用条件的；② 严重违反用人单位的规章制度的；③ 严重失职，营私舞弊，给用人单位造成重大损害的；④ 劳动者同时与其他用人单位建立劳动关系,对完成本单位的工作任务造成严重影响,或者经用人单位提出,拒不改正的;⑤ 因以欺诈、胁迫的手段或者乘人之危,使对方在违背真实意思的情况下订立或者变更劳动合同而使劳动合同无效的;⑥ 被依法追究刑事责任的。

(5) 用人单位预告辞退,是指用人单位需要预先一定时间通知劳动者方可辞退劳动者。《劳动合同法》规定,有下列情形之一的,用人单位提前 30 日以书面形式通知劳动者本人或者额外支付劳动者一个月工资后,可以解除劳动合同:① 劳动者患病或者非因工负伤,在规定的医疗期满后不能从事原工作,也不能从事由用人单位另行安排的工作的;② 劳动者不能胜任工作,经过培训或者调整工作岗位,仍不能胜任工作的;③ 劳动合同订立时所依据的客观情况发生重大变化,致使劳动合同无法履行,经用人单位与劳动者协商,未能就变更劳动合同内容达成协议的。

(6) 用人单位经济性裁员,是指用人单位为改善经营状况而依法裁减部分工作人员并解除劳动合同。《劳动合同法》第 41 条规定,用人单位在依照企业破产法规定进行重整、生产经营发生严重困难、企业转产或重大技术革新或者经营方式调整,经变更劳动合同后,仍需裁减人员的,可以裁减人员。如果需要裁减人员 20 人以上或者裁减不足 20 人但占企业职工总数 10% 以上,用人单位应提前 30 日向工会或者全体职工说明情况,听取工会或者职工的意见并向劳动行政部门报告后,才可以裁减人员。用人单位裁减人员后,在 6 个月内重新招用人员的,应当通知被裁减的人员,并在同等条件下优先招用被裁减的人员。

为保障劳动者的利益,《劳动合同法》第 42 条规定,劳动者有下列情形之一的,用人单位不得进行辞退和经济裁员:① 从事接触职业病危害作业的劳动者未进行离岗前职业健康检查,或者疑似职业病病人在诊断或者医学观察期间的;② 在本单位患职业病或者因工负伤并被确认丧失或者部分丧失劳动能力的;③ 患病或者非因工负伤,在规定的医疗期内的;④ 女职工在孕期、产期、哺乳期的;⑤ 在本单位连续工作满 15 年,且距法定退休年龄不足 5 年的。

2. *劳动合同解除的后果*

劳动合同解除产生终止劳动合同关系的法律效力。此外,双方还应承担有关的义务。

用人单位的义务主要有:(1) 经济补偿,即依《违反和解除劳动合同的经济补偿办法》以及国家有关规定给予经济补偿;(2) 向社会保险机构缴纳社会保险费用;(3) 出具劳动关系终止证明书;(4) 返还劳动者寄存的财产。

劳动者的义务包括:(1) 结束并移交有关事务;(2) 继续保守商业秘密;(3) 赔偿因其过错导致的用人单位的损失。

(六) 劳动合同的终止

《劳动合同法》规定,有下列情形之一的,劳动合同终止:(1) 劳动合同期满的;(2) 劳动者开始依法享受基本养老保险待遇的;(3) 劳动者死亡,或者被人民法院宣告死亡或者宣告失踪的;(4) 用人单位被依法宣告破产的;(5) 用人单位被吊销营业执照、责令关闭、撤销或者用人单位决定提前解散的;(6) 法律、行政法规规定的其他情形。

(七) 对劳务派遣和非全日制用工的特别规定

1. *劳务派遣*

劳务派遣是指劳务派遣单位根据用人单位的实际工作需要,招聘合格人员,并将所聘人员派遣到用人单位工作的一种用工方式。

由于劳务派遣而产生的有关派遣单位、被派遣劳动者和用工单位三方之间的权利义务关系远较一般的用工形式复杂，我国2007年6月29日的《劳动合同法》对其作出了特别的规范，2012年12月28日的《关于修改〈中华人民共和国劳动合同法〉的决定》又作出了进一步的完善。

劳务派遣适用于临时性、辅助性或者替代性的工作岗位，是我国企业用工的补充形式。

用工单位应当严格控制劳务派遣用工数量，不得超过其用工总量的一定比例，具体比例由国务院劳动行政部门规定。

经营劳务派遣业务的企业需具备《劳动合同法》所规定的资格，向劳动行政部门依法申请行政许可，并办理相应的公司登记。未经许可，任何单位和个人不得经营劳务派遣业务。

派遣单位、被派遣劳动者和用工单位之间的权利义务关系必须依据国家法律、法规，通过书面合同加以明确。

2. 非全日制用工

非全日制用工是指以小时计酬为主，劳动者在同一用人单位一般平均每日工作时间不超过4小时，每周工作时间累计不超过24小时的用工形式。

非全日制用工的特点主要包括：(1) 合同可以采取口头形式。劳动者可以与一个或者一个以上用人单位订立劳动合同，但后订立的劳动合同不得影响先订立的劳动合同的履行。(2) 不得约定试用期。(3) 任何一方都可以随时通知对方终止用工，用人单位不向劳动者支付经济补偿。(4) 小时计酬标准不得低于用人单位所在地人民政府规定的最低小时工资标准，报酬结算支付周期最长不得超过15日。

三、集体合同

(一) 集体合同的概念和特征

集体合同是集体协商双方代表根据法律、法规的规定就劳动报酬、工作时间、休息休假、劳动安全卫生、保险福利等事项在平等协商一致基础上签订的书面协议。

集体合同的特征包括：(1) 在主体上，集体合同是职工群体和用人单位之间所订立的；(2) 在内容上，集体合同确立的是劳动者群体和用人单位之间的整体的权利义务关系，建立的是团体劳动法律关系；(3) 在效力上，集体合同的效力高于劳动合同。

(二) 集体合同的订立

1. 集体合同签订的主体

《劳动法》第33条第2款规定："集体合同由工会代表职工与企业签订；没有建立工会的企业，由职工推举的代表与企业签订。"

2. 集体合同签订的程序

集体合同订立前，集体合同的草案应当提交职工代表大会或全体职工讨论通过。

在协商过程中，双方的法律地位应该平等，并按照订立合同的法律程序依法订立合同。

3. 集体合同的内容

集体合同的内容主要包括：(1) 劳动报酬标准；(2) 工时制度；(3) 休息、休假办法；(4) 劳动安全卫生的各项措施；(5) 职工社会保险和福利；(6) 合同期限；(7) 变更、解除、终止合同的程序；(8) 合同争议及其处理；(9) 违反合同的责任；(10) 双方认为应商定的其他内容。

4. 集体合同的形式

集体合同必须采用书面形式。

5. 集体合同的审查

集体合同签订后,应当在7日内由企业一方将集体合同一式三份及说明报送劳动行政部门,由县级以上人民政府劳动行政部门的劳动合同管理机构进行审查。劳动行政部门在15日内应将《集体合同审查意见书》送达集体合同双方代表。

6. 集体合同的效力

集体合同对企业全体职工具有约束力,包括没有参加工会的职工在内。

集体合同的空间效力因集体合同的层次不同而有差别。全国层次的集体合同适用于全国范围内,地方层次或产业层次的集体合同适用于该地方或产业范围内,企业层次的集体合同仅适用于该企业范围内。

集体合同在效力上高于劳动合同,劳动合同的内容在标准上只能高于集体合同,不能低于集体合同,否则劳动合同的规定无效。

(三) 集体合同的变更和解除

集体合同的变更和解除主要包括:(1) 因双方协商一致而变更或解除;(2) 因法律、政策的变化而变更或解除;(3) 因不可抗力而变更或解除;(4) 因发生破产等事件而变更或解除。

(四) 集体合同争议的处理

因签订集体合同发生争议,双方当事人不能协商解决的,可向劳动行政部门书面提出协商处理申请。

因履行集体合同发生的争议,依据《企业劳动争议处理条例》处理。

四、劳动就业与职业培训

(一) 劳动就业

劳动就业是指具有就业资格的公民获得某种有劳动报酬或劳动收入的职业,是劳动者与生产资料的结合过程。

我国实行促进就业的原则与政策,其目标是充分就业,即充分的、生产性的和自由适度的就业。

(二) 职业培训

职业培训是指由国家、社会和用人单位对劳动者所进行的,以培养和提高就业能力和职业技能为目的的特定的教育训练活动。

职业培训可采取学校培训、就业训练、学徒培训、委托培训、自我培训等多种方式,培训后,经过考核、鉴定,可以获得相应的从业资格证书或执业资格证书,取得职业资格。

五、劳动争议的处理

(一) 劳动争议的概念与范围

劳动争议,又称为劳动纠纷,是指劳动者一方与用人单位一方基于劳动关系,围绕劳动权利或利益所发生的争执。其具有如下特点:(1) 争议的主体是劳动者和用人单位;(2) 争议围绕劳动权利和利益而发生;(3) 争议形式具有特殊性,经常表现为团体争议,有时会表现或发展为对抗性很强的争议行为,如罢工、关闭工厂,或者采用其他暴力形式。

我国现阶段受理的劳动争议主要包括:(1) 因确认劳动关系发生的争议;(2) 因订立、履行、变更、解除和终止劳动合同发生的争议;(3) 因除名、辞退和辞职、离职发生的争议;(4) 因工作时间、休息休假、社会保险、福利、培训以及劳动保护发生的争议;(5) 因劳动报酬、工伤医疗费、经济补偿或者赔偿金等发生的争议;(6) 法律、法规规定的其他劳动争议。

(二) 劳动争议的处理方式

劳动争议的处理有4种方式:(1) 协商。即双方当事人在没有第三人的参与下,通过平等对话、互谅互让而达成和解、解决纠纷。协商不是劳动争议处理的必经程序。(2) 调解。即通过第三人的说服、劝诱,促成争议双方达成和解、解决纠纷,广义的调解包括劳动争议调解委员会的调解、劳动争议仲裁委员会的调解和人民法院的调解,狭义的调解则专指劳动争议调解委员会的调解。调解不是劳动争议处理的必经程序。(3) 仲裁。即由劳动争议仲裁委员会对劳动争议作出裁决、解决纠纷,是劳动争议处理的必经程序,但法律另有规定的除外。(4) 诉讼。即由人民法院对劳动争议案件进行审理和裁判,通常以争议先经过劳动仲裁为前提,即"仲裁前置"或"先裁后审"。

(三) 劳动争议调解委员会的调解

1. 调解的原则

我国《企业劳动争议调解委员会组织及工作规则》规定,调解委员会调解劳动争议应当遵循以下原则:(1) 当事人自愿申请,依据事实及时调解;(2) 对当事人在适用法律上一律平等;(3) 同当事人民主协商;(4) 尊重当事人申请仲裁和诉讼的权利。可见,自愿原则和协商原则是劳动争议调解委员会调解过程中应遵循的主要原则。

2. 调解的组织

劳动争议调解委员会是群众性自治组织,设在用人单位内部,由职工代表、用人单位代表和工会代表组成,企业代表的人数不得超过调解委员会成员总数的1/3。调解委员会设主任,由工会代表担任。其办事机构设于企业工会委员会。

3. 调解的程序

(1) 申请。当事人应当自知道或应当知道其权利被侵害之日起30日内,以口头或书面形式向调解委员会提出申请,并填写《劳动争议调解申请书》。

(2) 受理。调解委员会接到调解申请后,应征询对方当事人的意见,对方当事人不愿调解的,应做好记录,在3日内以书面形式通知申请人。调解委员会应在4日内作出受理或不受理申请的决定,对不受理的,应向申请人说明理由。对调解委员会无法决定是否受理的案件,由调解委员会主任决定是否受理。

(3) 调解。调解委员会应当在查清事实的基础上,依法进行调解。

(4) 结案与效力。调解应当自当事人申请调解之日起15日内结束,到期未结束的,视为调解不成。经调解达成协议的,制作调解协议书,双方当事人应当自觉履行;调解不成的,当事人在规定的期限内,可以向劳动争议仲裁委员会申请仲裁。

（四）劳动争议的仲裁

1. 仲裁机构

劳动争议的仲裁机构是劳动争议仲裁委员会，其是国家授权、依法独立处理劳动争议案件的专门机构。

《劳动争议调解仲裁法》规定，劳动争议仲裁委员会按照统筹规划、合理布局和适应实际需要的原则设立。省、自治区人民政府可以决定在市、县设立；直辖市人民政府可以决定在区、县设立。直辖市、设区的市也可以设立一个或者若干个劳动争议仲裁委员会。劳动争议仲裁委员会不按行政区划层层设立。仲裁委员会由劳动行政主管部门的代表、工会的代表、企业方面的代表组成。仲裁委员会组成人员必须是单数。

2. 仲裁管辖

劳动争议由劳动合同履行地或者用人单位所在地的劳动争议仲裁委员会管辖。双方当事人分别向劳动合同履行地和用人单位所在地的劳动争议仲裁委员会申请仲裁的，由劳动合同履行地的劳动争议仲裁委员会管辖。

3. 仲裁时效

《劳动争议调解仲裁法》规定，劳动争议申请仲裁的时效期间为 1 年，从当事人知道或者应当知道其权利被侵害之日起计算。

仲裁庭裁决劳动争议案件，应当自劳动争议仲裁委员会受理仲裁申请之日起 45 日内结束。案情复杂需要延期的，经劳动争议仲裁委员会主任批准，可以延期并书面通知当事人，但是延长期限不得超过 15 日。逾期未作出仲裁裁决的，当事人可以就该劳动争议事项向人民法院提起诉讼。

4. 仲裁程序

（1）申请。

（2）受理。劳动争议仲裁委员会收到仲裁申请之日起 5 日内，认为符合受理条件的，应当受理，并通知申请人；认为不符合受理条件的，应当书面通知申请人，并说明理由。对不予受理或者逾期未作出决定的，申请人可以就该劳动争议事项向人民法院提起诉讼。

（3）组成仲裁庭。仲裁庭由 3 名仲裁员组成，设首席仲裁员。简单劳动争议案件可以由一名仲裁员独任仲裁。

（4）审理与仲裁。审理与仲裁过程中，当事人双方可以自行和解。仲裁庭处理劳动争议应当先行调解，促使当事人双方自愿达成协议。调解未达成协议或者调解书送达前当事人反悔的，仲裁庭应当及时裁决。

（5）先予执行。仲裁庭对追索劳动报酬、工伤医疗费、经济补偿或者赔偿金的案件，根据当事人的申请，可以裁决先予执行，移送人民法院执行。先予执行应当符合下列条件：当事人之间权利义务关系明确；不先予执行将严重影响申请人的生活。

（6）仲裁的效力。下列劳动争议，除法律另有规定的外，仲裁裁决为终局裁决，裁决书自作出之日起发生法律效力：追索劳动报酬、工伤医疗费、经济补偿或者赔偿金，不超过当地月最低工资标准 12 月金额的争议；因执行国家的劳动标准在工作时间、休息休假、社会保险等方面发生的争议。劳动者对裁决不服的，可以自收到仲裁裁决书之日起 15 日内向人民法院提起诉讼，期满不起诉的，裁决书发生法律效力。

此外，我国对职工一方在 30 人以上的集体劳动争议的仲裁规定了特别程序，主要包括：

(1) 仲裁委员会应当自收到集体劳动争议申诉书之日起3日内作出受理或不受理的决定。仲裁委员会在作出受理决定的同时,组成特别仲裁庭,由3名以上仲裁员单数组成。(2) 仲裁庭处理集体劳动争议应先行调解,或者促成职工代表与企业代表召开协商会议,在查明事实的基础上促使当事人自愿达成协议。调解达成协议的,调解书自送达或布告公布之日起发生法律效力。调解或协商未能达成协议的,仲裁庭应及时裁决。仲裁庭裁决后,应制作裁决书送达当事人,或用布告形式公布。(3) 仲裁庭处理集体劳动争议应当自仲裁庭组成之日起15日内结束,案情复杂需要延期的,经报仲裁委员会批准,可以适当延期,但是延长的期限不得超过15日。仲裁委员会对受理的集体劳动争议及其处理结果应及时向当地人民政府汇报。

(五) 劳动争议的诉讼

1. 劳动争议案件的受理

劳动者与用人单位之间发生的下列纠纷,当事人不服劳动争议仲裁委员会作出的裁决,依法向人民法院起诉的,人民法院应当受理:(1) 劳动者与用人单位在履行劳动合同过程中发生的纠纷;(2) 劳动者与用人单位之间没有订立书面劳动合同,但已形成劳动关系后发生的纠纷;(3) 劳动者退休后,与尚未参加社会保险统筹的原用人单位因追索养老金、医疗费、工伤保险待遇和其他社会保险费而发生的纠纷。

2. 劳动争议案件的管辖

劳动争议案件由用人单位所在地或者劳动合同履行地的基层人民法院管辖。劳动合同履行地不明确的,由用人单位所在地的基层人民法院管辖。当事人双方不服劳动争议仲裁委员会作出的同一仲裁裁决,均向同一人民法院起诉的,先起诉的一方当事人为原告,但对双方的诉讼请求,人民法院应当一并作出裁决。当事人双方就同一仲裁裁决分别向有管辖权的人民法院起诉的,后受理的人民法院应当将案件移送给先受理的人民法院。

3. 诉讼当事人与举证责任

(1) 用人单位与其他单位合并的,合并前发生的劳动争议,由合并后的单位为当事人;用人单位分立为若干单位的,其分立前发生的劳动争议,由分立后的实际用人单位为当事人。用人单位分立为若干单位后,对承受劳动权利义务的单位不明确的,分立后的单位均为当事人。

(2) 用人单位招用尚未解除劳动合同的劳动者,原用人单位与劳动者发生的劳动争议,可以列新的用人单位为第三人。原用人单位以新的用人单位侵权为由向人民法院起诉的,可以列劳动者为第三人。原用人单位以新的用人单位和劳动者共同侵权为由向人民法院起诉的,新的用人单位和劳动者列为共同被告。

(3) 劳动者在用人单位与其他平等主体之间的承包经营期间,与发包方和承包方双方或者一方发生劳动争议,依法向人民法院起诉的,应当将承包方和发包方作为当事人。

(4) 因用人单位作出的开除、除名、辞退、解除劳动合同、减少劳动报酬、计算劳动者工作年限等决定而发生的劳动争议,由用人单位负举证责任。

第二节　社会保障法

一、社会保障与社会保障法概述

（一）社会保障的概念

联合国国际劳工组织认为，社会保障是指社会通过采取一系列的公共措施来向其成员提供保护，以便与由于疾病、生育、工伤、失业、伤残、年老和死亡等原因造成停薪或大幅度减少工资而引起的经济和社会贫困进行斗争，并提供医疗和对有子女的家庭实行补贴。

在我国，社会保障是指国家为了保持经济发展和社会稳定，对公民在年老、疾病、伤残、失业、生育、遭受灾害面临生活困难时，由政府和社会依法给予物质帮助，以保障公民的基本生活需要的制度。

社会保障包括社会保险、社会救济、社会福利、优抚安置等 4 项内容。其中，社会保险是最基本的保障，社会救济是最低的保障，社会福利是最高的保障，社会优抚是特殊的保障。

（二）社会保障的特征

1. 保障性。社会保障的根本目的在于保障社会成员的基本生存条件。

2. 对象特定性。社会保障的对象是该社会的全体成员，尤其是那些丧失劳动能力以及需要某些特殊帮助者。

3. 强制性。社会保障是国家通过立法建立和强制实施的。

4. 社会性。社会保障由政府通过制定社会政策，为广大社会成员谋求福利。

（三）社会保障法的概念

社会保障法是调整社会保障关系的法律规范的总称，既包括以基本法律形式出现的社会保障法，也包括其他法律、法规中有关社会保障的规范。

与社会保障的内容相适应，我国的社会保障法体系由下列几部分组成：

1. 社会保险法，包括对养老保险、医疗保险、失业保险、工伤保险、生育保险等方面的规定，是社会保障法体系中的核心部分。

2. 社会救助法，包括最低生活保障、灾害救助、农村“五保”供养等方面的规定。

3. 社会优抚法，包括社会抚恤、社会优待、军人安置等方面的规定。

4. 社会福利法，包括公共福利、专门福利等方面的规定。

二、社会保险法

（一）社会保险的概念和特征

社会保险，也称为劳动保险，是确保劳动者遭遇劳动风险后从国家或社会获得物质补偿和帮助的社会保障制度。社会保险的存在基础是劳动风险的客观存在。所谓劳动风险，是指劳动者在劳动年龄范围内所遭遇的风险事故，包括自然的身体或生理变化、职业上的灾害事故及工作机会的丧失，具体包括年老、生育、工伤、疾病、失业等类型。

社会保险的基本特征包括：(1) 强制性；(2) 互助性；(3) 多元性，包括保险资金的多元性和保险对象的多元性；(4) 社会性，包括保险目的的社会性、保险机构的社会性、保险效果的社会性。

目前,我国对社会保险方面的基本法律是《中华人民共和国社会保险法》(以下简称《社会保险法》)、《中华人民共和国劳动法》等。

(二)养老保险

养老保险又称老年保险,是指在劳动者年老丧失劳动能力时,国家和社会给予物质帮助,保障其基本生活的社会保险制度。

基本养老保险的覆盖范围为:国有企业、城镇集体企业、外商投资企业、城镇私营企业和其他城镇企业及其职工,实行企业化管理的事业单位及其职工。各省、自治区、直辖市人民政府根据当地实际情况,可以规定将城镇个体工商户纳入基本养老保险的范围。

《社会保险法》进一步规定,职工应当参加基本养老保险,由用人单位和职工共同缴纳基本养老保险费。无雇工的个体工商户、未在用人单位参加基本养老保险的非全日制从业人员以及其他灵活就业人员可以参加基本养老保险,由个人缴纳基本养老保险费。但公务员和参照公务员法管理的工作人员养老保险的办法由国务院规定。

我国社会保险实行社会统筹与基本养老保险个人帐户相结合的模式。基本养老保险基金由用人单位和个人缴费以及政府补贴等组成。从 2006 年起,统筹帐户与个人帐户开始分帐管理,个人缴费比例为其工资标准的 8%,全部进个人帐户,以期作实个帐。

(三)失业保险

失业保险是指劳动者在失业期间,由国家和社会给予一定的物质帮助,以保障其基本生活并促进其再就业的社会保险制度。

享受失业保险待遇的条件包括:(1)按照规定参加失业保险,所在单位和本人已按照规定履行缴费义务满 1 年的;(2)非因本人意愿中断就业的;(3)已办理失业登记,并有求职要求的。

失业保险基金由职工缴纳的失业保险费、失业保险基金的利息、财政补贴以及依法纳入失业保险基金的其他资金构成。失业保险基金在直辖市和设区的市实行全市统筹;其他地区的统筹层次由省、自治区人民政府规定。失业保险基金必须存入财政部门在国有商业银行开设的社会保障基金财政专户,实行收支两条线管理,由财政部门依法进行监督。失业保险基金专款专用,不得挪作他用,不得用于平衡财政收支。

(四)医疗保险

医疗保险是保障劳动者及其供养的亲属非因工病伤后从国家和社会获得医疗帮助的社会保险制度。

城镇所有用人单位及其职工均应参加基本医疗保险。乡镇企业及其职工、城镇个体经济组织业主及其从业人员是否参加基本医疗保险,由各省、自治区、直辖市人民政府决定。

基本医疗保险实行社会统筹和个人帐户相结合的原则。

(五)工伤保险

工伤保险是指职工因工致伤、致残、死亡,依法获得经济赔偿和物质帮助的社会保险制度。

法律、法规规定的用人单位应当依照《工伤保险条例》的规定参加工伤保险,为职工缴纳工伤保险费。

工伤保险基金由用人单位缴纳的工伤保险费、工伤保险基金的利息和依法纳入工伤保险基金的其他资金构成。工伤保险费根据以支定收、收支平衡的原则，确定费率。

（六）生育保险

生育保险是指女职工因怀孕、分娩导致不能工作，收入暂时中断时，依法从国家和社会获得物质帮助的社会保险。

三、社会救助法

（一）社会救助的概念与特征

社会救助，又称为社会救济，是指国家对于遭受灾害、失去劳动能力的公民以及低收入的公民给予物质救助，以维持其最低生活水平的社会保障法律制度。

社会救助的特征包括：（1）目的性。社会救助是为了保障人们的生存权，满足最基本的衣、食、住、医等需要。（2）法定性。救济范围、救济标准等都由法律严格规定。（3）无偿性。国家和社会给予的救助是无条件的。（4）动态性。社会救助对象的范围是变动的，受救助的公民一旦解困就不能获得救助。

社会救助是世界各国普遍实行的一项社会保障制度，被普遍认为是一种国家责任，而不是原先所认为的一种慈善事业。社会救助制度的这一本质变化，体现出了社会发展的巨大进步。

（二）最低生活保障制度

最低生活保障制度是指政府对收入水平低于最低生活标准的公民，按照明文公布的法定程序和标准提供现金或实物救助，以保证该公民基本生活所需的社会救助制度。

最低生活保障制度的对象包括城市居民和农村村民。

最低生活保障制度的资金由地方政府财政支出，且专款专用。

（三）灾害救助制度

灾害救助制度是指政府对遭遇各种自然灾害及其他特定灾害事件，并因此陷入生活困难的公民给予一定的现金或实物或服务援助，以帮助其渡过特殊困难时期的社会救助制度。

2006年我国颁布了《国家自然灾害救助应急预案》，2010年6月国务院出台了《自然灾害救助条例》，对灾害救助组织体系及职责、救助准备、应急救助、灾后救助、救助款物管理等作了具体的规定。

（四）农村“五保”供养制度

农村“五保”供养制度是指对符合规定的村民在吃、穿、住、衣、葬等5个方面给予生活照顾和物质帮助的社会救助制度。

农村“五保”供养制度的适用对象是老年、残疾或者未满16周岁的村民，无劳动能力、无生活来源又无法定赡养、抚养、扶养义务人，或者其法定赡养、抚养、扶养义务人无赡养、抚养、扶养能力。

四、社会优抚法

（一）社会优抚的概念和特征

社会优抚是指政府对现役、退伍、复员、残废军人及烈军属等法定优抚对象给予抚恤和优待的社会保障制度。

社会优抚的特征包括:(1) 对象的特定性。优抚的对象是为革命事业和保卫国家安全作出牺牲和贡献的特殊社会群体。(2) 保障标准较高。由于优抚具有补偿和褒扬性质,因此,优抚待遇高于一般的社会保障标准。(3) 目的的多元性。社会优抚制度不仅满足特定人群的生活需要,其本身具有国家政治行为的某些色彩。(4) 内容和措施的综合性。社会优抚的内容涉及社会保险、社会救助和社会福利等,涵盖抚恤、优待、养老、就业安置等多方面。

(二) 社会抚恤

社会抚恤是国家通过发放抚恤金向优抚对象提供生活保障的一种优抚方式。包括死亡抚恤和伤残抚恤两种。

死亡抚恤的对象主要是烈士遗属,因公牺牲、病故的军人的家属。其待遇和支付标准主要为一次性抚恤金、定期抚恤金、特别抚恤金。

伤残抚恤的对象主要是因战致残、因公致残、因病致残的相关人员。伤残抚恤待遇主要根据伤残等级发放有关的抚恤金。

(三) 社会优待

社会优待是国家和社会按照法律规定和社会习俗,对军人及其家属提供资金和服务等优惠措施,提高其生活质量,褒扬其对社会做出的特殊贡献的优抚制度。

社会优待既包括资金保障,也包括服务保障,即向优抚对象提供各种生活津贴以及由社会各界提供优抚对象生活和生产方面的服务。

(四) 安置保障

安置保障主要是指退役军人的退役安置和离退休安置。

退役安置是指国家和社会为退出现役的军人提供资金和服务,以帮助其重新就业的一项优抚保障制度。安置的对象包括转业的军官、复员志愿兵和退伍义务兵。退役安置主要从资金和服务两方面对退役军人提供保障。资金保障方面包括提供安置费、各种临时性生活津贴和生产性贷款;服务保障包括就业安置、就学安置、落户安置、职业培训、技术培训等。

离退休安置是国家和社会依法向直接从军队现役中离退休的军人提供资金和服务,以保证其安度晚年的保障措施。

五、社会福利法

(一) 社会福利的概念和特征

社会福利的概念有广义和狭义之分。广义的社会福利涵盖社会保障,包括政府和社会为国民提供的各种服务设施和社会保障的各项内容;狭义的社会福利是指国家和社会团体举办的,社会保险和社会救助之外的各种福利事业和公共服务。我国的社会福利是指狭义的社会福利。

社会福利的特征主要包括:(1) 范围具有普遍性。社会福利是向社会全体成员提供的,任何人都有权享受。如国家提供的义务教育和各种公共福利设施等。(2) 无偿性。社会福利不要求被服务对象缴纳费用,只要公民属于立法和政策划定的范围之内,就能按规定得到应该享受的社会福利。(3) 高层次性。社会福利较社会保险而言是较高层次的社会保障制度,是在国家财力允许的范围内,在既定生活水平的基础上,尽力提高被服务对象的生活质量。

(二) 公共福利

公共福利是指国家和社会为满足全体社会成员的物质及精神生活基本需要而兴办的公益性设施和提供的相关服务,是社会福利的重要项目。

公共福利的内容十分广泛,包括:(1) 教育福利。其宗旨在于维护和保障公民的受教育权利,促进教育公平,推动社会协调全面发展,如九年制义务教育制度。(2) 住房福利。如住房公积金制度、经济适用房制度、廉租房制度等。(3) 卫生福利。如公共卫生服务体系建设、卫生监督服务等。(4) 文化体育福利。如投资建立公园、图书馆、博物馆、纪念馆、展览馆、文化康乐中心以及群众性体育运动设施等。

(三) 专门福利

专门福利,也称为特殊群体福利,是指国家和社会向社会特定群体提供的福利形式。其对象针对的是老年人、妇女、未成年人、残疾人等特定群体,不是全体社会成员。

专门福利的内容非常广泛,包括:(1) 妇女福利。即为保障妇女的特殊需要和特殊利益提供的福利设施和福利服务。如以提供生育津贴为内容的生育方面的福利、以提供医疗卫生保健服务为内容的母婴保健服务等。(2) 未成年人福利。如教育福利、医疗卫生福利、社会福利设施等。(3) 老年人福利。如医疗卫生保健福利、生活保障福利、住房福利、老年人特别公共福利等。(4) 残疾人福利。如康复服务、教育福利、就业福利、文化体育福利、社会保障福利、无障碍环境福利等。

案例思考

案例一:航空公司诉高某辞职纠纷案

被告高某曾是空军的一名战斗机飞行员,1993 年 6 月退伍后到南方航空公司河南分公司中原航空公司从事飞行工作,并与中原航空公司签订了无固定期限的劳动合同。合同约定,如果被告高某未满服务年限离开公司,必须支付公司相关培训费用、违约金及其他损失。2006 年 3 月 31 日,被告高某向中原航空公司提交辞职申请,该公司于 2006 年 4 月 4 日复函,不同意其辞职的申请。然而,被告高某在提出辞职申请 30 天后的 2006 年 5 月 1 日,不再为中原航空公司提供正常的劳动。该公司告到法院,要求被告高某赔偿人民币 813.4 万元。

一审法院审理后认为,被告高某要求解除合同,在没有与原告中原航空公司协商一致的情况下离职已构成违约。据此一审法院判令被告高某赔偿原告中原航空公司违约金、培训费共计 2 035 997.87 元。原告航空公司当即表示不服,遂上诉到了郑州市中级人民法院。2007 年 5 月 18 日,郑州中院二审法院审理后认为,一审判决事实清楚,证据确凿,适用法律正确,维持原审判决。航空公司不服,向郑州市中级人民法院提出再审,2007 年 6 月 25 日郑州市中级人民法院对此案作出再审判决,认为终审法院作出的判决证据确凿、认定事实清楚,对被上诉人提出的其他赔偿要求不予支持,仍维持终审判决。

请对本案作出法理分析。

案例二:徐某与劳务派遣公司合同纠纷案

徐某1994年到北京肯德基公司务工,从事仓储搬运工作。2004年4月,徐某与北京时代桥劳动事务咨询服务有限公司(下称时代桥)签订劳动合同,成为其公司的派遣工。2005年10月,徐某因工作失误被北京肯德基辞退。徐某提出肯德基应支付其11年工龄11个月工资的经济补偿金,被肯德基拒绝。肯德基认为徐某不是肯德基的员工,而是被某劳务派遣公司派遣到肯德基的派遣劳工,双方不存在劳动关系,存在劳动争议应当找劳务派遣公司。

徐某向北京市东城区劳动仲裁委员会申诉。仲裁委员会因其与时代桥签订的劳动合同合法有效,遂以"徐某与肯德基公司之间的劳动关系无法认定"为由,裁决驳回徐某的仲裁请求。徐某不服,起诉到北京市东城区法院,要求肯德基返还拖欠的当月工资,给付经济补偿金共计2万余元。

2006年2月21日,法院开庭审理此案。庭审中,肯德基强调徐某与劳务派遣公司签订劳动合同已近两年,形成劳动关系,而肯德基只是基于劳动服务合同使用原告的,三方形成劳务派遣关系。而原告徐某被辞退的过程是,肯德基向劳务派遣公司提出将徐某退回该公司,该公司表示同意并收回,次日,该派遣公司与徐某解除了劳动合同。徐某则认为,自己在肯德基干了这么多年,早形成事实劳动关系,而当初与劳务派遣公司签订劳动合同,是受被告胁迫的,即不与之签订合同,就面临被肯德基辞退。法院经审理认为,本案原告与时代桥签订了劳动合同,而被告与时代桥签订了劳动服务合同,约定由时代桥招聘员工,与员工签订劳动合同,负责管理员工,并定期向被告输出劳务人员,被告定期统计原告的工资及保险金后支付给时代桥。因此,三方构成了劳务派遣关系。据此,北京市东城区法院作出一审宣判,认定徐某是派遣工人,与肯德基不构成事实劳动关系,驳回了徐某对肯德基的索赔要求。徐某不服,向北京市第二中级人民法院提起上诉。

请问本案应如何处理?

案例三:开封盛达毛条厂与朱建军破产清算组劳动争议纠纷上诉案

朱建军因与开封盛达毛条厂破产清算组劳动争议纠纷一案,于2010年1月25日起诉至开封市鼓楼区人民法院,请求确认双方的劳动关系并判令开封盛达毛条厂破产清算组交纳统筹养老金并发放经济补偿金。开封市鼓楼区人民法院于2011年11月8日作出(2010)鼓民初字第206号民事判决。开封盛达毛条厂破产清算组不服,向开封市中级人民法院提起上诉。法院受理后,依法组成合议庭进行了审理,现已审理终结。

一审法院经审理查明,原告朱建军系被告开封盛达毛条厂全民制工人,1977年参加工作,因厂里效益不好,1997年3月10日,原告提出停薪留职申请,并经被告同意原告停薪留职。1998年6月10日,被告在开封日报刊登通知要求到厂办理相关手续,因原告未到厂报到,被告于1998年9月24日作出对原告按自动离职的处理决定。2008年11月开封市中级人民法院决定立案受理申请人开封盛达毛条厂(河南羊洋毛纺织集团毛条厂、河南羊洋毛纺织集团澳新有限公司)的破产申请,2009年开封市中级人民法院(2009)汴民破裁字第3号民事裁定书裁定宣告开封盛达毛条厂破产。2010年1月18日,原告向开封市劳动仲裁院提出申请仲裁,同日该院以"已超申请时效"下发了不予受理通知书。一审另查明,原告在2006年10月12日交纳统筹养老金11 707.13元,2007年8月13日交纳统筹养老金2 280

元,共计交纳统筹养老金13 987.13元。按照相关规定,其中的20%即2 797.43元应由企业负担。

一审法院认为,原告原系开封盛达毛条厂全民制工人,1997年原告提出申请,并经被告同意办理了停薪留职手续。1998年被告在《开封日报》刊登公告通知被告到单位办理相关手续,后以原告逾期未到厂为由将其按自动离职处理,但处理决定未书面通知朱建军,侵犯了其知情权和申辩权,其处理程序不符合法律规定,属无效民事行为,开封盛达毛条厂与朱建军之间仍存在劳动关系。故原告在被告宣告破产后,要求被告支付原告垫付的统筹养老费及按规定发放补偿金的诉讼请求并无不当,一审予以支持。根据《中华人民共和国劳动法》第3条第1款、第72条、第73条之规定,《中华人民共和国企业破产法》第113条第1款之规定,一审判决:(1) 判决书生效后10日内,被告开封盛达毛条厂破产清算组偿还原告垫交的统筹养老金2 797.43元;(2) 判决书生效后10日内,被告开封盛达毛条厂破产清算组为原告发放补偿金(根据该厂破产后对其职工的补偿标准计算)。案件受理费10元,由被告负担。

开封盛达毛条厂破产清算组上诉称,朱建军已被其厂按自动离职进行了处理,双方已不存在劳动关系,一审判决双方存在劳动关系并判决其厂为朱建军交纳统筹金并支付补偿金是错误的。朱建军的诉讼已超过法定的诉讼时效,请求二审改判。

朱建军答辩称,毛条厂对其作出的处理决定文件中多处与事实不符,其离厂时向厂部递交了停薪留职申请书,是经厂部批准的,处理决定书未经职工代表大会通过,也未送达其本人,在其不知情的情况下毛条厂单方与其解除劳动关系是无效的。其是在2009年毛条厂破产时才知道被毛条厂按自动离职处理的,故其诉讼并不超过诉讼时效期间,一审判决正确,请求二审予以维持。

二审诉讼过程中,双方当事人均未提供新的证据,法院经审理查明的事实与一审认定的基本事实一致。

开封市中级人民法院认为,朱建军原系毛条厂职工,后因该厂经济效益不好,朱建军提出停薪留职申请并得到该厂批准。毛条厂关于对朱建军的处理决定书中称朱建军未经厂部批准擅自离职与事实不符,且该处理决定书仅仅在《开封日报》上刊登了公告,并未通知朱建军个人并向其合法送达,毛条厂的行为违反了劳动部《关于通过新闻媒介通知职工回单位并对逾期不归者按自动离职或旷工处理问题的复函》中用人单位向劳动者送达通知文件应穷尽送达方式的规定,毛条厂采用此方式单方解除与朱建军的劳动关系的行为没有法律效力,朱建军与毛条厂仍存在合法的劳动关系,其要求毛条厂偿还其已垫交的养老保险金以及支付经济补偿金的诉讼请求于法有据,一审据此作出的判决结果符合法律规定,二审予以维持。因毛条厂于2009年4月宣告破产,故朱建军的起诉并未超过法律规定的诉讼时效期间,毛条厂上诉称朱建军已被其厂按自动离职处理,双方已不存在劳动关系,其厂不应再为朱建军交纳养老保险金以及企业破产补偿金的主张与法院已查明事实相悖,其上诉理由不能成立。开封市中级人民法院不予采信。一审判决认定事实和适用法律无误,判决结果正确,应予维持。依照《中华人民共和国民事诉讼法》第153条第1款第1项之规定,判决驳回上诉,维持原判。

请对本案作出法理分析。

参考文献

[1] 赵威:《经济法》(第4版),中国人民大学出版社,2012年。
[2] 高晋康:《经济法》,西南财经大学出版社,2012年。
[3] 杨紫煊:《经济法》,北京大学出版社,2010年。
[4] 曾咏梅,王峰:《经济法》(第6版),武汉大学出版社,2012年。
[5] 王欣新:《公司法》(第2版),中国人民大学出版社,2012年。
[6] 范健,王建文:《公司法》,法律出版社,2011年。
[7] 赵旭东:《公司法》(第2版),中国人民大学出版社,2013年。
[8] (美)费伯:《公司法》,中国人民大学出版社,2012年。
[9] 王欣新:《破产法》(第3版),中国人民大学出版社,2011年。
[10] 李永军:《破产法》,中国政法大学出版社,2009年。
[11] 韩世远:《合同法总论》(第3版),法律出版社,2011年。
[12] 崔建远:《合同法》(第5版),法律出版社,2010年。
[13] 张楚:《电子商务法》(第3版),中国人民大学出版社,2011年。
[14] 秦成德:《电子商务法》,科学出版社,2007年。
[15] 陈欣:《保险法》(第3版),北京大学出版社,2010年。
[16] 许崇苗:《保险法原理及疑难案例解析》,法律出版社,2011年。
[17] 万国华:《证券法学》,清华大学出版社,2010年。
[18] 罗培新,卢文道:《最新证券法解读》,北京大学出版社,2006年。
[19] 彭冰:《中国证券法学》,高等教育出版社,2005年。
[20] 杨永清:《期货交易法律制度研究》,法律出版社,1998年。
[21] 巫文勇:《期货与期货市场法律制度研究》,法律出版社,2011年。
[22] 李明良:《期货法》,人民法院出版社,1999年。
[23] 吕来明:《票据法学》,北京大学出版社,2011年。
[24] 吕来明:《票据法判例与制度研究》,法律出版社,2012年。
[25] 徐孟洲,孟雁北:《竞争法》,中国人民大学出版社,2008年。
[26] 钟明钊:《竞争法》,法律出版社,2008年。
[27] 谢发友,李萍:《产品质量法新释与例解》,同心出版社,2001年。
[28] 曲振涛:《产品质量法概论》,中国财经出版社,2002年。
[29] 曲三强:《现代工业产权法》,北京大学出版社,2012年。
[30] 吴汉东:《知识产权法》,法律出版社,2011年。
[31] 吴景明:《消费者权益保护法》,中国政法大学出版社,2002年。
[32] 王先林:《消费者权益保护法概论》,安徽人民出版社,2002年。
[33] 强力:《金融法通论》,高等教育出版社,2010年。
[34] 吴志攀:《金融法概论》,北京大学出版社,2011年。

[35] 沈四宝,王秉乾:《中国对外贸易法》,法律出版社,2006 年。
[36] 黄东黎,王振民:《中华人民共和国对外贸易法:条文精释及国际规则》,法律出版社,2004 年。
[37] 蔡守秋:《环境资源法教程》(第 2 版),高等教育出版社,2010 年。
[38] 金瑞林:《环境与资源保护法学》(第 2 版),高等教育出版社,2008 年。
[39] 吕忠梅:《环境法新视野》(修订版),中国政法大学出版社,2007 年。
[40] 王红云:《税法》,中国人民大学出版社,2011 年。
[41] 徐孟洲,徐阳光:《税法》(第 4 版),中国人民大学出版社,2012 年。
[42] 李晓红:《税法》,北京交通大学出版社,2012 年。
[43] 关怀,林嘉:《劳动与社会保障法学》,法律出版社,2011 年。
[44] 黎建飞:《劳动与社会保障法教程》(第 2 版),中国人民大学出版社,2010 年。
[45] 董保华:《名案背后的劳动法思考》,法律出版社,2012 年。